フォロワーと比べると、オピニオンリーダーは、❶あらゆる形式の外部的なコミュニケーションとの接触が多く、よりコスモポライトであり、❷より高い社会経済的地位にあり、❸その社会規範に依拠するものの、より革新的である。オピニオンリーダーの最もきわだった特徴は、社会システム内部のコミュニケーション構造において、独特かつ大きな影響力をもった立場にいる点にある。つまり、オピニオンリーダーは対人コミュニケーション・ネットワークの中心に位置している。情報のパターン化された流れによって相互に連結された人々が、**コミュニケーション・ネットワーク**を形成している。対人ネットワークの中心に位置するオピニオンリーダーは、社会的な模範になるという役割を担っており、その革新的な行動は、多くの社会システムの成員によって模倣されるところとなる。しかしながら、もしオピニオンリーダーが社会システムの規範から逸脱しすぎると、フォロワーからの尊敬の念を失うことがある。オピニオンリーダーは、普及活動を行なっているチェンジ・エージェントによって「使い古されて」しまうことがある。オピニオンリーダーは、仲間うちからチェンジ・エージェントと同じような専門家とみなされるようになり、フォロワーからの信頼を失ってしまうのである。

オピニオンリーダーは社会システムのなかで影響力を行使しているが、加えて彼らは社会システムの成員でもある。オピニオンリーダーと異なり、社会システムの外部から影響力を行使する専門家がチェンジ・エージェントである。**チェンジ・エージェント**は、その属する機関からみて望ましいと思われる方向に向かうように、クライアントのイノベーション決定に介在する。チェンジ・エージェントは新しいアイデアの採用を促すことが多いが、時には望ましくないイノベーションの普及を減速させて、その採用を妨げることがある。チェンジ・エージェントは、普及活動においてオピニオンリーダーを自身の補佐役のように使うことがある。

チェンジ・エージェントは大学で理系学部を卒業した専門家であることが多い。こうした専門家教育とそれに付随する社会的地位のゆえに、チェンジ・エージェントは典型的なクライアントからは異類的であるとみなされ、彼らが推し進めようとするイノベーションについて、クライアントとの効果的なコミュニケーションに問題が生じることがある。多くのチェンジ・エージェント機関ではチェンジ・エージェントに補助者をあてがう。**補助者**はチェンジ・エージェントほどの専門的な知識はないが、平均的なクライアントと同類的であり、チェンジ・エージェントとクライアントとの間の異類的な溝を橋渡しする役割を果たす。

イノベーション決定の種類

社会システムは、これ以外にも新しいアイデアの普及に重要な影響を及ぼす。イノベーションは、❶社会システムの個々の成員、または❷社会システム全体によって、採用あるいは拒絶される。❷の場合、集合的な意思決定、ないし権限に基づく意思決定がなされてからイノベーションが採用される。

1◆任意的なイノベーション決定

任意的なイノベーション決定では、イノベーションを採用するか否かの選択が、社会システムの他の成員の意思決定とは関係なく、個人によってなされる。この場合でも、人の意思決定はシステム規範や対人コミュニケーション・ネットワークを通じて行なわれることもある。ロスモリノス村に住む主婦にとって、熱湯を採用するか否かという意思決定は任意的なイノベーション決定である。しかし、この選択は地域コミュニティでの熱冷に関する規範などの影響を受けている。任意的なイノベーション決定に特徴的な側面は、社会システムではなく個々人が、意思決定の主要な単位であるところにある。

古典的な普及モデルは任意的なイノベーション決定に関する調査から発展してきた。つまり、雑種トウモロコシのアイオワ州農民への普及、新抗生物質の医師への浸透、等々である。しかしこの数十年間、普及研究のパラダイムには集合的ないし権限に基づく意思決定が考慮されるようになってきている。

2◆**集合的なイノベーション決定**では、イノベーションを採用するか否かの選択が、社会システムの成員の間に合意が形成されることによって行なわれる。ひとたび意思決定がなされた場合、社会システムを構成する成員はそれに従わなければならない。

3◆**権限に基づくイノベーション決定**では、イノベーションを採用するか否かの選択が、強制力、地位、あるいは技術的な専門知識を持った社会システム内の少数の人たちによってなされる。社会システムの個々の成員は、権限に基づくイノベーション決定に対してほとんどあるいはまったく影響力を持たない。つまり、ひとたび意思決定がなされた場合、これらの成員はその意思決定に従うのみである。たとえば、かつて米国の大手コンピュータ企業の社長は、すべての男性社員に白いシャツ、地味なネクタイ、ダークスーツの着用を指示した。権限に基づくこの意思決定に、すべての男性社員は従わねばならなかったのである。

これら三種類のイノベーション決定は、任意的な意思決定から集合的な意思決定を経て、権限に基づく意思決定に至るまで、連続した線上に存在する。集合的ないし権限に基づく意思決定は、工場、学校、あるいは政府機関などでは、任意的決定よりも頻繁に実行される。一方、農業分野や個人消費者の行動などでは、ほとんどの意思決定は任意的である。

一般に、イノベーションの採用速度が最も速いのは、権限に基づく決定である。通常の場合、任意的な決定は、集合的な決定よりも速やかに実行される。権限に基づく意思決定は速やかに行なわれるが、導入段階で社会システムの成員から忌避されることがある。

ある新しいアイデアに対するイノベーション決定の種類は時間の経過とともに変化する、あるいは変化させられることがある。自動車シートベルトが使用された初期には、車の所有者が自発的に取りつけており、その取りつけ費用は所有者が自ら支払わねばならなかった。一九六六年になって、すべての新車にはシートベルトを取りつけなくてはならないとの連邦法が米国議会を通過した。連邦議会の議員の合意の下に法案が通過した結果、任意的なイノベーション決定は集合的なイノベーション決定となったのである。この段階では、乗車中に運転者ないし同乗者がシートベルトを着用するかどうかという意思決定は、依然として任意的決定であった。しかし、一九七四年になって、運転者と前方座席の同乗者がシートベルトを着用するまでエンジンがかけられないように、すべての新車に対してシートベルトとイグニッション・スイッチの連動システムを設置することを義務づける連邦法が可決された。その結果、一年間ではあったが、シートベルトを着用することが集合的なイノベーション決定となった。この厳格な手法に対して世論はきわめて否定的で、米国議会はこの法律を撤回し、自動車シートベルトの着用は再び個々人の任意的な決定に委ねられることになった。その後、一九八〇年代になって、多くの州政府ではシートベルトの使用を命じる法律を通過させた。警察がシートベルトを着用していない運転者等を捕まえると、交通違反の呼び出し状を出すようになった。こうしてシートベルトの着用に関しては、権限に基づくイノベーション決定に近くなったのである。

かつて喫煙は完全に個々人の選択に委ねられていたが、一九八〇年代後半ころまでに、間接喫煙が及ぼす健康被害についての科学的な知見が蓄積されてきた。米国の航空会社は、すべての国内便での禁煙の励行を採用した。環境保護庁（ＥＰＡ）では、タバコの煙が発ガン物質であるとの報告書を取りまとめて公表した。一九九〇年までに、特にカリフォルニア州の地方自治体では、市庁舎やレストランあるいはバーなどの公的な場所での喫煙を禁じる条例を可決した。禁煙条例の採用は、米国の地方自治体に急速に普及し、二〇〇二年までにおよそ二四〇〇の市が採用するところとなった。いずれの市も任意的なイノベーション決定であったが、市議会で可決されると、市内の誰もが公共の場所での禁煙を強いられることになった（権限に基づくイノベーション決定）。地方自治体による禁煙条例制定の結果、米国での喫煙者は減少し続けており、二〇〇二年には成人の二五%しか喫煙していない。

この事例は第四のイノベーション決定を示している。つまり、時間の経過とともに、上記のいくつかが組み合わされて実施されるイノベーション決定である。**条件つきのイノベーション決定**とは、それ以前になされたイノベーション決定の後でなければ、個々人によるイノベーションの採否の選択が行なわれないようなイノベーション決定である。つまり、社会システムの個々の成員は、属する社会システムのイノベーション決定がなされた後になってはじめて(あるいは「それまでは」)、新しいアイデアの採否を自由に選択できる。シートベルトの事例では、一九六六年法(公衆を代表する議員による集合的なイノベーション決定)が制定されるまでは、自動車の所有者がシートベルトを取りつけるという任意的な決定をすることは困難であった［訳注*「後になってはじめて」の事例である］。一方で、市議会で禁煙条例が採択されると、公共の場所での禁煙というイノベーションを個々人は採用しなければならなくなるのである［訳注*「それまでは」の事例である］。

条件つきの意思決定のきわだった特徴は、二つないしそれ以上の直列的な決定が必要なことである。社会システムはこれらの集合的なイノベーション決定、権限に基づくイノベーション決定、そして条件つきのイノベーション決定の影響を直接的に受けることになる。

イノベーションの帰結

社会システムにイノベーションが導入されると、個人のみならず社会システムにも何らかの変化が生じる［第9章参照］。

イノベーションの帰結とは、イノベーションの採否によって、個人あるいは社会システムに生じる変化のことである。帰結は次の三種類に区分される。

1◆**望ましいあるいは望ましくない帰結**。イノベーションが社会システムに及ぼした効果が、社会学的な意味で機能的であるか、逆機能的であるかどうかに依拠する。

2◆**直接的ないし間接的な帰結**。イノベーションの導入により個人あるいは社会システムに生じた変化が、直接的なものであるか、二次的なものであるかどうかに依拠する。

3◆**予期されるあるいは予期されない帰結**。イノベーションによる変化が、社会システムの成員によって認識され意図されていたかどうかに依拠する。

チェンジ・エージェントは通常、望ましい帰結、直接的な帰結、そして予期される帰結を想定して、クライアント・システムにイノベーションを持ち込むものである。しかし、こうしたイノベーションはしばしば、社会システムの成員にとって、間接的で、望ましくない、しかも予期されない帰結をもたらすことがある。たとえば、鉄の斧をオーストラリアに住むアボリジニの部落に宣教師が持ち込んだことがある〔シャープ、一九五二〕。チェンジ・エージェントである宣教師は、新しい道具は部落の人たちの生活水準を高めるであろうと思っていた。しかし、この新技術は家族構造の破壊や売春の増加、あるいはイノベーションそのものの「誤使用」までも、もたらしてしまったのである。チェンジ・エージェントは、イノベーションの**外観**がもたらす結果については容易に予期しうるし、またその**機能**がもたらす結果についてもおそらくは予期しうる。しかし、イノベーションがもたらす**意味**、すなわちクライアントがイノベーションを主観的にどのように知覚するか、といった点についての予期はほとんどできない。

アイオワ州における雑種トウモロコシの普及

[注＊この事例は、ライアンとグロス[一九四三、一九五一]、グロス[一九四二]、およびヴァレンテとロジャーズ[一九九五]に基づく。]

ライアンとグロス[一九四三]がアイオワ州で実施した雑種トウモロコシの普及研究は、この先駆的な研究以来五二〇〇以上の普及調査が行なわれているにもかかわらず、この分野で最も影響力のある不朽の研究である。雑種トウモロコシ研究には、普及過程における主要四要素（イノベーション、コミュニケーション・チャンネル、時間、そして社会システム）がすべて含まれている。

雑種トウモロコシはアイオワ州の農民に一九二八年に発売されて以来、最も重要な農業イノベーション技術の一つになった。この新種の種子は一九三〇年代から一九五〇年代にかけての農業イノベーションの先駆けとなり、この間に農業生産性は急上昇した。雑種トウモロコシはアイオワ州立大学その他の州立大学の農業科学者が開発した。雑種トウモロコシの普及は、アイオワ州農業エクステンション・サービスと種子販売企業の営業担当者が強力に推進した。雑種トウモロコシの生産量は、それまでの自然受粉種に対して単位エーカーあたり二〇％も多く、自然受粉種に置き換わっていった。雑種トウモロコシはまた旱魃《かんばつ》にも強く、機械による刈取りにも適していた。しかし、種子は第一世代以降には雑種強勢を失ってしまうので、農民は毎年種子を購入せねばならなかった。それまでは、見栄えのいいトウモロコシのなかから、自分用の種子を選んで保存していた。雑種トウモロコシの採用により、アイオワ州の農民はトウモロコシ栽培における行動変化を余儀なくされたのである。また、化学肥料や農薬などを販売する農業産業に対する農民の依存体制という新時代の先駆けとなった。

ハーバード大学で社会学博士を取得したばかりの若きライアン教授が一九三九年にアイオワ州立大学に赴任した後、経済的な意思決定における社会的な要因を調査研究する対象として雑種トウモロコシというイノベーションを選んだ。彼はある農民とその近隣農民との間の社会的関係が雑種トウモロコシの採用にどのような影響を及ぼすか、という点に興味を持った。ハーバード大学在籍中に、普及に関する文化人類学の研究書を読んでいたので、ライアンはアイオワ州での雑種トウモロコシ研究を普及研究のフレームワークで捉えることにした。しかし、雑種トウモロコシの採用に関して、文化人類学の普及研究で使用される質的方法ではなく、アイオワ州の農民に対するインタビュー調査に基づいて収集した質的なデータを主に活用することとしたのである。

一九四一年の夏、農村社会学の大学院生になったばかりのグロスが、雑種トウモロコシ普及プロジェクトの研究助手として採用された。ライアンとグロスはエームズから五〇マイルほど西にある小さなコミュニティ二つを調査地点に選んで、そこに住む農民すべてに対面インタビューを行なうことにした。構造化された調査票を用いて、グロスがほとんどのデータを収集することになった。彼は各回答者に次のような質問——いつ雑種トウモロコシの採用を決定したか（採用した年というのは、データ分析に際しての主要な従属変数となるはずだった）、イノベーション決定過程の各段階において活用されたコミュニケーション・チャンネルは何か、農民は各年ごとにどれだけの畑で（自然受粉トウモロコシではなくて）雑種トウモロコシを栽培したか——を行なった。イノベーションについてのこうした想起調査に加えて、学校教育、年齢、農地の大きさ、収入、デモイン（アイオワ州の州都）その他の都市への旅行の頻度、農業雑誌の講読、その他革新性との相関分析で使う変数を得るための質問を行なった。ここで、革新性については、農民が雑種トウモロコシの採用を決定した年によって計測することとした。

ニール・グロスはウィスコンシン州ミルウォーキー郊外の出身で、始めはアイオワ州の農民に面接調査を行なうことにはどこか違和感があった。グロスは調査対象者の家に未明の朝六時に到着し、初日に二一人を面接調査した。しかも、驚くなかれ、彼はこの調査期間中一日に平均で一四人に面接調査を行なったのである！　今日、一日に四人の面接調査を行なえば、ハードワークだとされている。面接調査をしていたある日、農民の一人がグロスに対して、馬の炎症を抑えるにはどうしたらよいかといたずらに質問した。グロスは馬の炎症について何も知らなかったので、獣医を呼んで病気の馬を診にやらせると固く約束した（馬の炎症は、ある種の有害な草から生じる）。

グロスは一人で二つのコミュニティに住む農民三四五人に面接調査を行なったが、そのうち一二人は二〇エーカー以下の農地しか耕作していなかったので調査対象から除いた。また、七四人は雑種トウモロコシの普及が始まった後に農業を始めたので、これも調査対象から除いた。こうして、データ解析は残りの二五九人の回答結果に基づいて行なわれたのである。

データがすべて収集された後、ライアンとグロスは回答者ごとに番号をつけた。彼らは手集計するとともに、卓上計算機で分析を行なった（この時代にはコンピュータはなかった）。一年を待たずに、グロス〔一九四二〕は雑種トウモロコシの普及に関する修士論文をまとめ、そのすぐ後にライアンとグロス〔一九四三〕の研究成果は「農村社会学」誌に掲載された（二人の論文は他にも何本かあるが、この論文は普及研究では最も頻繁に引用される論文である）。論文はイノベーション普及という研究領域の基本文献となった。農業イノベーションの普及に関する先行研究はあったが、イノベーション普及研究に貢献するような研究パラダイムを生み出していなかったので、普及研究の原点とはなりえなかったのである〔バレンテとロジャーズ、一九九五〕。ライアンとグロス〔一九四三〕の研究は、その後多くの普及研究者によって活用されることになる調査研究方法の定番を確立した。すなわち、イノベーションの採用者がそれをいつ採用したか、どこで誰からイノベーションに関する情報を得たか、そして採用の結果はどうかといったことを質問する想起調査である。ライアンとグロス［一九四三］は、それまで文化人類学者が使っていた「普及」という言葉を有名にした。ただし、彼らは「イノベーション」という概念は使わなかった。これはその後の研究者が用いることになる。

農民二五九人のうち二人を除いて、一九二八年から一九四一年までの一三年間に雑種トウモロコシを採用した。年毎に採用率を累積して図に記入すると、S字型曲線が得られた。普及開始五年後の一九三三年には、農民のうちの一〇％しか採用していなかった。その後、採用曲線は「離陸」して、三年後の一九三六年には四〇％に急上昇した。次いで、イノベーションを採用していない農民の数が少なくなるにつれて、採用率は徐々に水平になった。採用率曲線の形状は全体としてS字型にみえたのである［図1-2を参照］。

新種の種子を採用した時点に基づいて、農民には採用者カテゴリーが付与された［グロス、一九四二］。後期の採用者に比べて、イノベータは大規模な農地を持ち、高収入で、学校教育を受けた期間も長かった。アイオワ州一の大都市で、この二つの小さなコミュニティから七五マイルほど離れたデモインに訪問した回数によってコスモポライト性を測定すると、イノベータはコスモポライトでもあった。

雑種トウモロコシは自然受粉の種子（従来の品種）と比べて相対的優位性のきわめて大きなイノベーションであったが、普通の農民が「気づきの知識」からイノベーションの採用に移行する動きは緩慢であった。イノベーションに関する知識を得てから採用決定に至るまでのイノベーション決定期間は、すべての回答者平均で九年だった。たとえ目を見張らせるような結果をもたらすイノベーションでも、採用決定にはかなりの熟考過程が必要であることを示している。農民全体の平均で、大体一エーカー程度の農地に雑種トウモロコシを試験的に栽培し始めてから三年ないし四年経過した後に、農地のすべてで栽培する決定を下していた。

イノベーション決定過程の段階ごとに、コミュニケーション・チャンネルはその特性に応じて異なった役割を果たしていた。平均的な農民は、営業担当者から雑種トウモロコシについての知識を得るが、説得に至るチャンネルは近隣の農家からであることが多い。このように、営業担当者は初期の採用者にとっては重要なチャンネルであったが、後期の採用者にとっては近隣の農家のチャンネルのほうが重要であった。ライアンとグロス［一九四三］の知見では、社会システム内部への普及過程において、対人ネットワークの重要性が示唆された。雑種トウモロコシに対する農民間の個人的な体験の意見交換が、普及の核心をなすものであった。こうした肯定的な体験がイノベータや初期採用者の間に十分に蓄積されるとともに、コミュニティのなかでこうした体験が意見交換されたとき、イノベーションの採用速度は離陸したのである。雑種トウモロコシに関する閾値の突破は一九三五年に起きた。この時点以降、一層の普及を止めることは不可能であったろう。社会システムとしての農民コミュニティは、個々の農民を連結するネットワークを含めて、普及過程の進行にとって不可欠な要素であった。

普及ネットワークとオピニオン・リーダーシップの役割を理解するなら、ライアンとグロス［一九四三］は対象とした農民に対して、「どの農民から雑種トウモロコシに関する情報を得たか？」といったソシオメトリックな質問をするべきだった。二つのコミュニティに住むすべての農民を対象として、このようなコミュニケーション・ネットワークに関する調査を行なうとよかったのである。しかし、「無作為抽出法で調査するときと同じように、回答者はそれぞれ無関係なものであるとみなしたうえで、情報はただ単にすべてのコミュニティの成員から収集された」［カッツ等、一九六三］のである。

普及ネットワークに関するソシオメトリックなデータはなかったが、ライアンとグロス［一九四三］は、雑種トウモロコシは雪だるまのようにアイオワ州の二つのコミュニティに浸透していったと直感していた。

「個々の人たちが相互に交流している人々のなかで取る行動は、その仲間の行動に影響を及ぼしている。このようにして、少数の農家が雑種トウモロコシの栽培に成功すると、まだ採用していない農家に新たな刺激を与えることになる」のである。二人は、それ以後の普及研究者が詳細なデータを収集して証明するようになる課題を直感的に知っていた。つまり、普及過程の核心は、すでにイノベーションを採用した人たちと、これらの人々を社会的な模範として影響を受けながら追随する人たちとの間の、対人的なネットワークを介した交流である。普及は本質的に社会過程なのである。

農村社会学者が形成する見えざる大学を研究した研究報告［クレイン、一九七二］では、一九六〇年代までの普及研究において、新しい概念や調査方法を最初に提案した研究者を明らかにしている。それまでの農村社会学の普及研究で最も広く活用されている知的イノベーション一八件のうち、ライアンとグロスの研究が一五件を占めていた。ライアンとグロスは、古典的な普及パラダイムの形成において中心的な役割を果たした。雑種トウモロコシに関する調査は、普及研究の全歴史を通じて決して忘れ去ることのできない業績を残したのである。

本章の要約

普及とは、イノベーションが、あるコミュニケーション・チャンネルを通じて、時間の経過のなかで、社会システムの成員の間に伝達される過程である。メッセージが新しいアイデアに関わるものであるという点で、普及はコミュニケーションの特殊な形式の一つである。**コミュニケーション**とは、それの参加者が相互理解に到達するために、互いに情報を創造し分かち合う過程である。メッセージの内容が新しいアイデアであるところに普及の特殊性がある。したがって、不確実性および知覚されたリスクが、イノベーション過程にはある程度含まれることになる。情報を獲得することによって、人は不確実性の度合いを減じさせることが可能である。**情報**とは、物質・エネルギー系に内在する差異であって、一群の選択肢のなかから一つを選択する状況において不確実性に影響を及ぼす。

イノベーションの普及に関わる主要な要素は、❶イノベーション、❷コミュニケーション・チャンネル、❸時間の経過、❹社会システムである。

1◆イノベーション

イノベーションとは、個人あるいは他の採用単位によって新しいと知覚されたアイデア、習慣、あるいは対象物である。本書で検討するほとんどの新しいアイデアは、技術的イノベーションである。**技術**とは、こうあって欲しいと思う成果の達成に関わる因果関係に不確実性が内在するとき、これを減じる手段的な活動のための綿密な計画のことである。技術には二つの側面がある。❶物質あるいは物体であって、技術を具現化する道具よりなる**ハードウェア**としての側面、および❷道具を利用するための情報基盤よりなる**ソフトウェア**としての側面である。

社会システムの成員によって知覚されるイノベーションの特性が、その普及速度を左右する。イノベーションの五つの属性とは次のものである。❶相対的優位性、❷両立可能性、❸複雑性、❹試行可能性、❺観察可能性である。**再発明**とは、イノベーションの採用と実施の過程で、利用者によって変更あるいは修正される度合いのことである。

2◆コミュニケーション・チャンネル

コミュニケーション・チャンネルとは、メッセージがある個人から他の人に伝達される方法である。マスメディア・チャンネルは、イノベーションに関する知識を伝えるのに有効である。これに対して、対人チャンネルは、個人を説得して新しいアイデアを受け入れさせるのに有効である。ほとんどの人たちは、専門家による科学的な研究結果に基づいてイノベーションを評価することはなく、すでにイノベーションを採用した身近な同僚の主観的な評価に従う。このように、身近な同僚は役割モデルを担っており、身近な同僚の行動が他の人たちによって模倣される傾向がある。

イノベーションの普及の特徴的な側面の一つは、人がイノベーションについてのコミュニケーションを行なうとき、少なくともある程度の異類性が存在することである。**異類性**とは、コミュニケーションを行なっている二人ないしそれ以上の成員が、信条や教育あるいは社会的地位などの属性において異なっている度合いのことである。この対概念が**同類性**であって、コミュニケーションを行なっている二人ないしそれ以上の成員がある属性に関して同等である度合のことをいう。ほとんどのコミュニケーションは同類性の高いもの同士で行なわれており、より有効なコミュニケーションが営まれる。イノベーションの普及過程においてしばしば現れる異類性のために、効果的なコミュニケーションを遂行することが課題となる。

3◆時間

普及において時間要素は次の局面で現れる。❶イノベーション決定過程、❷革新性、❸イノベーションの採用速度、である。**イノベーション決定過程**とは、個人が初めてイノベーションに関する知識を獲得してから、イノベーションに対する態度を形成して、採用するか拒絶するかという意思決定を行ない、新しいアイデアを導入・使用し、そしてその意思決定を確認するに至る過程のことである。イノベーション決定過程は概念的に次の五つの主要段階に区分される。❶知識、❷説得、❸決定、❹導入、❺確認である。イノベーション決定過程のさまざまな段階で情報を探し求める。予想される結果についての不確実性を減じるために、人々はイノベーションによって

イノベーション決定過程では、イノベーションを全面的に活用するという意思決定、つまり**採用**に至るか、イノベーションを採用しないという意思決定、つまり**拒絶**のどちらかに至る。

革新性とは、個々人あるいは他の採用単位が、その他の成員よりも相対的に早く、新しいアイデアを採用する度合いのことである。イノベーション採用の革新性に基づいて、社会システムの成員を次の五つの採用者カテゴリーに区分する。❶イノベータ、❷初期採用者、❸初期多数派、❹後期多数派、❺ラガードである。**普及速度**とは、イノベーションが社会システムの成員によって採用される相対的な速さのことである。

4◆社会システム

社会システムとは、共通の目的を達成するために共同で課題の解決に従事する、相互に関連のある成員の集合のことである。社会システムには構造が存在する。**構造**とは、社会システム内部の成員のパターン化された配置のことである。この構造が、社会システム内部の人の行動に規則性と安定性をもたらす。社会構造とコミュニケーション構造は、イノベーションの普及を促進することもあれば、阻害することもある。社会構造の一つの側面が規範である。**規範**とは、社会システムの成員に対して確立された行動パターンのことである。

オピニオン・リーダーシップとは、ある特定の人に関して、相対的にみて頻繁に他の人の態度や行動が望む

べき方向に向かうように、非公式に影響力を行使できる度合いのことである。**チェンジ・エージェント**は、それが属する機関からみて望ましいと思われる方向に向かうように、クライアントのイノベーション決定に介在する。**補助者**はチェンジ・エージェントほどの専門的な知識はないが、イノベーション決定に影響を及ぼすために、クライアントに親しく接触することを任務としている。

イノベーション決定は三つに区分される。❶**任意的なイノベーション決定**。つまり、社会システムの他の成員の意思決定とは関係なく、個人によってイノベーションを採用するか否かの選択が行なわれる。❷**集合的なイノベーション決定**。つまり、社会システムの成員の間に合意が形成されることによって、イノベーションを採用するか否かの選択が行なわれる。❸**権限に基づくイノベーション決定**。つまり、強制力、地位、あるいは技術的な専門知識を持った社会システム内の少数の人たちによって、イノベーションを採用するか否かの選択が行なわれる。最後に、時間の経過とともに、上記のいくつかが組み合わされて行なわれるイノベーション決定がある。つまり、**条件つきのイノベーション決定**では、その以前になされたイノベーション決定の後に初めて、イノベーションを採用するか否かの選択が行なわれる。

社会システムと普及との関係で、最後に登場するのはイノベーションの帰結である。**イノベーションの帰結**とは、イノベーションの採否の結果として個人あるいは社会システムに生じる変化のことである。

第2章……The Generation of Innovations

イノベーションの生成

資本家のエンジンを起動させ、かつ、動かし続ける基本的な推進力は、資本主義企業が創造するものとしての消費者向けの商品、生産あるいは輸送に関わる新しい方法、新市場、産業組織の新形式によってもたらされる。

ジョセフ・シュンペーター『資本主義、社会主義、民主主義』〔一九五〇〕

いいネズミ捕りを作れ、そうすれば人々はあなたの門前に押し寄せるだろう。
ラルフ・ワルド・エマーソン

イノベーションはどこから来るのか？　イノベーションの生成過程は将来の普及や帰結にどのような影響を及ぼすのか？　これまでに指摘したように、普及研究は典型的にはS字型普及曲線の左端の点、すなわち、イノベーションの最初の採用者から始まる。しかしながら、この点の手前で生じる決定や出来事が普及過程に強い影響を及ぼす。イノベーション発展過程という一層広い視座からすると、イノベーションの普及は一層大きな流れのなかの後方の局面にすぎない。この一連の流れのなかで、イノベーションは、認識された課題に関する調査研究開始の決定からイノベーションのもたらす帰結へと至るのである。

過去のイノベーション研究では、普及過程が始まる以前に、関連する活動や決定が行なわれているという事実を見過ごしてきた。知覚された課題、研究開発活動に対する資金拠出の決定、調査研究活動、イノベーションの発明およびそれに次ぐ開発や商業化、普及のための意思決定、イノベーションの普及機関への移転、そして潜在的採用者であるオーディエンスとのコミュニケーションなどである。**ついで**イノベーションが初めて採用されて、普及過程が始動する。一連の普及前の活動や意思決定は、イノベーション発展過程の主要な部分である。本章では、イノベーション発展過程のうちの普及前の局面に関する研究成果を概説する。

イノベーション発展過程

[第1章]で、**イノベーション**とは、個人あるいは他の採用単位によって新しいと知覚されたアイデア、習慣、または対象であると定義した。**イノベーション発展過程**は、ニーズや課題の認識から始まって、イノベーションに関する調査研究、開発、そして商業化を通過し、さらに利用者によるイノベーションの普及と採用を通過して、イノベーションの帰結へと至るすべての意思決定、活動、影響によって構成される。そこで次に、イノベー

図2-1………イノベーション発展過程における主要な六つの段階

通常の追跡調査や通常の普及研究は限られた範囲しか扱っていないことがわかる

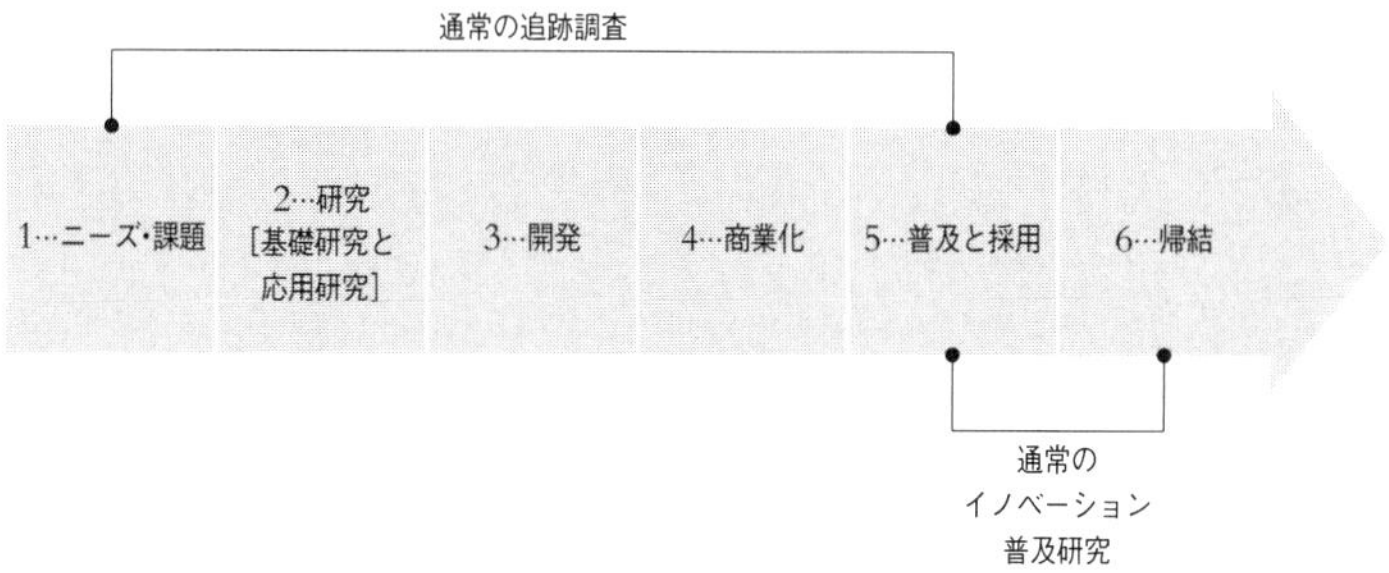

六つの段階区分はやや恣意的である。
というのは、これらの段階の各々がこの順で常に生じるわけではなく、
またイノベーションによっては特定のある段階は省略されることがあるからである。

ション発展過程におけるこれらの主要な段階をそれぞれ取り上げて説明する。

1◆課題やニーズの認識

イノベーション発展過程は課題やニーズの認識から始まることが多い。課題やニーズが、イノベーションを創造するための研究開発活動を促すのである［図2-1］。科学者は将来の課題を知覚したうえで、その解決策を見出すために研究を開始する場合がある。たとえば、カリフォルニア大学デービス校の農業科学者は、ブラセロ（メキシコの農業労働者）プログラムが終了するときに、カリフォルニア州でのトマト栽培農家の労働力が不足することを見越して、機械で収穫できる固い品種のトマトの研究開発プログラムを主導した。

また、社会システム内部での議題設定過程を通じて、社会的な議題として課題やニーズが浮かび上がってくる場合もある。その事例は、米国での自動車の安全性に関わる論点である。一九六〇年代半ばまで、安全な車を製造し安全なハイウェイを設計するための研究開発は何年にもわたって行なわれてきたが、その成果が実用化されるまでには至らなかった。一九六〇年代になって、一連の議会公聴会の開催とラルフ・ネイダー〔一九六五〕が著した『どんなスピードでも安全ではない（Unsafe at Any Speed）』という本が、交通死亡率の高さに対する国民的な注意を喚起した。一九六〇年代初めに年間交通死亡者数が五万人に達したとき、車の安全性に関する社会問題の優先順位が急上昇した。この問題が政治的な論点になるまでには、数年に及ぶ議題設定過程を必要としたのである〔ディアリングとロジャーズ、一九九六〕。

ハブロック〔一九七二〕は自動車の安全性の専門家と、国内のハイウェイ保安組織の意思決定者の各々数百人を対象に調査を行なった。ハイウェイ保安組織の意思決定者たちは「ハンドルを握っている自動車狂」（個人責任の視点）のせいだとする一般的な見方に賛同していた。**個人責任**とは、個人が抱えている問題は、その人が属しているシステムよりは、むしろその人に責任があるという風潮のことである。他方、自動車の安全性に関する研究開発の専門家はこの見解とは反対に、問題を解決するには自動車とハイウェイの設計を見直さねばならないと感じていた（システム責任の視点）。**システム責任**とは、社会システムに属する個々の成員が抱えている問題はその社会に責任があるという風潮のことである。大学教員を中心とするこれらの専門家たちの「見えざる大学」は、一群のオピニオンリーダーや教授が主導していた。こうしたオピニオンリーダーは、同僚から優れた研究者であると評価されていた。彼らは政府当局者や保険会社の幹部との接触の度合いも高かった。その結果、ハンドルを握っている自動車狂という考え方は次第に少数になり、システム責任の視点が主流になった。安全研究は方向が見直されて、より安全な車の設計や道路の建設を目的とする新たな公共政策が形作られるようになったのである。やがて、❶自動車メーカーは安全な車を設計すること（エアバック入りのダッシュボード、頑丈なバンパーなど）、そして❷ハイウェイ建設会社は安全な道路を建設すること（高架道の支柱正面に衝突減衰装置を取りつけるなど）を義務づける連邦法が通過した。

こうして、公共政策において交通安全問題が個人責任からシステム責任へと定義が見直されることにより、既存の研究成果が実際に適用された。イノベーションに関する議題設定過程が時間の経過とともに進行するにつれて、技術的な専門知識と政治的な力を巻き込みながら、課題が社会的に形成されたのである。

2◆基礎研究と応用研究

普及研究で対象としてきたイノベーションのほとんどは技術的イノベーションであり、「技術」という言葉はイノベーションの同義語として使用されることが多い。技術とは何か？ **技術**とは、こうあって欲しいと思う成果の達成に関わる因果関係に不確実性が内在するとき、これを減じる手段として講じる綿密な計画のことである［第1章参照］。この定義の背後には、道具つまり手段が課題やニーズを解決する助けになることが含意されている。道具には、❶物質的な装置や製品などより構成されるハードウェアの側面と、❷知識、技量、手続き、そして道具の情報基盤である原理より構成されるソフトウェアの側面がある。ほとんどすべての技術はソフトウェアの側面をもっているが、ハードウェアほど目につくことは少ない。

技術的イノベーションの多くは科学研究によって創造されるが、たいていは科学的方法と実際的な課題との間の相互作用から生まれる。技術の知識的な基盤は、通常は**基礎研究**に起源をもつ。**基礎研究**とは、科学的知識を前進させるための独創的な研究であり、その知識を実際的な課題に適用するなどの特別の目的をもたないもののことである。これに対して、**応用研究**は実際的な課題を解決することを意図した科学的な調査から構成される。科学的知識はイノベーションとして実用化される。応用研究者は基礎研究の主要な利用者である。すなわち、発明は基礎研究に始まり、応用研究が引き続き、開発へと至る一連の流れの結果として得られる。ここで、**発**

明とは新しいアイデアが発見あるいは創造される過程のことである。研究が特許につながることは、その成果の証《あかし》の一つである。

研究開発者は、まったく別の発明を目指している間に、たまたまある発明に巡り合うことがある。**セレンディピティ**とは、新しいアイデアを偶然に発見することである。スコッチテープでよく知られている３Ｍの研究所でもセレンディピティが起こった。何十年か前に、３Ｍの研究者は新しい接着剤を発見したが、紙の表面に強力に接着するものではなかったので役に立たないとみなされた。しかし、研究者がこの新接着剤を使って「ポスト・イット」を創り出したとき、この失敗作は見事な成功を収めることになった。手始めに、研究者がポスト・イットを幹部秘書に渡したところ、非常に使いやすいと評判になった。そこで、ポスト・イット一箱をフォーチュン５００に入っている企業の幹部秘書に郵送したところ、そのまま勢いがついて大成功を収めるに至った。ポスト・イットは３Ｍでも最も収益の高い製品の一つで、毎年何百万ドルもの利益を生み出している。

ロゲインの発見もセレンディピティの一例で、これはアップジョンが製造している増毛剤である。一九九〇年代半ばに、アップジョンの研究開発者はミノキシジルを発見した。ミノキシジルは動脈を膨張させることによって、血圧を低下させる薬品である。驚いたことに、ミノキシジル・プロジェクトに携わっていた研究開発者自身の髪の毛が豊かに成長し始めたのである。実験的に前腕にミノキシジルを塗ってみると、その部分に毛が密集して生えてきた。ミノキシジルが血管を膨張させて、毛根への血流を改善し、毛の成長を促したのである。当初、増毛剤はアップジョンの製品としては相応しくないと同社の幹部は考えていた。しかし、研究開発者たちはついに社長を説得して、ロゲインを市場に投入した。ロゲインは米食品医薬品局（ＦＤＡ）の承認後にアップジョンの養毛刺激剤につけられた名前である。ロゲインを使わなくなると進行が一挙に早まるので、このイノベーションを中断することは難しい。

セレンディピティによる新しいアイデアの発見は、科学者や発明家のみならず、一般の人々にも起こることがある。たとえば、携帯電話を使って短いメッセージを伝送するSMS（ショート・メッセージ・サービス）は、一九九〇年代半ばに日本の十代の少年が発見したとみられている。現在では、携帯電話の製造者の多くはSMSの送受信が可能な装置を内蔵しており、何十億というショート・メッセージが毎日飛び交っている。

リードユーザー

イノベーション発展過程での暗黙の仮定は、イノベーションは製造企業によって開発され、その企業が製造し販売するというものである。マサチューセッツ工科大学（MIT）の教授であるエリック・フォン・ヒッペル〔一九八八〕は、この仮定はたいてい誤りであることを発見した。いくつかの分野では、**リードユーザー**がイノベーションの原型を創り出した後に、彼らがイノベーションを開発し、それを製造・販売するように製造企業を説得することがある。明らかに、リードユーザーは新製品に対するニーズをもっており、しかもそのニーズは市場にかなり先行している。典型的には、リードユーザーはS字型普及曲線が始まる以前にそのイノベーションを開発する。リードユーザーは問題に遭遇し、解決策を考え、そして多くの場合イノベーションの原型を制作する。ついで、リードユーザーは、その新しいアイデアを製造企業に引き継ぎ、市場に投入するように働きかけるのである。フォン・ヒッペル〔一九八八〕によると、リードユーザーは科学機器のイノベーションの七七％を、また半導体とプリント回路基板のイノベーションの六七％を開発していたという。

リードユーザーの一例はアーノルド・ベックマンである。彼はカリフォルニア工科大学の化学の教授で、化学研究用の新実験装置を作っていた。ベックマンが作った電子測定装置と同じ装置を作ってほしいと同僚研究者から依頼されていたが、あまりにも頻繁だったので、ベックマン自身の研究に支障がでるほどであった。そういうわけで、何十年か前に、ベックマンは実験装置を設計製造するために新会社を設立する一方、自らは大学での教授職を続けることにした。この会社、すなわちベックマン・インスツルメンツは大企業に成長し、彼は大金持ちになった。この場合、ベックマンはリードユーザーであった。

製品製造用の部品や材料を供給している企業が技術的イノベーションを開発し、それを製品製造企業が引き継いで製造・販売することがある。逆に、製造企業がある特定の技術に対するニーズを部品供給企業に相談し、そのイノベーションを開発するための協働を申し出ることもある。一九六〇年代に日本の消費者向け電子機器企業であるビジコンがシリコンバレーにあるインテルに接触して、新しい電子式卓上計算機用に一二個の半導体チップを一体化したいと相談を持ちかけたときに、こうしたことが起こった。ビジコンの島正利博士がカリフォルニアに出張して、ビジコンのニーズをインテルの社員であったテッド・ホフ博士と話し合った。ホフは一二個のチップすべてを単体の半導体チップ上に収めるというアイデアをもっており、単体の半導体チップ上にコンピュータの中央処理装置を搭載することを思いついたのである。こうしてマイクロプロセッサが誕生した。島とホフはインテルで数カ月にわたってマイクロプロセッサを開発するために協働作業を行ない、ビジコンの新しい電卓に使われる一方、それ以後のインテルの主要製品となった［ノイスとホフ、一九八一］。こうして、イノベーションは製品製造企業（リードユーザーであるビジコン）と部品供給企業の間の緊密な接触から生まれたのである。

トラクターシャベル、エンジニアリング・プラスチック、プラスチック添加剤などの特定の領域では、イノベーションの開発のほとんどは製造企業が行なっており、ついで新製品が市場に出回っている［フォン・ヒッペル、一九八八］。ここでは、リードユーザーは重要な役割を果たしてはいない。

イノベーションの開発は、ニーズとウォンツ、そしてそのための可能な技術的解決策について情報を交換しているときに起きる。しばしば、利用者（ユーザー）はイノベーションの開発に役立つ重要な情報をもっている。

イノベーション開発のための初動がリードユーザーから来ることがあり、製造企業がイノベーションの開発を始めることもある。リードユーザー概念は非常に重要で、3Mのような大企業では、新製品のアイデアを見つけ出すためにリードユーザー戦略を活用している［フォン・ヒッペル、一九九九］。指導的な実務家にソシオメトリックな質問をすることで、技術分野における潜在的なリードユーザーを選び出し、二日間のワークショップに招待して可能な技術的解決策を議論している。いくつかの企業では、インターネットを使ってリードユーザーに接触している。たとえば、一九九〇年代後半に、ソニーはプレイステーション用にビデオゲームを開発しているハッカーと接触するためにウェブサイトを設けた［フォン・ヒッペル、一九九九］。驚いたことに、一万人ものハッカーが応答してきたのである。

東芝ラップトップ・コンピュータの誕生

パーソナルコンピュータが登場してしばらくの間、それはすべてデスクトップつまり机上式パソコンであった。その後一九八六年になって、東芝は世界に先駆けてラップトップ・コンピュータを製造した。これは消費者から熱狂的な歓迎を受けたイノベーションであった。パソコンがラップトップであることは、人の多さと狭い事務所という点から見て、日本では特に意味のあることであった。十数人の部下とボスで込み合った事務所では、何人かの社員に小さな机が一つあてがわれることもある。単に、デスクトップ・コンピュータを置く場所がないのである。さらに、日本では専門職は仕事を家にもって帰ることを強いられていたが、ほとんどの人はパソコンを家にもっていなかった。

ラップトップ・コンピュータに有利に働くこれだけの要因がありながら、東芝の経営トップはこのイノベーションの開発に抗した。それにもかかわらず、東芝はその開発に引きずり込まれたのである。二回にわたって、東芝本社はラップトップ・プロジェクトを却下した。成功したのは、もっぱら溝口哲也という独創的なチャンピオンの粘り強さのおかげである。「才気ある技術者で、新しいアイデアに満ちあふれ、周囲を気にせず、人使いが荒く、決して好機を逸することはなかった。その当時、彼は部下から敬服されていたが、好かれてはいなかったようだった」[アベッティ、一九九七]。溝口は米国に頻繁に出張しており、一九八三年に東芝のR&Dチームと米国を訪問した折に、携帯型パソコンのアイデアを構想した。そのパソコンはIBMが製作したデスクトップ・パソコンとの互換性が必要だった。IBMは当時、パソコン市場で支配的な立場にあったのである。

溝口が構想していたラップトップ・パソコンが理にかなったものだと東芝の経営陣を納得させるのは、きわめて困難なことであった。東芝はちょうどその当時パソコン市場で敗退し、巨額の赤字を出していたので、経営陣はコンピュータビジネスからの撤退を決定していた。彼らは開発資金を求める溝口の提案を退け、ラップトップ・パソコンのR&Dチームに技術者を充てることを拒んだ。溝口は、くじけることなく「地下」にもぐり、東京のはずれにある青梅工場でプロジェクトを続けた。ラップトップを設計するために、防衛関連のプロジェクトから資金を流用し、同時に技術者を一〇人異動させた。プロトタイプとなるパソコンは二四カ月で製作されたが、巻き込まれた社員にとって、その過程は非常にストレスが多かった。たとえば、ある技術者は、すでにすし詰めになっていたパソコンのプロトタイプに部品をもう一つ詰め込もうとしても、その場所が見つからなくて疲労困憊していた[アベッティ、一九九七]。溝口はラップトップのカバーを剥ぎ取りコップ一杯の水を中に注ぎ込んだ（かくして電子回路はすべて破壊された）。ラップトップを逆さまにすると、何滴かの水がしたたり落ちてきた。溝口は呆然とする技術者を振り返り、「見ろ、まだすき間が残っている！　もっと賢く働け！」と声高に叫んだ。

一九八五年、ついに溝口は東芝本社でラップトップを意気揚々と披露した。しかし、会社幹部は単なる流行品で、ほんのわずかの市場ニッチしか埋められないと論難した。溝口はラップトップを日本では販売しないようにと命じられた。東芝はほんのわずか前にデスクトップ・コンピュータで敗退していたのである。この時点で、溝口は支持者をみつけた。東芝ヨーロッパの副社長であった西田厚聡で、この新製品に夢中であった。彼は、「プロトタイプを七台作ってくれれば、それをヨーロッパ中で見せて回って、初年度で一万台販売することを請け負う」と語った［アベッティ、一九九七から引用］。数日のうちに七台が作られ、マーケティング・チャンピオンである西田はヨーロッパに戻り、一四カ月で初めの一万台のラップトップを完売した！西田は収益結果を経営陣に示し、このイノベーションを米国市場で試すことにした。一九八八年までに、東芝はヨーロッパでのラップトップの市場シェアを三八％確保し、米国では二一％獲得した。その一年後、競合企業のすばやい対応にもかかわらず、日本国内で四六％の市場シェアを確保した。青梅工場でのラップトップの生産は、一九八六年には月間五〇〇〇台であったが、一九八九年には一〇万台に増加した［アベッティ、一九九七］。溝口は一九九六年に東芝の取締役に昇進し、西田は東芝のトップの座に就いた。

東芝の上層部はラップトップに抵抗した。というのは、当時はあまりにもラディカルなイノベーションだったからである。そこで、企業幹部の不快感から逃れるために、その開発は（青梅工場での）「スカンクワークス」に押しやられた。ラップトップのスカンクワークスはなおさらのこと異常であった。というのは、企業トップの目の届くところから隠さざるを得なかったからである。通常のスカンクワークスでは企業経営者からの承認があり、ときには社長自らが指揮することもある。アップルでのマッキントッシュ開発のためのスカンクワークスは、スティーブ・ジョブズが主導した。イノベーションの開発のために、自らのキャリアを危険にさらす覚悟で、上司の命令に従わなかった溝口哲也はとても並みの日本人技術者ではなかった。イノベーション・チャンピオンに関する一般的な原理からすると、組織階層が下位であればあるほど、新製品に対して革新的である［ディ、一九九四］。ラップトップが市場で成功した後になって初めて、東芝は溝口の労をねぎらい、彼は英雄になった。

3◆開発

R&Dという頭字語は、それが表している概念と密接に対応している。常に「R」が「D」に先行している。つまり、開発は研究に密に基づいているのである。実際、開発を研究から引き離すことは困難であり、そのためにR&Dという言葉が頻繁に使われている。しかしここでは、少なくとも概念的には、研究と開発はイノベーション発展過程において別個の局面であるとしておく。

イノベーションの**開発**は、新しいアイデアを潜在的な採用者のニーズに適合しうる形式にする過程である。研究に端を発するイノベーションの創造の一部として、開発の局面は通例は研究の後に生じる。

R&Dにおける不確実性の役割

新しいアイデアの発明者や開発者は、イノベーションの最終的な採用者である個々人あるいは諸組織の課題を見きわめなければならない。それに加えて、自らのR&D組織の同僚の行動、競争相手、政府の政策立案者その他多数の要因が、発明者や開発者の新しいアイデアの成否に影響を与える。技術的イノベーションに関する情報交換は、イノベーション発展過程の命運を左右する。R&D社員は情報を獲得し活用するために多大の努力を払う。すなわち、第一に、R&D社員が創造し市場に投入しようとしているイノベーションの性能、そして彼らがイノベーションに組み入れようとしている材料や部品などに関するデータ。第二に、競争相手のイノベーション、当該イノベーションに関わる既存特許の状況、当該イノベーションに影響を与える政府の政策、そして想定される消費者が直面している課題と当該イノベーションがこうした課題を解決する助けとなるかといった情報。

　高度の不確実性に直面しながら、イノベーション発展過程はとりわけ技術的な情報の交換によって突き動かされている。

技術の社会的構成

　技術決定論とは、技術が社会変化の原因であるという信念である。この見方は、言外に技術は自律的であるとの意味を含んでいる（すなわち、社会の外部にあるという見方）。もちろん、そうではない。反対の見方は社会決定論や**技術の社会的構成**と呼ばれており、技術は社会的な要因によって形作られると主張している。技術は社会的な産物であって、社会システムの規範や価値観の影響を受ける。たとえば、潜在的な収益性などの経済的な要因が技術的イノベーションを形作ることがある。主要な技術の多くは軍事的な要求によって形作られる。原子力、ジェット機、あるいはインターネットなどがその事例である。また、健康や安全、環境問題、そして独占禁止などの政府による規制が技術の発展に影響を及ぼしている。

スカンクワークス

　企業の規模が大きくなると官僚的な組織になりがちである。官僚的な組織は技術的イノベーションの創造に適切でないことが多いため、スカンクワークスが重要な役割を果たすことになる。**スカンクワークス**とは、小規模でときには破壊的な組織単位であって、技術的イノベーションの開発を先導するために大企業の組織内部に創造される。組織内での日常業務から離れて、少数の人々が新しいアイデアを綿密に計画立てるのを支援する意図的な方法として、スカンクワークスはきわめて豊穣な作業環境を提供する。スカンクワークスに属するR＆D社員は、特別に選抜され相当の資源が与えられ、イノベーションを創造するために全力を挙げて取り組むことになる。

「スカンクワークス」という独特の名前の由来は、第二次世界大戦中にロッキード先端開発計画部がP―80シューティング・スターを設計したときにさかのぼる。開発のためのインキュベータは、機密保持のためにカリフォルニア州バーバンクにあるプラスチック工場の脇のサーカステントのなかに設けられた。テント内に漂ってくる強烈な臭気から、ロッキードのR＆D社員は悪臭に満ちた「スカンクワークス」工場を思い起こした。「スカンクワークス」工場は、アル・キャップの描くリルアブナーという連続劇画に登場するものである。この名前はそのまま残って、優先順位の高いR＆D部門の一般名称になり、それ以来さまざまな企業で設けられるようになった。

特に著名なスカンクワークスは、アップルの社長スティーブ・ジョブズが一九八〇年代にマッキントッシュを設計するために創ったものである。この極秘の研究所はカリフォルニア州北部のシリコンバレーにあるクパチーノのグッドアース・レストランの裏手に設置された。五〇人ほどのきわめて熱心な若手コンピュータ技術者が、ジョブズの攻撃的で口やかましい指導の下で昼夜を置かず働き続けた。この場合、会社の社長が自らスカンクワークスを引っ張っていたのである。何度かの延期があった後で、革命的なコンピュータであるマキントッシュが、一九八四年一月に開催されたアップルの年次株主総会でついに公開された。マッキントッシュの評判はものすごく、翌日には何百万人もの消費者がこの新機種を見るためにコンピュータ販売店を訪れた。アップルでのスカンクワークスで長い間必死で働いてきた五〇人ほどの若手技術者は、突然自分たちが有名人になったことを知った。何人かは一夜にして百万長者になったのである。

技術的イノベーションを開発するのに、なぜスカンクワークスが必要なのであろうか？　多くのR&D組織は官僚的で、安定性と連続性は保たれているが、イノベーションを育成するほど融通がきかない。ここにわれわれは、組織構造と技術的イノベーションとの間にある特有の対立関係を見るところとなる。スカンクワークスは両者間の軋轢を乗り越える最良の手段の一つなのである。

技術移転

技術移転とは、情報を活用する方法のことである［ロジャーズ、二〇〇二b］。技術移転は通常、基礎研究ないし応用研究の成果を受容者が実用化する過程であると定義されている。この見方によると、技術移転は大学などと関係のある基礎研究者から民間企業の社員への一方向的な過程であって、社員が技術的イノベーションを開発して商業化する意味を含んでいる。さらに、こうした旧来の限定された見方では、技術は主としてハードウェアとして捉えられることになる。

技術にはハードウェアの側面のみならずソフトウェアの側面があり、技術は情報によって構成されていることを理解するならば、技術移転はコミュニケーション過程の一つであることは明らかである［イブランド、一九八六］。多くの研究者は、技術移転は双方向コミュニケーションであることを認識している。大学から企業へと技術が一方向的に移動する場合にも、技術の意味についての相互理解を図るために、複数のグループが一連のコミュニケーション過程に参加している。潜在的な利用者から研究者に課題が流れ、技術的イノベーションが利用者へと流れる。このように、技術移転とはコミュニケーションが双方向的に往復する過程である。

過去数十年間にわたって、技術移転は米国政府にとって非常に重要な政治的論点となってきている。どの産業にしても、自動車からビデオテープレコーダー（VTR、米国ではVCRという）、そして半導体メモリーまで、日本のハイテク企業は米国内の競争相手から市場シェアを奪い取ってきた。その結果が日本との間の貿易赤字である。米国の指導により日本は技術的イノベーションを創造しえたのだとしても、日本の企業は新技術を商業的な製品に効率的に移転することができたのである。その製品は高品質かつ低価格で製造された。米国企業は技術移転をうまく進める方法を学ばねばならなかった。

ＶＴＲは米国流の技術移転の失敗例である。ＶＴＲは一九五〇年代後半にカリフォルニア州レッドウッドシティにあるアンペックスが発明した。アンペックスは当初ＶＴＲをテレビ局に販売した。このＶＴＲは一インチ幅のテープを使い、冷蔵庫くらいの大きさがあり、価格は五万ドルであった。販売は好調でアンペックスは大きな収益をあげた。同社のＲ＆Ｄ社員は、家庭用に小型のＶＴＲを開発し販売するよう経営陣に提案した。しかし、経営陣は家電部門は同社の市場ではないとして、技術に関する諸権利を日本のソニーに売却した。ソニーはそれ以後、家庭用ＶＴＲとして商業化したのである。

ソニーなどの日本の電子機器メーカーは、家庭用ＶＴＲの販売によって毎年何十億ドルもの収入を得たが、米国の企業は一社としてＶＴＲを製造していなかった。米国の発明能力は、日本企業の巧みな商業化力、製造力、そしてマーケティング力を通じて、日本企業に商業的な優位をもたらしたのである。

冷戦後の一九八九年、ロスアラモス、サンディア、オークリッジなどの軍事関連研究所は、民間企業への軍事技術の移転を模索し始めた。この種の技術移転はきわめて困難である。五〇年以上にもわたって、連邦政府の軍事研究所は秘密かつ閉鎖的な制度をとっており、鉄条網を周囲に巡らし厳重な警戒態勢を敷いていた。組織文化は技術漏洩の防止に重点を置くものであったが、冷戦が終わると突然、連邦政府はＲ＆Ｄ研究所の使命を技術移転の方向に転換させたのである。しかし、組織文化は世界情勢ほど速やかには変わらなかった。研究所が民間企業に技術移転するまでには数年を要したのである。

米国の国際競争力は技術移転に関する欠陥のために脅威にさらされている。一九八〇年バイ―ドール法など いくつかの法律や政策によって技術移転が促されるようになった。バイ―ドール法は、米国の大学が研究活動によって得た技術的成果の移転を促進する法律である。それ以降、米国の研究開発型大学は技術移転施設を相次いで設立し、その多くは特許使用料によって毎年数百万ドルの収益を上げるに至った［ロジャーズ、イン、ホフマン、二〇〇〇］。

技術移転の何がこれほど難しいのであろうか？ 課題の一つは、何であるかを正確に理解することと、それを計測することである。技術移転にはおそらく次の三つの段階が存在する［ギブソンとロジャーズ、一九九四］。

1◈知識。ここでは、技術の受容者は技術的イノベーションに関する知識を得ることになる。

2◈使用。ここでは、技術の受容者はその属する組織で技術を使用に供することになる。この段階での技術移転は技術について単に知ることよりも格段に複雑である。これは、イノベーション決定過程における知識段階と導入段階の違いと同等である［第3章参照］。

3◈商業化。ここでは、技術の受容者は技術を商業化し、市場で製品を販売することになる。商業化に至るには、受容者は多くの時間と大量の資源を投入せねばならない。商業化のためには、長期にわたって技術に関する意見を交換する対人コミュニケーションが必要になる。

以上の三段階の技術移転についての考え方や報告書にはしばしば混乱がみられる。その結果、技術移転はおおよそ失敗する。技術移転は、それが効果的に生じるために必要となる努力を過小評価していることもあってかくも難しいのである。

4◆商業化

イノベーションの多くは研究活動から生まれる（実務家に由来する新しいアイデアもある）。このように、イノベーションは利用者がすぐさま採用できるようにパッケージ化された科学的な成果物である。研究成果のパッケージ化は通常民間企業が行なうので、この段階を「商業化」という。**商業化**とは、製品の製造、パッケージ化、マーケティング、そして配送にまで至る全般的な生産活動ことである。商業化により、研究活動で得られたアイデアが市場で販売される製品やサービスに転換される。

すべてのイノベーションが研究や開発活動によってもたらされるわけではない。実務家がそのニーズや課題の解決方法を模索しているときなどに、イノベーションが生まれてくることがある。既述のように、リードユーザーがイノベーションを創造することもある［フォン・ヒッペル、一九八八］。

普及を促進するために、機能的に関連のある二つないしそれ以上のイノベーションがパッケージにされることがある。**技術クラスター**（あるいは、イノベーション・パッケージと呼ばれることもある）とは、複数のそれぞれに異なる技術要素であって、相互に密接に関連があると知覚されているものから構成される。イノベーションをクラスター化してパッケージにするのは、こうしたイノベーションを速やかに普及させることを念頭においているからである。

未来をつかみそこねたゼロックス・パロアルト研究センター

技術移転の失敗で最も有名な事例の一つは、ゼロックス・パロアルト研究センター（PARC）で開発されたパーソナルコンピュータである。PARCはスタンフォード大学キャンパス内のリサーチパークにあり、一九七〇年に設立され、五年も経たずに信じられないほどの重要なコンピュータ技術をいくつか開発した。すなわち、❶「アルト」と呼ばれた世界初のパーソナルコンピュータ、❷マウス、❸アイコンとプルダウンメニュー、❹レーザープリンタ装置、❺ローカルエリア・ネットワーク（LAN）である。

ゼロックスは当時世界の主導的な文書複写機製造会社で、PARC設立後一四年間に一億五〇〇〇万ドルの資金を投資した〔ウッタル、一九八三〕。ゼロックスにとって不運だったのは、PARCで生まれたパソコン技術のうちレーザープリンタ装置を除いて、新製品として商業化しえなかったことである。PARCからゼロックス本社への技術移転の失敗について記した本の題名は、『取り逃がした未来――世界初のパソコン発明をふいにしたゼロックスの物語』〔スミスとアレクサンダー、一九八八、（邦訳は日本評論社より刊行）〕である。

PARCは一九七〇年に「未来のオフィス」を創造するために設立された。ゼロックスの社長は、PARCに「情報のアーキテクチャ」というあいまいな使命しか与えず、誰もそれが何を意味するのかよくわからなかった。PARCは非常に才能のある若手コンピュータR&D専門家の集団を引きつけた。「一九七〇年代半ばに世界中で上位一〇〇人のコンピュータ科学者のうちのほぼ半数はPARCで働いていた」〔ペリーとウォーリック、一九八五〕。特に一九七〇年から一九七五年まで、PARCは技術的イノベーションの開発に目覚しい成果を収めた。パソコンの重要なイノベーションの開発において、PARCに驚くべき成果をもたらしたものは何か?

1◆傑出したR&D人材。隣接するSRIインターナショナルからPARCに何人かの要《かなめ》となるR&D専門家が転職した。SRIで彼らは先見的なコンピュータ科学者ダグラス・エンゲルバートの下で働いていた。一九六〇年代に、メインフレーム・コンピュータに接続した端末を制御するために、エンゲルバートはマウスを使って実験を行なっていた。エンゲルバートの研究室の何人かは、マウスをもってPARCに移ったのである[バーディーニ、二〇〇一]。

2◆ロバート・テイラー博士はPARCのコンピュータ科学者を統率していたが、彼は技術的イノベーションを創造するのに適したマネジメントの仕方があると信じていた。彼はPARCで働いている研究者間の自由な技術情報の交換を奨励した。会議室にはビーンバッグチェアがあり、壁には磁器ボードが並んでいた。長髪、サンダル、Tシャツ、ジーンズが研究者の自由の象徴となった。PARCには階層はほとんどなく資源は豊富だった。

3◆PARCのR&D社員はアルト(パソコン)、コンピュータ言語、マウスそしてアイコンなど、仕事で創ったイノベーションを常用していた。

4◆パーソナル・コンピューティング分野の技術的イノベーションの発展期が一九七〇年代初期に到来していた。マイクロプロセッサという画期的なイノベーションが近くのインテルで発明されていた[ノイスとホフ、一九八一]。マイクロプロセッサは単体のコンピュータ・チップで、コンピュータの中央処理装置であった。マイクロプロセッサの発明によって、パソコンの実用化が可能になった。半導体機能の小型化とコンピュータ記憶装置の価格激減が一九七〇年代初期に急速に進行した。

ＰＡＲＣは、なぜマウスその他のコンピュータ技術を市場に移転することに失敗したのだろうか?

1◆ゼロックスは一九七〇年代には文書複写事業の最大手企業であり、自社はマイクロコンピュータ事業ではなく事務用の複写機器事業のみを行なう企業であると認識していた。ＰＡＲＣが開発した技術で、ゼロックスが商業化に成功したのはレーザープリンタ装置だけであり、複写機に導入された。

アップルのスティーブ・ジョブズは一九七九年一一月にＰＡＲＣを訪問したが、とりわけパソコン技術に感動した。ジョブズはすぐにＰＡＲＣの社員を数人雇い入れて、マッキントッシュを開発するためのスカクワークスを立ち上げた。アップルは初めからパソコンの会社だったので、社員はみなパソコンのマーケティングを承知していたのである。

2◆ＰＡＲＣからゼロックスの製造・販売部門に技術移転するための有効な組織は何ら創られなかった。ＰＡＲＣはパソコンのR&Dに取り組むには最適の場所であるカリフォルニア州パロアルトに位置していたが、ゼロックス本社ははるか遠方の米国東海岸コネティカット州スタンフォードにあった。地理的に離れていたので人が交流する機会が少なく、技術移転はますます困難になったのである〔ギブソンとロジャーズ、一九九四〕。

3◆ゼロックス本社の型にはまった組織文化はＰＡＲＣの奔放なヒッピー文化と衝突した。東海岸の経営幹部がＰＡＲＣに出張すると、ビーンバッグチェアやだらだら続くバレーボールの試合、そしてくつろいだ雰囲気のマネジメントの仕方などに不快感を示していた。幹部は、ロバート・テイラー博士が導入した仕事の仕方と生活様式のみならず、ＰＡＲＣで開発されたパソコン技術を拒絶したのである。

ＳＲＩからＰＡＲＣへのマウスの技術移転、そしてＰＡＲＣからアップルへのパソコン技術の移転は速やかに行なわれた。しかし、これらの技術を商業化された製品（マッキントッシュ）に転化するにはアップルのスカンクワークスをもってしても、一九七九年から一九八四年までの五年の歳月を要した。ゼロックスは、ＰＡＲＣで開発されたパソコン技術を商業化する最終段階で失敗したのである。

5◆普及と採用

ゲートキーピングとは、コミュニケーション・チャンネルを通じてメッセージの流れを制御することである。イノベーション発展過程全体で最も難しいのは、イノベーションの普及開始を決断することである。一方で、特に解決すべき社会的な課題やニーズが大きい場合、できる限り早くイノベーションの普及を承認しようとする圧力が加わる。他方で、クライアントから見たチェンジ・エージェント機関に対する名声や信頼は、もっぱら推奨するイノベーションの良し悪しにかかかっている。科学的な知見が実用に供されるときが来ると、科学者は非常に慎重になるものである。

イノベーションのゲートキーピング、つまりイノベーションを普及させるべきか否かの制御にはさまざまな方法がある。全米五〇州にある農業試験施設では農業イノベーションを開発しており、ついで対応する各州の農業エクステンション・サービスがこれを普及させる。イノベーションを普及する準備ができたと判断されると、農業エクステンション・サービスは農家にイノベーションの採用を推奨する。

医療におけるイノベーションの普及では、新技術の「品質管理」に対する懸念が強く存在する。人命に危害を加える医療イノベーションの普及に干与しかねない恐れがあることを勘案すると、この懸念はもっともである。国立保健研究所（ＮＩＨ）では**コンセンサス開発**を実施している。コンセンサス開発とは、科学者、実務家、消費者その他の人々が一緒になって、所与のイノベーションが安全かつ有効であるかどうかに関する一般合意を得るための過程である［ロウエ、一九八〇；アッシュとロウエ、一九八四；ラーセンとロジャーズ、一九八四］。医療イノベーションには医療器具、薬品、あるいは医療処置や外科手術などが含まれる。ＮＩＨのコンセンサス会議では、簡潔なコンセンサス文書の作成をもって終了し、この文書は米国政府が公刊して、医師の間に広く頒布される。

コンセンサス開発会議が開始される以前には、医学研究による発見を確認し、それが医療その他の保健活動にすぐに使ってよいかどうか科学的に評価して決定する公式のゲートキーピング過程は、医療分野には存在しなかった。つまり、適切な評価もなしに新しい技術が普及する一方で、より有効な医療技術の普及が緩慢になりすぎるのではないかとの不安があったのである。コンセンサス開発パネルは、全米医師会などの連邦機関や薬品会社などの民間企業でも活用されている。実際のところ、現在ではあまりにも数多くの処置指針が流布していて、医療の現場では情報の過負荷に圧倒されている［シェイニーフェット、マイアーとロスウォング、一九九九；グリリ等、二〇〇〇］。

臨床試験とは、イノベーションの有効性を、効能、安全性等の観点から将来を予見しつつ測定するように計画された科学的な実験のことである。臨床試験の目的は、イノベーションの普及の可否を決定する根拠を得るために、その有効性を実際の生活環境条件の下で評価するところにある。食品医薬品局（ＦＤＡ）が新薬を承認する前には、大規模な臨床試験に基づいた有効性に関わる根拠が求められる。医療イノベーションに関する臨床試験がいくつか実施されると、おそらくはＮＩＨが資金を提供し、コンセンサス開発会議にその結果がまとめて提出される。

医療イノベーションに関するコンセンサス開発過程は、医療分野での研究から実践への流れを制御するための重要なゲートキーピング機能を果たしている。

6◆帰結

イノベーション決定過程の最終段階はイノベーションの帰結である。**帰結**とは、イノベーションを採用あるいは拒絶した後に、個人あるいは社会システムに生じる変化のことである［第9章参照］。

イノベーション発展過程における六つの段階は、本節では線形的に順次生じるものとして説明してきた。多くの場合、いずれかの段階が起きないことがあり、その順序が入れ替わることがある。それにもかかわらず、イノベーション発展過程をこれらの段階に区分するのは、イノベーションの生成を理解するのに有効である。

イノベーション発展過程を追跡する

イノベーション発展過程における研究、開発、商業化段階を追跡するために、少なからぬ調査研究が実施されてきた。こうした遡及追跡調査では、イノベーション発展過程における主要な出来事や決定の順序を再構成して実施される。データ源は要《かなめ》の研究者や関係者への対面調査や研究報告書などに加えて、研究助成元への提出書類、特許資料、そしてチェンジ・エージェント機関の文書記録などである。

イノベーション発展過程の研究と開発段階に関する初めての本格的な遡及追跡調査はプロジェクト・ヒンドサイト［イセンソン、一九六九］である。この大規模な追跡調査では、ミニットマン・ミサイル、ポラリス潜水艦、M―61核弾頭など二〇の軍事技術システムが開発されるに至ったR&D過程を調査した。こうした技術的イノベーションが創造される過程での主要な出来事を調べた結果、一つあたり平均で各々三五の出来事が特定された。プロジェクト・ヒンドサイトでは、これら二〇のイノベーションの創造に寄与した研究の多くは、特定の軍事技術システムを生産するための応用に付され、多額の資金が注入されたと結論づけている。プロジェクト・ヒンドサイトの結論は通常、応用研究のほうが基礎研究よりも技術的イノベーションの創造に一層直接に貢献していると解釈されている（それほど驚くべき結論ではない）。

プロジェクト・ヒンドサイトに引き続いて、いくつかのイノベーション追跡調査が実施された。プロジェクトTRACES（技術の過去への遡及と、科学における決定的出来事）はイリノイ工科大学が一九六八年に実施し、その後バッテル・コロンバス研究所はTRACESⅡ［グローブ等、一九七三］とTRACESⅢ［バッテル・コロンバス研究所、一九七六］を実施している。イギリスで実施されたプロジェクト・サッフォ［アキラデリィス等、一九七一］とともに、これらの調査では遡及追跡調査手法を改善し、調査対象とした技術的イノベーションの範囲も軍事技術ばかりではなく、生物医学、農業、消費財などのイノベーションに拡大された。ミネソタ・イノベーション・プロジェクトはその後に実施された追跡調査で、経口避妊薬、雑種穀物種、そして3Mのポスト・イットなどを調査対象としている［ファン・デ・フェン、エンジェル、プール、一九八九］。

軍事、医療、農業などの分野での主要な技術的前進は、ただ一つのイノベーションによるのではなく、一群のイノベーションが必要であることがこれらの追跡調査によって明らかになった。たとえば、心臓ペースメーカーは、それまでに発明されたトランジスタや小型電池などの技術に依拠している点で、ある種のイノベーション・クラスターであった［グローブ等、一九七三］。普及研究者は単体のイノベーションがあたかも完全に独立に存在しているとして研究を進めることが多い。こうしたイノベーション・クラスターの機能的な相互依存性は普及研究者が往々にして見過ごしてきたことである［第4章参照］。

さらに、基礎調査で発明されてからイノベーションとして実用されるまでには、たとえば二〇年といった長期間を要することが、追跡調査によって明らかになった。基礎研究の成果が有用なイノベーションとしてパッケージになるまでには、それを長期間にわたって「熟成」させねばならないようにみえる。たとえば、初めて技術的なイノベーションの概念が形成されてから初めて具現化するまでの期間は、経口避妊薬に関しては九年（一九五一年から一九六〇年）であった［グローブ等、一九七三］。二つの農業イノベーションの場合はもっと長く、雑種トウモロコシ（一九〇八年から一九三三年）については二五年、殺虫剤（一九三四年から一九四七年）については一三年であった。TRACES Ⅱ調査で対象となった一〇のイノベーションでは、最初の概念形成から最初の具現化までに平均で一九年経過している［グローブ等、一九七三］。

最後に、これらの追跡調査によると、多くの研究は必ずしも社会問題に対処するための実用化を念頭において行なわれたのではないことを示している。この論点は、心肺に関わる医療分野で最も重要な一〇の技術のイノベーション発展過程を追跡したコムロウ［一九七七］が指摘している。イノベーションの実現に至るまでに発表された五〇〇あるいはそれ以上の主要な研究論文のうちの四一%は、研究が実施された時点では、ゆくゆくは役に立つようになる疾病とは何ら関係がない研究報告であった。つまり、イノベーション発展過程は必ずしも知覚されたニーズや課題から始まるものではない。相当程度のセレンディピティが生じているに違いないのである。

追跡調査の欠点

イノベーション追跡調査にまつわるいくつかの弱点が、将来の研究では改善されるべきである。追跡調査は**遡及的**であり、イノベーション決定過程を過去にさかのぼって調査を行なう。イノベーション発展過程の将来**展望的**な調査を実施することで、多くのことが学べるに違いない。さらに、これまで追跡調査では、心臓ペースメーカー、経口避妊薬、ミニットマン・ミサイルなどのきわめて重要度の高い技術的イノベーションに焦点を当ててきた。しかし、社会的には重要度がそれほど高くないイノベーションに対しても、同様の結論が得られるのかどうか定かではない。
また、追跡調査におけるデータ源は次のような要因のために制約を受けてきた。

1◆追跡調査では、イノベーション発展過程のうちのR＆D段階を再構成するために、データ源のほとんどを利用可能な当該技術関連分野の研究報告書に依存してきた。

2◆データ源が制約されているなかで、追跡調査は一般にイノベーション発展過程の研究と開発段階について述べており、普及および採用過程についてはあまり言及していない。ましてや帰結についてはほとんど触れていない。イノベーション発展過程全般にわたる調査が必要とされる。

3◆追跡調査では、暗黙のうちに研究および開発段階は比較的合理的かつ計画的に進められているとしている。セレンディピティなどの偶発的な側面は、発明者や研究者が著した研究報告書などには十分に記されていないようにみえる。

イノベーション発展過程に関する将来研究

イノベーション発展過程に対する理解を深めるために、将来はどのようなリサーチ・クエスチョンが研究されるべきであろうか?

1◆科学分野全体の集合のなかで研究の優先順位に関する議題設定はどうなのか? 利用者のニーズや課題はどのようにR＆D専門家とコミュニケーションされるのか? 利用者のニーズをR＆D意思決定者に伝えるのに、チェンジ・エージェント機関はどのような役割を果たすのか?

2◆チェンジ・エージェント機関がイノベーションに関する政策を覆したとき、利用者の当該機関に対する信頼への影響はどうか？　一九五四年ころ、筆者が作成中の博士論文で研究対象としていた除草剤は、当時のアイオワ州の農民に広く普及していた。後年になって除草剤は発がん物質であることがわかり、食用作物への使用が禁止された。除草剤の使用を農民に推奨していた農業エクステンション・サービスは、いまやその使用の禁止を説明することになった。次に農業エクステンション・サービスがイノベーションを推奨するとき、農民はエクステンション・サービスを信頼に足る組織とみなすであろうか？

3◆技術的イノベーションはどの程度までR&D専門家より、むしろ「リードユーザー」が開発するのであろうか？　最終利用者によるイノベーションの創造は、フォン・ヒッペル［一九八八］が指摘するように、一般的なパターンなのか？

4◆社会経済的な平等という点からみた技術的イノベーションの帰結はどうか？　また、イノベーションによる影響は、開発および商業化段階で決まってくる規模や費用に依存するものなのか？

5◆イノベーション発展過程に干与する諸組織間の相互の関連はどうか？　特にイノベーション普及の開始を決定するのに、研究者はチェンジ・エージェントとどのような接点をもっているのか？

本章の要約

普及研究では通常、イノベーションの最初の採用者、すなわちS字型普及曲線の左端の点から始まる。この手前で生じる出来事や決定が普及過程に相当程度の影響を及ぼす。将来の普及研究では、イノベーションが生成される過程全体の研究を含むようにその範囲を拡大すべきである。

イノベーション発展過程は、ニーズや課題の認識から始まって、イノベーションに関する調査研究、開発、そして商業化を通過し、さらに利用者による普及と採用を通過して、帰結へと至るすべての意思決定、活動そして影響によって構成される。あるトピックの議題設定上の優先順位が高くなり社会問題が持ち上がったときに、課題やニーズに対する認識が起きることがある。

すべてではないが、多くの技術的イノベーションは研究活動によってもたらされる。**基礎研究**とは、科学的知識を前進させるための独創的な研究であり、その知識を実際的な課題に適用するといった特別の目的をもっていないもののことである。基礎研究の成果は応用研究で活用されることがある。**応用研究**は実際的な課題を解決することを意図した科学的な調査から構成される。**リードユーザー**がイノベーションの原型を創り出した後に、彼らがイノベーションを開発し、ついでそれを製造・販売するように製造企業を説得することがある。イノベーション発展過程における次の段階は開発である。**開発**とは、新しいアイデアを潜在的な採用者のニーズに適合しうる形式にする過程である。**技術決定論**とは、技術が社会変化の原因であるという信念である。反対の見方が**技術の社会構成主義**であり、技術は社会的な要因によって形成されると主張している。次の段階は商業化である。**商業化**とは製品の製造、パッケージ化、マーケティング、そして配送に至る全般的な生産活動ことである。主として民間企業が商業化を担っている。

イノベーション発展過程全体で最も難しいのは、イノベーションの普及開始を決断することである。イノベーションの有効性や安全性などの要因はどのように評価されるのであろうか?

最終的に、イノベーションは普及し、採用され、そしてついには帰結をもたらす。**帰結**はイノベーション発展過程の最終段階である。ここで述べてきたイノベーション発展過程における六つの段階は、常に線形的な順序で起きるわけではなく、その順序が入れ替わることがあり、まったく生じることのない段階もある。

第3章……The Innovation-Decision Process

イノベーション決定過程

人はものごとを行なってはじめて学ぶ。

なぜならば知っていると思っていても、試してみるまでは確信を持つことはないからである。

ソフォクレス［紀元前四〇〇年頃］

イノベーション決定過程とは、個人（あるいはその他の意思決定単位）が初めてイノベーションに関する知識を獲得してから、イノベーションに対する態度を形成して、採用するか拒絶するかという意思決定を行ない、新しいアイデアを導入・使用し、そしてその意思決定を確認するに至る過程のことである。イノベーション決定過程は時間の経過のなかでの一連の選択と活動から構成されており、こうした選択と活動を通じて個人あるいは社会システムは新しいアイデアを評価するとともに、日常の営みにイノベーションを組み込むかどうか意思決定を行なうのである。この行動は本質的に不確実性を処理することにある。しかも、不確実性は本来的に既存のアイデアと対比して、新たな選択肢の評価に関わっている。イノベーションに対して知覚された新しさ、そしてこの新しさに伴う不確実性は、イノベーションに関わる意思決定の際立った側面である。

本章ではイノベーション決定過程モデルとその過程における五つの段階について述べたうえで、これらの五段階が存在することの根拠を挙げる。組織などでのイノベーション決定過程［第8章］とも関連するところが多いが、ここでは個人が行なう任意的なイノベーション決定に着目して説明する。

イノベーション決定過程のモデル

かねてから普及研究者は、イノベーションに対する個人の意思決定は瞬時に生じる行為ではないことを認識してきた。むしろ、それは時間の経過のなかで生じるものであり、一連の異なった行動から構成される一つの**過程**である。今日の普及研究者が依拠している五段階モデルとは異なるが、イノベーション決定過程がいくつかの段階からなるという考え方は、アイオワ州でトウモロコシの種子の普及研究を行なったライアンとグロス［一九四三］によって概念化された。いずれにせよ、彼らはアイオワ州の農民は新しいトウモロコシの種子の採用を、

図3-1……イノベーション決定過程における五段階モデル

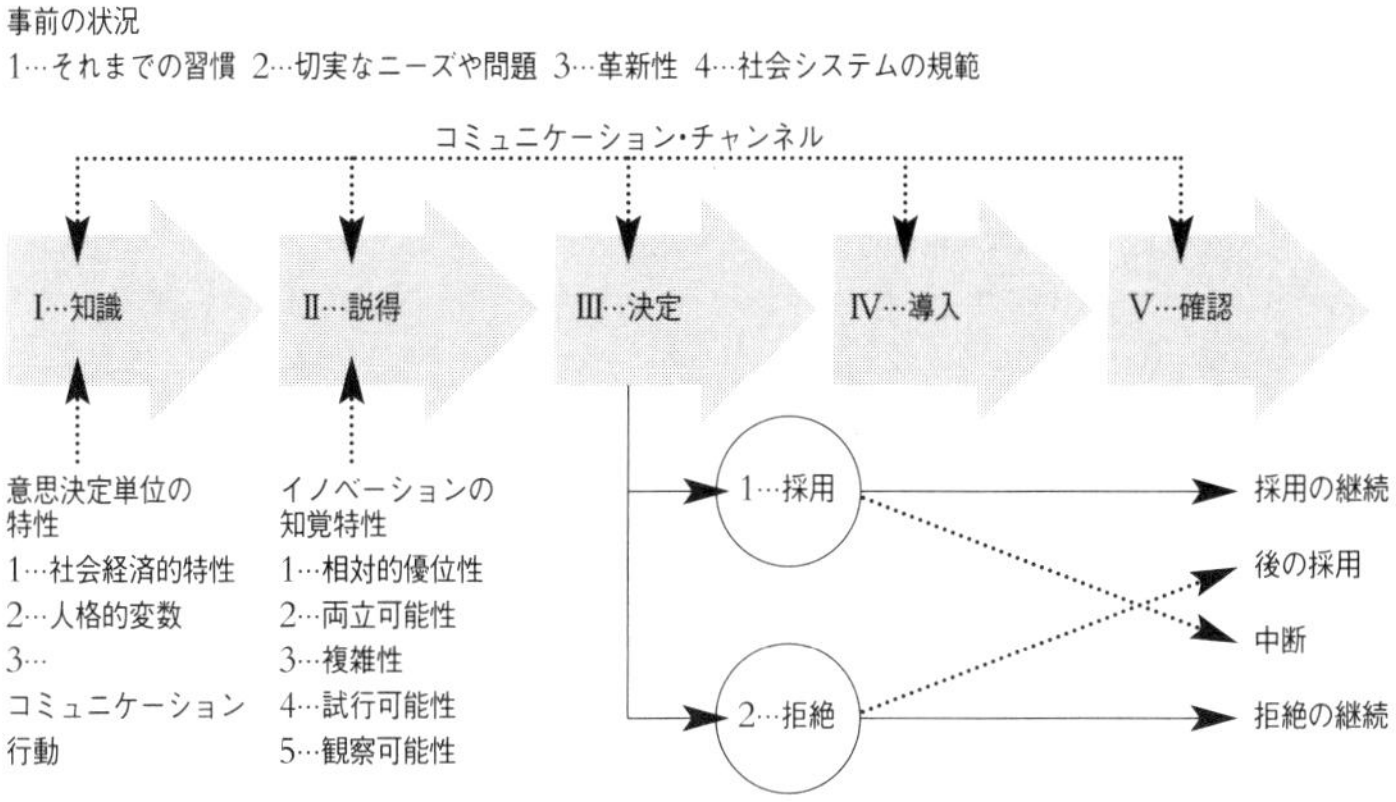

イノベーション決定過程とは、個人(あるいはその他の意思決定単位)が初めてイノベーションに関する知識を獲得してから、イノベーションに対する態度を形成して、採用するか拒絶するかの意思決定を行ない、新しいアイデアを導入・使用し、そしてその意思決定を確認するに至る過程のことである。

即座に決めてはいないことを理解していた。実際、普通の農民はまず何らかのコミュニケーション・チャンネルを通じて新しいアイデアが存在することを知る。ついで、（通常はそれ以外の情報源から）さらに情報を探し求めたうえで、トウモロコシ畑の一部に新種の種子を試しにまいて、何年か後になって、このイノベーションを全面的に採用したのである。イノベーション決定過程を調査したことのある普及研究者のほとんどは、似たような段階モデルを得るに至っている。［図3-1］はイノベーション決定過程の五段階モデルである。

1◆**知識**は、個人（あるいはその他の意思決定単位。以下同様）がイノベーションの存在を知るとともに、その機能を理解するときに生じる。

2◆**説得**は、個人がそのイノベーションに対して好意的ないし非好意的な態度を形成するときに生じる。

3◆**決定**は、個人がそのイノベーションを採用するか否かの選択に至る活動を行なうときに生じる。

4◆**導入**は、個人が新しいアイデアを使用に供するときに生じる。

5◆**確認**は、個人がすでに行なったイノベーション決定を補強するときに生じる。ただし導入したイノベーションと相容れないメッセージにさらされたとき、人はすでに行なった決定を覆すことがある。

次にイノベーション決定過程の各五段階において生じる行動について述べる。

知識段階

イノベーション決定過程は知識段階から始まる。知識段階は、個人がイノベーションの存在を知るとともに、その機能を理解するときに生じる。

ニーズが先か、それともイノベーションに気づくことが先か?

研究者の一部は、イノベーションに関する知識にさらされたとき、個人はどちらかというと受動的な役割を演じると主張している。もしも個人が偶然にイノベーションの存在に気づくとするならば、個人はイノベーションを積極的に求めていたわけではないだろう。たとえば、コウルマン等〔一九六六〕は、新しい医薬品に関する知識は(医薬品の営業担当者や医学雑誌の広告などの)コミュニケーション・チャンネルやメッセージを通じて最初にもたらされたのであって、医師自らが探し求めたのではないと結論づけている。しかしながら、イノベーション決定過程が進行した後の段階で、コミュニケーション・ネットワーク内にいる同僚を通じて医師は、情報を積極的に探し求めるようになっていったのである。

いくらかの人たちは、自らの先導的な活動をとおして、イノベーションについての気づきの知識（イノベーションの存在を気づかせる知識）を獲得するかもしれないし、このときに彼らが得た気づきの知識は受動的な活動の結果ではない。人に備わっている性向が、イノベーションとその効果を伝達するコミュニケーション・メッセージへの行動に影響を及ぼす。個々人は、その人の関心事、ニーズ、そしてそれまでの態度に合致するアイデアに触れたがる傾向がある。個々人は、自らの性向と相容れないメッセージを意識的ないし無意識的に回避する。この傾向は**選択的エクスポージャー**と呼ばれている。**選択的エクスポージャー**とは、個々人のそれまでの態度や信念と合致するコミュニケーション・メッセージに関心を向ける傾向である。

ハッシンジャー［一九五九］は、イノベーションに対するニーズを感じない限り、人はイノベーションに関わるメッセージに自ら触れることはほとんどないと指摘する。加えて、その人がイノベーションに関わるメッセージに触れたとしても、イノベーションがその人のニーズに関連していると知覚されて、しかもその人の態度や信念に合致していない限り、その効果はごく僅かであると主張している。この過程は**選択的知覚**と呼ばれている。**選択的知覚**とは、人のそれまでの態度や信念などの観点からコミュニケーション・メッセージを解釈する傾向である。たとえば、農業の専門家である農民ですら、何百マイルも続くアイオワ州の雑種トウモロコシ畑を自動車で通り過ぎたとして、イノベーションを「見る」ことはできないだろう。カリフォルニア州に住んでいる人で、屋上に衛星放送受信アンテナのある家の前を歩いて通り過ぎても、このイノベーションを知覚できないかもしれない。イノベーションに関わるメッセージの場合、そのアイデアが新奇であるがゆえに、選択的エクスポージャーや選択的知覚は人の心の窓をぴったりと閉じるシャッターの働きをする。われわれは、これまでに出会ったことのないアイデアに対して、それほど容易には好意的な考えをもつことはできない。選択的エクスポージャーや選択的知覚というハッシンジャーの考え方を裏づける事例は多く、イノベーションに対するニーズはイノベーションに関する気づきの知識に先行するのである。

ニーズはどのようにして創られるのか？　**ニーズ**とは、人の欲求がその人の現実を上回るときに生じる不平あるいは欲求不満の状態のことである。人がイノベーションの存在を知るとき、人はニーズを膨らませるかもしれない。そこで、イノベーションがニーズを引き起こすことが**ある**し、その逆も**ありうる**。チェンジ・エージェントは、望ましいイノベーションの存在を指摘することにより、クライアントたちの間にニーズを創り出すことがある。このように、イノベーションの存在に関する知識は、それについてもっと知りたいという気持ちにして、最終的にその採用を促すことがある。

ニーズあるいは課題の知覚だけでは、個々人がイノベーション決定過程を開始する理由をすべて説明することはできない。個々人は、常にいつ課題をもつようになるか認識しているわけではない。しかも、個々人がニーズを知覚したとしても、それは個々人が必要とするはずであると専門家が考えるものとは一致しないかもしれない。オハイオ州立大学の故エドガー・デールは次の台詞《せりふ》を好んでいた。「われわれは食べ物が欲しいかもしれないが、それを必要としないかもしれない。また、われわれはビタミンやミネラルが必要かもしれないが、これを欲しいとは思わないかもしれない」

ニーズは新しいアイデアに対する気づきの知識に先行するのか、あるいはイノベーションに関する知識が新しいアイデアに対するニーズを創り出すのか？　どちらが先行するか、これまでの研究では明確な回答は得られていない。人の庭を荒らしてしまうような新種の害虫を駆除する殺虫剤など、ある特定のイノベーションについては、そのニーズが先行するであろう。しかし、多くの新しいアイデアでは、イノベーションがそれに対するニーズを創り出しているのかもしれない。この関係は、特に服飾の流行やＣＤあるいはＤＶＤなどの電気製品のような消費者向けイノベーションにあてはまるかもしれない。われわれはまず消費財の存在に気づき、引き寄せられ、そしてもたねばならないと心に決めるのである。

イノベーションに関する三種類の知識

イノベーション決定過程は本来的に情報探索ならびに情報処理活動であって、その際に人はイノベーションの優劣に関わる不確実性を減少させようとする。イノベーションに対して、人は次のような疑問を抱くものである。つまり、「そのイノベーションは何か？」「そのイノベーションはどのように動作するのか？」そして「そのイノベーションはなぜ動作するのか？」である。第一の疑問は、三種類の知識のうちの一つである**気づきの知識**、つまりあるイノベーションが存在するという情報である。気づきの知識は、個人に対して第二、第三の種類の知識、つまり「ハウツー」知識と「原理的な」知識を探し求めるように促す。こうした情報探索活動は、イノベーション決定過程のうちの知識段階で集中的に行なわれるが、説得および決定段階でも起こることがある。

ハウツー知識はイノベーションを適切に活用するのに必要な情報である。イノベーションを採用するにはどれほどの知識が必要なのか、それを間違いなく使用するにはどうすればよいかなどを、採用者は理解せねばならない。相対的に複雑なイノベーションを採用するために必要なハウツー知識の量は、あまり複雑でないイノベーションの場合よりも格段に多い〔第４章参照〕。イノベーションの試行や採用の前に、十分なハウツー知識が得られないときには、採用の拒否や中断が起こりやすい。イノベーション決定過程において基本的な変量であるが、これまでのところ、ハウツー知識に取り組んだ普及研究はほとんどない。

原理的な知識は、イノベーションの作動、つまりその働きの根底にある機能的な原理に関する情報である。原理的な知識の事例には次のようなものがある。煮沸や予防接種などを実施する根拠である微生物病原説、家族計画イノベーションの根底にある人の再生産原理、植物栽培に関わる生物学、そしてコンピュータなどの作動原理である電子工学などがある。通常、原理的な知識がなくてもイノベーションを採用することは可能だが、新しいアイデアを誤用する可能性が高くなり、結果として採用の中断が起こることがある。間違いなく、イノベーションの有効性を判断しうる個人の能力は、原理的な知識を理解することによって増進される。

これら三種類の知識をクライアントにもたらす際のチェンジ・エージェントの役割は何か？　ほとんどのチェンジ・エージェントは気づきの知識を創り出すことに注力する（しかし、これはマスメディア・チャンネルを使うことでより効率的に達成できるのである）。チェンジ・エージェントがハウツー知識に注力するならば、彼らはイノベーション決定過程のなかで、際立って重要な役割を演じることができるだろう。というのは、決定段階において、クライアントがイノベーションを試行して、採用するかどうか決定するときに不可欠なのがハウツー知識であると思われるからである。ほとんどのチェンジ・エージェントは、原理的な知識についてはその責任権限の範囲外であって、正規の教育のなかで修得されるべきものであると考えている。しかしイノベーションの根底にある原理が理解されていない場合、チェンジ・エージェントの任務は、長期的には困難なものになりかねない。

初期あるいは後期にイノベーションの知識を得る人たちの属性

次の一般化命題は、イノベーションに関わる知識を初期に得る人々の属性をまとめたものである。

一般化命題3-1◆イノベーションを初期に知る人は、後期に知る人よりも高度の教育を受けている。

一般化命題3-2◆イノベーションを初期に知る人は、後期に知る人よりも社会的地位が高い。

一般化命題3-3◆イノベーションを初期に知る人は、後期に知る人よりもマスメディア・チャンネルに触れる

機会が多い。

一般化命題3-4◆イノベーションを初期に知る人は、後期に知る人よりも対人コミュニケーション・チャンネルに触れる機会が多い。

一般化命題3-5◆イノベーションを初期に知る人は、後期に知る人よりもチェンジ・エージェントに接触する機会が多い。

一般化命題3-6◆イノベーションを初期に知る人は、後期に知る人よりも社会的な参加度が高い。

一般化命題3-7◆イノベーションを初期に知る人は、後期に知る人よりもコスモポライトである。

イノベーションを初期に知る人は、一般にイノベータおよび初期採用者の特性と類似している。しかし、彼らは必ずしも新しいアイデアを初期に採用するわけではない。イノベーションを知ることは、それを使用することとは大いに異なる。人は新しいアイデアを知ったとしても、その人の状況とは関係ないなど、役に立たないとみなすかもしれない。このように、イノベーションに対する態度は知識段階と決定段階の間を行き来している。別言すれば、イノベーションに対する個人の態度や信念については、イノベーション決定過程の段階ごとに語るべきことがたくさんある。イノベーションについての情報が自らの状況に関係しているとみなさない限り、あるいは、新しいアイデアに関する知識が十分に得られない限り、人はそれに思いをめぐらして、知識段階を超えて説得段階に至ることはないのである。

説得段階

イノベーション決定過程の説得段階では、人はイノベーションに対して好意的または非好意的な態度を形成する。**態度**とは、人がある対象に対して抱いている信念の体系であり、一定程度永続性のあるものである。人が新しいアイデアについて知るまでは、それに対する態度を形成できないのはもちろんであるが、知識段階での精神的な活動は主として認知（知ること）に関わるものであるのに対して、説得段階での思考形式は感情（感じ）に関わるものである。

説得という用語に対して、われわれは多くの研究者とはやや異なった定義をする。通常、説得とは、情報の発信側にとって望ましい方向に受け手側の態度を変化させて誘導する意図を持ったコミュニケーションを意味するものとされる。ここでは、説得について、個人の側の態度形成や態度変化と同等のものであり、チェンジ・エージェントのようなある特定の情報の発信源が意図する方向に誘導することを必ずしも意味していない。

説得段階では、人はますますイノベーションに心理的に巻き込まれていく。人は新しいアイデアについての情報を積極的に探し求め、どんなメッセージが信用しうるかを判断し、そして受け取った情報をどのように解釈するかを判断する。このようにイノベーションに対する全般的な知覚が拡がってくるのが説得段階なので、選択的知覚が人の行動の決定に重要なものとなってくる。相対的優位性や両立可能性などのイノベーション特性に対する知覚が、この段階では特に重要である［図3-1を参照］。

イノベーションに対して好意的または非好意的な態度を形成するにあたって、それを試してみる前に、人は現在あるいは予期される将来の状況にその新しいアイデアを当てはめてみることがある。擬似的な試行は、仮説的ないし反事実的に考えたうえで、未来に投影する能力を必要とする。もしこのイノベーションを採用したらどうなるのか？　説得段階では、将来計画が絡み合ってくるのである。

イノベーションはどれも何らかの不確実性を伴っており、人は新しいアイデアの機能に対して確信を持てないので、他の人をとおしてイノベーションに対する自身の態度を強化しようとする。人は、自身の考え方が同僚の抱いている見解から外れていないかどうかを知りたがる。マスメディアのメッセージはあまりにも概括的であって、イノベーションに対する自らの確信を強固にすることはできないのである。

説得段階と意思決定段階では、人はイノベーション評価情報を探し求める。**イノベーション評価情報**とは、イノベーションの採用によって期待される結果の不確実性を減じるメッセージのことである。ここで、人は「私の置かれた状況において、このイノベーションの有利な点と不利な点は何か」といった疑問に対する回答を知りたいと考えるものである。通常この種の情報はイノベーションに関する科学的な評価によって得られるが、多くの人々は身近にいる同僚から探し求めようとする。身近な同僚のイノベーションに対する主観的な見解は、イノベーションを採用したことによる個人的な経験に基づくが、このほうが彼らにとって入手しやすいうえに説得力をもつのである。

イノベーション決定過程での説得段階において、イノベーションに対する好意的ないし非好意的な態度が確定する。こうした説得行為が、個々人の態度と整合性をもって明白な行為（つまり採用ないし拒絶）を誘発すると仮定されている。しかし、実際には態度と行動とがかけ離れていることも多い。たとえば、イノベーションに対して好意的な態度と実際の採用との間の不一致は、避妊のような予防的衛生イノベーションにおいてしばしば見受けられる。妊娠可能な年代の人々に対する調査結果によると、家族計画の方法についての情報を得たほとんどの人は、好意的な態度を示していた。しかし妊娠可能な夫婦のうちの一五ないし二〇％の人しか避妊方法を採用していなかったのである［ロジャーズ等、一九九九］。態度と採用との間の不一致は通常「ＫＡＰギャップ」と呼ばれている。ＫＡＰとは知識（knowledge）、態度（attitudes）実行（practice）のことである。したがって、イノベーションに対する好意的ないし非好意的な態度の形成は、イノベーションの採用や拒絶に必ずしも即座に結びつくものではないのである。

予防的イノベーションとは、将来の欲せざる出来事の発生確率を減じるために、現時点で個人が採用する新しいアイデアのことである。イノベーションが採用されたとして、欲せざる出来事が起こることもあれば、起こらないこともある。予防的イノベーションの採用で望ましい結果が得られるかどうかは不確実なのである。このような状況の下では、予防的イノベーションを採用しようとする動機は希薄になる。よって、予防的イノベーションの採用速度はそうでないイノベーションに比べて遅い。たとえば、二二％以上の成人がＨＩＶ陽性である南アフリカなどに住む性的行動の活発な男性の場合、避妊手段を講じないセックスをしたとしても、一〇〇〇回に一回の感染確率しかない［シンガルとロジャーズ、二〇〇三］。こうした確率を考えたとき、この男性ははたして安全なセックス習慣を採用するであろうか？

予防的イノベーションにおけるこうした説得段階と採用段階の不一致は、**行動のきっかけ**によって解消されることがある。行動のきっかけとは、イノベーションに対して好ましいと思う態度が結晶化して、明らかな行動変化に導くような出来事のことである。行動のきっかけはごく自然に生じることがある。たとえば、多くの女性は妊娠の恐怖あるいは妊娠中絶などを経験すると、避妊手段を採用するようになる［ロジャーズ、一九七三］。また、行動のきっかけはチェンジ・エージェントがもたらすこともある。たとえば、政府の家族計画プログラムには、潜在的採用者に対して行動のきっかけを促すためのインセンティブを用意しているものがある。イノベーションに対する同僚や仲間の肯定的な経験があると、個人にとって行動のきっかけになることがある。家族を肺がんで失うことが多くの人の禁煙の動機になるように、行動のきっかけにはさまざまなものがある。

決定段階

イノベーション決定過程において、人(あるいは他の採用単位)がイノベーションの採否を選択する活動を行なうとき、**決定**段階に至る[図3-1を参照]。**採用**とは、イノベーションを全面的に活用するという意思決定であり、**拒絶**とはイノベーションを採用しないという意思決定である。

イノベーションの結果につきまとう不確実性に対処する一つの方法は、実際に使ってみることである。多くの人たちは、イノベーションを試しに使用してみて、自身の置かれた状況で役に立つかどうか確信を持てるまでは採用を決定しない。こうした小規模の試行は、イノベーションの採用を決定するときに、しばしば重要な出来事になる。分割できずに試行できないイノベーションもあり、この場合は全面的に採用するか、あるいは拒絶せねばならない。分割して試行が可能なイノベーションは相対的に早く採用される[第4章参照]。もしイノベーションに一定程度の相対的優位性があるならば、試しに使用したほとんどの人はイノベーションを採用する。たとえば、一九三〇年代、アイオワ州での雑種トウモロコシの営業担当者は、農民であるクライアントが決定段階に到達するように、小さな袋に無料のサンプルを入れて種子を配布していた。これは約一エーカーほどの農地に撒くには十分な量であり、農民が翌年以降その種子を採用するかどうか判断するのに役立った。

同僚がイノベーションを試行している場合、イノベーション試行の代用になる。「他の人による試行」は、個人にとって身代わりの試行となる。イノベーションを実演することによって、チェンジ・エージェントはしばしばイノベーション決定過程を早めようとする。特にオピニオンリーダーが実演して見せると、普及過程を早めるのにきわめて効果的である［第7章参照］。

イノベーション決定過程の進行により、イノベーションが採用されることもあれば、拒絶されることもある。実際、イノベーション決定過程の段階ごとに、イノベーションが拒絶される可能性がある。たとえば、知識段階で気づきの知識を得た後に、たまたまそれを忘れてしまい、イノベーションを拒絶する可能性もある。イノベーションの採用を決定した後で、拒絶することもある。**中断**とは、イノベーションを採用した後で、拒絶することである。拒絶には次の二種類がある。

1◆**積極的な拒絶**…イノベーションを採用しようと考えた［あるいは試行した］後で、その不採用を決めた場合。
2◆**消極的拒絶**［あるいは不採用］…イノベーションを使用することなど、考えたこともない場合。

この二種類の拒絶はまったく異なった種類の行動を伴う。残念ながら、これまでの普及研究では、この違いはほとんど顧慮されてこなかった。ほとんどの普及調査では、イノベーション寄りのバイアスが支配的であったがために、拒絶行動に対してほとんど注目されてこなかったためであろう。

さらに、イノベーション決定過程の初めの三段階――知識、説得、決定――について、直線的つまり一方向に捉える傾向がある。実際には、知識、決定そして説得ということもある。たとえば、筆者が韓国のある村落で調査したことだが、既婚女性に対するIUDについての説明会があった後、チェンジ・エージェントの求めに応じて、一八人の女性が採用に応じた［ロジャーズとキンケイド、一九八一］。彼女らはすぐに近くの診療所に赴き、IUDを挿入してもらったのである。この例では、集団的な圧力の結果、おそらく任意的なイノベーション決定過程がほとんど集合的なものになってしまったのである。集団の圧力による家族計画推進戦略は、中国では「出生の集団計画」と呼ばれていた［ロジャーズとチェン、一九八〇］。地域コミュニティでは、毎年誰が子供をもうけることができるかを決める。そうすると、既婚者はこの決定に従うように誘導される。インドネシアの村落での同様の事例から推測すると、採用率は増加するものの、その採用決定の質は疑わしいので、チェンジ・エージェントの密な関与が必要になってくる［ツラダー等、一九九八］。

社会集団がイノベーションの採用を強いる圧力は、個人の自由に重きを置く個人主義的な文化の人々にとっては嫌悪すべきものかもしれないが、韓国や中国あるいはインドネシアのような集合的な文化圏では受け入れられやすいのかもしれない。**個人主義的な文化**とは、個人の目標が社会集団の集合的な目標に優先する文化である。**集合的な文化**とは、社会集団の集合的な目標が個人のそれに優先する文化である［ロジャーズとスタインファット、一九九九］。

したがって、知識―説得―決定へと至るイノベーション決定過程は、ある面で文化に依存することがある。社会文化的な状況の下では、知識―決定―説得というイノベーション過程が、少なくともあるイノベーションに関しては頻繁に生じているのかもしれない。

普及研究において言外に次のようなことが意味されている場合、**イノベーション寄りのバイアス**があるという。すなわち、イノベーションはすべての成員に普及して、すべての成員が採用すべきであり、それは早ければ早いほどよく、イノベーションは再発明あるいは拒絶されてはならないというものである。次のエジプトでの事例は、イノベーション寄りのバイアスを克服することがいかに難しいかを示している［訳注＊次の「エジプトの村落での飲み水の浄化」はもともと第2章にあったイノベーション寄りのバイアスに関する事例をここに引用した。あとがきを参照のこと。］。

エジプトの村落での飲み水の浄化

［注＊この事例はベラスコ［一九八九］に基づく。］

第三世界諸国の村民が「あなたの日常生活で最も重要な問題は何ですか?」と質問されたときの回答は、常に「水」である。水の問題はナイル川流域のデルタ地帯に住むエジプト村民にとっては特に深刻である。ここでは、人口の密集した農業地域を二分する運河で容易に水が得られる。しかし、運河の淀んだ水は健康に対してただならぬ脅威となっている。というのは、運河は飲料水源のみならず、洗濯や皿洗いあるいは大小便の排泄にも使われているからである。特に夏になると、藻類の緑色の浮きかすが淀んだ運河を覆ってしまうことがよくある。

運河はまた住血吸虫症の原因となる寄生虫の宿主であるカタツムリの繁殖する場所である。住血吸虫症はナイル川デルタ地帯の恐るべき風土病で、病気に罹った子供はまるで「歩くゾンビ」のようになってしまう。肝臓、肺、脳その他の臓器に入り込んだ寄生虫によって、活力が搾り取られてしまうのである。たくさんの子供たちが住血吸虫症（「カタツムリ熱」や「ビルハルツィア」とも呼ばれる）で死亡している。運河の水は乳幼児に感染性の下痢を引き起こすバクテリアに満ちており、感染した乳幼児は脱水症状になって体の水分を失い数時間のうちに死亡してしまう［第7章参照］。

運河の水の利用に伴ってこれほど不衛生な状態が発生するとすれば、この運河が村民の主要な飲料水源であるというのは驚くべきことにみえる。普及研究者であるデイビッド・ベラスコ［一九八九］はその理由を探し求めた。あるとき、ベラスコは村の女性が家で使う水をを運河から汲み取っているのを観察していた。すると、誰かが近くで小便をしていた。また、むくんだロバの屍骸が運河に浮いていた。汚染していると一見してわかる運河の水を誰がなぜ飲むのだろうか?

村落の公衆衛生状態を改善するために、国の厚生省は米国の援助機関（ＵＳＡＩＤ）からの基金を受けて、ポンプ・配管システムを建設した。このシステムは、塩素処理された浄水をナイル川デルタ地帯の多くの村落に設置された公共の蛇口に供給するものであった。しかし、浄水の供給を受けている半数以上の村民は不衛生な運河の水を好んでおり、**浄水だけ**を飲む村民はほとんどいなかった。村民の大多数はテレビやラジオで放送される政府の衛生キャンペーンによって運河の水が「微生物」で汚染されていることや、これが病気や死をもたらすことも知っていたにもかかわらず、依然として運河の水を飲んでいたのである。

ベラスコは、三つの村落で運河から水を汲み取っている女性にインタビュー調査を行なった。加えて、水に関連する行動に関して観察調査や民族誌分析を行ない、収集したデータを補完した。その結果、塩素処理された浄水という技術的イノベーションは、衛生専門家や衛生工学者が主張するほど、実際上エジプトの村民にとって適切な技術ではないことを明らかにした。**こうして、彼は多くの普及研究の特徴であるイノベーション寄りのバイアスを克服したのである。**

エジプトの政治家たちはナイル川デルタ地帯に住むすべての村民に浄水を提供することを公約していた。この人気取りの政策のために、浄水システムは利用可能な資源を越えて張り巡らされ、そのうえ、浄水が浪費された。蛇口にはそもそもバネで動作する遮断弁が取り付けられており、弁が開いていないときには水は流れないようになっていた。しかしながら、頻繁に弁を使用することから、バネが壊れてしまうことが多かった。しかも、村民は水が絶えず流れているのを好んでいたので、村民は意図的に多くのバネを壊していた。

そこで、浄水は二四時間蛇口から垂れ流され、蛇口の周囲には汚い泥の穴ができあがっていた。浄水システムの水圧は低下していたのである。

この浄水供給技術を導入するにあたって、人間の行動やエジプトの村落文化などを適切に顧慮することなく計画が立てられたのは明らかである。多くの技術システムと同様、この浄水システムを計画した水力技術者は、利用者の行動をあまり考慮していなかった。さらに、技術的イノベーションは村民のニーズに適合していなかった。このイノベーションには両立可能性が欠けていたのである。

ベラスコの質問に、村民は蛇口から出る塩素処理水は「化学の」あるいは「薬の」味がすると感じていたので運河の水が好きだと回答した。多くの人たちは、浄水が性欲を弱めると信じていた。政府による不人気な家族計画プログラムの一環として、人口増加率を減少させるために、浄水に化学物質を加えているという噂も流れていた。

水を汲み取っているほとんどの村民は、運河の水をジールという土製の壷に蓄えていた。この壷のおかげで水が冷やされ、運河の水に含まれている泥などの固形分は底に沈み、その結果、澄んだ水は混ざり気のないものにみえた。住血吸虫症を引き起こす寄生虫を含めて、依然としてバクテリアが存在していたが、村民はジールが水を浄化したと**知覚して**いた。ほとんどのはジールにはフタがなく、ごみやハエなどが入って水はますます汚染されていた。

女性が運河の水を好む社会的な理由もあった。女性たちは運河の土手に集まって、服や皿を洗ったり水を汲み取ったりしながら、ニュースやゴシップを交換する社会的な環境の場を持っていたのである。これと比較して、水道の蛇口の前で行列をなすのは苦痛であった。毎朝早くから、蛇口ごとに水の汲み取りをする女性が集まってきて列をなし、列は時間が経つにつれてどんどん長くなった。蛇口から出てくる水はごく細い流れであった。押し合いは日常茶飯事で、喧嘩も多く、ときには水を汲み取っている女性の親類にも波及した。ますます悪いことに、浄水への需要が最も高まる夏のさなかには、この浄水システムはまったく役に立たなくなった。水の供給は毎日数時間は完全に止まり、一日中止まってしまうこともあった。このようなきわめて信頼性のない状況に、浄水システムの水を好む人たちすらも運河の水を飲まざるを得なかった。何人かの女性たちは浄水を運河の水で汚染されたジールの中に注ぎ込んでしまい、衛生的な浄水を台無しにしていたのである。

ベラスコの質問に回答したなかで敬虔なイスラム教徒たちは、一日に五回、村のモスクで祈りを捧げる前に手足を洗っていた。イスラム教では、浄水で手足を清める慣わしになっている。信じられないことに、浄水で手足をきれいにした後で、汚染された運河の水を飲んでいたのである。村の宗教指導者は、非常に尊敬されているオピニオンリーダーであり、浄水を飲むように人々を指導する際には重要な役割を負うべき存在であったが、政府のチェンジ・エージェントがこうした戦略をとることはなかった。

塩素処理された浄水を拒絶する一方で、汚染された運河の水を飲んでいるエジプトの村民は、実際のところ、見かけほど非合理的ではない。ベラスコがエジプトで行なったように、普及研究による重要な貢献の一つは、個々人によるイノベーションに対する知覚が複雑であることを明らかにしたところにある。人々の知覚を理解することは、技術専門家に有用な教訓をもたらす。結局、知覚が肝心なのである。技術者のイノベーションに対する知覚というよりは、むしろ人々のイノベーションに対する知覚を考慮することがイノベーション寄りのバイアスを克服するのに必要不可欠である。

導入段階

人がイノベーションを使用に供するとき**導入**に至る。導入段階までは、イノベーション決定過程はまさしく心的な行為であり、そこでは思考と意思決定が交差している。しかし、新しいアイデアが実用に供されるという意味で、導入段階では明白な行動変化が伴う。人がイノベーションを使い始めるということは、イノベーションの採用を決定することとはまったく違う。というのは、導入段階になると、イノベーションの使い方に関する問題が次々と表出してくるからである。通常、イノベーションの導入は意思決定段階から直接移行する。ただ、物流上の問題などにより、イノベーションの導入が困難な場合は別である。たとえば、二〇〇一年に米国でハイブリッド車を購入しようとしても、この革新的な自動車の供給が不足していたために、最長半年間待たされることになった。

イノベーションを採用する決定がすでになされているにしても、イノベーション導入により期待される結果には、依然として不確実性を伴っている。人は典型的には、次のような疑問を抱いており、その回答を求めている。「そのイノベーションをどこで入手できるのか?」、「それをどう使えばいいのか?」、あるいは「操作するうえで、何か問題があるのか、その問題を解決できるのか?」。そこで、こうした疑問に対する回答を得るために、導入段階では積極的に情報を探し求める。ここでのチェンジ・エージェントの役割は、イノベーションを導入したクライアントに対して、主として技術的な支援をすることである。

採用者が個人ではなくて組織である場合、導入に関わる問題は一層難しくなる。組織においては、何人もの人々がイノベーション決定過程に関与しており、導入者と意思決定者は異なることが多い。また、組織に安定と連続性をもたらしている組織構造が、イノベーションの導入を妨げることがある［第8章参照］。

イノベーションの性質にもよるが、導入段階は長期にわたって続くことがある。それでも結局、イノベーションは制度化されて、採用者の日常業務の一部になる。イノベーションはその特異な性格を失い、新しいアイデアとしての独自性が消え去る。この時点で、導入段階が終了したものと考えられる。これはまた、少なくとも大多数の人にとってイノベーション決定過程の終着点である。わずかではあるが、次の確認段階に至る場合もある。しかしその前に、再発明という概念について考えてみよう。

再発明

普及研究の初期には、イノベーションを採用するということは、より初期のイノベーション採用者の行動をそのまま模倣することを意味していた。ある場合には、イノベーションの採用はまさしく同一の行動を取ることであった。たとえば、一九三一年のカリフォルニア州の公正取引法は、この種の法制度としては初めて成立したものであり、その他一〇州に採用されたが、法案にあった三箇所の誤字も模倣されたのである［ウォーカー、一九七一］。しかし多くのイノベーションは、普及するにつれて変化しないわけではない。新しいアイデアは、人から人へ普及する過程で変化し、あるいは進化するものなのである。

普及研究者は、現在では**再発明**という概念を認識している。**再発明**とは、イノベーションの採用そして導入段階において、利用者によって変更あるいは修正される度合いのことである。一九七〇年代までは、再発明が行なわれることはほとんどないと考えられていた。普及調査で回答者が新しいアイデアを再発明したと返答した場合、それは例外的な行動であり、「雑音」として処理された。このように、採用者はイノベーションを受動的に受け入れるのであって、積極的にイノベーションを修正する主体であるとは考えられていなかった。再発明が起こりうることを普及研究者がひとたび受け入れた後、きわめて多くの再発明が生じていることが知られるようになった。普及研究者がイノベーション導入に関するデータを収集するまで、再発明はあまり調査されてこなかった。というのは、再発明は導入段階で起こるからである。これまでに多くの再発明研究が実施され、これらの調査結果によると、きわめて多くの再発明が生じていることがわかってきた。イノベーションの採用という決定段階をもって採用率を測定してきたこれまでの普及研究は、測定上の誤りを犯してきたのかもしれない。というのは、それは実際に起こったことというよりは、起こるであろうという期待を測定するに過ぎないからである。再発明が起こりうるという事実に基づくならば、イノベーション採用の測定は導入段階でなされるべきだということになる。

これまで多くの普及研究者は、発明とイノベーションを明確に区別してきた。**発明**とは、新しいアイデアが発見されたり創造されたりする過程である。これに対して、イノベーションの採用とは、イノベーションを全面的に活用することである。このように、イノベーションの採用はすでに存在するアイデアを使用する過程である。しかしながら、イノベーションが必ずしも固定された実在ではなくて、普及する過程で変化するものであるとするならば、発明とイノベーションとの間の違いはそれほど明確ではなくなる。こうした理由から、「再発明」という用語は、イノベーションが採用され導入される過程で、変更され修正される度合いを表すのに適切なのである。

再発明はどのくらいの頻度で起きるか?

チャーターズとペレグリム〔一九七二〕は、再発明が起こることを初めて認識した研究者である。彼らは一年間にわたって、四つの学校で「差別化された教員」という教育イノベーションの採用と導入の過程をたどって調査を行なった。彼らは「〝差別化された教員〟というのは、ほとんどの教員や管理職にとって言葉だけのもので、その担い手という点で具体的な意味を欠き……その言葉を多くの教員は違った意味に捉え……このイノベーションは、外部から導入されたというよりは内部で発明されることとなった」と結論づけた。また、イノベーションがこれら四校で形成されたそれぞれの状況を個別に記述した。彼らが再発明の存在を突き止めることができたのは、導入段階を調査対象としたからである。

再発明の可能性を念頭において発明がなされるとき、再発明の実行が促進される。たとえば、それまでの普及研究に関わる調査では、新しい技術的アイデアが外部環境から一つの組織に持ち込まれ、ほとんど変更なしに採用され、最終的に組織の日常業務の一部に導入されるに至ることを前提としてきた。このように、あるイノベーションがある個人ないしある組織に採用されることと、同じイノベーションが別の個人や組織に採用されることはほとんど同等であると仮定されてきた。最近の調査によると、この仮定には多くの問題があることが明らかになってきた。

1◈国の普及機関によって振興されてきた教育イノベーションの採用についての調査結果によると、採用組織の五六%はそのイノベーションの一部を選択して採用していた。ほとんどはわずかな変更に留まったが、採用組織の二〇%は大規模な変更を行なっていた〔エメリック等、一九七七〕。

2◈フォン・ヒッペル〔一九七六〕が科学的装置に関する一一一のイノベーションを調査したところ、およそ八〇%のイノベーション決定過程では、利用者が先導して開発が進められていた（リードユーザー）。利用者は新製品のプロトタイプ・モデルを組み立て、メーカーに引き渡していた。こうした産業関連のイノベーションの設計や再設計に、その「採用者」は非常に重要な役割を果たしていたのである。

3◈精神衛生部局によるイノベーションの採用を調査した結果によると、カリフォルニア州で一〇四の採用のうちイノベーションの変更が行なわれなかったのは四九件だったのに対して、五五件は再発明が行なわれていた［ラーセンとアガルワラ—ロジャーズ、一九七七］。

4◆かつて連邦政府は、コンピュータによる国勢調査用ツールGBF／DIMEの採用を地方自治体に促した。採用した地方自治体四三部局のうち、およそ半分の「採用者」は少なくともある程度の再発明を行なっていた［イブランド等、一九七七］。

5◆DARE（Drug Abuse Resistance Education）と呼ばれる学校での薬物乱用予防計画の急速な普及を調査した結果から、各地の学校で高度の再発明が行なわれていたことが明らかになった。DARE計画は一九八三年にロサンゼルスで始まり、一〇年後には五〇〇万人もの五年生と六年生が、DARE教育に関する一九回の授業を制服を着た警官から受けるまでに至った。この急速な普及の理由は、一九八〇年代後半に薬物乱用問題が重要な社会問題であった［デアリングとロジャーズ、一九九六］からでもあるが、また再発明が頻繁に生じたことも加速させた［ロジャーズ、一九九三a］。たとえば、DAREにはギャングに加わるなという授業項目がある。多くの学校ではギャングが身近にいないので、この授業項目を教えることはなかった。しかし、DAREの基本的なアイデア——制服を着た警官が教える——は、すべての採用者が遵守した。DARE計画を評価した調査によると、生徒の薬物使用を減少させる効果はほとんど持続しなかった［エネット等、一九九四；ライマン等、一九九九］。その結果、近年になって米国の学校の多くは計画を中断するようになっている。いくつかの学校では、DARE計画を完全に再発明して薬物乱用予防教育以外の授業項目はすべて無視して、制服を着た学校の警備員にDAREの薬物乱用予防教育の一部だけを教えているところもある。

一般化命題3-8◆多くのイノベーションと多くの採用者に関して、再発明はその導入段階において発生する。

再発明という概念がいったん認知されると、きわめて多くの再発明が普及計画のなかに見出されるようになった。普及研究者は再発明にこれまで以上に注目するようになり、関連する研究論文はこの数十年の間にますます増加している。

一般化命題3－9◆**再発明の度合いが高まると、イノベーションの採用速度が早くなる。**この一般化命題の背景にある考え方は、融通が利きしかも再発明しやすいイノベーションは、採用者の幅広い状況に適合するというものである。その結果、こうしたイノベーションの採用速度はより一層早くなる〔バッカー、二〇〇〇〕。

一般化命題3－10◆**再発明の度合いが高まると、イノベーションの持続可能性の度合いも高まる。**普及プログラムが終了した後にも、イノベーションが継続的に使用される度合いのことを**持続可能性**という。ほとんどの普及研究は、新しいアイデアの採用決定、あるいは導入とともに終了していた。しかしながら、イノベーションの多くは、それが継続的に使用されてこそ意味がある。たとえば、コンドームの使用を採用するということは、それを個人が継続的に使用することによって、ＨＩＶ感染を予防する効果が現れる。多くのイノベーションにとって、持続可能性こそが肝心なのである。

グッドマンとステックラー〔一九八九〕は、バージニア州での一〇の新規の健康衛生計画の持続可能性（彼らはこれを「制度化」と称している）の度合いを調査した。鍵となる要因は、イノベーションがその対象やその他の地域衛生計画の特質に適合している（つまり、両立可能性である）度合いであった。ニューメキシコ州でロジャーズ等が行なった八つの健康衛生イノベーションに関する持続可能性調査でも、同様の結論に達した。すなわち、再発明によって持続可能性は高まったのである。その他の研究でも、この一般化命題3－10が導かれている。

再発明に関するその他の研究事例、ならびにどのようにして再発明がより早い普及速度と持続可能性をもたらすかということを、クークワンド等〔一九九七〕が報告している。彼らは、フランスのがんセンターに所属する八〇人の医師たちの間に、乳がんと結腸がんに関する診療指針が浸透する過程を調査した。二年の間に、乳がんについては診療指針が推奨する処置方法をとる医師が一九％から五四％に増加した一方、結腸がんについても指針に従う医師が五〇％から七〇％になった。診療指針に関して、これまでにかんばしい調査結果が残っていないこと［ラーセンとロジャーズ、一九八四：シェイニーフェッテ、メイヤーとロスウェイ、一九九九：イーストリック、二〇〇〇：グリリ他、二〇〇〇］に鑑みると、この行動変化はある意味で驚異的である。理由の一つは、医療従事者による無視しえぬほどの再発明が診療指針に関して生じたことである。また、がんセンターの医師が、指針の作成に関与していたので、おそらくその指針が医師の状況に適合していたのであろう。

再発明は必ずしも悪くない

再発明の良否の判断はその視点による。通常、調査研究機関は再発明を好ましく思っていない。というのは、再発明は調査研究機関の研究成果を歪曲《わいきょく》させると考えているからである。イノベーションの設計者は、再発明がほとんど不可能なほどに構造化することがある。彼らは「再発明防止加工」を、イノベーションの品質を保証するものと考えているのである。利用者が採用すべきイノベーションについて、普及機関が一番よく知っていると考えているので、再発明に対して否定的である。ある特定のイノベーションが時間の経過とともに変化し、しかもその中身が採用者によって違うとすれば、チェンジ・エージェントはその成果がどのくらいのものか測定できなくなってしまう。再発明が頻繁に起こるようだと、イノベーションの採用速度という通常の測定基準が曖昧になってしまう。再発明が極端になると、もともとのイノベーションの同一性が損なわれてしまうのである。

再発明の度合いを測定する一つの方法は、もともとのイノベーションと類似あるいは相違する要素の数を同定することである。この要素とは、チェンジ・エージェントが普及させようとしているイノベーションのうち、

「本線」ないし「中核」となるものである〔イブランド等、一九七七〕。イノベーションの多くは構成要素に分解できる。中核となる部分で、どの程度の再発明が行なわれたかを、この構成要素に基づいて計測するのである。イノベーションの**中核要素**とは、イノベーションの効果に即応する機能を構成するものである〔ケリー等、二〇〇〇〕。

たとえば、屋内空気清浄条例の普及に関する研究によると、採用したすべての市の条例では公共の場での喫煙を禁じていた一方で、市ごとの禁煙条例は肝心な点で異なっていた。いくつかの市の条例は非常に包括的で、市役所の建物、レストラン、バー、ボウリング場、さらにはビンゴ場での喫煙を禁じていた。その他の屋内空気清浄条例では、（市議会での賛成が得られやすい）一部の場所のみを対象としていた。その他の禁煙条例では、公共の場での喫煙に加えて、こうした建物から一五メートル以内の喫煙を禁じていた。二次喫煙を予防するという中核要素はすべての条例に含まれていたが、禁煙場所についてはまさにさまざまであった〔ロジャーズ、ピーターソンとマッコウィッティ、二〇〇二〕。おおむね、米国南西部の比較的遅れて採用した市では、より包括的な禁煙条例が採用されていた。

採用者は普通、再発明はきわめて好ましいものだと考えている。実行に移した再発明の総計を強調あるいは過大に強調する傾向がある〔ライスとロジャーズ、一九八〇〕。潜在的な採用者にとって、可能な選択肢は採用と拒絶のみではない。イノベーションの修正や、その一部要素を選択的に拒絶することなどもまた、（DAREの場合や禁煙条例などでもわかるように）任意的である。少なくとも、個人や組織にとってイノベーションの導入問題が持ち上がるとき、採用者はほとんど常にもともとのイノベーションに変更を加えて状況に適合するように努めるものである。

再発明はイノベーションの採用にとって有益でありうる。イノベーションを採用する過程での自由度の存在は、誤解を減らすとともにイノベーションの適合性を高め、地域条件や変化する環境に一層適切に対応させるものとなるのだろう。再発明の結果、イノベーションは採用者が抱えている既存の問題になお一層適合するとともに、イノベーション決定過程において遭遇する新規の問題にも、より一層対応しやすくなるのかもしれない。公立学校に対する全国的な調査によると、教育イノベーションが学校で再発明されたとき、その採用はより一層継続し、中断も少なかったという［バーマンとポーリー、一九七五］。再発明されたイノベーションは、学校の外部環境に一層適合していたので、中断が起きにくく、持続可能性をもたらした。この調査の結果、比較的頻繁に再発明が生じていることがわかった。つまり、イノベーションと学校とはある種の相互作用関係にあったのである［バーマンとマクローリン、一九七四、一九七五、一九七八；バーマン等、一九七五、一九七七］。通常、学校はほとんど変化しなかったが、イノベーションは実質的に変化した。

なぜ再発明は起きるのか

再発明が起こる理由はイノベーションそのものにもあるが、新しいアイデアを採用する個人や組織も関わっている。

1◆相対的に複雑で理解するのが難しいイノベーションは再発明されやすい［ラーセンとアガルワラ－ロジャーズ、一九七七］。この場合の再発明は、イノベーションの単純化あるいはイノベーションに対する誤解によるものかもしれない。

2◆採用者がイノベーションに対する詳細な知識を持っていないために、再発明が生じることがある。採用者がチェンジ・エージェントや既存の採用者との直接的な接触がほとんどないような場合などである［イブランド等、一九七七；ラーセンとアガルワラ－ロジャーズ、一九七七ａ；ケリー等、二〇〇〇］。たとえば、コンサルタントがコンピュータ・システムの知識を導入段階で採用組織に提供した場合と比べて、チェンジ・エージェントがただ単にイノベーションについての情報を知らせただけの場合には、コンピュータ・システムに関わる再発明が比較的頻繁に起きた。再発明は、ときには無知や不適切な学習のために生じることがある。

3◆一般的な概念あるいは多くの応用が可能な装置といったイノベーション（コンピュータやインターネットがそうである）は再発明されやすい。イノベーションを構成している要素が緊密に結合されていることもあれば、緩やかに結合されていることもある。緊密に結合されたイノベーションは独立性の高い要素の集合である。そのうちの一つの要素だけを採用することは難しい。緩やかに結合されたイノベーションは、相互に関連性の低い要素から構成されている。こうしたイノベーションでは、採用者の状況に応じて柔軟に対応できる。そこで、イノベーションの設計者や製作者は、イノベーションの再発明を困難にしたり容易にすることにより、再発明の度合いに影響を与えることができるのである。

4◆利用者の広範囲にわたる問題を解決するためにイノベーションが導入されるときには、再発明が起こりやすくなる。この場合、各個人や組織は別の個人や組織と比べて、イノベーションをより多くの異なった問題に適用させるのが、再発明が起こりやすい基本的な理由である。そもそも個人がイノベーションを探し求めるときの動機が、そのイノベーションをどのように使うかということを部分的に決定づける。適合されるべきイノベーションと、個人や組織が抱える問題との異質性が高い場合、そのイノベーションが再発明される度合いは大きくなる。

5◆イノベーションを所有したい地域の自尊心も、再発明の原因となることがある。この場合、地域の産物であるとみせるために、そのイノベーションはどちらかというと表面的にあるいはわずかに修正される。こうした「擬似再発明」の場合、イノベーションには新しい名前が付与されるだけで、イノベーション自体にはなんら本質的な変更は加えられない。こうした地域限定のイノベーションは、採用者の側の地位や認知に対する願望によって、あるいはイノベーションを地域システムに受け入れやすくするためといった願望によって、動機づけられているのかもしれない。ハブロック〔一九七四〕はかつて米国の三五三人の教頭を調査したが、彼らに質問したとき、しばしば「地域の人々は、そのイノベーションは地域のものであると言う」と回答した。おそらく、ある観察者が示唆したように、イノベーションとは歯ブラシのようなもので、人から借りたいと思うものではないのかもしれない。少なくとも、彼らはもともとのイノベーションに自分たちの「添え物」をつけ加えて、他とは違って見えるようにしたいのである。

6◆クライアントを取り込むために、チェンジ・エージェント機関がイノベーションを修正したり適合させたりするときに再発明が起こることがある。チェンジ・エージェント機関の多くは再発明に反対するが、分散型の普及システムでは、クライアントに対して新しいアイデアを再発明するように促すことがある〔第7章参照〕。たとえば、DAREの普及は連邦政府機関によって管理されていたわけではなく、学習課程をどのようにするかは各学校に委ねられていたのである。

7◆あるイノベーションが、採用することになっている組織の構造に適合させられるとき再発明が起きる〔ウェストフォール、グラティとショーテル、一九九七；マークルザック等、二〇〇〇〕。

8◆遅く採用した人たちは、初期に採用した人たちが得た経験を踏まえることができるので、イノベーション普及過程が進んで後になるほど再発明が起きやすくなる〔ヘイズ、一九九六a〕。たとえば、州法は多くの州に普及するにつれて、ますます包括的なものになるとともに、法の抜け穴も徐々にふさがれていく〔ヘイズ、一九九六b〕。

再発明の存在が認識されることによって、もともと普及研究者が思い描いていた普及行動とは異なった見方に焦点があてられるようになっている。ただ単にイノベーションを受け入れるかどうかではなくて、潜在的な採用者は、多くの場合、採用普及過程への積極的な参加者であり、イノベーションが彼らの局所的な文脈に適用されるとき、その新しいアイデアにどのような意味を与えるべきか葛藤している。再発明を含めて、こうした採用行動に関する概念は、長年にわたる普及研究において、一部の回答者が調査研究者に伝えようと努力していたことと辻褄が合っているのである。

再発明に関する研究から浮かび上がってくる全般的な構図は、イノベーションは固定された実体ではないということである。そうではなくて、イノベーションを利用する人たちは、それを使うことによって学習しながら、それに意味を与えることによって、それを形作っているのである。「人工物はその設計者によって構成されるばかりでなく、それは利用者によって再構成されるのである」〔ボチョースキー、一九九九〕。たとえば、そもそも電話は仕事の道具だと思われていたが、初期の電話の通話者、特に女性は、そこに社交性を埋め込んだのである〔フィッシャー、一九九二〕。同様に、フランスで開発されたミニテルという一種のビデオテックス・システムは、一対多のメッセージシステムとして設計されたが、やがて多対多に変更された。〔第6章〕で日本の若者の携帯電話利用者によるSMS（ショート・メッセージ・サービス）の発明に言及する。このように、少なくともイノベーションの多くは、利用者によって構成されて、ダイナミックで順応性のあるアイデアとなるのである。

確認段階

何人かの研究者が行なった検証によると、新しいアイデアの採否の決定はイノベーション決定過程の最終段階ではないことが多い。たとえば、メイソン〔一九六二〕が調査対象としたオレゴン州の農民は、イノベーションを採用する以前だけでなく、その後も情報を探し求めていた。確認段階では、個人あるいは何らかの意思決定単位は、すでに行なったイノベーション決定を強化するものを求める。そして、もし導入したイノベーションと相容れないメッセージにさらされたときには、その決定を覆すかもしれない。

確認段階では、個々人は不調和な状態を避けたり、あるいは不調和な状態が起きたとしてもそれを減じようとする。

不調和

人間の行動変化は、内的な不均衡あるいは**不調和**の状態によって動機づけられることがある。**不調和**とは不快な心の状態であって、人はこれを減じるか消滅させようとする。不調和な状態にある人は、その人の知識や態度あるいは行動を変えることにより、この状態を減じようとする〔フェスティンジャー、一九五七〕。イノベーションに関わる行動においては、この不調和の克服ないし減少はおよそ次のようなときに生じる。

1◆人が何らかのニーズに気づき、ニーズに合致するイノベーションについて情報を探し求めるとき。この場合、イノベーションが必要なことに気づいた受け手が持っている知識によって、イノベーションを探し求める情報探索活動が動機づけられることがある。この行動は、イノベーション決定過程の知識段階で起こる。

2◆人が新しいアイデアについて知り、それに対して好意的な態度を持っているが、採用はしていないとき(前述のKAPギャップである)。このとき、人が信じていることと、人が実際にしていることとの間に不調和があるゆえに、人はイノベーションを採用するように動機づけられる。この行動はイノベーション決定過程の決定段階および導入段階で起きる。

3◆人がイノベーションの導入を決定した後に、それを採用すべきではなかったことを確信させるような情報を得たとき。この種の不調和は、イノベーションの採用を中断することによって減じられる。逆に、もし人がもともとイノベーションを拒絶していた場合、その人がイノベーションに対して好意的なメッセージにさらされると、その人には不調和が生じて、新しいアイデアを採用することで克服ないし減少させることがある。こうした中断あるいは後々の採用は、イノベーション決定過程の確認段階で生じる。

これら三種類の不調和を減じるためには、行動を変化させることが必要であり、態度と行動とは強く一致することになる。しかし、すでに行なった採否の決定を変更するのは難しいことが多い。本来の決定を持続させる活動が始まっているかもしれない。イノベーションを採用するのに、多額の出費がなされたかもしれない。そこで、人はすでに行なった決定を裏づけたり確認する類の情報だけを探し求める（この行動は前述のエクスポージャーの一例である）ことによって、不調和な状態を避けようと試みることがしばしばある。確認段階では、人は不調和から逃れる裏づけとなるようなメッセージを望むのである。それにもかかわらず、イノベーション決定過程で、人がすでに行なった採用ないし拒絶の決定に疑問を投げかけるような情報に出会うことがある。

中断

中断とは、イノベーションを採用した後に、それを拒絶する決定のことである。ある特定のイノベーションについて、どちらかというと驚くべき高率の中断が発見されている。リュートールド［一九六七］によるウィスコンシン州の農民に対する調査結果から、彼はイノベーションの採用率を測定するのに、どの時点をとっても中断速度は採用速度と同等に重要であるとの結論を得た。調査したどの年においても、イノベーションを初めて採用する人とほぼ同数のイノベーション中断者がいたのである。

中断には❶置換と❷幻滅の二種類がある。**置換による中断**とは、よりよいアイデアを採用することにより、これまでのアイデアを拒絶する決定のことである。絶え間なくイノベーションの波が押し寄せており、新しいアイデアはそれぞれ既存の行為に置き換わる。この行為もかつてはイノベーションの一つだったのである。たとえば、テトラサイクリンの採用は、二種類の抗生物質の中断をもたらした［コウルマン等、一九六六］。電卓は計算尺に置き換わった。CDは塩化ビニールのレコード盤に置き換わった。eメールは多くの郵便物に置き換わっている。置換による中断は日常的に起きているのである。

幻滅による中断とは、イノベーションの性能や機能に対する不満の結果生じる拒絶の決定である。イノベーションを採用した人にとって不適切であって、他のイノベーションと比べて相対的優位性が知覚されないときに、こうした不満が生じる。政府機関が、そのイノベーションは安全ではなく、健康被害をもたらすおそれがあると判断することもある。個人にとって有効に機能する可能性のあるイノベーションでも、それを誤使用した結果、中断が起こることがある。後者の中断は、初期の採用者よりも後期の採用者の間でよくみられるようである。初期の採用者はしっかりとした教育を受け、おそらくは科学的方法についての理解力がまさっている。そこで、彼らはイノベーションの試行結果を注意深く観察して一般化する方法を理解しているので、イノベーションを本格的に使用するに至るのである。また、後期の採用者は資産が少ないので、イノベーションを採用するのが困難であったり、あるいは資金能力が限られているゆえに、イノベーションの中断が起こることがある。こうして、一般化命題3-11を得る。**後期の採用者は、初期の採用者よりもイノベーションの中断が起きやすい。**

後期の採用者に分類される人たちは、そもそもイノベーションを使用しないか、採用するのが遅いので、研究者は当初、後期の採用者は相対的に革新的ではないと想定してきた。しかし、研究者は中断という実証例を前にして、ラガードの多くはイノベーションを採用するものの、その後で幻滅のゆえに中断するのではないかと考えるようになってきた。たとえば、オハイオ州の農民の採用中断を調査したビショップとコフェナー〔一九六四〕によると、イノベータと初期採用者はあわせて一四%、初期多数派は二七%、後期多数派は三四%、ラガードは四〇%であった。カナダの農民を調査したリュートールド〔一九六五〕は、同じ採用者カテゴリーについてそれぞれ一八%、二四%、二六%、三七%という数値を挙げている。

中断比率が高いのは、長期の学校教育を受けていないこと、社会経済的地位が比較的低いこと、そしてチェンジ・エージェントとの接触が比較的少ないことなどによるもので、イノベータの特徴と正反対の関係にある〔第5章参照〕。採用中断者はラガードと同様の特徴を持っており、ラガードは確かに中断比率が高い。

イノベーションの中断が起きるのは、イノベーション決定過程の導入段階で、採用者の日常生活に新しいアイデアが十分に組み込まれなかったことの一つの証《あか》しである。イノベーションが人の信念や過去の体験と両立しにくいとき、持続可能性の見込みは少なく、中断が頻繁に起きる。おそらく、❶イノベーションごとに採用速度が異なるのと同様に中断速度も異なっており、❷相対的優位性や両立可能性などのイノベーションの知覚属性は中断速度と負の相関関係がある。たとえば、われわれは、相対的優位性の低いイノベーションは、採用速度が遅いとともに中断速度が速いと予測している。

個人のみならず組織もイノベーションを中断することがある。採用速度の速いイノベーションは中断速度も緩やかであろう。米国のラジオ放送局はいかにしてイージーリスニング番組を中断したかというグリーブ〔一九九五〕の研究はその一例である。かつて一九八四年ころには、イージーリスニング番組は非常に人気があり、ほとんどの都市でこの種の番組を放送するラジオ局が少なくとも一つはあった。しかし一〇年ほど後には、聴取者は高齢化して広告主からは魅力のない階層になった。一九九三年までに、ラジオ局の九〇%がイージーリスニング番組を中断して、別の番組に切り替えた。ラジオ局同士の関係も、イージーリスニング番組の中断に影響を及ぼした。つまり、当初の番組から「飛び降りること」自体が一つの普及過程だったのである。

著名な普及研究者であるバートは「変化とは新しいものを採用することであるのと同じように、古いものから離れることである」と述べている。新しいアイデアを採用することは、ほとんど常に既存のアイデアを中断することを意味している。

イノベーション決定過程には複数の段階が存在するか？

本章で提示したイノベーション決定過程モデル［図3-1参照］に、複数の段階が存在する実証的な根拠はあるのだろうか？　研究者が個々の回答者の内面の心的な過程を探ることは困難なので、決定的な回答を用意することは不可能である。人の行動変化を理解するため、そしてイノベーションを導入するための理論的根拠を与える点で、複雑な現実を簡単化する方法として、複数の段階の設定が有効なことがある。複数の段階が存在すると考えること自体がある種の社会的な構成物であって、それはわれわれが創り出しているとともに、おおかたの意見の一致がみられる心的枠組みなのだろう。しかし、一連の段階がイノベーション決定過程に存在するという実証的な根拠を得ることとは、これとはまったく異なっている。一連の段階を経験する人は、ある段階が終わり、別の段階が始まる時点を認識していることも、認識していないこともあろう。確かに、人（あるいは組織）が一連のイノベーション決定過程を順次体験するにつれて、イノベーションに巻き込まれる度合いや巻き込まれ方は変化する。それでもなお、ある一つの段階と別の段階の間に「明瞭」な区別があると想定すべきではないのである。

人の行動変化の過程には段階が存在するという学説には、長期にわたる知的伝統がある。ドイツ・ライプツィッヒ大学の先駆的な心理学者ウィルヘルム・ブントは、人の基本的な行為としてジェスチャー（身振り）を概念化した。ブントの考えに従って、シカゴ大学のジョン・デューイは「心理学における反射弓概念」という著名な論文を発表した［一八九六］。人の行動に関するデューイの学説が登場するまでは、刺激―反応（S―R）理論が有力であった。刺激―反応理論では、外部刺激（S）が人に知覚される過程は次のように説明されていた。すなわち外部刺激が加わると神経系を通過して相応の筋肉に到達する、この筋肉の動きが反応（R）であり、かくして一連の過程が終了する。刺激―反応モデルは確かに膝蓋《しつがい》反射のようなある種の動作を説明するものではあるが、人の行動モデルとしては不完全なものであった。

刺激が加わったときには、刺激に対する反応とともに人による解釈も生じるとして、デューイやジョージ・ハーバート・ミードその他シカゴ学派の研究者たちは、反射弓モデルや刺激―反応モデルは単純すぎると主張した［ロジャーズ、一九九四］。こうして、刺激―反応モデルは刺激―解釈―反応モデルとなり、他者との相互作用が加わった。意思決定過程に複数の段階が存在するという学説は徐々に明白なものとなってきたのである。さらに、反射弓説では刺激を人の外部に、そして反応を人の内部に措定しているが、この考え方は誤りであるとデューイは主張した。そうではなくて、人が刺激と感じるものは、各人のこれまでの経験に依存するとした。たとえば、人がひとたびイノベーションの存在を知ることになれば、その人はこの新しいアイデアに意外なほど頻繁に遭遇することになるのである。

ジョン・デューイやジョージ・ハーバート・ミードの考え方は農村社会学者に直接的に影響を与え、こうした農村社会学者は、イノベーション決定過程には複数段階が存在するという説を初めて断定したのである［ビール、ロジャーズ、ボーレン、一九五七］。

「過程分析調査」対「分散分析調査」

イノベーション決定過程に複数の段階が存在するか否かという疑問に答えるためには、従属変数（たとえば革新性）と独立変数の関連を調査する分散分析調査とはまったく異なった手法が必要になる。**過程分析調査**とは、時間が経過するなかでの一連の出来事を位置づけるために実施されるデータ収集ならびにデータ分析手法である〔モーア、一九七八、一九八二〕。通常の過程分析調査では定性的な分析手法が用いられ、そこでは人間行動を洞察し理解することを目的に実施される。**分散分析調査**は、変数間の共分散ないし相関関係を測定するために行なわれるデータ収集ならびにデータ分析手法であり、時間軸は考慮されない。分散分析調査では通常、定量的な分析手法が用いられ、種々の行動を数値化して変数を計測することとしている。

社会科学上の調査のみならず、多くの普及研究では分散分析による調査手法をとっている。イノベーションの普及や採用に関わる単発的な調査などを行なったうえで、高度に構造化されたデータ収集とクロスセクション分析が実施される。時間軸に沿った一時点だけでの行動を尋ねているので、イノベーションをいつ採用したかといった想起調査を除いては、時間の経過に関わるデータは計測できない。分散分析調査は、たとえば革新性と関連する変数を調査するのには適切である。しかし、分散分析調査では、個々人のイノベーション決定過程で、まず何が起き、次いでどうなったかということや、これらの出来事が次の出来事にどのような影響を及ぼしたかというような、時間を過去にさかのぼる調査はできない。

一連の過程の特質を知るためには、一連の出来事の原因と結果を明らかにする動的な視点が必要である。過程分析研究のためのデータ収集法はあまり構造化されていないので、綿密な個人面接が必要になることがある。そもそも、分散分析調査と比べて、過程分析調査のデータは定性的なものである。過程分析調査では、データを分析するのにほとんど統計的な手法は用いられない。普及研究者はしばしば分散分析調査と過程分析調査の間の重要な違いを誤って認識してきた［モーア、一九七八］。イノベーション決定過程のような動的な問題には、普及研究分野においてこれまで優勢であった分散分析調査とはまったく異なった研究手法をとるべきである。イノベーション決定過程に関する過程分析調査がごく少ないことが、複数の段階が存在する度合いについての明確な理解を欠く主要な理由になっている。それでもなお、いくつかの研究によると、イノベーション決定過程には複数の段階が存在するという暫定的な根拠があるのである。

段階が存在する証拠

イノベーション決定過程には段階が存在するとの根拠は、アイオワ州での調査結果に由来する［ビールとロジャーズ、一九六〇］。その研究では、ほとんどのアンケート回答者は、気づきの知識からイノベーションの採用決定に至るまでに、一連の段階を通過してきたことを認識していたとの結論を得ている。より具体的には、イノベーション決定過程の異なる段階ごとに、異なったチャンネルと情報源からイノベーションについての情報を得ていたのである。いずれの段階においても、同じ情報源あるいは同じチャンネルでありえたが、段階ごとに異なった情報源あるいは異なったチャンネルを活用したとの回答は、段階ごとに差異があることを示している。ビールとロジャーズが質問した一四八人の回答者は全員、新しい除草剤の存在に気づいた直後にそのイノベーションを採用することはなかった。また、新しい家畜飼料を採用した人たちの六三％は、その知識を得た年と、採用を決定した年は違うと回答している。多くの人々は、イノベーション決定過程の各段階を通過するために、年単位の時間の経過が必要であるかにみえる。つまり、採用行動とは、複数の段階を内包する一つの過程であり、これらの段階は時間の経過とともに生起するのである。

ただし、ビールとロジャーズ〔一九六〇〕は、イノベーション決定過程のある段階が、時には省略され飛ばされる場合があると指摘している。ある与えられたイノベーションにおける決定過程のなかで、ほとんどの人たちが特定の段階を通過していない場合、その段階をモデルに含めるべきかという疑問が生じてくる。ビールとロジャーズが得た知見は次のとおりである。すなわち、二人の質問に農民の多くはイノベーション決定過程の初めの三つの段階——知識、説得、決定段階——での彼らの行動について回答した。それによると、どの回答者も知識や決定段階を飛ばすことはなかったが、何人かは採用段階の前の試行段階には言及しなかったのである（これは調査対象とした化学除草剤というイノベーションの特性によるものではないかと考えられる）。

コウルマン等〔一九六六〕によると、多くの医師は新薬の採用にあたって、知識段階と説得段階では異なるコミュニケーション・チャンネルを利用したと回答している。ラマール〔一九六六〕は、カリフォルニア州の二〇の学校の二六二人の教師を対象として、イノベーション決定過程についての調査を行なった。対象となった教師は、上述の農民と同じようなイノベーション決定過程の段階を通過してイノベーションを採用した。コール〔一九六六〕がオレゴン州にある五八校の教頭を調査したところ、彼らは集団指導、語学実習、およびフレックスタイムといったイノベーションについて、すべての段階を経験したと回答したという。

そこで、次の一般化命題3-12を得る。**イノベーション決定過程には複数の段階が存在する。**知識段階と決定段階についてはきわめて明らかだが、説得段階は必ずしも明らかではない。導入段階と確認段階については、限られたデータしか存在しない。

効果の階層モデル

人は通常、知識の変化から顕在的な行動の変化へと向かうとともに、その変化は一般にイノベーション決定過程の各段階と平行して進行するに違いないという考えに基づいて、コミュニケーション効果の階層性という基本概念が浮かび上がってくる［表3-1］。初めて効果の階層モデルを提案したのは社会心理学者であるマクガイア［一九八九］であり、現在、コミュニケーション研究の分野で広く用いられている。

つまり、コミュニケーション効果は、イノベーション決定過程の各段階を経験する人々に対して、異なった役割を果たす、異なったコミュニケーション・チャンネルを伴いつつ、異なった効果をもたらしながら、階層的に生じるのである。たとえば、マスコミュニケーション・チャンネルは一般に知識に関わる効果をもたらすのに有

表3-1………イノベーション決定過程の諸段階

「効果の階層モデル」と「変化の段階モデル」は、
イノベーション決定過程における複数の段階と対応している

イノベーション決定過程	効果の階層モデル	変化の段階モデルにおける段階
I…知識段階		I…事前の熟慮
	1…情報想起	
	2…メッセージ理解	
	3…イノベーションの効果的な採用に関する知識や技量	
II…説得段階		II…熟慮
	4…イノベーションの連結	
	5…他の人との新たな行動についての議論	
	6…イノベーションについてのメッセージの受容	
	7…メッセージとイノベーションに対する肯定的なイメージの形成	
	8…革新的な行動に対する社会システムからの支援	
III…決定段階		III…準備
	9…イノベーションに関する追加情報を探索しようとする意図	
	10…イノベーションを試行しようとする意図	
IV…導入段階		IV…行動
	11…イノベーションについての追加情報の入手	
	12…イノベーションの規則的な使用	
	13…イノベーションの継続的使用	
V…確認段階		V…維持
	14…イノベーションを使用することによる便益の認知	
	15…日常の行動へのイノベーションの統合	
	16…他の人へのイノベーションの推奨	

出展…マクガイア[1989]の効果の階層モデル
［ジョンズ・ホプキンス大学
人口コミュニケーション・サービスが修正］と、
プロチャスカの変化の段階モデル
［プロチャスカ、ディクレメンテとノークロス、1992］に基づく。

効であり、対人コミュニケーション・チャンネルは説得に関わる効果をもたらすのに有効である。コミュニケーション・キャンペーンを展開するのは、効果の階層性の初期段階において一層有効である。というのは、行動変化と比べて、知識レベルは短い期間に容易に変化するからである［ボーガンとロジャーズ、二〇〇〇］。たとえば、六カ月間のキャンペーン活動によって、オーディエンスの三五％はイノベーションに関わる知識を増やしたが、その影響によって新しいアイデアを採用した人はたったの二〜三％であった。

変化の段階モデル

イノベーション決定過程の複数段階説に似たモデルをプロチャスカ教授が提案している。教授はロードアイランド大学の予防衛生研究者で、「人は常習的な行為をどのように変えるか」に関する彼の五段階モデルは、公衆衛生の分野において広く活用されている。ここで公衆衛生分野というのは、ＨＩＶ／ＡＩＤＳを予防する安全なセックス、避妊法、乳がんの早期発見のための乳がん検診、あるいは禁煙などである。プロチャスカ、ディクレメンテとノークロス［一九九二］は、五つの変化段階（S‐O‐C：stage-of-change）を次のように定義している。

1◆**事前の熟慮**…問題が存在していることに気づき、それを克服する方法について考え始める時点。
2◆**熟慮**…問題が存在していることに気づき、それを克服する方法について真剣に考えているが、行動を取るまでには至っていない時点。
3◆**準備**…近いうちに行動を取ろうと思っているが、まだ実行していない段階。
4◆**行動**…問題を克服するために人が行動を変化させる時点。
5◆**維持**…人がその行動変化を強固にし、それを継続する段階。

効果の階層モデルと同様、プロチャスカが提案する変化の段階モデルでは、各段階を通過するなかで、人の行動が次々と進行していることを意味している。イノベーションがもたらす期待費用と期待便益の均衡が変化するにつれて、個人は変化の段階を移動する。人がS–O–Cモデルを移動するとき、人はイノベーションに関する「賛成」数を増やす一方で、「反対」数を減少させていく。たとえば、禁煙することの便益に気づくとともに禁煙学級にたやすく参加できることを知るならば、人はこうした変化を成し遂げやすくなる。変化の段階（S–O–C）を前進するなかで、人は自らを有効に働かせる能力、つまり将来を制御できるという信念が増してくるのである［ガラボッティ等、一九九五］。

プロチャスカは、禁煙コースなどに参加するときほとんどの喫煙常習者は「行動」段階に達していないことを発見した。彼によると、喫煙者の一〇～一五％は「行動」段階にいるが、三〇～四〇％の喫煙者は「熟慮」段階に、五〇～六〇％は「事前の熟慮」段階にいると推定している。喫煙常習者が三つの段階――行動、熟慮、事前の熟慮段階――のどこにいるかを考慮せずに計画された禁煙コースは失敗する可能性が高い。多くの人々が禁煙計画、薬物中毒そしてダイエットによる減量計画から脱落したり、禁煙計画などの訓練を受けた後でまた逆戻りしてしまうのは、こうしたことが失敗の原因である。これに対して、「変化の段階」モデルでは、個々人の行動の変化を促すために、各段階のどこにいるかにしたがって彼らを区分したうえで、各人ごとに合ったコースを提供している［第7章参照］。個々人の場合と同様、地域コミュニティも変化に対する準備という観点から分類できる［エドワーズ等、二〇〇〇］。

コミュニケーション研究者は、人のイノベーション決定段階をどこまで進行させられるかといった効果を測定するために、普及過程に介入することで変化の段階モデルを適用することがある。かくして、人が位置する段階を測定することで、「変化の段階」が一種の変数となる。最近では、タンザニアでの普及過程への介入による効果をボーガンとロジャーズ［二〇〇〇］が調査している。また、ニューメキシコ州での飲酒運転に関するMADD（飲酒運転に反対する母親たち）による被害者影響パネル活動をポラシェック等［二〇〇二］が調査している。

タンザニアでの調査計画は、トウェンダ・ナ・ワカティ（「時流に乗ろう」）という娯楽教養系連続ドラマのラジオ放送が家族計画の採用に与える効果を測定するもので、一九九三年から一九九七年までの間に実施された。このラジオ放送は大変人気があり、避妊の肯定的および否定的役割モデルが描写されていた。タンザニアに住む約三〇〇〇世帯から一年ごとにデータを収集し、個々人の行動変化を「変化の段階」モデルに従って測定した。一九九三年から一九九五年まで、この連続ドラマはドドマ地区を除いて全国放送されたので、ドドマ地区は比較対象地区として利用した。放送を聴くことにより聴取者に一定程度の直接的効果をもたらしたが、主要な影響は家族計画の方法を採用することの仲間内のコミュニケーションを促したことであった［ボーガンとロジャーズ、二〇〇〇］。イノベーションに関する対人コミュニケーションを促すのに、娯楽教養番組はユニークなものかもしれない［シンガルとロジャーズ、一九九九］。ラジオの連続ドラマの聴取者のおよそ二三％が家族計画手法を採用した［ロジャーズ等、一九九九］。この測定結果は、一九九三年から一九九五年までの放送対象地域と、それ以後のドドマ地区を含む全国放送の調査によって得られたものである。

ニューメキシコ州でMADDが実施しているVIP（被害者影響パネル）の効果測定に、ポラシェック等（二〇〇一）は「変化の段階」モデルを適用した。VIPは、DWI（飲酒運転）での加害者に対する討論会で、八一三人の加害者が調査対象となった。VIPでは、飲酒運転者によって殺されたか怪我をさせられた子供たちの母親が意見を述べることとなっていた。母親たちは有罪の判決を受けた飲酒運転者を名指ししながら、ワッと泣き出すことがしばしばであった。DWI加害者のVIPへの出席は無作為に割り当てられた一方、すべての加害者はＤＷＩスクールへの出席が法的に強制され、飲酒運転を止めるように種々の情報が提供された。ＶＩＰへの出席の有無は、次の二点で飲酒運転加害者に何の違いももたらさなかった。❶「行動の変化」モデル上での段階の移行、❷以後二年間の飲酒運転の常習的犯行（ニューメキシコ州の統計による）。

タンザニアでの調査計画とニューメキシコ州でのＤＷＩ調査は、イノベーション決定過程で次の段階への移行を促すさまざまな介入方法の効果を測定するための実験の設計方法や実施方法を示している。イノベーション決定過程に介入するこうした調査方法は、イノベーション決定過程の特質を明らかにする一助となる。

効果の階層モデル、変化の段階モデル、そしてイノベーション決定過程はいずれも基本的に類似したものであり、各段階について一層の概念化を進めるのは有効であると考えられる。たとえばウェンステインとサンドマン〔二〇〇二〕は、予防的イノベーションに特有のイノベーション決定過程モデルを提案している。

テトラサイクリンのイノベーション決定過程におけるコミュニケーション・チャンネル

かつてイリノイ州の医師たちの間に普及した新薬テトラサイクリン（研究者たちは「ガンマニム」と呼んでいた）に例示されるように、イノベーション決定過程を五段階に区分することは、異なったコミュニケーション・チャンネルの役割を理解する一助となる。ガンマニムは「特効薬」ともいうべき抗生物質で、副作用が少ないことから、医療コミュニティに属する医師たちの間に瞬く間に拡がった〔コウルマン等、一九六六〕。このイノベーションは目を見張るほどの効能をもち、きわめて速やかに医師が採用するところとなったのである。発売後二カ月も経たずに、医師たちの一五％が試験的に処方した。この数値は四カ月後には五〇％に達し、一七カ月が経過した後には、ガンマニムは医師たちが処方する抗生物質のなかで優位を占めるところなった。それまでの抗生物質に対して、ガンマニムは著しい相対的優位性をもっていたので、ほとんどの医師ネットワークでは、きわめて肯定的なメッセージがこのイノベーションに発せられていた。この新薬研究の最も重要な貢献の一つは、イノベーション決定過程におけるコミュニケーション・チャンネルとして、対人ネットワークが重要であることを立証したことにある。

イノベーションに関する気づきの知識を生み出す情報は、人が積極的に探し求めているコミュニケーション・チャンネルやコミュニケーション源からもたらされることはほとんどない。というのは、新しいアイデアについての情報を人が探し求められるようになるのは、次の出来事が起こった後だからである。つまり❶新しいアイデアが存在することを人が知ること、❷イノベーションについての情報を得ることのできるコミュニケーション・チャンネルやその源《みなもと》を人が知ること。さらに、イノベーションを伝えるコミュニケーション・チャンネルやその源ごとの重要度は、潜在的採用者であるオーディエンスが利用可能なチャンネルや源に依拠することがある。たとえば、当初はイノベーションに関わる製品の販売企業のみが喧伝しているとすれば、少なくともイノベーション決定過程の初期である知識段階では、その他のコミュニケーション・チャンネルや源はそれほど重要でないことが多い。コウルマン等［一九六六］が行なった新薬調査によると、調査した医師の八〇%は、薬品会社から聞いて初めてガンマニムの存在を知ったという（五七%は薬品会社の販売促進員、一八%は薬品会社からのDM、四%は薬品会社の発行誌、そして一%は医学誌に掲載された薬品の広告）。

テトラサイクリンに関するイノベーション決定過程で、後のほうに位置する説得段階や決定段階においては、仲間内のネットワークが一層重要なコミュニケーション・チャンネルとその源になってきたが、その一方で、商業ルートでのコミュニケーションの役割の重要度は低下した〔バン・デン・ブルトとリリエン、二〇〇二〕。気づきの知識については、商業的なチャンネルやその源を通じて伝達できた。しかし、イノベーションの評価情報に関しては、医師たちは同僚の経験に依存する傾向があった。医師たちが薬品イノベーションを採用するか否かを決定する前の説得段階では、彼らはテトラサイクリンを販売する薬品会社を同僚ほどには信頼していなかったのである。

テトラサイクリンの科学的な評価は医師たちに伝えられていたが、こうした情報によって医師が新薬イノベーションを採用することはなかった。コウルマン等〔一九六六〕は次のように結論づけた。すなわち「製薬会社、医学部、あるいは大学付属病院などにおける治験は、新薬が販売される前に必ず通過しなければならない関門であるが、これだけでは普通の医師が新薬を採用するまでには至らない」のである。さらに、「専門家レベルでの教授指導は、医師自身による新薬試行の代替にはならない。少なくとも部分的には、同じレベルの同僚の日常の経験を通じた試行がこれを代替する」のである。人々はイノベーション評価情報の入手先を身近にいる同僚に求め、こうして得られた評価情報がイノベーション採用によって予想される結果についての不確実性を減じるのである。

身近にいる同僚との対人コミュニケーションを通じた経験がイノベーションに対する自らの経験を部分的に代替するという事実の根拠は、初期および後期のイノベーション採用者が最初の試行時に新しいアイデアを完全に採用するかどうかの程度を分析することによって得られる。ガンマニムを最初に採用した医師は、きわめて限定的にしか使用しなかった。最初の月と次の月に新薬を採用した一九人の医師は、平均で一・五人の患者に処方箋を書いたに過ぎなかった。三カ月あるいは四カ月目にイノベーションを採用した二二人の医師は、平均二通の処方箋を書いていた。一方で、五カ月目から八カ月目の間に新薬を採用した二三人の医師は平均で二・七人の患者に処方箋を書いていた〔コウルマン等、一九六六〕。別の調査でも、イノベータと初期採用者は試験的に新しいアイデアの使用を開始しているのに対して、ラガードはほとんど即座にしかも全面的にイノベーションを採用していると指摘している。たとえば、ライアンとグロスによれば、一九三九年以前に雑種トウモロコシを採用したアイオワ州の農民は、当初この雑種トウモロコシを畑の一五％にしか栽培していなかった。しかし、一九三九年と一九四〇年に採用した農民は最初の採用年にトウモロコシ畑の六〇％に栽培していた。一九四一年から一九四二年にかけて採用した農民（ラガード）は畑の九〇％に雑種トウモロコシを栽培していたのである。

社会システムのなかでイノベーションを最初に採用する人々は、通常はその新しいアイデアを試行する程度においてなぜこれほどためらいがちなのであろうか？　基本的には普及過程における不確実性ゆえである。ガンマニムや雑種トウモロコシを採用しようとする革新的な人々の多くは、新しいアイデアの基となった科学評価情報を熟知している。それにもかかわらず、そのイノベーションの導入によって、彼らの抱えている問題が解決されるかどうかの不確実性が存在しており、情報が不確実性を減じることはないのである。イノベータ自身が新しいアイデアに対する実験を行なったことで、そのイノベーションが彼らの状況下で本当に有効なものであったと確信したのである。イノベータは同僚のイノベーションに対する経験に依存することはできなかった。というのは、イノベータがイノベーションを採用しようとしたときには（少なくともその社会システムのなかで）誰も採用していなかったからである。後期の採用者は、イノベーションに関する同僚の蓄積された経験から便宜を受ける。つまり、イノベーションをめぐる不確実性の多くは、後期の採用者が新しいアイデアを初めて使用するころまでには取り除かれており、新しいアイデアを試行する必要性はなくなり、ほぼ全面的な採用が可能になるのである。

イノベーション決定過程の段階ごとのコミュニケーション・チャンネル

イノベーション決定過程において、それぞれのコミュニケーション・チャンネルは段階ごとに異なった役割を演じる。

コミュニケーション・チャンネルの分類

個々人にとってメッセージ源とそれを伝達するチャンネルを識別することは困難なことが多い。**メッセージ源**とは、メッセージを発する個人ないし機関である。**チャンネル**とは、メッセージがメッセージ源から受け手に到達する道筋のことである。ここでは主として「チャンネル」について述べるが、「メッセージ源あるいはチャンネル」といったほうが一層正確かもしれない。コミュニケーション・チャンネルを、❶「対人」と「マスメディア」、❷「ローカライト」と「コスモポライト」に区分する。これらのチャンネルは、イノベーションに対する態度変更を促すための**知識を生み出すこと**および**個人を説得すること**の対比において、異なった役割を果たす。コミュニケーション・チャンネルはまた、初期の採用者と後期の採用者という対比において異なる。

マスメディア・チャンネルは、ラジオやテレビあるいは新聞のようなマスメディアを介してメッセージを伝達する方法であり、一人ないし少数から多数の受け手に到達することが可能である。マスメディアは、

1◆多数のオーディエンスに迅速に到達する。

2◆知識を生み出し情報を拡散させる。

3◆態度を変容させることはあまりない。

態度形成あるいは態度変容は、主として対人的なチャンネルを通じて遂行される。**対人チャンネル**は二人ないしそれ以上の間の対面的なやりとりのことである。対人チャンネルは、潜在的採用者の側の抵抗や無関心に対処するのに有効であり、同僚間のコミュニケーションが後期の採用者やラガードに対して特に重要であることの理由の一つである。対人コミュニケーション・チャンネルが有効なのは以下のような場合である。

1◆双方向の情報交換を提供する場合。対人チャンネルを通じて、人はイノベーションについて明確な情報を必要に応じて手に入れる。対人コミュニケーション・ネットワークのこうした特性のおかげで、選択的エクスポージャーや選択的知覚、あるいは選択的保持（または忘却）といった社会心理的な障壁を乗り越えることができる。
2◆態度形成や態度変容を強く促す場合。こうした対人チャンネルは、特に個人が新しいアイデアを採用するよう説得する際に重要な役割を果たす。

マスメディア・チャンネルと対人チャンネル

一般化命題3-13◆**イノベーション決定過程において、マスメディア・チャンネルは相対的に知識段階で重要であり、対人チャンネルは相対的に説得段階で重要である。**イノベーション決定過程における対人チャンネルおよびマスメディア・チャンネルの重要性は、初めは農民に対する一連の調査のなかで詳細に検討され、ついでその他の対象者に対する調査を通じて確認された。たとえば、シル〔一九五八〕は、採用の確率を高めようとするならば、コミュニケーション・チャンネルをマスメディアから対人コミュニケーションへとそれぞれ理想的な手順で活用すべきだと述べている。コップ等〔一九五八〕は「メッセージがマスメディアを通じて直接伝えられた後に、グループに到達し、最後に個人に至るという点で、農業分野においては時間的な一連の流れがある。どのような方法にせよ、この一連の流れを混乱させる農民は、採用過程のいずれかの段階で進行の邪魔をする」と述べている。知識段階からの脱却にはマスメディアの活用が強い推進力となった一方、人を説得段階から先に進めるためには対人チャンネルが顕著な役割を果たしていた。イノベーション決定過程の所与の段階で（たとえば知識段階で対人チャンネルを使うなど）不適切なコミュニケーション・チャンネルを用いた場合、イノベーション決定過程の進行を遅滞させ、イノベーションの採用も遅らせることになってしまったのである。

ロジャーズとビール〔一九六〇〕が除草スプレーの採用に関してアイオワ州の農民一四八人に実施した調査で、彼らは対人チャンネルおよびマスメディア・チャンネルの各イノベーション決定段階における相対的重要性についてのデータを収集した。農業雑誌や容器に付いているラベルなどのマスメディア・チャンネルは、このイノベーションの知識段階において対人チャンネルよりも一層重要であった。対人チャンネルに言及する回答者は、知識段階では三七%であったのが、説得段階では六三%に増加した。

こうした実証データは、マスメディアが広く浸透している米国で実施された普及研究から得られた。しかし、マスメディアは発展途上国では必ずしもそれほど広くは浸透していない。たとえば、ドイッチマンとボーダ〔一九六二b〕によると、コロンビアの村民の間では知識段階でも対人コミュニケーションが頻繁に活用されていたという。バングラデシュの村落では、マスメディア・チャンネルが農業イノベーションのチャンネルとして言及されることはほとんどない半面、コスモポライトな対人チャンネルがきわめて重要であり、ある意味で先進国においてマスメディアが果たしているのと同様の役割を果たしているようであるとラヒム〔一九六一、一九六五〕は指摘している。コスモポライトな対人チャンネルの一例として、アイオワ州の州都であるデモインで開催される農機具展示会に参加するアイオワ州の農民、あるいはシカゴでの医療専門家の会合に参加するためにわざわざ市外に出かける医師などを挙げることができる。

シューメーカーとロジャーズ〔一九七二〕は、米国、カナダ、インド、バングラデシュ、そしてコロンビアにおける主として農業関係の二三のイノベーションに関して、イノベーション決定過程の段階ごとにマスメディア・チャンネルとコスモポライトな対人チャンネルが果たす役割の比較分析を行なった。発展途上国と先進国ともに、知識段階においてマスメディア・チャンネルは相対的にきわめて重要であったが、われわれの予想どおり、先進国においては特にマスメディア・チャンネルの活用**レベル**が顕著であった。すなわち、先進国でマスメディア・チャンネルを活用した回答者は、説得段階では五二％、決定段階では一八％であった。これに対して、発展途上国ではそれぞれ二九％と八％であった。このメタ調査によると、発展途上国ではコスモポライトな対人チャンネルは知識段階で特に重要であった。

最近のボリビアでの調査によると、ある一定の条件の下では、イノベーションの採用を促す際、マスメディア・コミュニケーションは対人コミュニケーションに代替しうることが示唆されている。バレンテとサバ〔一九九八〕は、家族計画を促すマスメディア・キャンペーンが、避妊手法の採用者ネットワークがほとんどない人たちに対して、その採用を促したという事実を発見している。

どのようなイノベーションにしても、マスメディア・チャンネルと対人チャンネルの対比において特に重要なのは、新製品を宣伝するのにどのメディアをどのくらい使うかという度合いである。たとえば、参考文献に関する情報を継続して入手するためのコンピュータ・ソフトウェアであるエンドノート（EndNote）は、主たる利用者は研究者や学生であるが、ある意味でエンドノートの開発・販売会社は広告を出稿しなかったがゆえに、仲間内のネットワークを通じて米国中に広く普及した。この興味をそそる物語は、一九八八年にエンドノートの開発者がカリフォルニア大学バークレー校の教職員クラブで新製品を紹介したことに始まる。やがて、この会社はニュージャージー州にあるプリンストン大学から最初の注文を受けた。このイノベーションはどのようにして全米に広がったのか？　答えは対人ネットワークである。いまでは、二〇万のエンドノートが販売されている〔ローゼン、二〇〇二〕。この新製品はほとんど対人チャンネルを通じて広まったのである。

コスモポライト・チャンネル対ローカライト・チャンネル

一般化命題3-14◆**イノベーション決定過程において、コスモポライト・チャンネルは相対的に知識段階で重要であり、ローカライト・チャンネルは相対的に説得段階で重要である。**コスモポライト・コミュニケーション・チャンネルとは、対象としている社会システムの成員と外部のコミュニケーション源とを連結するものである。対人チャンネルはローカルな場合もコスモポライトな場合もあるのに対して、マスメディア・チャンネルはほとんどすべてコスモポライトである。

一〇カ国での二三のイノベーション研究（既述のもの）を対象としたメタ調査によると、コスモポライトな対人チャンネルとマスメディア・チャンネルとを合わせてコスモポライト・チャンネルとすれば、発展途上国では知識段階で八一％、説得段階で五八％がこのチャンネルを活用していた。先進国ではそれぞれ七四％と三四％の活用であった。先進国と発展途上国ともに、コスモポライト・チャンネルは説得段階よりも知識段階でのほうが重要であった〔一般化命題3-14のとおり〕。このメタ調査の示唆するところは、先進諸国でのマスメディア・チャンネルの役割（気づきの知識）は発展途上国でのコスモポライトな対人チャンネルによって代替できるかもしれない。コスモポライトな対人チャンネルには、チェンジ・エージェント、当該地域コミュニティ外への訪問、そして地域コミュニティへの訪問者などがある。

バスの予測モデル

マーケティングの分野では一九七〇年代以降、普及研究に関する論文の数が激増した。この爆発的な増加をもたらしたものこそ、一九六九年にマーケティング研究者フランク・バスが提案した新耐久消費財の普及を予測するモデルである。バスの予測モデルでは市場への新製品の投入に伴う不確実さに対して、なるほどと思わせる解を提供することから、このモデルはマーケティング分野では特に重要なものとなった。コダック、ＩＢＭ、ＲＣＡ、シアーズ、ＡＴ&Ｔなど米国の大企業はバス・モデルを利用したことがある。バスの予測モデルに触発されて、多くの米国のビジネススクールの教員が調査研究を行ない、米国以外やマーケティング以外の領域でも研究されている。たとえば、ロートンとロートン〔一九七九〕はバス・モデルを教育イノベーションの普及を予測するのに用い、アキノラ〔一九八六〕はナイジェリア農民へのココヤシ・スプレーの普及を分析している。ヨーロッパの指導的なマーケティング研究者であるデキンプは、バスの普及モデルはマーケティングの分野で最も広く活用されている理論モデルであると述べている。

バス・モデルとは何か？　イノベーションの潜在的な採用者は二種類のコミュニケーション・チャンネル、つまりマスメディア・チャンネルと対人チャンネルの影響を受けるというものである。マスメディアの報道に基づいて新製品を採用する人たちは、普及過程を通じて継続的に存在するが、相対的に普及初期に集中している〔図3-2参照〕。対人コミュニケーションの結果として新製品を採用する人たちは、普及過程の前半分では拡大し続け、それ以後は徐々に減少して、全体として鐘形の普及曲線を描く。S字型普及曲線と同様、バス・モデルでは普及過程の前半分と後半分の普及率は対称である。

バス・モデルは、これまでの普及研究によって得られた成果にしっかりと基盤を置いたものである。バス・モ

図3-2………新製品の採用速度を予測するバス・モデル

フランク・バスの普及モデルにおける主要な要素は、ある新製品に対して
❶メディア・メッセージに起因する採用者[p]、
❷対人コミュニケーション・チャンネルに起因する採用者[q]、そして❸市場の潜在力指数[m]である。
図3-2aで、単位時間当たりの新たな採用者数は
マスメディア・チャンネルと対人コミュニケーション・チャンネルに起因することを示しており、
後者のチャンネルは時間が経過するにつれて重要になってくることがわかる。
予測のための鍵となる変数は、予測時点から平均採用時点までの採用者数である[図3-2b]。
ここで、累積普及曲線は平均採用時点で変曲点になる。
つまり、S字型曲線[累積普及曲線]は平均採用時点を中心として対称であることから、
累積採用者数が推定される[図3-2c]。

図3-2a

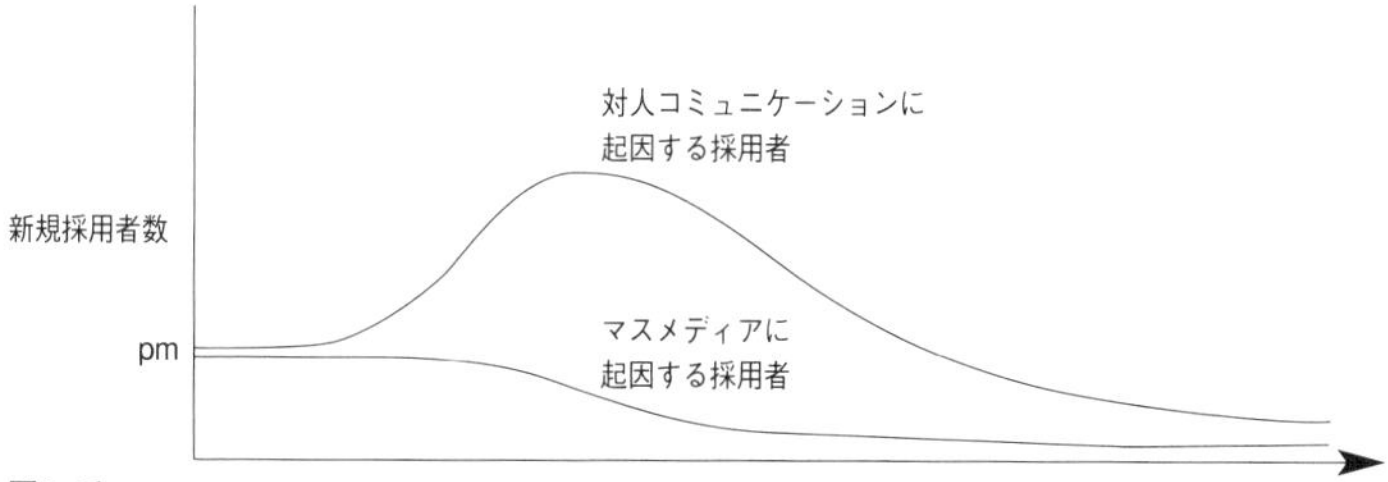

図3-2b

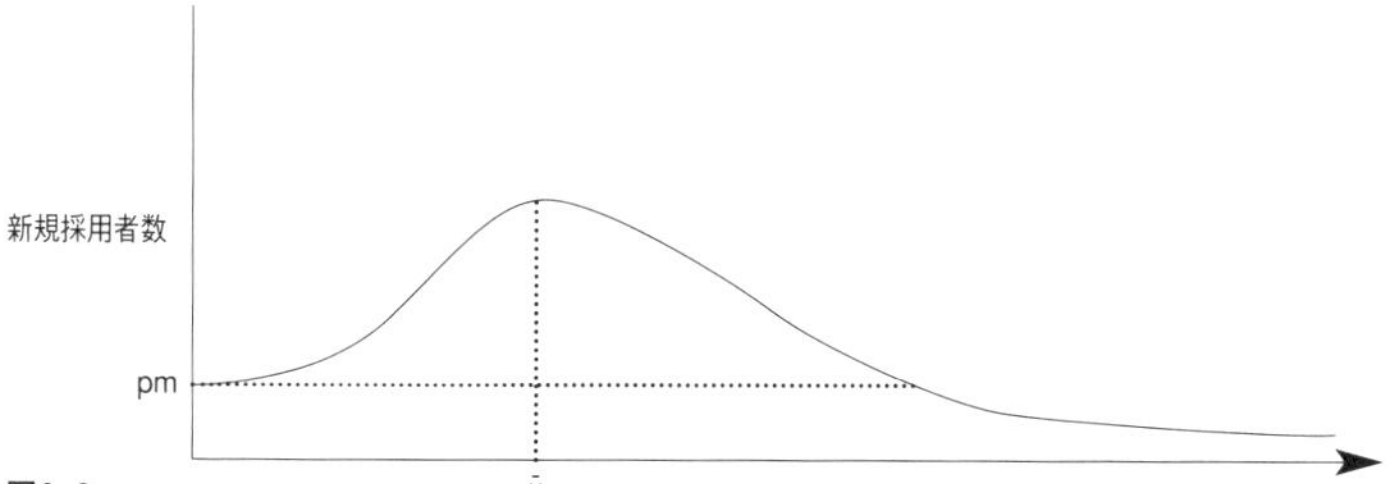

図3-2c

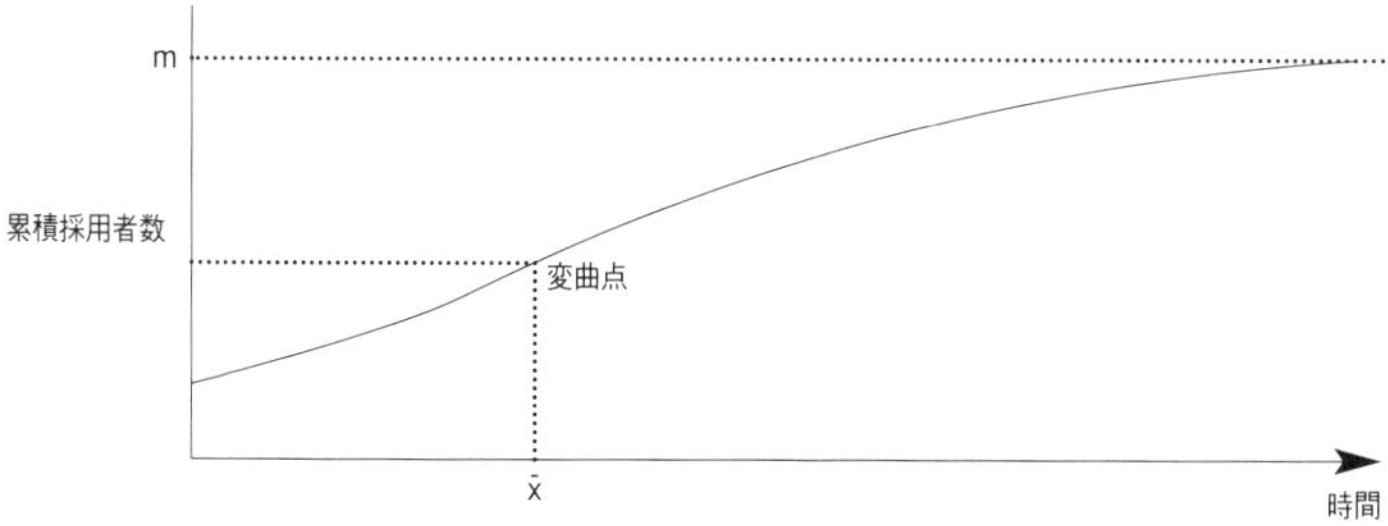

出典：マハージャン、ミューラーとバス[1990]

デルの貢献するところは何か？　まず第一に、新製品の採用者が将来にわたってどのくらい存在するか、あるいは新製品の試験的な販売からみて、または過去の類似商品の普及経過からみてどの程度の販売が見込めるか、といったことを予測するモデルである。バス・モデルは、個々のクライアントの採否というよりは、市場全体に着目しながら単位時間ごとに新製品を購入する全体数を予測するものである。

第二に重要な貢献は、採用速度を予測するために数学的な定式化を行なったことである。［図3-2］で説明されているように、バス・モデルには三つのパラメータがあり、そのうちでも対人コミュニケーションが重視されているが、これまでの普及研究結果と整合性が取れている。普及過程を数学的に定式化することで、普及過程に対する理解がきわめて容易になるとともに体系化されることとなった。バスは、普及研究をとおして得られた知見を、産業界やマーケティング研究者にとって使い勝手のよい形式に再構成したのである。バス［一九六九］のそもそもの予測対象は、テレビ、衣類乾燥機、エアコンなどの耐久消費財であった。それ以後、マーケティング研究者の「見えざる大学」はバス・モデルにさまざまな「添え物」をつけ加えた。一九七〇年代にはおよそ一三の文献がバス・モデルを主題とし、一九八〇年代には八二もの論文が掲載されるところとなった。さらにこの分野は成長し続け、一九九〇年以降にも、バス・モデルの検証研究が少なくとも三五は見受けられる。

バスの普及モデルを主題とする研究論文はたくさんあるが、ほとんどの研究は北米やヨーロッパで実施されており、中南米やアフリカあるいはアジアなどの発展途上国での事例は少ない。メディア・コミュニケーションに関するモデルの係数がきわめて異なるせいかもしれない［タリュクダー、スディアとアインスリー、二〇〇二］。バス・モデルの研究対象の大部分は耐久消費財であったが、最近では携帯電話のような電気通信イノベーションの普及にも適用されるようになってきている［デキンプ、パーカーとサーバイ、一九九八、二〇〇〇b、二〇〇〇c：グルーバーとベルボーベン、二〇〇一a、二〇〇一b：シャーメッシュとテリス、二〇〇二］。また、多くのイノベーションは国境を越えて普及しているのに、バス・モデルに基づく普及研究では一カ国に限定した調査しか行なわれていない。しかし、最近のマーケティング調査では、地球規模の普及データを使ってバス・モデルを検証しているものがある［マハージャン、ミューラーとウィンド、二〇〇〇aはバス・モデルに関する最近の研究を総括している］。

フランク・バスはマーケティングという普及研究分野に適合した普及モデルを作ることにより、この分野での普及研究を著しく促進した。バス・モデルでの二つの主要な予測変数は、二種類のコミュニケーション・チャンネルに対応しているのである。

採用者カテゴリーとコミュニケーション・チャンネル

イノベーション決定過程における段階ごとのコミュニケーション・チャンネルについて説明してきたが、これまでは採用者カテゴリーの効果を無視してきた。この点に関しては、いくつかの普及研究で調査されている。

一般化命題3－15◈**後期の採用者よりも初期の採用者にとって、マスメディア・チャンネルは相対的に対人チャンネルよりも重要である。**イノベータがイノベーションを採用するときには、その社会システムで当該イノベーションを使用したことのある成員はほとんどいない。一方、後期の採用者がイノベーションを採用しようと決定するときまでに、イノベーションを採用した経験のある人は社会システムにたくさんいるので、彼らがマスメディア・チャンネルに依存する必要性は少ない。初期の採用者がイノベーションを採用する際に、対人的な接触はそれほど必要ないとみられる。初期の採用者は冒険的な性向をもっており、マスメディアによる刺激だけで、採用に至る心理的な閾値《いきち》を越えうる。しかし、あまり変化を好まない後期の採用者には、対人的なネットワークや同僚からの力強い密な後押しが必要なのである。

図3-3………対人チャンネルの重要性

アイオワ州での除草剤スプレーの普及過程によると、
後期の採用者よりも初期の採用者にとって、対人チャンネルは相対的にみてそれほど重要ではない。

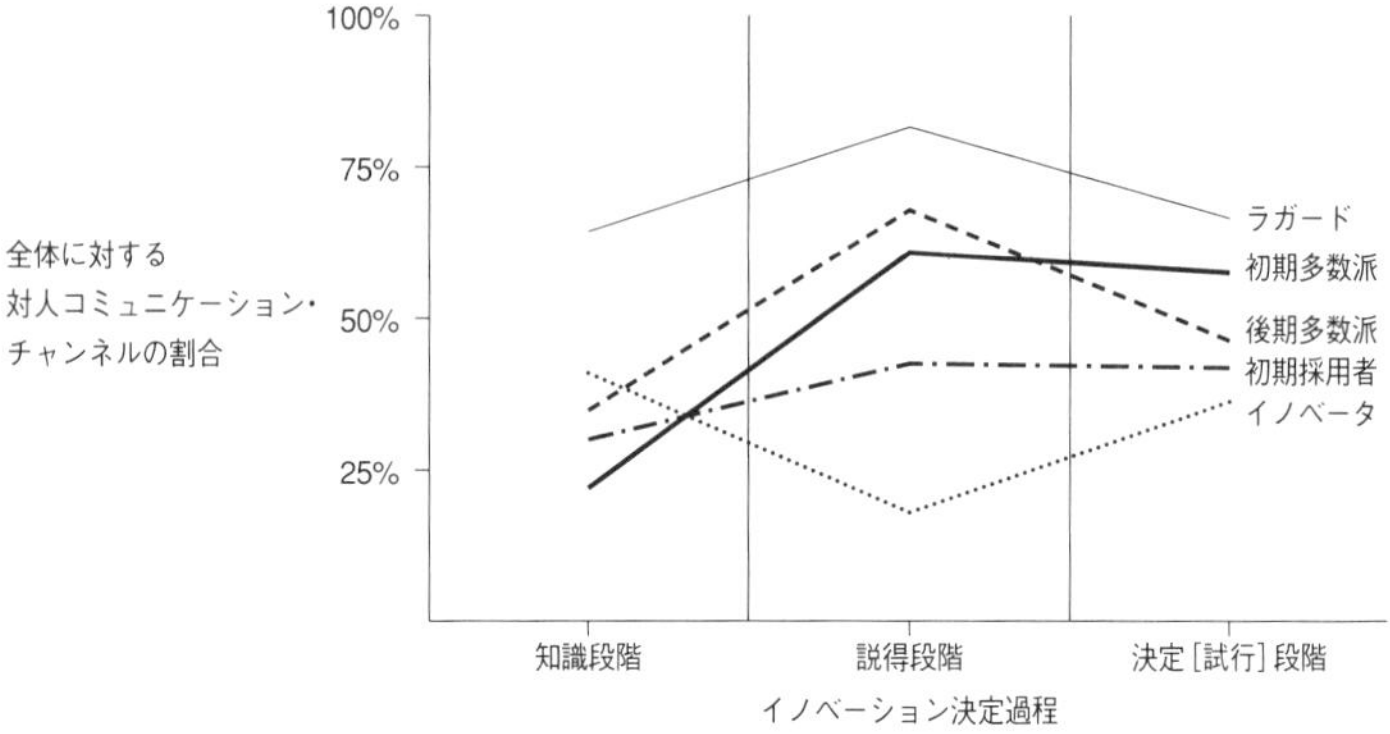

出典：ビールとロジャーズ［1960］

先進国ならびに発展途上国ともに、一般化命題3-15を強く裏づける調査結果が存在する。アイオワ州の農民が除草剤を採用する際の対人チャンネルに関するデータを［図3-3］に示す。対人チャンネルは、知識段階よりも説得段階において、イノベータを除いたすべての採用者カテゴリーにとって重要である。

同様の理由から次の一般化命題3-16が得られる。**後期の採用者よりも初期の採用者にとって、コスモポライト・チャンネルは相対的にローカライト・チャンネルよりも重要である。**イノベーションは通常その社会システムの外部から入ってくるので、初めて採用する人たちは、ほとんどがコスモポライト・チャンネルに依存することになる。こうした初期の採用者は、同僚である後期の採用者にとって対人チャンネルであると同時にローカライト・チャンネルになるのである。

イノベーション決定期間

イノベーション決定期間とは、個人あるいは組織体にとってイノベーション決定過程を通過するのに要する時間の長さのことである。イノベーション決定期間の長さは、知識を得てから採否の決定を下すまでとすることが多いが、厳密には確認段階までとするべきである。しかし、確認段階がどこまで続くか測定することはなかなか難しい。知識の存在に気づいてから決定するまでの期間は、日月あるいは年の単位で測定される。つまり、新しいアイデアが人の心のなかで熟成する期間である。

知識の伝達速度と採用速度

チェンジ・エージェントの多くは、イノベーションが採用される過程を早めようとする。そのための一つの方法は、新しいアイデアについての情報を速やかに適切に伝達して、早い段階で知識を浸透させることである。もう一つは、人が新しいアイデアに気づいてから後のイノベーションの採用決定に要する時間を短縮する方法である。イノベーション決定期間のいつの時点においても、潜在的採用者の多くは新しいアイデアの存在に気づいているが、試行するには至っていない。たとえば、雑種トウモロコシに関する調査において、少量の種子を蒔いてみる以前から、ほとんどのアイオワ州の農民はこのイノベーションを知っていた。「明らかに知識から隔離されているからといって、イノベーションの採用が遅くなるわけではない」[ライアンとグロス、一九五〇]。つまり、イノベーション決定期間を短縮させることが、イノベーションの普及を早めるための上策なのである。

知識の伝達速度はイノベーションの採用速度よりも速いことから、後期の採用者は初期の採用者よりもイノベーション決定期間が相対的に長いと推測される。たとえば、ビールとロジャーズ［一九六〇］がアイオワ州の農民を対象として行なった除草剤の普及調査によると、一〇%の農民が気づきの知識を得てから同率の農民が採用を決定するまでに一・七年を要したが、九二%の農民が気づき知識を得てから同率の農民が採用を決定するまでには三・一年を要した。気づきの知識の伝達速度の勾配は、採用速度のそれよりも急である。他の研究結果も勘案して、次の一般化命題3-17を得る。**イノベーションに関する気づきの知識の伝達速度は、採用速度よりも速い。**

イノベーションによってその決定期間は異なる。たとえば、アイオワ州での雑種トウモロコシでは九・〇年であった［グロス、一九四二］が、除草剤では二・一年であった［ビールとロジャーズ、一九六〇］。この違いはなぜであろうか？相対的優位性とか両立可能性などのイノベーション特性が高いイノベーションは早く採用される［第4章参照］ので、そのイノベーション決定期間は短くなる。

採用者カテゴリーごとのイノベーション決定期間の長さ

上述のように、除草剤の調査結果によると後期の採用者のイノベーション決定期間は長いことがわかった。五つの採用者カテゴリーごとの平均期間の詳細を［図3-4］に示す。他の研究結果をも勘案して、次の一般化命題3-18を得る。**初期の採用者は後期の採用者よりもイノベーション決定期間が短い。**つまり、イノベーションを最初に採用する人たち（イノベータ）は、属する社会システムの他の人に先んじてイノベーションの存在に気づくだけでなく、知識段階から採用段階に至るまでに要する期間も短いがゆえに、最初に採用するのである。後期採用者と比べて、イノベータはおそらくイノベーションについてより早く知る立場にいるのであろう。しかし、これらのデータによると、イノベータが最初にイノベーションを採用する大きな理由は、イノベーション決定期間が短いことによるのである。

図3-4………イノベータのイノベーション決定期間はラガードよりも短い［除草剤スプレー］

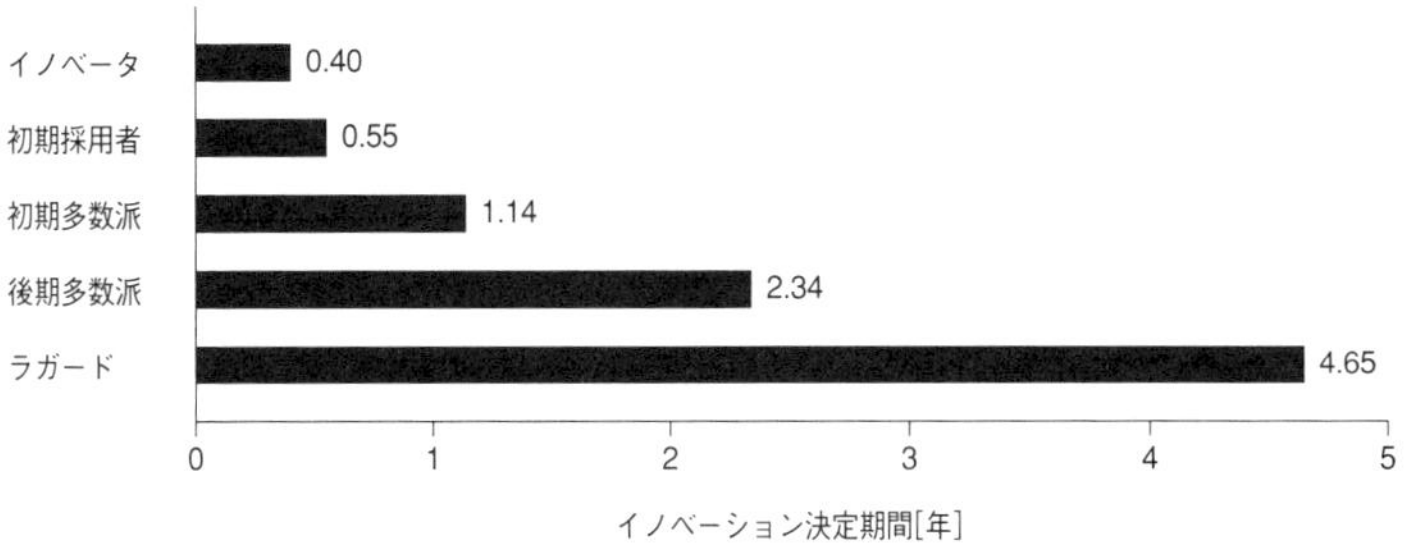

イノベータが新しいアイデアを採用するのが早い理由の一つは、
彼らのイノベーション決定期間が短いからである。

出典：ビールとロジャーズ［1960］が収集したアイオワ州の農民148人のデータに基づく。

イノベータはなぜイノベーション決定期間が短いのであろうか？　イノベータは新しいアイデアに対してより一層好意的な態度をとるので、イノベーションに対するメッセージにもあまり強い抵抗を示さないのである。また、イノベータは次の理由からイノベーション決定期間が短い。❶科学者に直接尋ねるなど、彼らはイノベーションに関する正確なメッセージ源とチャンネルを活用する。❷これらのメッセージ源に対する信頼感が強い。イノベータはまた、不確実性に即応したり、抽象的なことに対処する心理的な能力を有していると考えられる。イノベータはイノベーションに関する抽象的な情報を概念化して、それを自らの状況に適用する能力があるに違いないのである。後期の採用者は初期の採用者によるイノベーション採用の結果を観察することができるので、こうした抽象化能力をさほど必要としないのであろう。

インターネットとイノベーション決定過程

インターネットはイノベーション決定過程の性質を変えつつあるのだろうか？　インターネットを介したコミュニケーションはマスメディア・コミュニケーションに近いのか、それとも対人コミュニケーションに近いのであろうか？　イノベーション決定過程において、インターネットのメッセージは対人コミュニケーション・チャンネルと同様の役割を果たすのであろうか？

インターネットによって、マスメディアと同様に人々は多数の人々にメッセージを提供できるようになったが、一方でeメールのメッセージは対人コミュニケーションのようでもある。インターネットによって遠距離のコミュニケーション費用は大幅に削減されている。

インターネットを介することによって、普及速度がきわめて早くなったイノベーションがいくつかある。たとえば、一九九六年七月四日に始まった無料のeメールサービスであるホットメールは、一八カ月後には一二〇〇万の利用者に普及し、その時点でマイクロソフトに四億ドルで売却されたのである［シンガルとロジャーズ、二〇〇二］。ホットメールの創設者はシリコンバレーで働くサビーア・バティアというインド人で、当時ほんの三一歳であった！　ホットメールはなぜこんなにもすさまじい採用速度を達成できたのか？　ホットメールからeメールを受け取ると、コンピュータ画面の下のほうには次の宣伝のメッセージが付いてくる。「ホットメール・ドットコムで無料のeメールを使おう」。つまり、ホットメールを宣伝するメッセージが、ホットメールで送られるすべてのメールに添付され、その結果右肩上がりのS字型普及曲線となったのである。重要なことは、こうした宣伝のメッセージはメールを送った個々人から送られているという点で、その広告はきわめて個別化されていることである。ホットメールではほとんどマスメディアへの広告の出稿なしに、「インターネットの速さでの口コミ」で宣伝を行なったのである［ローゼン、二〇〇二］。

インターネット・ウィルスこそが、インターネットがイノベーションの普及速度を速めている典型的な事例であり、ものの数日で世界中を駆け巡る。明らかに、今日われわれが住んでいる世界は、普及研究が開始された六〇年前の世界とは違う。

本章の要約

イノベーション決定過程とは、個人（あるいはその他の意思決定単位。以下同様）が初めてイノベーションに関する知識を獲得してから、イノベーションに対する態度を形成して、採用するか拒絶するかという意思決定を行ない、新しいアイデアを導入・使用し、その意思決定を確認するに至る過程のことである。これは次の五段階からなる。❶**知識**は個人がイノベーションの存在を知るとともに、その機能を理解するときに生じる。❷**説得**は個人がそのイノベーションに対して好意的ないし否定的な態度を形成するときに生じる。❸**決定**は個人がそのイノベーションを採用するか否かの選択に至る活動を行なうときに生じる。❹**導入**は個人が新しいアイデアを使用に供するときに生じる。❺**確認**は個人がすでに行なったイノベーション決定を補強するときに生じる。ただし導入したイノベーションと相容れないメッセージにさらされたとき、人はすでに行なった決定を覆すかもしれない。

イノベーションに関わる知識を初期に知る人々は、後期に知る人たちと比べて、❶より高度の教育を受けている、❷より社会的地位が高い、❸よりマスメディア・チャンネルに触れる機会が多い、❹より対人コミュニケーション・チャンネルに触れる機会が多い、❺よりチェンジ・エージェントに接触する機会が多い、❻より社会的な参加度が高い、❼よりコスモポライトである〔一般化命題3-1から3-7〕。

再発明とは、イノベーションの採用そして導入段階において、利用者によって変更あるいは修正される度合いのことである。多くのイノベーションに関して、そして多くの採用者に関して、再発明はその導入段階において発生する〔一般化命題3-8〕。再発明の度合いが高まると、❶イノベーションの採用速度が早くなる、❷イノベーションの持続可能性の度合いも高まる〔一般化命題3-9と3-10〕。普及プログラムが終了した後にも、イノベーションが継続的に使用される度合いのことを**持続可能性**という。

中断とは、すでにイノベーションを採用した後に、それを拒絶する決定のことである。中断には二種類ある。❶**置換**による**中断**とは、よりよいアイデアを採用することにより、これまでのアイデアを拒絶する決定のことである。❷**幻滅**による中断とは、イノベーションの性能や機能に対する不満の結果生じる拒絶の決定である。後期の採用者は初期の採用者よりもイノベーションの中断が起きやすい〔一般化命題3-11〕。

より一層の調査研究が必要ではあるが、われわれはイノベーション決定過程には複数の段階が存在する〔一般化命題3-12〕と結論づけているところである。

コミュニケーション・チャンネルとは、メッセージがメッセージ源から受け手に到達する道筋のことである。コミュニケーション・チャンネルを❶コミュニケーションの性格から対人とマスメディアに、❷コミュニケーションの源泉からローカライトとコスモポライトに、区分する。**マスメディア・チャンネル**は、ラジオやテレビあるいは新聞のようなマスメディアを介してメッセージを伝達する方法であり、一人ないし少数から多数の受け手に到達することが可能である。対人チャンネルは二人ないしそれ以上の間の対面的なやりとりのことである。

イノベーション決定過程において、マスメディア・チャンネルは相対的に知識段階で重要であり、対人チャンネルは相対的に説得段階で重要である〔一般化命題3-13〕。イノベーション決定過程において、コスモポライト・チャンネルは相対的に知識段階で重要であり、ローカライト・チャンネルは相対的に説得段階で重要である〔一般化命題3-14〕。マスメディア・チャンネルは、後期の採用者よりも初期の採用者に対して、相対的に対人チャンネルよりも重要である〔一般化命題3-15〕。コスモポライト・チャンネルは、後期の採用者よりも初期の採用者に対して、相対的にローカライト・チャンネルよりも重要である〔一般化命題3-16〕。

イノベーション決定期間とは、個人あるいは組織体にとってイノベーション決定過程を通過するのに要する時間の長さのことである〔一般化命題3-17〕。あるイノベーションに関する知識の伝達速度は採用速度よりも速い。初期の採用者は後期の採用者よりもイノベーション決定期間が短い〔一般化命題3-18〕。

第4章……Attributes of Innovation and Their Rete of Adoption

イノベーション属性とその採用速度

もしも人々が情勢を現実的に知覚するなら、彼らはその成り行きにおいて現実的である。

W・I・トーマスとフロリアン・ツナニースキー［一九二七］

一部のイノベーションは、導入からわずか数年で広く利用されるまでに普及する。たとえば一九八九年から二〇〇二年までの一二年ほどの間に、およそ七一%の米国成人はインターネットを採用した。そのほかの消費者向けイノベーションでは、二〇%の利用にも至らずに普及が止まってしまうことがある。イノベーションのどのような特質が、採用速度に影響を及ぼすのであろうか？　本章ではイノベーションの五つの特質を同定する。次に、これらのイノベーション属性に対する個々人の知覚に基づいて、イノベーションの採用速度を予測する方法を明らかにする。

これまでは、革新性（innovativeness）が「個々人」によって異なるといった普及研究が多かった。つまり、採用者カテゴリーごとの特質を解明するなどの調査研究である。これに対して、「イノベーション」ごとの違いを分析する努力はあまり払われてこなかった。よって、イノベーションの知覚特性がその採用速度に影響を及ぼすかなどの調査研究は比較的少数であった。後者の類の研究は、イノベーションに対する人々の反応を予測する点で価値が高い。こうした反応は次のような方法で矯正することができる。すなわち、イノベーションにつける名前、イノベーションの位置づけ、あるいはイノベーションを既成の信念体系や過去の体験と関連づけることなどである。かつての普及研究者は、すべてのイノベーションはほとんど同じものとみなしてきた。この過度の単純化は危険極まりない誤謬である。

アメリカ白人社会への黒人音楽の浸透――ラップミュージック

米国において、まず間違いなく普及**しない**であろうイノベーションのシナリオを描くとすれば、それは貧乏地域に住む低所得の黒人に端を発する音楽であろう。彼らは怒りや欲求不満あるいは暴力などの感覚を、その音楽のなかに感情を込めて表現していた。こうした音楽で表現されるアフリカ人のリズム感は、米国白人社会の音楽観とはまったく対照的なものである。彼らの音楽観はヨーロッパのメロディが主流であり、つまり、黒人音楽の一つであるラップミュージックはラジカルなイノベーションであり、少なくともその導入時にはラジカルなものであった。ラップが一九八〇年ころに初めて米国に登場したとき、ラジオ局のほとんどは放送を拒んだ。というのは、ラップの愛好者は、商業的な広告主にとって重要な聴取者ではなかったからである。ポピュラー音楽の多くは、ラジオで放送されてこそヒットチャートの上位に登りつめる。放送されないということは、その音楽は社会の周縁部に置き去りにされ、少なくとも初期においては、失敗が約束されたも同然であった。

しかし、こうした拒絶や制約があったにもかかわらず、ラップミュージックは徐々に米国白人社会のみならず世界中で根強い人気を獲得するようになった。ラップミュージックは現代音楽として、すでに米国社会に定着したジャズやブルース、ラグタイムそしてケークウォークなどの黒人起源の音楽と肩を並べている。ラップは「音楽の落書き」(人によって野蛮、または芸術)と呼ばれてきた。この人気をどう説明したらよいのだろうか? スティーブ・グリーンバーグは米国での音楽普及の権威だが、彼は「ラップは下層階級を起源としており、親や社会の現状体制に反抗してみたい中間階級および上層階級の若者たちを魅了した」と推論している。つまり郊外の白人ティーンエージャーは、ラップのラジカルなリズムを嫌うと思われたが、最大のファンになったのである。

ティーンエージャーの親の多くは、ラップを不快な雑音だとみなした。郊外に住む白人の親世代はヨーロッパのクラシック音楽を好んで聴いていた。クラシックは「彼らの階級の感覚と価値を具現しており、社会のある特定のセグメントの心に訴えかけるものであった。そのセグメントこそが、クラシック音楽の世界を不朽のものとするのに必要な体制を維持するための権力と富を所有しているのである」〔グリーンスバーグ一九九二〕。上層階級にとって、クラシック音楽とはコンサートホール、費用のかかるオペラ衣装や舞台装置、そして高額チケットをひとまとめにしたものにほかならないのである。

ラップミュージックは当初、既存の体制に関わりのないところで評判になった。ほとんどのラップはそもそもアーチスト自身の家で、安価な楽器を使って演奏された。他の音楽がスタジオや洗練された装置を使用しているのと対照的であった。家庭でテープに録音され、地方の独立系レコード会社を通じて浸透した。一九九〇年ほどの間、大手レコード会社はラップを拒んでいた。一九九〇年代半ばにおいても、大手のレーベルが制作したラップで、**ビルボード**のラップ・シングルチャートに載った曲はごく一部であった。徐々に、ラップミュージック専門のラジオ局が米国各地に生まれてきた。故トュパク・シャクール、スヌープ・ドギー・ドッグ、そしてエミネムなどのラップ・アーチストはラップの反体制的な伝統を貫き、警官を殺せとか、親や政府、そして社会に反抗する歌を演奏した。

それにもかかわらず、ラップミュージックは年ごとに、特に郊外に住む中間および上層階級に属する白人ティーンエージャーの人気を獲得していった。ラップミュージックは、こうした若者が表現したいと思う価値観と両立可能であると知覚されたのである。それは、成人の価値観や親の管理に対する反抗であった。

採用速度

採用速度とは、イノベーションが社会システムの成員によって採用される相対的な速さのことである。通常、

図4-1………イノベーションの採用速度を決定する変数

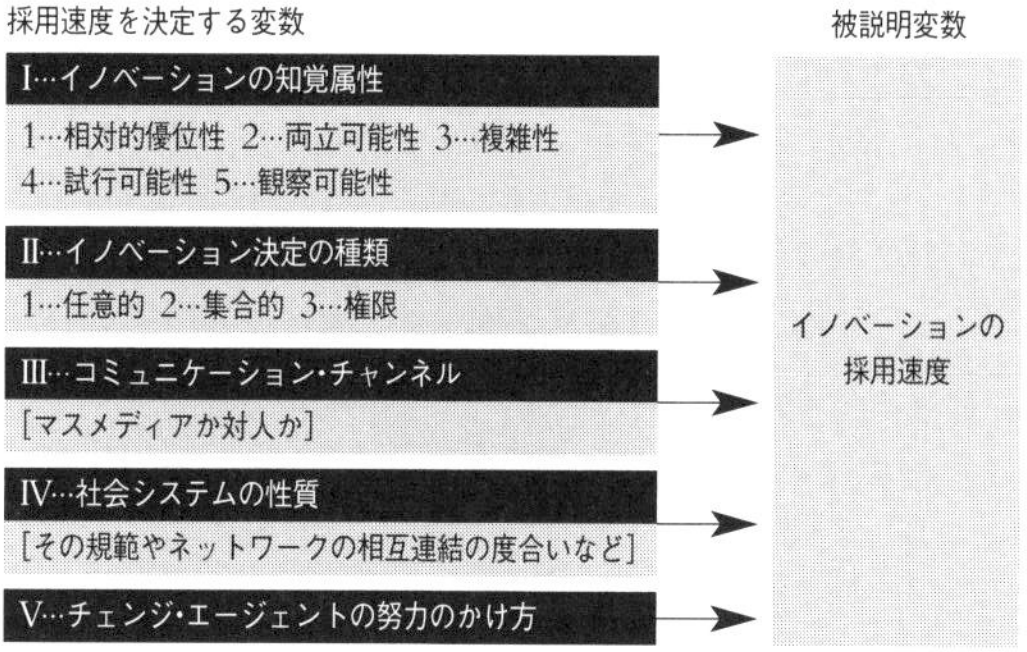

イノベーションの採用速度を決定する上記五種類の変数について、
普及研究者は同等の注意を払って研究しているわけではない。
イノベーションの五つの知覚属性が最も頻繁に研究されてきており、イノベーションの普及速度の
統計的分散値のうちのおよそ半分は、この五つの知覚属性によって説明できることが知られている。

一定の期間に新しいアイデアを採用する個々人の数などによって測定される。つまり採用速度は、イノベーション採用曲線の勾配を数値的に指し示すものである。

イノベーションの知覚属性［訳注＊イノベーションが潜在的採用者によって知覚される属性あるいは特性のこと］は、イノベーションの採用速度を説明する重要な要因の一つである。イノベーション採用速度の統計学的な分散の大部分、つまり四九％から八七％までが五つのイノベーションの知覚属性によって説明される［ロジャーズ、一九九五］。五つの属性とは、相対的優位性、両立可能性、複雑性、試行可能性、そして観察可能性である。これら五つのイノベーションの知覚属性に加えて、次のような変数がイノベーションの採用率に影響を及ぼす：❶イノベーション決定類型、❷コミュニケーション・チャンネルの性質、❸社会システムの性質、❹チェンジ・エージェントが実施する普及促進活動の程度である［図4-1］。次にこれを説明する。

第一に、個人が自由意志に基づいて任意的にイノベーションを採用するイノベーション決定過程では、イ

ノベーションが組織によって採用されるときよりも一般に早く採用される〔第8章参照〕。イノベーション決定過程に多くの人が参加すればするほど採用速度は遅くなる。イノベーションの採用速度を速めるために、少数の人々だけがイノベーションの採用決定に干与するように変更するのも一法である。

第二に、イノベーションを普及させるのに使われるコミュニケーション・チャンネルもまたイノベーションの採用速度に影響を及ぼすことがある〔図4-1参照〕。たとえば、マスメディア・チャンネルではなく対人コミュニケーション・チャンネルが気づきの知識をもたらす場合、採用速度は遅くなる。これは後期の採用者に起きることが多い。第三に、社会規範などの社会システムの特質、あるいはコミュニケーション・ネットワークの相互連結度などもイノベーションの普及速度に影響を与える。最後に、チェンジ・エージェントの普及促進努力の度合いも、イノベーションの採用率に影響を及ぼす。しかしながら、採用速度とチェンジ・エージェントの努力との関係は、直接的ではなく比例的でもないようである。チェンジ・エージェントの活動による普及効果は、イノベーション普及過程のある特定の段階で高くなる。チェンジ・エージェントの努力は、オピニオンリーダーが採用したときに報われる。こうしたことは、多くの社会システムでは採用率が三%から一六%に至ったときに生じる。すなわち、潜在的採用者間にクリティカルマスが形成されると、それ以後はチェンジ・エージェントによる普及促進努力がほとんどなくても、そのイノベーションは社会システムのうちに浸透し続けるようになる。

〔図4-1〕に示した五種類の変数間の相対的な貢献度を測定するといった普及研究はほとんど行なわれていない。本章ではイノベーションの採用速度を説明するために、イノベーションの知覚属性に焦点を合わせることとする。イノベーションに対する主観的な評価は、個々人の私的な体験や知覚に由来するとともに、対人ネットワークによって伝達される。すなわち、イノベーションに対する主観的な評価に従って普及過程が進行するなかで、イノベーションの採用速度が左右されることになる。

イノベーション属性に関する調査

イノベーションの知覚属性が普遍的な用語で記述されるためには、標準的な分類体系が必要である。そうすれば、イノベーションAは（その採用者の目から見て）イノベーションCよりもなお一層イノベーションBに似ているなどと表現できるようになる。このような一般的な分類体系に至ることが、イノベーション属性に関する普及研究の最終的な目標である。この目標はいまだに達成されていないが、本節では過去五〇年あるいはそれ以上にわたって広く活用されている接近方法、つまり五つのイノベーション属性について論じることにする。これまでの経験によると、各々の属性は他の四つと少しずつ関連しているものの、概念的には別個のものである。五つの属性の選択は、過去の論述や調査結果に基づくともに、最大限の一般性と簡潔性を志向する研究者の欲求によるものである。五つのイノベーション属性とは、❶相対的優位性、❷両立可能性、❸複雑性、❹試行可能性、❺観察可能性である。

人間の行動を説明するのに知覚が決定的に重要であることは、シカゴ大学社会学部が早い時期から強く主張していて、本章の冒頭にも引用されている。別言すれば、知覚にこそ価値がある。専門家やチェンジ・エージェントが客観的な立場から分類したイノベーション属性ではなく、属性に対する個々人の知覚が採用速度に影響を及ぼすのである。

イノベーション属性を測定する

イノベーション属性とその採用速度に関する調査は、農民を対象として実施されたのが最初である。しかし、教師や学校の管理者を対象とした研究によると、同様の属性が教育イノベーションの採用速度を予測するのに役立つことが示唆された。本章で述べる五つのイノベーション属性に従って、ホロウェイ〔一九七七〕は高等学校一〇〇校の校長にアンケート調査を実施した。教育イノベーションに対する回答者の知覚を測定するために、リッカート・スケールを用いた因子分析を行なったところ、全般的に上記枠組みを支持する結果が得られた。ただし、相対的優位性と両立可能性との間の違いはそれほど顕著ではなく、教育イノベーションについては、採用速度に関わる第六の属性として、地位の付与という属性が浮上してきた（多くの場合、地位の付与は相対的優位性の下位概念であると考えられる）。

知覚属性やイノベーションの採用速度については、過去何十年もの間、さまざまな回答者に対して多くの調査がなされている。ゲイリー・ムーアとアイザック・ベンバサット〔一九九一〕は一五の尺度項目を考案したうえで、個人向けワークステーションの五つのイノベーション属性（とさらに三つの属性）を計測した。適切な改良を加えることにより、これら一五の尺度項目は人々が採用するどのようなイノベーションにも適用可能であるとしている。何人かの普及研究者はこの手法を適用している。具体的には、大学教育課程コースをコンピュータで通知する方法というイノベーションを採用している大学生に対する調査、あるいはコンピュータ相談というイノベーションを採用しているアルコール中毒治療カウンセラーに対する調査などである。

ムーアとベンバサット〔一九九一〕は、既存または新たに創られた一群の尺度項目を集約して、最終的に七〇項目を取り上げたうえで、専門家の判定に委ねることにより、これらの項目を分類する作業を四回繰り返した。また、トルナツキーとクライン〔一九八二〕は、一〇五のイノベーション普及研究論文で最も頻繁に現れる尺度項目を調査していて、彼らは一〇のイノベーション属性を同定している。そこで、ムーアとベンバサット〔一九九一〕は、これら一〇のイノベーション属性項目をつけ加えた。最終的に、尺度項目は七社の五四〇人の職員によって検討され、このデータを因子分析に付した。本章で議論されている五つの属性に加えて、三つの属性が計測された。それらは、❶**自発性**…個人向けワークステーションの使用が任意的なイノベーション決定であると知覚される度合い、❷**イメージ**…個人向けワークステーションの使用が組織での個人の地位を高める度合い、❸**結果の証明可能性**…個人向けワークステーションが人と人との間のコミュニケーションを容易にする度合い（観察可能性と同等のもの）である。

相対的優位性を計測するのに典型的な尺度項目は、「個人向けワークステーションを使用することにより、私の仕事の質が改善される」である。両立可能性は、「個人向けワークステーションを使うことは私の仕事法に似合っていると思う」という尺度項目によって計測された。複雑性に対応する典型的な尺度項目は、「個人向けワークステーションの使用法を習うことは私には易しいことだ」（実際には複雑性とは反対の簡潔性を計測するもの）である。試行可能性は、「私はさまざまな個人向けワークステーションの応用ソフトを試す機会をたくさん持っている」という尺度項目によって計測された。観察可能性を計測する尺度項目は、「私の所属する組織では、机の上にたくさんの個人向けワークステーションがある」である。ムーアとベンバサット〔一九九一〕の研究による成果は、二八の尺度項目を導出して五つの属性を計測し、さらに一五の尺度項目に簡約化したところにある。これらの尺度項目の妥当性は、個人向けワークステーションの採用者と非採用者の評点を比較することによって計測された。予想されたとおり、採用者の評点は、相対的優位性、両立可能性、試行可能性、観察可能性において高く、複雑性において低かった。

一部の普及研究者は、すでに別の研究者によって考案された既存の尺度項目を活用しようとするが、筆者はこうした接近法には賛成できない。特定の個々人の集団によって採用されるであろう個別のイノベーションに対して、新たに尺度項目を作り出すことを推奨する。五つの属性の意味するところは研究ごとに異なるものであり、これらの属性の測定は調査ごとに更新され、独自のものが考案されるべきである。しかしながら、ムーアとベンバサット〔一九九一〕の尺度項目、ならびに彼らが展開したイノベーションの知覚属性を計測する精巧で注意深い手法は、将来の研究者に対して別の手法があることを示唆するかもしれない。

採用単位としての組織

イノベーション属性やその採用速度に関する調査の多くは個人を分析単位としてきたが、必ずしもそうする必要はない。組織、地域コミュニティ、あるいは他の社会システムを普及分析の単位になぜ使わないのか？ ゴールドマン〔一九九二〕は「健康な赤ちゃんキャンペーン」に関する知覚属性を調査した。これは「一〇セントの行進〔訳注＊ポリオの子供たちを救済するための募金運動〕」という国の組織が、その支部に向けてキャンペーンの実施を推奨していたものである。キャンペーンが打ち出されてから五カ月経って、一一六人の地方支部長がキャンペーンを知覚していると報告した。四つの属性（各々の属性はいくつかの尺度項目を合成したもの）、つまり地方支部によるニーズとの両立可能性、簡潔性（複雑性の反対概念）、相対的優位性、そして観察可能性が、健康な赤ちゃんキャンペーンの採用および実施の度合いと相関していた。この調査で、地方支部は採用の単位であり、各支部にはキャンペーンの知覚属性を報告する支部長が在職している。

五つのイノベーション属性を測定するときに問題となるのは、特定の回答者にとっては、これらの属性が最も重要な知覚属性ではない可能性があることである。当然のことながら、事前段階として回答者から主要なイノベーション属性を聞き出しておき、採用速度の予測因子として計測することがその解決策である。こうした形成的調査研究手法は、ペンシルバニア州ピッツバーグ郊外の一二七自治体による八つのコンピュータ・イノベーションの採用に関して、カーンズ〔一九九二〕が行なっている。八つのイノベーションは、ピッツバーグ都市圏のコンピュータ・コンサルタントおよび市役所職員への接触で同定された。研究対象となった八つのイノベーションの名前は概要説明とともに、それぞれ3×5インチのカードに記載された。一二七人の回答者に三枚のカードを手渡して、「三つのイノベーションのうち、どのような観点から、どの二つが似かよっていて、他の一つと違うと考えるか」と質問した。たとえば、二つは技術的に複雑であるが、第三のイノベーションは費用がかかるなどと回答するかもしれない。さらに、同じ回答者に他の三枚のカードが手渡されて、同じ質問が繰り返された。カーンズ〔一九九二〕はこの手順を活用して、八つのイノベーションに関して二五の属性を引き出した。これら二五の属性は回答者から得られたのであって、研究者からではないことに注意していただきたい。

二五の属性には、本章で論じている(相対的優位性や両立可能性などの)五つの主要属性とともに、イノベーションを導入する際の柔軟性、(市議会などの)関係当局による導入の承認が必要なこと等々の追加的な属性が含まれていた。追加した属性は、八つのコンピュータ・イノベーションおよび回答者である市役所職員に特有のもので、これに対して五つの主要属性は普及モデル(およびこれまでの調査結果)に由来するものである。回答者は二五の属性それぞれに、八つのイノベーションに順位をつけるように求められた。たとえば、各回答者は八つのイノベーションを最も費用のかかるものから、少ないものまで順位をつけた。ついで、これらの知覚属性の評点と、八つのイノベーションの採用速度との間の相関を計算した。二五の知覚属性によって、八つのイノベーションの採用速度に関わる統計上の分散の二七%を説明することができた。(相対的優位性や両立可能性などの)五つの主要属性で分散の二六%を説明できたが、これは全二五属性による説明量よりもわずかに小さいだけであった。カーンズ〔一九九二〕が用いた計測手法は、二五の属性は回答者自身の見解に基礎を置くことを保障するものであった。にもかかわらず、本章で論じている五つの属性は、イノベーションの採用率のほとんどを説明するものであったのである。

本章で述べた一般的な枠組みで、ほとんどの回答者にとって主要なイノベーション属性は、五つの属性によって記述できるとの結論を得る。しかし、このほかにも一群のユニークなイノベーションを採用する一群の特定の個々人の集まりといった特殊な状況で重要になるかもしれない属性がありうることに対して、普及研究者は心を開いておくべきである。

結果論対予測

相対的優位性や両立可能性のような属性を一般化して採用速度を説明するのは過去の調査から導かれるが、こうした一般化は将来にわたるイノベーションの採用速度の予測に使うことも可能である。このような先を見越した調査のことを「受容可能性」調査という。というのは、イノベーションがより一層受け入れられるようにするために(つまり、イノベーション採用速度を高めるために)、イノベーションが置かれている位置を同定しようとするのがその目的だからである。受容可能性調査は本章の後半で議論する。

理想的な調査計画は、ある将来の時点 t_2 においてイノベーションの採用速度を予測するために、t_1 時点でのイノベーション属性を計測すること［トルナツキーとクライン、一九八二］であろう。将来の時点での採用速度を予測するには、次のような調査手法が有用である。

1◆過去の類似イノベーションの採用速度に基づいて、あるイノベーションの採用速度を外挿すること。
2◆まもなく登場する予定のイノベーションの採用速度を予測するために、仮想のイノベーションに向き合う潜在的な採用者を思い描いて、その知覚属性を評定すること。
3◆イノベーションがいつマーケットでテスト・評価されるのかというような、普及段階におけるイノベーションの受容可能性を調査すること。

イノベーションの将来の採用速度を予測する最適の方法はない。イノベーション属性に関するデータを、個々人による採用決定の事前、あるいは同時に集めるならば、イノベーションの採用速度を予測する調査手法はなお一層価値のあるものになるだろう。

失敗に終わった農業イノベーション

［注＊この事例はクレメッツ等［二〇〇一］に基づく。］

イノベーションの採用速度の予測因子としてイノベーションの知覚属性を調査した研究のほとんどは、すでに普及に成功した新しいアイデアを対象としていた。普及に失敗したイノベーションについてはどうであろうか？　イノベーションの知覚属性は失敗事例も説明可能か？

農村社会学の分野で指導的な普及研究者の一人であるコーシング教授とアイオワ州立大学の同僚が行なった一風変わった研究によると、イノベーションの知覚属性はまたその失敗の理由も説明できるというものである［クレーマー等、二〇〇一］。彼らは、一九九〇年代のアイオワ州農民へのNトラック土壌窒素検査の普及過程を調査した。このイノベーションが登場する以前に、農民は数年に一度の割合で農地から土壌サンプルを採り、土壌検査機関に送付し、その結果を数週間後に得ていた。この検査結果に従って、どの程度の肥料を施すかを決めていた。農民の多くは窒素肥料を過剰に投与しており、そのために無駄な出費をしているとともに、雨水の排出の際には過度の窒素が河川に流入し、環境問題を引き起こしていたのである。

Nトラック土壌検査キットはハッチ・カンパニーが一二五ドルで販売しており、農民は自身で土壌検査を行ない、その結果を即座に知ることができた。このようにして、農民はトウモロコシを植えつけるときの施肥を最小限にすることができた。さらに、晩春にトウモロコシが六インチほどのときに、一〇エーカーの農地ごとに一六から二四の土壌コア・サンプルを採取して肥沃度検査を行ない、必要量の窒素肥料をやればよいのである（専門的には根際肥料という）。Nトラック方式の目的はトウモロコシ畑への窒素肥料の散布量を低減させることであり、農民にとっては経費節減となり、窒素の流出を削減することで環境問題に対処するところにある。

Nトラック検査はアイオワ州立大学農学部の教授との共同研究によって開発されたもので、教授は晩春の窒素検査に関する研究を担当した。バーモント州、コネチカット州、およびペンシルバニア州における検査で好結果を得ており、アイオワ州での速やかな普及が期待されていた。ハッチ・カンパニーは、このイノベーションを記載した一二万七〇〇〇部ものカタログを配布した。新製品が一九九〇年に登場すると、早速一七〇〇キットが販売された。ついで災厄が訪れた。一九九九年には一七キットしか販売されなかったのである。クレーマー等［二〇〇二］は、「今ではNキットの販売高はごくわずかである」と結論づけた。何が間違っていたのか？

1◆実用的にみて、この農業イノベーションの相対的優位性はほとんどなかったに等しい。農民にとっては労働集約的で時間の浪費であった。このイノベーションは、農民がとりわけ忙しい収穫時期（七月）に行なわなくてはならなかった。クレーマー等［二〇〇二］によると、アイオワ州のある農民は、「このキットは、十分に忙しい時期に仕事をもう一つ増やすようなものだった」と指摘していた。一九九〇年代には、アイオワ州の農地はますます拡がり、特に作業時間の長さが深刻な問題となっていた。クレーマー等［二〇〇二］からの引用だが、このイノベーションの採用を拒否した農民の一人は、「Nトラックを使う前には、トウモロコシ畑は一三五から一五〇エーカー程度であったのが、今では五〇〇から六〇〇エーカーに達しており、それに比例して家畜の数も増えた。根際肥料をやる際の問題は時間にある」と述べていた。五〇〇エーカーもトウモロコシ畑を持つ農民は、およそ一〇〇〇もの土壌サンプルを採取せねばならず、大変な作業であった。

アイオワ州でNトラック土壌検査の普及過程が進行している間に、土壌検査の研究機関では検査に要する費用を削減するとともに、依頼した農民に結果を知らせるまでの時間を短縮した。これによって、Nトラック・イノベーションの相対的優位性が低下するところとなった。クレーマー等〔二〇〇一〕によると、Nトラック検査を採用したことのある農民は、「Nトラックを使い始めて数年経って、七月に追加的な根際肥料をやる必要はないことがわかった。まったくNトラックのおかげで、すでに考えていたことが確認できた。そこで今は毎年サンプルを採取して検査機関に送っており、煩わしいことはない」

2◆晩春にNトラック土壌検査を行なうのは、窒素肥料として非含水性のアンモニアを使用するのと両立しない。農民の多くはトウモロコシ畑に施肥する方法として、この肥料を選好しているのである。この場合、七月に窒素肥料を根際にやるのではなく、トウモロコシを植えつける前に散布しなければならないのである。

3◆結果を知るには収穫期すべてをとおして観察しなければならないので、Nトラック検査の観察可能性は低い。さらに、隣の農家がNトラック検査方式の結果を観察したり、その優位性を理解する機会は少なかった。

こうした課題を克服するように設計できたかもしれないが、農民がNトラック土壌検査の開発に加わることはなかった。そうではなくて、Nトラック検査には大変な優位性があるとして、おそらく農民は熱狂的に受け入れるであろう期待の下に、農学博士号を持った科学者たちが新しいアイデアを創造したのである。結果的に、地域の知恵が重要だとはみなされなかった。かくしてイノベーションは失敗したのである。

相対的優位性

相対的優位性とは、新たに登場したイノベーションが、既存のイノベーションよりもよいものであると知覚される度合いのことである。相対的優位性の度合いはしばしば経済的利益、社会的名声、あるいはその他の優位性として表される。潜在的採用者の特性もまた相対的優位性の下位概念（経済的、社会的、その他の優位性）のどれが最も重要であるかということに影響を及ぼすものの、どの種類の相対的優位性が採用者にとって重要であるかはイノベーションの性質による。

経済的要因と採用速度

イノベーション採用のための初期費用が採用速度に影響を及ぼすことがある。たとえば、パームパイロット［訳注＊PDA（パーソナル・デジタル・アシスタント）＝個人の携帯情報端末の一種。］ハンドヘルド・コンピュータとしての能力と利用範囲の広さ（住所や電話番号の記憶、予定帳、ノート等として）からすると、たった数百ドルという販売価格は多くの消費者にとってまるでバーゲン製品にみえた。ある購入者が指摘しているように、パームパイロットは「必要経費に紛れ込ませることができるくらいの価格」であった［ローゼン、二〇〇〇］。パームパイロットを購入したクライアントの約六五%は、製品について人から聞いたことがあると答えた。彼らがしばしば聞いたのは、手ごろな価格であるということだった。

新製品が技術的な進歩にその基礎を置いているとき、普及の結果として製品の製造コストが削減されて、消費者にとってより一層の低価格で入手できるようになる。その一例はビデオテープレコーダ（VTR）で、一九八〇年に米国で初めて販売されたとき、その価格は一二〇〇ドル以上した。数年後には、技術改良、大量生産、そして競争の激化により、五〇ドル以下になったのである。

新製品が普及する過程で価格が劇的に下落するとき、採用速度は加速される。実際のところ、二〇〇二年には五〇ドルほどになったVTRのようなイノベーションは、一九八〇年にはその二四倍もした同じVTRなのかという疑問さえ抱きかねない。確かに絶対的な相対的優位性は途方もなく増加した。ここに採用率が高まるにつれて、イノベーションの特性が変化したことが確認できる。ある時点でのイノベーションの知覚属性を横断的に測定したとしても、そのイノベーションの特性と採用率との関係を部分的にしか捉えていないのかもしれない。

イノベーション採用と社会的地位の側面

イノベーションを採用する多くの人の動機の一つは、社会的な地位を得たいという欲求である。ガブリエル・タルド〔一九〇三〕の観察によれば、社会的地位を求めることが他の人のイノベーション行動を模倣する主要な理由である。服飾ファッションなどに関わるイノベーションでは、社会的名声がその採用者にとってのほとんど唯一の便益である。実際、社会システムの他の多くの成員も同じファッションを採用しているときには、ミニスカートやミドリフ〔訳注＊上腹部がみえる短い上衣〕などのイノベーションが初期の採用者にもたらした社会的な名声価値は消えうせかねない。特定の服飾イノベーションのように、社会的地位の付与が徐々に失われる場合、さらに新しいファッションを切望する圧力が高まってくる。多くの服飾ファッションは**ファッド**である。ここで、**ファッド**というのは、社会的地位の獲得という理由で非常に早く普及するが、急速に非採用状態となってしまうような、文化的にみると相対的にあまり重要でないイノベーションのことである。

採用に際して地位の付与に対する顧慮が主要な理由であるイノベーションは服飾ファッションだけである、ということは断じてない。また、地位を付与するイノベーションに引きつけられる社会集団の成員は上流階級の女性だけである、ということは断じてない。新車や新しいヘアスタイルなど目につきやすいイノベーションの採用は、特に地位の付与を伴いがちである。地位の付与が壮観な威力を発揮した農業イノベーションの事例は、米国の田園地帯でのハーベストア・サイロの普及である〔第6章参照〕。このネイビーブルーのサイロは鋼鉄とガラスで組み立てられていて、製造業者の名前が一瞥しただけで目につくようになっている。高さは農場の地平線を圧するようにそびえ立っており、沿線から容易にみることができる。ハーベストアは非常に高価（大きさにもよるが五万ドルないしそれ以上）なので、農業専門家はトウモロコシや干草の貯蔵に対して、もっと安価なサイロの購入を農家に推奨している。しかし、ハーベストアのもつ地位の付与という特質は多くの農家を魅了する。実際のところ、なかには二〜三のハーベストアを所有し、目立つように設置している農家がある。これは三台の自動車用のガレージをもっている郊外の家に匹敵するものである。

特定の時点であるイノベーションを採用するある特定の個人は、他の人よりも地位の付与を求める動機がはるかに強い。たとえば、ほとんどの低所得の人たちは服飾ファッションに注意を払うことはできないだろう。採用にあたっての地位動機はイノベータ、初期採用者、そして初期多数派にとって重要だが、後期多数派とラガードにとってはあまり重要ではない。これまでの普及研究では、イノベーションを採用する際の地位動機は、それとは別の採用要因にすり替わっていたのである。回答者は、自らが地位の付与を求めて新しいアイデアを採用したとは認めたがらないことがある。地位動機について採用者に直接質問しても、イノベーションの採用決定における重要性が過小評価されるおそれがあるので、他の調査手法が用いられてもよい。

過剰採用

少なくともある程度までは、どのイノベーションでも潜在的な採用者の経済的な理由に基づいて採用の可否が判断されるが、どのイノベーションも地位の付与を少なくともある程度もっている。イノベーションの採用に関して、名声付与が過剰採用をもたらす。**過剰採用**とは、専門家がイノベーションの採用を拒否すべきであると感じているのに、それを採用することをいう。過剰採用は次のような理由で起きる。すなわち、採用者の側で新しいアイデアに対して知識が不十分である場合、イノベーションの結果に対する予知能力がない場合、また新しいアイデアに地位付与の側面が一定程度ある場合である。人々は少しでも目新しいものを偏愛する傾向があり、ときには変化に夢中になることがあるようにみえる。そのとき、彼らは採用すべきでなくても採用する。

合理性とは、ある与えられた目標に到達するために最も効果的な方法を利用することだが、多くのイノベーションでそれを計測することは容易ではない。採用が合理的か否かを、イノベーションを研究している専門家が仕分けすることがある。知識の欠如や不正確な知覚のために、イノベーションに対する個人の評価は専門家の意見と合わないことがある。ほとんどの人は、彼らの行動は合理的であると知覚しているか、少なくともそう回答する。この場合、われわれの関心事は客観的な合理性にあり、個人によって知覚された主観的な合理性にあるのではない。

過剰採用の意味するところは、イノベーションを「過度に」採用することをチェンジ・エージェントが防止することにある。彼らの役割は普及過程を早めることだけではない。ある領域では、過剰採用は大問題である。米国の農家によるハーベストア、つまり農業専門家が推奨していないイノベーションの過剰採用については前述した。医療の分野では、CAT（コンピュータ断層写真）スキャナのような高額な医療器具の利用が正当化されないようなときにも、購入されることがある。多くの消費者は高速のコンピュータを採用するが、結局ワードプロセッシング機能とそれより低い性能のコンピュータで十分な機能しか使わない（消費者としては低機能のコンピュータの購入は不可能であることが多い）。

イノベーションの属性ないし副次的な属性が個人にとって非常に魅力的で、他のすべての考慮事項に優先するように知覚されるとき、過剰採用が起きる。たとえば、消費者イノベーションについて、地位の付与の側面が個人にとって非常に重要ならば、仮に新しいアイデアに対するそれ以外の知覚がイノベーションの採用を拒否させるものでも採用は起きる。筆者は一九七〇年代に電卓を初めてみたときのことを覚えている。筆者はすぐさま電卓を所有する強い必要性を感じ、やがて購入したが、ほとんど使うことはなかった。

相対的優位性と採用速度

本書を通じてイノベーションの普及は不確実性を減少させる過程であることを強調してきた。イノベーション決定過程で、イノベーションの相対的優位性に関する不確実性を減少させるために、人々（あるいは組織）は情報を求めるように動機づけられる。潜在的な採用者は、新しいアイデアが既存の慣習よりも優れている度合いを知りたいものである。そこで相対的優位性はイノベーション属性のなかでも重要な要因になることが多い。同僚との間でのこのような情報の交換は、普及過程の心臓部に位置する。

相対的優位性がイノベーションの採用速度を予測する最も強力な要因であることは、普及研究者のよく知るところである。「相対的優位性」とは期待される便益とイノベーションを採用したときの費用との比である。相対的優位性の下位次元には経済的利得、初期費用が少ないこと、不快さの減少、社会的名声、時間や労力の節約、そして報酬の即時性が含まれる。この最後の要因が、予防的イノベーションの一般に特に低い採用速度になる理由をいくらか説明するもので、これについては次節で触れる。**予防的イノベーション**とは、将来の欲せざる出来事の発生確率を減じるために、現時点で個人が採用する新しいアイデアのことである。禁煙、自動車シートベルトの使用、土壌保全活動の採用、乳がんの有無の検診、病気に対する予防接種、歯のデンタルフロス、HIV／AIDSの予防、そして避妊具の採用などがその事例である。チェンジ・エージェントにとって、予防的イノベーションの相対的優位性をクライアントに示すことは難しい。というのは、優位性はある将来時点で起きるので、いつ起きるかわからず、まったく起きないかもしれないからである。このように予防的イノベーションの相対的優位性はきわめて不確実である。

これまでのイノベーションの知覚属性調査によると、ほとんど普遍的なほどに相対的優位性と採用速度との間に正の相関があることが報告されている。これらの相対的優位性に関する調査知見を次のように一般化する。

一般化命題4－1◆ある社会システムの成員によって知覚されるイノベーションの相対的優位性は、その採用速度と正の相関がある。相対的優位性に関する初期の研究の回答者の多くは米国の自営農家であり、これらのイノベーションを採用する動機は相対的優位性の経済的な側面が中心であった。こうした調査の主導者だったフリーゲルとキブリン［一九六六a］は、「われわれは受容者にとって直接の経済的な重要性が高いイノベーションを調査対象としているので、最も報酬が多くて最もリスクと不確実性が少ないと知覚されるイノベーションが、最も速やかに受け入れられるはずであるということは驚くにあたらない」。彼らの調査には米国の（あまり利益指向的ではない）小規模農家が含まれており、相対的優位性のなかでも経済的利得ではなく、不快さの減少が採用速度と正の相関があることがわかった。

発展途上国の小作農では、相対的優位性のうちの経済的側面はなおさら重要度が低いかもしれない。イノベーションに対する知覚に関してフリーゲル他［一九六八］が行なった調査によると、インドの農民は米国の大規模農家よりもペンシルベニアの小規模農家と同様の行動をとっているという。つまり、「イノベーションが広くかつ速やかに採用されるためには、金銭的な動機よりもはるかに多くのものが必要である。…ペンシルバニアの酪農家と違って、インドのパンジャブ地方の農民は社会的な承認をより重視し、金銭的な見返りにはあまり重きを置いていない」のだ。

予防的イノベーション

ある種のイノベーションでは、人々がその相対的優位性を知覚することが困難なために、普及速度がきわめて緩慢になる。**予防的イノベーション**とは、将来の欲せざる出来事の発生確率を低くするために個人が現時点で採用する新しいアイデアである。望ましい結果は時間的にみて隔たりがある。したがって、予防的イノベーションの相対的優位性は時間遅れのある報酬である。対照的に、増進的（つまり非予防的）イノベーションでは近い将来に望ましい成果が得られる。たとえばアイオワ州の農民が雑種トウモロコシを播種すると、収穫高で二〇％の増加を得ることができる。HIV／AIDSへの罹患を避けるために「安全なセックス」を実践するといった予防的イノベーションに対する行動と、雑種トウモロコシの採用行動を比べてみよう。現時点での安全なセックスの採用は、将来の時点でAIDSへの感染を予防するかもしれない。安全なセックスを採用しなくても、AIDSに感染することはないかもしれない。つまり採用に対する報酬に時間遅れがあるのみならず、実際それ自体が不可欠であるかどうかも不確実なのである［図4-2］。

しかも、予防的イノベーションの採用によって回避された欲せざる出来事を知覚することは難しい。なぜならば、起こるべき出来事が発生しない、つまり、そうでなければ起きたかもしれない出来事がそこには存在しないからである。たとえば、HIV／AIDSに感染していなかったという事実は目に見えず観察もできないので、

図4-2………増分的イノベーションと予防的イノベーションの採用速度

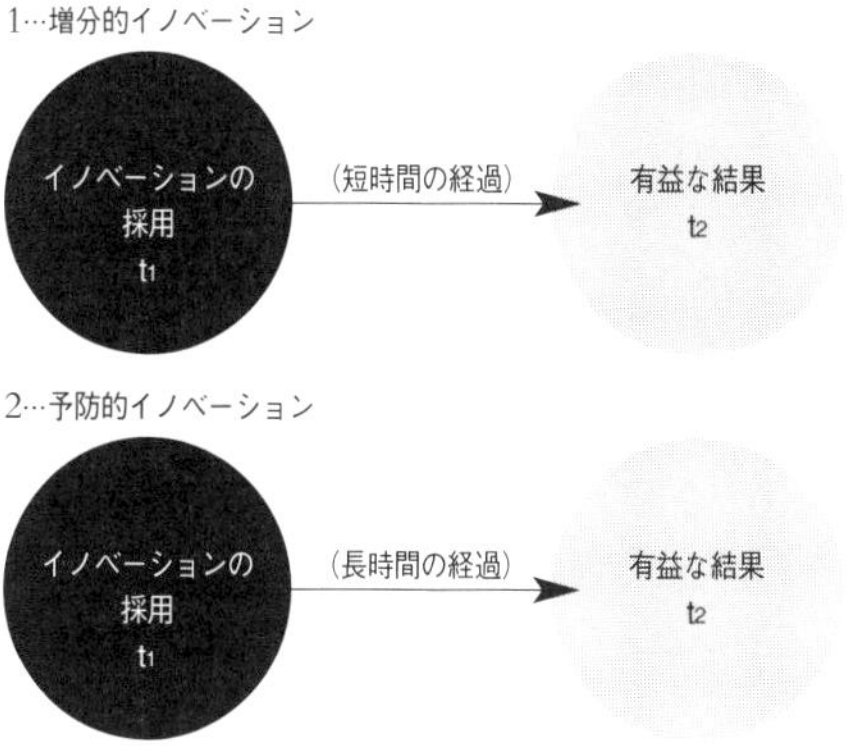

予防的イノベーションは増分的イノベーションよりも普及が困難である。
予防的イノベーションとは、将来の欲せざる出来事の発生確率を低くするために個人がいま採用する新しいアイデアである。

納得することは困難かつ不可能である〔シンガルとロジャーズ、二〇〇三〕。家族計画の専門家が避妊キャンペーンの効果を計算するとき、さまざまな避妊具が採用されなかった場合に起こったであろう妊娠の数を計算することで「避けえた誕生」の数を評価する。明らかに、家族計画といった予防的イノベーションの採用を促されている発展途上国の小作農にとって、避けえた誕生という概念はたいして意味がない。

米国で最も重要な予防的イノベーションの一つは自動車シートベルトの着用で、すべての人々が採用すれば年間九二三八人の命を救うことができるとみられる。公共的な安全キャンペーンと政府による命令などの何十年にもおよぶ努力が実施されて以降、二〇〇二年には七三％の米国人がシートベルトを締めるようになった。米国で達成された採用率としては最も高い数値だが、それでもなお世界の先進工業諸国のなかでは最低である。毎年交通事故で亡くなっている三万人のうち、六〇％はシートベルトを締めていなかった。米国人のおよそ四人に一人はなぜシートベルトを締めていないのであろうか？　一方では、一〇代の青少年や酔っ払いなど、危険覚悟の連中がいる。他方では、シートベルトを使用しない権利が個人にはあると論じる人々がいる。シートベルトを使用すると服にしわが寄るとか、締めるのに手間がかかりすぎると主張する非採用者がいる。一般論として、シートベルトを使用するのに要する費用と努力は、得られる便益よりも大きいとこうした人々は主張しているのである（彼らは事故にあう確率は無視できるほど小さいと感じているわけである）。

予防的イノベーションの相対的優位性の知覚がさまざまな理由で困難なことからして、なぜ人々がこれを採用しないのか理解できないわけではない。とはいえ、この数十年の間にいくつかの予防衛生キャンペーンが展開されて成果を収めている。カリフォルニア州のいくつかのコミュニティで、一九七〇年代から一九八〇年にかけてスタンフォード大学が実施したスタンフォード心臓疾病予防計画は、きわめて顕著な成功事例の一つである。心臓疾病のおそれのある多くの人々が、次のような生活習慣を変更した。❶喫煙と飲酒、❷ジョギング、エアロビクスその他の運動、❸赤肉の節食や減塩などの食生活習慣、❹ストレスを減らすこと。健康的な生活習慣を促すこうした革命はどのようにしてもたらされたのであろうか？

スタンフォード計画は、禁煙や減量などの予防的イノベーションの採用を目的とした一連のコミュニケーション・キャンペーンによって構成されている。**コミュニケーション・キャンペーン**とは次のようなものである。❶ある特定の効果の創出を意図する、❷比較的多数の人々の側に立つ、❸ある一定の期間を設定する、❹一群の体系化されたコミュニケーション活動を通じて実施する［ロジャーズとストーレイ、一九八八］。「キャンペーン」はラテン語の「場（field）」に由来する言葉で、たとえばユリウス・カイサルが軍事キャンペーンを伴う場に赴くといった場合に使われる。スタンフォード計画では、マスメディアの利用を周到に立案して、エアロビクスや禁煙のような活動を行なう小グループを編成すべく、心臓病のおそれのある人々を募集した。この健康増進のためのメッセージはカリフォルニア州の地域コミュニティで特に危険度の高い人々、たとえば太りすぎの高齢者やコレステロールの高い食生活を送っている高齢者などに狙いを定めた。スタンフォード計画では、形成的調査手法（formative research）を用いた。**形成的調査**とは、ある活動が進行する間にその有効性を改善しながら実施する調査のことである。健康増進計画の意図を承知している被験者を対象として予備実験を実施することで、計画が周知されるとともに所期の効果の達成が確実となるように努めた。キャンペーン期間中のメッセージは、健康的な生活に対する明確な役割モデルの存在、つまりジョギングや滋養のある食事によって減量に成功したきわめて信頼のおける人々がいることを示したのである。

スタンフォード計画により、カリフォルニア州の地域コミュニティでの心臓疾病の危険性を減少させる重要な結果が得られた。この成功は、生徒に対する禁煙や薬物中毒予防、あるいは家族計画やＨＩＶ／ＡＩＤＳ予防などを目的としたその他多数の健康コミュニケーション・キャンペーンの実施を鼓舞するところとなった。スタンフォード計画などの実施によって明らかになったことは、予防衛生イノベーションの採用は効果的に促進されうるが、格別の努力が必要であり、特に相対的優位性に重点を置くべきであるということであった。

インセンティブの効果

多くのチェンジ・エージェント組織は、イノベーションの採用速度を早めるためにクライアントにインセンティブや助成金などの報酬を与えている。採用者に対するインセンティブ付与の主要な機能は、新しいアイデアに対する相対的優位性の度合いを高めるところにある。**インセンティブ**とは、個人ないしシステムに対して行動の変化を促すために直接的ないし間接的に支払われる金銭あるいは物品である。こうして促された行動の変化によって、新しいアイデアが採用されることが多い。

農業、健康、医療そして家族計画などのさまざまな分野において、イノベーションの普及を早めるために金銭や物品がインセンティブとして提供されてきた。ここ数十年の間、多くの調査が家族計画を対象として行なわれてきた。インセンティブにはさまざまな形態がある。

1◆**採用者対普及者に関するインセンティブ**…インセンティブは採用者に直接、あるいは採用者を説得して採用させた第三者に対して支払われることがある。普及者に対するインセンティブの事例としては、新たな採用者を勧誘した第三者に対して支払われる謝礼金などがある。

2◆**個人対システムに関するインセンティブ**…支払いは個人あるいは個人が属するシステムになされることがある。たとえば、インドネシアの政府家族計画局では、避妊具の高い採用率を達成した村に報酬を与えていた。こうしたインセンティブ政策は相対的優位性を高め、採用に関する村民間の口コミを促すことになる。

3◆**プラスないしマイナスのインセンティブ**…(新しいアイデアの採用など)望ましい行動変化に報酬を与える点で、その多くはプラスのインセンティブである。しかしまた、欲せざる懲罰を課したり、イノベーションの不採用者に対して必要不可欠なものを与えないなどといったことも可能である。たとえばシンガポールでは、法令により、第三子あるいはそれ以上の子供をもうけた母親は、どのような家庭であっても出産休暇を取得できず、しかも両親はすべての入院費と分娩費(そうでなければこれらの費用はすべての市民に対して無料である)を自弁しなくてはならないとされている。シンガポール政府所有のアパートは非常に狭くて、家族に三人の子供がいると非常に狭苦しくなってしまうのである。

4◆**金銭的対非金銭的インセンティブ**…多くの場合、インセンティブは金銭的な支払いで行なわれるが、受領者の欲する日用品あるいは物品などのこともある。

5◆即時的ないし遅延的インセンティブ…多くの場合、インセンティブは採用時に与えられるが、時間遅れを伴って報酬が与えられることがある。

ある与えられた条件の下では、こうした五種類のインセンティブ政策を組み合わせて報酬が提供されることがあり、それはどのインセンティブの組み合わせがイノベーションの普及や採用に好ましい影響を与えるかによる。インセンティブを与えることは普及戦略の一つであって、イノベーションの知覚属性、なかでも相対的優位性に影響を及ぼし、こうして普及を促進する。インセンティブ政策のいくつかは新しいアイデアの試行を促すためにのみ計画されることがある。多くの企業が新製品の試供品を無料で顧客に配布することなどは、その一例である。試行を促進することによって、本格的な採用に導くことがここでの戦略である。

このほか、新しいアイデアの採用にあたって初期の採用者のみを確保するといったインセンティブ政策がある社会システムにおいて二〇%の採用率に到達すると、経済的インセンティブ政策を中止することなどである。たとえば、一九七〇年代に米国政府およびいくつかの州政府は、家庭用太陽熱利用装置の採用に対して税金還付政策を導入したが、インセンティブ費用がかさんだため、普及率が五%ないし一〇%に到達したところで政策は打ち切られた。このような呼び水的なインセンティブ政策は、一層の普及が自己生成的な段階に移行することを期待して実行されたのである。

家族計画イノベーションに関する調査と経験に基づいて、ロジャーズ〔一九七三〕は次のような結論を導いている。

1◆インセンティブはイノベーションの普及速度を加速させる。 採用者に対するインセンティブは相対的優位性を増加させ、普及者にはイノベーションが知覚される際の観察可能性を増加させる。さらに、採用者には**行動のきっかけ**（好意的な態度が明確な行動変化へと結晶化する時点で生じる出来事）として作用するので、イノベーションの採用を引き起こすことになる〔第3章参照〕。

2◆**採用者に対するインセンティブは、そうでなくとも採用したであろう人々とは異なる人々のイノベーション採用へと導く。**通常イノベータおよび初期採用者は、より高い社会経済的地位などの特徴を有している〔第5章参照〕。たとえば、比較的大きなインセンティブが家族計画の採用者に与えられるとき、最も低い社会経済的地位の人々がこのイノベーションを採用する。採用者に対してインセンティブを与えると、イノベーションの初期採用者の特性を変えることになる。こうした変化は普及過程における社会経済的平等にとって重要な意味を持つ。

3◆**インセンティブはイノベーション採用者の数を増やすが、こうした採用決定の質は比較的低く、採用によってもたらされる意図された結果が限定されることがある。**もし人々がなんらかのインセンティブを獲得するために部分的にイノベーションを採用するならば、イノベーションを継続して使用する動機が比較的乏しくなり、その結果イノベーションの持続可能性は低下するかもしれない。

インセンティブを与えることはしばしば倫理上の重要な問題を生じさせる。これは将来の研究で解明されるに値するものである。また、採用速度、継続性、そしてイノベーションの結果に及ぼすインセンティブの効果を評価するといった実証的な研究によって、インセンティブ政策の効果が改善される可能性がある。

採用命令

インセンティブを用意するのは、政府、地域コミュニティ、あるいは営利企業などの高位にある社会組織が、社会システムの個々の成員の行動に影響力を行使するための手段の一つである。ある種の行動変化が、個々の市民ではなく、たとえば国家によって欲せられ要請されることがある。たとえば、政府が次世代のために学校や勤め先を数多く用意するために、人口増加率を抑えたいと考えることなどである。しかし、家系を保持するため、安価な労働力を得るため、あるいは年を取ったときの安全確保のために、親たちは大家族を望むものである。こうした状況下で、政府は親たちに対して強いインセンティブを用意して、親たちが子供をたくさんもうけないように説得せねばならない。自発的なインセンティブに対して公衆の強い抵抗があるときには、家族計画イノベーションの採用による望ましい帰結（小家族）を獲得するために、政府はこうしたイノベーションの採用を命令することがある。

一九八〇年代初期に、絶望的な状況に追い込まれた中国政府は一人子政策を施行した。中国は世界最大の人口を有しており、その数は一三億人に達している。一九七〇年代に、政府は親たちに避妊具の採用と子供は二人のみもつことを促すところとなった。この政策は人口増加率を食い止めるには不適当であった。そこで一人子政策というアイデアが政府によって強く推し進められた。工場の労働者集団、郊外の地域住民、そして農村地帯の村落は「出生に関するグループ計画」を開始した。毎年グループ討議が開催されて、どの夫婦が子供を作るかが決定された。最初の子供が生まれた後、夫婦は不妊治療をすることが強く促された。もし夫婦がグループ計画に従わない、あるいは第二子を妊娠したときには、母親は中絶を迫られる圧力に直面した。一人子政策の採用という苛酷な命令によって、中国の人口増加率は急激に低下したが、一面では好ましからぬ行動をもたらしたのである。

環境行動に関しては、一方で都市や国家などの社会システムにとって最適であることと、他方で個人の思惑の間に対立を伴うこともある。たとえば、スモッグや交通渋滞は、ロサンゼルスのような大都市では毎年悪化の一途をたどっていた。高速道路を新たに建設する費用は法外に高く、既存の主要道路は非常に混雑するなかで、道路はますます「駐車場」化し、カタツムリのような歩みで渋滞する状況に陥ってしまった。南カリフォルニアの車両数は年間三％の割合で増加していた。何かせねばならなかったのである。一九九〇年代になって、新たにロサンゼルス市の条例としていわゆる第一五条が発効し、一〇〇人あるいはそれ以上の従業員を雇用している機関は、すべて向こう五年間にわたって乗用車一台あたり通勤する従業員の乗車人数を一・五人以上に増やさねばならないとされた。この目標を達成するために、さまざまなプラスのあるいはマイナスのインセンティブが付与された。すなわち、従業員駐車場に対する課金を高くすること、無料バス乗車券、パーク・アンド・ライド、そして無料通勤自動車サービスなどである。一台あたり一・五人の従業員の乗車目標に向けて、雇用側が年毎の進捗が改善していないと、当該組織は第一五条の下できわめて高い罰金の支払いに直面したのである。この条例の主要な目的は通勤渋滞を大幅に低減させることと、それに伴いスモッグの発生を減らし、大気汚染を軽減させることであった。

同様に、電気自動車のような非公害型車両の導入に向けてのカリフォルニア州とアリゾナ州の命令は強制的な必要条件であった。**採用命令**とは、イノベーション特に予防的イノベーションの相対的優位性を認識させるために、政府などの機関が個人に対して圧力を行使する仕掛けである。

両立可能性

両立可能性とは、イノベーションが既存の価値観、過去の体験、そして潜在的採用者のニーズと相反しないと知覚される度合いのことである。より両立しているアイデアは潜在的採用者にもあまり不確実なものではなく、個人の状況になお一層適合する。こうした両立可能性があると、新しいアイデアに対して個人が意味を付与する助けとなり、より一層なじみのあるものになる。❶社会文化的価値や信条、❷これまでに導入されたアイデア、❸イノベーションに対するクライアントのニーズ、などに応じて、イノベーションは両立可能ないし両立不可能である。

価値と信条に対応した両立可能性

文化的価値に伴う両立不可能性は、イノベーションの採用を阻む。［第1章］で述べたペルーの村民の事例は、水の加熱という行為が文化的に規定された熱冷の分類と両立不可能であると知覚されたことを示している。米国の農民は、農地の生産を増加させることに強い価値を置いている。（等高線農業などの）土壌保全イノベーションは、この価値観と対立するものと知覚されており、一般にその採用はきわめて緩慢である。

インド郊外の人々の間には、今でも左手で食べることに抵抗を感じる強い規範がある。左手は不浄のものと信じられている。この習慣は何世紀も前にさかのぼる。かつてインドの村民は排便の処理に左手を使っていた。その当時は不適切な手洗いと衛生設備しかなく、左手は汚いという複合観念は社会的に機能するものであった。しかし今日では郊外に住む中流階級のインド人にとって、食事の前に手を洗うことはいとも容易である。それにもかかわらず、インドの郊外地域では、左手は不浄という信条が文化的に強く信奉されている。一〇億人のインド人に対して、左手を使って食べるように説得するチェンジ・エージェントを想像できるだろうか？　強く信奉されている文化的価値観に対立するイノベーションを推進するチェンジ・エージェントの多くは、その任務が困難であると強く感じているのである。

有名な農業イノベーションの一つに、フィリピンにある国際稲研究所（ＩＲＲＩ）で品種改良されたいわゆる「奇跡の」米がある。この品種改良された米の変種は、化学肥料をたっぷりと施し、駆除剤を使用し、密集して植えつけるなどの方法で、米の生産量を三倍にも増加させるものであった。ＩＲＲＩの奇跡の米はアジア地域に急速かつ広範に浸透し、いわゆる緑の革命をもたらした。しかし、ＩＲＲＩの農業研究者や作物栽培の専門家は、単に収穫高が多く害虫に抵抗力のある米の変種を作り出したに過ぎなかった。米の味はまったく顧慮されなかったのである。筆者が実施した南インドでの奇跡の米に関する普及調査で、この新種米を採用した村民にとって「ふさわしい」味ではないことが判明した。村民はＩＲＲＩの新種米からの収穫物を市場で売る一方、自家消費用には伝統的な米の種子を植えつけていた。筆者らはＩＲＲＩの専門家に味の両立不可能問題について報告したが、一九六〇年代当時、彼らはこの助言をあざ笑いながら、「われわれは米の生産高を三倍にする。人々はすぐにＩＲＲＩ米の味が好きになるだろう」と言い放ったのである。

五〇年後、多くのアジア諸国の農民と同様、南インドの農民は依然として少量の伝統的な米を自家消費のために栽培する一方、販売用にはＩＲＲＩ米を育てていた。「奇跡の米」は伝統的な米よりも二〇％ほど安価で販売されている。最近になってＩＲＲＩは、高収穫米の改良とともに、ついに消費者の嗜好にあった米の育種を始めた。

特定の文化で使われるように設計されたアイデアが、それとは異なる文化的価値をもつ社会に広がるときに、イノベーションの文化的両立不可能性が生じることがある。たとえば、ＩＢＭが一九七〇年代に米国のスーパーマーケットのレジ用に設計したバーコードリーダーなどはその事例である。この装置は、六桁の数字（小数点以下二桁）までの計算ができた。この桁数であれば、当時としては十分すぎるものであった。ところが不幸なことに、バーコードリーダーの設計者は地球規模で考えていなかった。イタリアでは途方もないインフレが進行しており、一〇〇〇リラではパン一斤すら買えない状況であった。同様に、当時人気のあったスプレッドシート・プログラムＬｏｔｕｓ1-2-3は、インドで両立不可能問題に遭遇した。インドではコンマの区切りが三桁ではなくて四桁ごとであるうえに、コンマとピリオドの意味が反対で、9.999,99ドルは9,999.99ドルと書かれていたのである。

ほとんどのアフリカ地域と中東やアジアの一部地域で、特に強く信奉され、そして極度に微妙な文化的価値観は陰核切除である。成人式で少女が一人前の女性になる祝典の一環として、一億三〇〇〇万人の少女が陰核切除を受けさせられていると世界保健機構（WHO）は推定している。陰核は、非衛生な状況で原始的な道具を使って、通常は村の産婆か床屋によって取り除かれる。医療や衛生の専門家は、病気の感染のおそれがあるとして陰核切除に反対している。男女同権主義者は、この習慣は女性の身体と行動、そして生命を支配しようとする家長文化の表れであるとして反対している。陰核切除の擁護者は、この習慣が純潔を確かなものにし、少女の結婚の可能性を高めると主張している。陰核切除という習慣をやめさせようと多くの国々で努力がなされているが、その抵抗には根強いものがある。

この文化的習慣を変えさせることの難しさは、北ガーナの貧しい農村地域での研究に描かれている［メンシュ等、一九九九］。伝統的に、少女が陰核切除のときに処女でないことがわかると、少女は地域コミュニティの成員から恥ずべきものとみなされた。陰核切除は未成年の性交を強く躊躇させるものだった。この儀式に続いて、新たに陰核切除された同世代の少女たちは、村の長老から女性らしい振る舞いを指導され、結婚の資格があるとみなされた。このように、成人式は少女から一人前の女性への明瞭な移行を刻みつけたのである。

一九九四年にガーナ政府は陰核切除を不法と宣言し、中止を促す普及キャンペーンに着手した。切除者がそのナイフを捨てたときには、公共の場で誓約を行なった。切除を伴わない成人式の開催が促された。伝統的な信条を変えるのは困難なことだが、一九九八年に行なわれたメンシュ等［一九九九］の調査によると、一五から一九歳までの間の女性の四分の一が陰核切除を受けたに過ぎなかった。この変化は、女性教育の増加や両親の管理下からの脱却、貨幣経済の浸透などを伴うものであった。しかしその一方、未婚の母の妊娠出産、妊娠中絶、初産での母親の死亡などの増加をもたらした。つまり伝統の終焉は一群の新たな社会問題を惹起したのである。

これまでに導入されたアイデアとの両立可能性

深く根づいた文化的価値のみならず、これまでに導入されたアイデアと両立可能なイノベーションもある。すでに存在するアイデアと両立するイノベーションは、採用速度を速めることもあれば遅滞させることもある。古くからあるアイデアは心的にみて重要な道具であり、新しいアイデアを評価したり意味を与えたりする。人々は熟知していることに礎を置かずに、イノベーションに対処することはできない。これまでの習慣はイノベーションを解釈するときの尺度になり、その結果、不確実性が減じられることになる。

新しいアイデアを判断するのに過去の経験を活用するという研究は、たとえばコロンビアの小作農コミュニティに対する初期の普及調査に由来する〔ボーダ、一九六〇〕。当初、農民は化学肥料をジャガイモのうえに施していた。これは蓄糞と同じ方法であり、種子を害して収穫高を低減させていた。ある小作農はジャガイモに必要以上に殺虫剤を散布していたが、これは作物に水を撒くのと同じく、古くからの方法を新たなアイデアに適用していた。化学肥料や殺虫剤がジャガイモの収穫にどのような影響を与えるかという知識がないなかで、コロンビアの農民はこれらのイノベーションに対して、熟知した経験に基づいて意味を付与していたのである。

ブランドナーとシュトラウス〔一九五九〕の研究は、両立可能性の重要性を物語る別個の事例である。彼らの調査によると、新しい雑種モロコシに関するイノベーションがカンザス州農業試験所等によって推奨されていなかったにもかかわらず、このトウモロコシを入手できるようになった最初の年に、カンザス州北東部では二八%のトウモロコシ畑に新種のトウモロコシが作付けされたことが判明した。この急激な採用は、すでに導入されていた雑種トウモロコシと新種トウモロコシが両立的であったことに起因する。しかしながら、トウモロコシが成長するには乾燥しすぎていたカンザス州西部では、雑種の採用は緩慢であった。

これらの事例では、新しいアイデアに対してこれまでの経験に即して知覚された両立可能性のために、採用者はイノベーションを誤って活用するところとなった。この場合、両立可能性は新しいアイデアの採用を促すものの、イノベーションの誤用へと至る。すでに導入されたアイデアとの両立可能性は、過剰採用ないし誤採用を引き起こすことがある。北インドの裕福な農業地域であるパンジャブ州でのトラクターの導入は、その事例の一つである［カーター、一九九四］。農場の動力源であり市場への交通手段として牛に置き換わったトラクターは、所有者に社会的な威信を与えるところとなった。しかし、パンジャブ州の農民は、空気清浄機の清掃やオイルフィルターの交換といったトラクターの基本的な維持管理を行なわなかった。その結果、トラクターの購入後一年か二年もすると壊れてしまい、所有者は何の手立てもできなかった。外国のコンサルタントが招かれて、トラクターの維持管理問題が調査された。コンサルタントはトラクターの維持管理図表を作り、パンジャブ語に翻訳した。この図表は五色刷りで印刷され、農業普及員の手でトラクターを所有する農民に配布された。それでもなお、トラクターは適切な維持管理の欠如のために使い物にならなくなることが後を絶たなかったのである。

たまたま、これまで農民に毛布を販売していたセールスマンがパンジャブ州にやってきた。毛布はパンジャブ州に寒気が訪れたときに牛にかけていたものである。まもなく、トラクターのボンネットは毛布で覆われることになった。外国からのコンサルタントは毛布をトラクターにかけるとエンジンが過熱すると農民に警告を発した。それにもかかわらず、一〇日以内に、ほとんどすべてのトラクターのボンネットには毛布がかけられるようになった。農民にとって、冬季の間は農場の動力源を暖かくしておくことには意味があった。しかし、空気清浄機やオイルフィルターを清掃するといった行為は、牛を飼育するこれまでの経験とは両立しなかった。この場合、過去の経験はマイナスの結果を招いたのである。

ホーレイ〔一九四六〕はカトリックの受容に関して、ローマカトリックはなぜアリゾナ州やニューメキシコ州に住む東プエブロ族によって即座に受け入れられたのに対して、なぜ西プエブロ族は「カトリックの雰囲気を味わったあとで、強く拒否し、司祭を殺害し、使節団を焼殺し、さらにはアワトビに住む人々がカトリックを受け入れるそぶりがあるのをみて彼らを殲滅した」のか？という調査を行ない、次のように結論づけた。すなわち、東プエブロ族の家族構造は父系であったので、神性が男性像である新宗教（カトリック）に魅力を感じたのだが、西プエブロ族が抱いている母系的な価値観とカトリックは両立可能ではなかったのである。おそらく、チェンジ・エージェントが聖母マリアといったカトリックの女性的側面を強調することができたなら、西プエブロ族への布教活動も大きな成功を収めていたであろう。

新しいアイデアの採用速度は、それが置き換わる古いアイデアの影響を受ける。言うまでもなく、新しいアイデアが既存の習慣とまったく一致しているならば、少なくとも潜在的な採用者の心には、イノベーションとは映らない。換言すれば、イノベーションの両立可能性が高ければ高いほど、行動変化はますます見られなくなる。それではきわめて高い両立可能性を有するイノベーションの導入はどのような効用があるだろうか。もし両立的なイノベーションが順次導入されるべき一群のイノベーションの第一段階にあるならば、おそらくそれはきわめて有効である。両立的なイノベーションは、後続の両立可能性の低いイノベーション導入の道を開くのである。

両立可能性の低いイノベーションが急速な採用速度と関連する興味深い事例は、芸術の普及に関する調査から得られる。リーブラウとポープ〔一九九四〕は新芸術と新人芸術家の人気を調査した。こうした審美的イノベーションは、その普及に関してある特質を示しているようにみえる。つまり、多くのイノベーションでは知覚属性が高いとその普及速度も速いが、芸術作品ではその反対側に真理がありそうである。もしも審美的イノベーションが古くからある作品にきわめて近い派生物であるなら、たいして評価されず経済的な成功もおぼつかないであろう。芸術作品が急速に普及するとするならば、どこか先鋭的でなければならない。

あるイノベーションに関する否定的な経験は、その先のイノベーションの採用にマイナスの判断をもたらすことがある。このようなイノベーション否定主義〔アレンスバーグとニーホフ、一九六四〕は、両立可能性の好ましくない側面である。**イノベーション否定主義**とは、イノベーションの失敗が潜在的採用者を条件づけることにより、将来のイノベーションを拒否する度合いのことである。一つのアイデア導入が失敗するとき、潜在的採用者は将来のイノベーションに対して、懸念をもつように条件づけられる。この理由のために、チェンジ・エージェントは相対的優位性の高いイノベーションにまずは傾注しなくてはならない。すなわち、まずは相対的優位性の高いイノベーションを導入した後に、それと両立するイノベーションの導入が成功裡に押し進められるようになる。インドの家族計画プログラムでは当初ＩＵＤ利用を推進したが、一九六〇年代に採用の中断が広くみられた〔ロジャーズ、一九七三〕。北インドでは、家族計画はこの悲惨な失敗から立ち直ることはなかった。

ニーズとの両立可能性

イノベーションが両立可能か否かは、それが潜在的採用者のニーズに合致しているかどうかによる面がある。チェンジ・エージェントはクライアントのニーズを把握して、次にそのニーズを満たすイノベーションを推奨する。ニーズを把握するのは、実はそれほど簡単なことではない。ニーズを正確に評価するために、チェンジ・エージェントはクライアントに対して高水準の感情移入をして、親密な関係を構築することが必要である。個々のクライアントと非公式に接触して事前調査したり、チェンジ・エージェント機関にクライアント助言委員会を設置したり、あるいはクライアントを調査したりすることなどが、ニーズを把握するのに活用される。

潜在的な採用者は、新しいアイデアの存在やそれがもたらす結果に気づくまで、イノベーションに対するニーズを認識しないことがある。チェンジ・エージェントはクライアントのニーズ創出まで行なうことがあるが、これは注意深く実行されねばならない。さもないと普及キャンペーンは、ただ単にチェンジ・エージェントのニーズを反映しているに過ぎなくなってしまう。このように両立可能性とは、一面ではイノベーションがクライアント・システムのニーズに合致していると知覚される度合いのことであり、このとき急速な普及が達成される。

無口な嫁

[注＊この事例はスロウ[二〇〇二]に基づく。]

ドシン、ドシン、ドシン。これはアフリカの村で女性が木の重いすりこぎを使って穀類や木の実を粉にするときによく聞かれる音である。しかし最近、マリにあるサナンコロニという西アフリカの村では、ポッポッポッという音に変わった。一袋のピーナッツを持った女性が、それをレンガ造りの小屋に持ち込む。そこにはディーゼルエンジンとそれを動力源とするさまざまな機械装置が置いてある。彼女は持ってきた袋の中身を投入口に流し込む。投入口は粉砕機や混合機に接続しており、二五セント支払うと、一〇分後にはビンで一〇本分ほどのとろとろのピーナッツバターをすくい取ることができる。彼女によると、それまでは一袋のピーナッツをすりつぶすのにほぼ一日を費やしていた。いまでは、このピーナッツバター入りのビンを市場で売った後、午後には昼寝ができるという。

国連開発計画（UNDP）はこのループ・ゴールドバーグ・マシンのような装置を「多機能型プラットフォーム」と称していた[訳注＊ループ・ゴールドバーグはかつての伝説的なアメリカの新聞漫画家で、ループ・ゴールドバーグ・マシンとは単純な作業を間接的かつ複雑に無駄と時間をかけて行なうように設計された機械のこと]。サナンコロニの女性たちは、長持ちして不平一つ言わないこの装置を「無口な嫁」と呼んでいる。これは、アフリカ女性の家事労働を軽減するために、マリ在住のUNDP職員が一〇年ほど前に発明したものである。「無口な嫁」の中心部には一〇馬力のディーゼルモーターがあり、それにはゴムベルトを介して脱穀機、電気鋸、送水ポンプ、粉砕機と混合機、あるいは電池の充電に使う発電機などの装置が連結されている。このフードプロセッサーなるものの据付費用は四〇〇〇ドルほどで、サナンコロニ女性協会がその半額を負担し、残りは国連などの助成団体が寄付をしている。機械が置いてあるレンガ造りの小屋の壁にかかっている大きな黒板には、その日の収入が一二ドルであることが書かれている。この収入のうちの三分の一は、運営している女性数人と、女性協会が雇っている保守要員に支払われ、その他にディーゼルエンジンの燃料と修繕にあてがう。運営を始めて九カ月の間に、協会には三八〇ドルの収入があった。一人当たり年間所得が三〇〇ドルしかないマリでは相当な金額である。

マリの三〇〇ほどの村落には、これと同様のディーゼル動力プラットフォームがあり、いずれも女性協会が所有している。このイノベーションの狙いは、穀類や木の実を粉にするという時間を要する作業から女性を解放することであった。四五キログラムの袋入りトウモロコシを粉にするのに、これまでは三日かかっていたのが、今では一五分ほどで済むようになっている。家事労働をするために家にいなければならなかった少女は、今では学校に通うことができる。今では母親は読み書きを習う時間があり、ちょっとした仕事を始めてもいる。サナンコロニの男性はこうした女性の進歩を喜んでいる。ある男性は、「妻たちはこれまでのように疲れてはいない。その手はきれいだし、それが好きだ」。

「無口な嫁」は村の女性に力を与え、彼女らの起業家精神を解き放つことになった。サナンコロニ女性協会は蓄えた金で、染物や石鹸作りなどのビジネス分野への進出を計画している。隣の村ではこのディーゼル動力源を発電機に接続して一五八〇の電灯に送電している。

装置を個人で購入するには高価すぎるが、サナンコロニ女性協会が結成されると、村の女性が集まって集合効果を発揮するところとなった。個人では達成できないような活動を実践するために女性が互いに協働することは、西アフリカの村の価値観やこれまでの経験と両立可能である。「無口な嫁」というイノベーションは、西アフリカの村落での暮らしと大いに両立可能であり、相対的優位性もきわめて高かったのである。

両立可能性と採用速度

一般化命題4-2◆**社会システムの成員によって知覚される両立可能性は、イノベーションの採用速度と正の相関がある。**過去の普及調査によると、両立可能性は相対的優位性と比べて、普及速度の予測因子としてあまり重要ではないように見受けられる。すでに本章で概説した実証的な普及調査の結果によると、相対的優位性と両立可能性は必ずしも区分が可能ではないが、概念的には異なるものである。

新しいアイデアは既存の習慣と比較するなかで評価される。それほど驚くようなことではないが、このなかで両立可能性はイノベーションの普及速度と関連してくるのである。

技術クラスター

個人にとって、イノベーションはときに単一のものとみなされず、相互に関連する新しいアイデアの一群であると知覚されることがある。一つの新しいアイデアの採用が、他のアイデアを採用する引き金になることがある。**技術クラスター**は区分しうる複数個の技術要素から構成されており、これらの構成要素は相互に関連していると知覚される。イノベーションの境界をはっきりと切り分けるのは困難なことが多い。潜在的な採用者の心のうちでは、一つのイノベーションは他の新しいアイデアときわめて密接に関連していると知覚されることがある。

チェンジ・エージェント機関は、新しいアイデアを個別に取り扱うよりも、ひとまとまりのイノベーションをクライアントに奨励したほうが好都合であると考えることがある。

たとえば、インドやその他のアジア諸国では、ＩＲＲＩ米や化学肥料などの化学物質を含む農業イノベーションをひとくくりにして農家に推奨した。このように、各々のイノベーションを別個に普及させるよりも早く、村民はひとくくりのイノベーションを採用した。より重要なのは、一挙にイノベーションを採用することで、農家にとっては、すべてのイノベーションの効果を足し合わせた以上のシナジー効果が得られたことである。その結果、米の収穫量は三倍に達することもあり、アジア諸国の穀物不足は事実上消滅した。

イノベーションをひとくくりにすることは直感的に納得がいくが、こうした技術クラスターのもたらす効果は、普及研究分野ではほとんど調査されていない。この際、イノベーションをひとくくりにすることは、潜在的採用者が相互に関連するイノベーションの両立可能性を知覚していることが前提である。

イノベーションに関する技術クラスターの調査事例は少ないが、そのなかでシルバーマンとベイリー〔一九六一〕はミシシッピ州の一〇七人の農民によるトウモロコシ栽培イノベーションの採用を分析している。この技術クラスターでは、三つのアイデア（化学肥料、混成種、密集栽培）は機能的に関連しており、一つしか採用しない場合、どれも採用しない場合よりもトウモロコシの収穫量は少なくなるというものであった。大部分の農民はこれら三つのイノベーションすべてを採用するか、あるいはどれも採用しなかったが、農民の八％は失敗に終わる組み合わせを採用した。シルバーマンとベイリー〔一九六一〕は、チェンジ・エージェントは農民にトウモロコシ栽培イノベーションの相互の関連性を説明すべきであったと示唆している。

小売業では、ときに両立可能性のある新製品をいくつか抱き合わせて販売する。たとえば、洗濯機と乾燥機をセット販売することなどである。マーケティングでは、相対的優位性の高いイノベーションに、それと両立可能性のある商品を「引っかけて」販売することがある。

ラローズとアトキン〔一九九二〕は、一四〇〇人の米国成人を対象として一八の消費者向け電気通信イノベーション間のクラスターの度合いを調査した。イノベーション間には、限定的かつ特定のクラスターがいくつか存在しており、これら一八のICTイノベーションを包含する全般的なクラスターが一つ存在するわけではなかった。たとえば、ATMと無料通話番号の利用および電話クレジットの所持は一つのクラスターを形成し、スピーカー付電話、自動ダイアル機能、そして有料電話サービスの利用も、一つのクラスターであった。eメールの利用とパソコンの所有も別のクラスターであり、さらにビデオテープレコーダーの所有は他のクラスターとは別個のものであった。

将来の調査研究では、イノベーションの技術クラスターの分析、進化的な文脈のなかでの新しいアイデアの挙動の研究、およびイノベーション同士の両立可能性の度合いを計測することが必要である。イノベーションの採用を容易にするためには、ひとくくりにすることが有効であり、こうした調査研究により、適切な知識基盤が得られるのである。

イノベーションの名前

イノベーションに付与された名前は、ときに両立可能性ひいてはその普及速度に影響を与える。イノベーションの呼び方に不適切に対応したがために、多くの重大な失敗が生じてきた。たとえば、米国の石鹸製造会社はフランス語圏で「キュー」という製品を販売したが、これはフランス語では言外に猥雑な意味をもっていた。またよく知られた事例であるが、米国製でノバと名づけられた自動車は、スペイン語では「どこにも行かない」という意味であった。こうしたとんでもない失敗に懲りて、企業では新製品を発表する前に名前に関する市場調査を行なっている。ソーシャル・マーケティングに注目が集まるようになるまでは、公共機関では一般にネーミングの重要性をあまり認識していなかった。

イノベーションに対する人の知覚は、付与された言葉によって特徴づけられる。イノベーションのネーミングは繊細かつ重要なものである。言葉は知覚を構成する思考装置である。そしてもちろん、イノベーションの名前に対する潜在的採用者の知覚こそが普及速度に影響する。医療、化学あるいは技術上の名前がそのまま使われることがある。不幸にして、こうした名前は潜在的採用者にとってほとんど意味がない。たとえば、「2,4―D除草スプレー」、「IR―20米」、「ヒト免疫不全ウィルス」あるいは「避妊リング」などの名前は、潜在的採用者を混乱させたり誤解を招くことがある。これと比較して、マリの村落に住む女性は、チェンジ・エージェント機関が使う技術的な名前ではなく、「無口な嫁」と呼んでいた事例に注目してほしい。「カッパーT」という避妊具が、あまり名前に注意が払われることなく何十年か前に韓国に導入された。Tという文字は韓国語には存在しないうえに、カッパー（銅）は卑金属として非常に忌まわしい意味を言外に含んでいた。これほどのひどい名前は、あってはいけないことだったのである［ハーディング等、一九七三］。

イノベーションのネーミングに際しては、われわれは受け手主導の実証的な取り組みを推奨する。そうすれば、イノベーションに対する言葉の印象は、潜在的採用者にとって望ましいものになる。過去においては、しばしばイノベーションがなんと呼ばれるかは無視されてきたのである。

イノベーションのポジショニング

マーケティング調査や形成的調査およびソーシャル・マーケティングにおけるポジショニング戦略では、基本的に個人は次のように行動すると仮定している。すなわち、新しいアイデアと同等であると知覚したアイデアに対して行動するのと同等の方法で、新しいアイデアに対して行動をとると仮定する。たとえば、A、BおよびCという既存の三つのアイデアが存在するとしよう。もしも新しいアイデアXがこれらのアイデアを周知している人々の間に導入されたとして、XはBとは似ているがAとCとは異なると人々が知覚したとき、Bを購入する消費者はおよそXをBと同等であるとみなして購入するであろう。価格や入手可能性などが同等だとすれば、Xはこれまでを購入していた消費者のおよそ半分を確保するだろうが、Xの導入はAやCの購入には影響を与えないに違いない。さらに、もしも消費者がBとXは似ていると知覚する一方で、AとCとが異なっている理由を知ることができれば、XはA、BおよびCとの間の知覚上の距離を最大化することによって、この新しいアイデア独自のニッチを獲得できる。明らかに、イノベーションのポジショニングは、既存のアイデアとの両立可能性を正確に測定できるかどうかにかかっている。

知覚に関するポジショニング調査によって、同じカテゴリー内にある既存のイノベーションと対比しながら、あるイノベーションの理想的なニッチが同定できるようになる。知覚に関する理想的なニッチは、既存のイノベーションおよび新旧イノベーションの異同を対比させつつ決定される。テトラサイクリンという新抗生物質が医者仲間に普及する過程を、コウルマン等〔一九六六〕が調査したことがある。テトラサイクリンは既存の二つの抗生物質と同等の薬効があったが、不快な副作用がない点で優れていた。ポジショニング手法では、イノベーションの知覚属性は動的で変化しうるとみなしており、普及調査者はイノベーションの設計者の一翼を担っている。韓国でのカッパーTに関する調査などはその一例である。

すでに述べたように、ハーディング等〔一九七三〕は当時最新の避妊器具であったカッパーTを韓国に導入するにあたって、ポジショニング調査を行なった。第一に、潜在的採用者から少数の被験者を選び、あまり構造化していない質問をすることによって、一八の避妊方法に関する二九の知覚属性を同定した。ついで、別の被験者を対象として、一八の避妊方法について二九の属性に関する評価を尋ねた。その結果に基づいて、カッパーTの普及率を最大化するために、普及キャンペーンにおいて強調すべき属性を勧告した。たとえば、カッパーTが長寿命なこと、望まない妊娠回避の信頼性、性交時に煩わしさがないこと、そしてその目新しさを強調するように勧告した。さらに、このイノベーションの物理的な外観の変更を勧告した。すなわち、「カッパーTには紐がついているが、この紐を介してバクテリアが子宮内に持ち込まれると、子宮に炎症を引き起こさせる可能性があるので、設計を変更するべきである」。

受容可能性調査

受容可能性調査はポジショニング調査の一形態であって、R&D活動の方向を見定めるために実施されることがある。**受容可能性調査**とは、潜在的採用者からみて理想的なイノベーションを開発すべく、R&Dの方向を見定めるために実施される調査のことである。X型のイノベーションは潜在的採用者に受け入れられないが、Y型であれば受け入れられるとすれば、R&D研究者はY型のイノベーションの開発に注力すべきである。

世界保健機構（WHO）は発展途上国での避妊方法に関する調査を一九七〇年代に実施したが、そのときに受容可能性調査が用いられた。それまでのほとんどの避妊方法は、受容可能性という点で困難な問題に直面していた。そこでWHOではどのような避妊器具が最も受け入れられやすいかを正確に知るために、受容可能性調査を実施したのである。調査に基づいて提案された勧告は、WHOの生物医学研究者の研究の方向を示すものであり、受け入れ可能な「理想的な」避妊器具の開発を進めることになった。

発展途上国の男女は生殖器に何らかの操作を加える避妊方法を非常に嫌悪していることが、この受容可能性調査によって判明した。残念なことに、発展途上国で政府が推進していた家族計画プログラムでは、基本的に生殖器に対する何らかの操作を必要としていた。たとえば、IUD、コンドーム、ダイアフラムなどである。このような避妊方法が生殖器への操作に対する嫌悪感と両立していないことが、採用速度をきわめて緩慢にしていた理由の一つだったのである。WHOの生物医学的な研究の一部は、生殖器の操作を要しない避妊方法の開発に向けられることになった［ロジャーズとパリーク、一九八二］。その結果、デポプロベラのような注入型避妊具やノープラントのような埋め込み型の避妊具が開発されたのである。

今日の発展途上国での主要な健康問題はAIDSの流行である。米国で一九八一年に男性同性愛者の間にAIDSが初めて見つかって以来、HIVは世界中に拡散して四〇〇〇万人が感染し、これとは別に二〇〇〇万人が死亡している。HIVに罹病後数年以内に、典型的な患者はAIDSの症状があると診断され、数年後には死亡する。薬物の静脈注射常用者、性労働者、トラック運転手、そして地方から都市への移住者などが感染の危険性の高い集団であり、多くの国では流行の初期段階にその傾向が現れる。流行が抑制されないと、こうした特殊な集団から一般の人々に爆発的に広がり、夫が妻に感染させ、また母親が新生児に感染させることになる［シンガルとロジャーズ、二〇〇三］。

HIV／AIDSの流行はどうすれば食い止められるか？　予防キャンペーンでは人々に「安全なセックス」を呼びかけている。コンドームを使ったり、一夫一婦制や禁欲を守ることなどである。しかし、コンドームは生殖器の操作を要する煩わしいもので、多くの場合セックスの快楽とは両立しないと知覚される。そこでAIDSが流行している国でも、保健担当官が安全なセックスの習慣を採用するように説得できるのは、性的に活発な人々のうちのわずか一〇%前後である。生物医学研究によって予防や治療に効果的な技術が開発されるまで、AIDSの流行に対抗するにはコンドームの利用をもっと効果的にキャンペーンする以外に方法はない。コンドームが受容可能であると知覚されるポジショニングは存在するだろうか？　おそらくは受容可能性調査がその答えを出す手がかりを与えるだろう。

土地固有の知識体系

両立可能性を検討する際の基本的な留意点は、新しいアイデアはすでに人々が慣れ親しんでいる既存の習慣との関連で知覚されるという点である。イノベーションの導入を図るチェンジ・エージェントは、しばしば「空容器の誤謬」に陥ることがある。空容器の誤謬とは、潜在的な採用者は何も書いていない黒板のようなもので、新しいアイデアに関連する経験は何もないと仮定してしまうことである。空容器の誤謬を犯している場合、両立可能性の重要性を認めようとしない。農業、衛生、そして家族計画などの分野では、土地固有の知識体系の分析を通じて、空容器の誤謬が克服されてきた。人類学などの研究者は、土地固有の知識体系がどのようにして新たに導入されたイノベーションとの間の心的な橋渡し役として作用するのかという点について、発展途上国における人々の伝統に根ざした経験を探求してきた。たとえば、フィリピンの衛生専門家であるジュアン・フレイビア博士は、鶏がイピング・イピングという木の種子を食べると、卵を産まなくなる事実を村民が理解していることを知った。フレイビアは、経口避妊薬が人に対してイピング・イピングの種子と同様の働きをすると村民に説明した。こうして、彼は既存の知識と新しいアイデアの両立可能性を基に普及活動を進めたのである。

アリゾナ州立大学の人類学者であるスティーブ・ランシングは、インドネシアのバリ島にある灌漑制度を調査した［ランシング、一九九一］。季節ごとの水田の水の流れは、ヒンドゥー教の水寺院とその僧侶たちが管理していることがわかった。この地域固有の灌漑管理制度では広い範囲の農地を休耕にするので、米の害虫は死滅してしまう。その後に米を栽培するために水を流し込むのである。インドネシアの農業普及員が、ＩＲＲＩが開発した奇跡の米をこの地域に持ち込んだとき、彼らは土地固有の灌漑制度を無視した。宗教が米の成育にどんな関係があるのか？ と彼らは問うのであった。奇跡の米はバリ島の土着の米の品種よりも短い期間で成育するので、ヒンドゥー教の僧侶が行なう灌漑日程とは両立可能ではなかった。その結果、奇跡の米からの収穫高は多くなるどころか少なくなり、バリ島の農民は速やかにその採用を中断したのである［バーディニ、一九九四］。ランシング［一九九一］の指摘によると、もしも普及員が米の灌漑のための土地固有の知識体系を無視しなければ、この問題を回避することは可能であったという。

なぜイノベーションを導入するチェンジ・エージェントは、土地固有の知識体系をしばしば無視したり馬鹿にしたりするのであろうか？ 新しいアイデアの相対的優位性に対する強い思い込みがあるために、技術者は既存の習慣がひどく劣っており、それを完全に捨て去ることができると考えがちである。この優越的な態度のために、空容器の誤謬に陥り、潜在的採用者に既存のアイデアと両立不可能であると知覚されるイノベーションの導入に向かいがちなのである。

チェンジ・エージェントは、クライアントがこれまでの似通った経験に基づいて、新たなイノベーションを評価するという事実を見逃しがちである。イノベーションは「新しい酒」かもしれないが、それは「古いビン」つまりクライアントがこれまでに抱いてきた知覚のなかに注ぎ込まれるのである。空容器の誤謬を解消するには、新たなイノベーションが置き換わろうとしている既存の慣習に対するクライアントのこれまでの経験をチェンジ・エージェントが理解することが必要である。

多くの有用な知識は土地固有の知識体系にあることが多い。たとえば、スクウォントなどの米国先住民は、かつてマサチューセッツ州に殖民していたピルグリム・ファーザーズに対して、トウモロコシを栽培するときには穀粒にそって地中に子魚を落として施肥する方法を教示したのである。同様に、多くの「近代」医薬品は古くからの草本に由来している。経口避妊薬の活性成分は、メキシコの山中に育つヤマイモから抽出されたものである。

発展途上国のＨＩＶ陽性患者の多くは、抗レトロウィルス特性をもつ古くからの草本を服用する方向に向かっている。一九九六年以来、抗レトロウィルス薬の使用が可能になり、ＨＩＶ陽性患者の体への負担が軽減されて、生存期間も長くなった。残念ながら、これらの薬品は発展途上国に住む人々にとっては高価で、とても手が届かないのである（四〇〇〇万人の患者のうち、九五％の人々がこの地域に住んでいる）。

土地固有の知識体系を代表しているのは、古来の知識体系を実践している中核的な人たちである。バリ島のヒンドゥー教の僧侶、多くの国の伝統的な産婆、そしてラテンアメリカの**クランデロス**のような土地固有の知識体系を実践している人々は、近代を代表する専門家からは「偽医者」とみられている。第三世界の大部分の新生児は、伝統的な産婆の助けを借りて出生する。産婆は通常年寄りで、教育水準も低く、低収入の女性で、自分の母親や親戚などから産婆の方法を伝授される。ラテンアメリカ、アフリカそしてアジアに存在する伝統的な産婆は、田舎あるいは郊外に住む貧しい女性からの信頼が厚い一方、その出産率は高い。かくして、何カ国かの家族計画プログラムでは、乳幼児の出産にあたっての消毒法について、産婆に対する特別の訓練コースを設けており、講習を受ける人たちに消毒薬や包帯などの出産道具一式が渡される。講習を受けた助産婦が家族計画の採用者を獲得した場合、小額のインセンティブが付与されることがある。また、難産が予想される場合には政府の健康相談を受けるように促される。

しかしながら、チェンジ・エージェントとしての専門家集団は、伝統的な実践者を「偽医者」とみなし、彼らを無視したり非難したりする。この反目意識は一種の空容器の誤謬の表れである。多くの国では、伝統的な産婆に加えて、小作農の村落では伝統的な獣医、マッサージ師、そして伝統的な医者がこれに該当する。ラテンアメリカおよびアメリカ南西部では**クランデロス**が広く見受けられる。クランデロスとは、精神衛生を司る伝統的な実践者である。チェンジ・エージェントがこうした伝統的な実践者と彼らが具現する土地固有の知識を無視したとき、イノベーションの導入に際して災厄を招くことがある。たとえば、伝統的な産婆が政府の家族計画プログラムで無視されたり非難されたりしたとき、彼女らは政府が実施している避妊方法についての悪いうわさを流し、家族計画の中断者が激増した〔ロジャーズ、一九七三〕。インドのダイ（伝統的産婆）は、ＩＵＤを採用した妻をもつ夫は婚約解消ができなくなるという噂を広めた。採用率は横ばいになり、ついで急落して採用の中断が広範囲に及ぶところとなった。

最近では、インドネシア政府は専門衛生員の補佐（ビダン）として五万四〇〇〇人の若い女性を訓練して村落に配置した。ドゥクンという伝統的な出産立会者に置き換わることを期待したが、ドゥクンは尊敬される年配の女性たちで、村落の人々と強い人間関係を保っていた。またビダンよりも小額の謝礼で出産の介添えをしたため、ほとんどのビダンは出産に伴う謝礼金では生活を維持できず、衛生業務から脱落していった。ここにも土地固有の知識体系の強さをみるのである。

複雑性

複雑性とは、イノベーションを理解したり使用したりするのに、相対的に困難であると知覚される度合いのことである。どのような新しいアイデアも、複雑さから単純さに至るまでの連続軸のどこかに存在する。あるイノベーションは潜在的採用者にとって意味が明らかであるが、そうでないものもある。調査による知見では必ずしも結論は得られていないが、次の一般的命題を提案する。

一般化命題４－３◆**社会システムの成員によって知覚されるイノベーションの複雑性は、その採用速度と負の相関がある。**

多くのイノベーションにおいて、複雑性は相対的優位性や両立可能性ほど重要ではないかもしれないが、いくつかのイノベーションでは、複雑性は採用にあたっての重要な障害になる。米国において、パーソナル・コンピュータ（パソコン）のきわめて初期の採用者は、単に技術的なおもちゃに熱中する人たちであった。技術者や科学者であったり、一九八〇年ころにパソコンが手に入るようになる以前にメインフレームやミニコンピュータなどで豊富な使用経験をもっていた人たちが大部分であった。こうした人たちにとって、パソコンというイノベーションが複雑であるとは知覚されなかった。しかし、それ以後にパソコンを採用した人たちは、それほど高水準の専門知識を持ち合わせていなかったので、パソコンの購入後には、挫折と戦う辛い数週間が待っていた。彼らは装置の接続法、ワープロその他のソフトウェアの動かし方などにひどく困惑した。マニュアルの意味がわからず、技術的な隠語を話すセールスマンはほとんど救いにならなかった。それでも次第に、多くの人々はコンピュータ利用の同好会に加わったり、友人の手助けを受けるなど、パソコンの複雑さに対処する方法を見出していった。しかし、パソコンで知覚された複雑性は、一九八〇年代の採用速度低迷の主要なマイナス要因となった。やがて、パソコンが利用しやすくなるにつれて、その採用速度は上昇し始めて、二〇〇二年には米国の家庭で約五〇％の採用率に達している。

試行可能性

試行可能性とは、小規模にせよイノベーションを体験しうる度合いのことである。新しいアイデアをいくつかに分割して試みることができる場合、イノベーションは早く採用される。イノベーションを個々に試用するというのは、個人がそのイノベーションに意味を与え、個々人に合致した状況下でどう動作するかを見出すための方法の一つである。試行により、新しいアイデアに対する不確実性を払い退けることができる。

一般化命題4-4◆社会システムの成員によって知覚されるイノベーションの試行可能性は、その採用速度と正の相関がある。

イノベーションが容易に試行できるように設計できるならば、より急速な採用速度が達成できる。新しいアイデアの試行には、それを個々人の状況に応じてあつらえるといった意味で、採用者側の再発明も含まれるかもしれない。イノベーションはその試行の間に事実上変化することがある。

比較的初期のイノベーション採用者は、後期の採用者よりも試行可能性を重要であると知覚する［グロス、一九四二；ライアン、一九四八］。より革新的な個々人にとってイノベーションを採用する以前に追随すべき人はいないが、後期の採用者はイノベーションをすでに採用した仲間に取り囲まれている。こうした仲間たちが、いわば後期の採用者の身代わりとなって試行し、したがってこの場合、新しいアイデアに対する個人的な試行はあまり決定的なことではない。初期の試行から全面的な利用に達するまでに、ラガードのほうがイノベータや初期採用者よりも速やかに移行する［第3章参照］。

観察可能性

観察可能性とは、イノベーションの結果が他の人たちの目に触れる度合いのことである。他の人々から容易に観察されて伝達されるアイデアもあれば、そうでないものもある。

一般化命題4-5◆社会システムの成員によって知覚されるイノベーションの観察可能性は、その採用速度と正の相関がある。

これまでの普及研究で調査されてきたイノベーションのほとんどは技術的なものである。［第1章］で説明したように、技術には次の二つの側面がある。❶物質あるいは物体の形状を取ることにより、技術を形にする道具を構成するハードウェアの側面、❷道具を利用するための情報基盤を構成するソフトウェアの側面。コンピュータのハードウェアは電子装置から構成されている一方、ソフトウェアはコンピュータ・システムを利用するプログラムである。技術的イノベーションのソフトウェア要素は必ずしも明瞭に観察できないので、ソフトウェアの側面がまさっているイノベーションは観察可能性が低く、したがって相対的に採用速度は低いことが多い。一つの例は、「安全なセックス」である。これは、HIV／AIDSへの感染を避けるために、衛生専門家が推奨する予防的イノベーションである。安全なセックスはどちらかというと曖昧なアイデアであり、コンドームを使用するなどの方法のみならず、禁欲や一夫一婦制の遵守などを包括したものである。その結果、安全なセックスという予防的イノベーションの普及は緩慢であり、HIV／AIDSに感染するおそれのある人々のごく一部にしか広まっていかないのである［シンガルとロジャーズ、二〇〇二］。

携帯電話とライフスタイル革命

携帯電話というイノベーションは一九八三年に初めて米国市場にもたらされ、その後一〇年間になんと一億三〇〇〇万台が販売された。さらにその後一〇年の間に、携帯電話の普及はまさしく離陸し、全世界で一一億台が販売された。なかでも、フィンランド、デンマーク、スウェーデンあるいは韓国などでの採用率は高く、米国はその後塵を拝している。フィンランドの一八歳から三四歳までの年齢集団では一〇四％の採用率に達している。この一見奇妙な数字は、携帯電話を何台も持つ人がたくさんいるからである。フィンランドの二五%の世帯では、固定電話を引いておらず、携帯電話しかもっていない。

携帯電話は充電可能な内蔵蓄電池を電源としており、持ち運びができる。携帯電話は英語ではセルラーホンとも呼ばれる。というのは、各地域は半径一から二五マイルくらいの大きさのセルつまり細胞のような小領域に分割されており、通話中に一つのセルから別のセルに移動するとき、通信ネットワークの側では通話を妨げることなく自動的にセル間を切り替えるからである。携帯電話の料金は、通話回数と基本使用料、一分あたりの使用料などの合計である。

一九八三年当時の米国での最初の携帯電話採用者は、企業の特権で電話を支給された男性幹部たちである。その頃、携帯電話の価格は三〇〇〇ドルほどで、レンガくらいの大きさの直方物体であった。実際のところ、初期の携帯電話を携行することは困難で、そのほとんどは自動車に搭載されていた［グルーバーとバーボーベン、二〇〇一］。彼らは、交通渋滞などに巻き込まれたときなどに携帯電話を利用していた。携帯電話の革新的な採用者には建築関係者がいた。携帯電話は彼らの仕事の特質にぴったりと適合していたのである。

まもなく携帯電話の性能は改善され、その価格も大幅（一〇〇ドルないしそれ以下）に下落するとともに、シャツやジーンズのポケットに入るほど小さくなった。速やかに、携帯電話はきわめて人気の高い消費財になったのである。移動通信のもつ新たな意味を最大限に活用したフィンランドの企業ノキアによって、携帯電話はファッションとなった。ノキアが世界市場でのシェア競争で支配的になるなかで、色彩と形状がますます重要なものとなった。世界で販売されている携帯電話の三分の一以上はノキア製である［スペクター、二〇〇二］。一九九〇年代には、携帯電話は時計やペンと同じようなファッション・アクセサリーになった。電話の**意味**は、まったく別物になり、その過程で多くの人々のライフスタイルを変えた。この社会変化はきわめて速やかに起こったが、その原動力はノキアであった。

ノキアの人々が色彩やスタイルに着目するに至る物語は、サロにあるリカラという居酒屋で始まった。サロはいわばノキアの企業城下町で、ヘルシンキの西六五マイルに位置する。一九九三年のとある金曜の夜、仕事が終わったノキアの技術者はリカラにどやどやと入り込み、大きくて真黒な携帯電話をベルトからはずして、カウンターの上にポンと置いた。それから彼らはピーナッツをつまみにビールを飲み、明け方四時まで携帯電話についてあれこれ語り合った。そのうちの誰かが家に帰ろうとして、「あれ、どれが俺の電話だ?」と言った。電話はみな同じ色で同じリングがついていた。そこで自動車の塗料を使って、電話に彩色したのである。ノキアの従業員は「彩色とファッション電話にいたる道は……サロの居酒屋に始まる」〔スペクター、二〇〇二〕と語っている。ノキアはすぐさま、市場のセグメントごとに数々の完璧に仕上げた電話の設計を始めた。アジアの携帯電話はこれよりも小さく、ストラップにテディベアなどの人形がつけられるようになっていた。米国の携帯電話はアンテナが延ばせるようになっており、消費者はコンピュータ・キーボードが搭載された大きな電話を好んだ。

電話男

サロにある居酒屋でノキアの技術者がベルトにつけていた重くて真黒な携帯電話を設計したばかりでなく、ノキアがその時以来販売している明るい色彩で小型の個人向け銘板つき携帯電話をすべて設計していた「電話男」こそ、フランク・ヌオボである。彼はノキアの設計部門の副社長で、パサデナのアートセンター・カレッジを卒業した四〇歳の米国人である。ヘルシンキ郊外のエスポーにあるノキアの本社ではなく、ヌオボは南カリフォルニアのある場所に設計センターを置くことにこだわっている(産業スパイに対する懸念から、ノキアはそれがどこにあるかを明らかにしていない。またヌオボの事務所にはノキアの名前を出していない）。南カリフォルニアには、スタイリッシュな電話を設計する刺激的な環境が揃っていると彼は感じている。ヌオボは空気力学的な泡の形や楕円形のデザインを好んで使っている。ある幹部は、ヌオボが初期にデザインしたノキア101の輪郭にそって指をこすりつけながら、次のように説明する。「イヤホーンを見てください。穴が三つ開いています。穴の形状はいかがですか？　**楕円形**でしょう。マイクを見てください。小さいが楕円形です。穴を楕円形にするには費用が余計にかかります。円形のほうが安いでしょう。あなたはそれに気づかないですよね。しかしあなたはそれを見て、それを感じるのです」［スペクター、二〇〇一より引用］。

ヌオボがノキアの携帯電話に付加しているのはコヒーレントな感覚であって、この小道具を持ち上げるとき、消費者は潜在意識下の喜びを感じるのである。ノキアホンは今日、地上最大のベストセラー商品かもしれない。だから、ヌオボは携帯電話のヘンリ・フォードかカルバン・クラインなのである。

ビジネスマンが携帯電話を採用した後は、その最速の成長市場はティーンエージャーになった。このイノベーションの採用は、親の管理下から自由を得るための重要なステップであった。ひとたび若者が自身の携帯電話を手に入れると、親が彼らの会話を小耳に挟む心配をせずに誰とでも電話ができるようになった（多くの親は、子供の月々の電話料金に上限を設けることなどによって、依然として子供の携帯電話の使用に一定の制限を加えている）。電話サービスの顧客はもはや世帯ではなく個人である。ますます若い若者が採用を開始した。フィンランドではいまや、八歳の小学二年生の多くが携帯電話を持っている。基本的な親子関係が携帯電話によって変化した。

一九九〇年代には、（手の小さな）子供やアジア系の人々あるいは女性の手の大きさに合うように、フランク・ヌオボはますます小型の携帯電話をデザインした。ついで、携帯電話が多目的型のコミュニケーション装置になるにつれて、ヌオボは大きなサイズの携帯電話を造るようになった。ノキアのコミュニケーターという機種は、跳ね上げ式のふたがついた長さ六インチのちょっとした小道具で、ファクスやインターネットなどの機能が付加されている。

携帯電話の知覚属性

携帯電話はほとんど理想的な知覚属性をもっており、このイノベーションの採用速度が急速だったのはそのためである［図4-3］。二〇〇二年までに、フィンランドの人口五二〇万人のうち七五％が携帯電話を採用している。最初の採用者セグメントは主としてビジネスマンで、時間節約の道具として携帯電話を購入した。次に採用を開始したのは世帯つまり家計部門で、一九九四年に携帯電話の普及がクリティカルマスに到達した以降に購入している。当時、各家庭では親戚や家族と連絡を保つなどの理由で携帯電話を使用していた。その後の携帯電話採用者は、主として新しい型のライフスタイルを求めてこのイノベーションを採用した人々である。携帯電話は継続的に再発明されている。新しいサービスが次から次へと生まれたためで、一九九四年以降のSMS（ショート・メッセージ・サービス）、一九九八年以降の個人向け呼出音の選択、そして携帯電話からの赤外線発信による自動販売機での飲料の購入やレストランでの支払などがその例である。

1◆**相対的優位性**…ビジネスマンにとって携帯電話を使用することによる便益は、約束を反故にしないようにしたり、予定に遅れたりしたときの対処が可能なことであり、一週間あたり二時間程度の節約になると推定されている。こうした時間節約は、郊外に住み、交通渋滞に頻繁に巻き込まれてしまう人々にとっては切実である。持ち運びが可能な携帯電話の特性のおかげで、使用者は固定した場所に縛られることはない。

人々は運転中も、（注意が散漫になって事故が起きるのを避けるために）携帯電話を手に持つことなく会話ができる。携帯電話の優位性のなかでも際立っているのは、自動車が動かなくなったときや病気などで緊急事態になったときに役立つことで、そのために妻や子供も持っていることが多い。

携帯電話は地位の象徴としても重要で、携帯電話がレストランその他の公共的な場所で使用されるのを見かけるが、これがその理由である。このイノベーションの所有が威信となることは、一九八〇年代に携帯電話の偽物が広く販売されていたことによって暗示される。カリフォルニア州のある企業は、四万台以上もの「偽の携帯電話」を一六ドルの価格で販売したことがある。こうした偽携帯電話があったとは、携帯電話がこれほど当たり前なものになった現在では信じられないことである。

価格の下落と小型化によって、携帯電話の普及速度に拍車がかかった。次第に携帯電話は自動車から出て、人々のポケットやバッグの中に入り込むようになったのである

2◆両立可能性…携帯電話の利用者は、既存の電気通信システムを介して宅内電話に接続できる。したがって、携帯電話の利用者にとって、このイノベーションの普及の初期段階で、クリティカルマスの形成は必要なかった。さらに、携帯電話で一般に使われていた名称は専門技術的ではなく、肯定的なイメージを抱かせるものだった（たとえば、ドイツでは「ハンディ」と呼ばれていた）。色彩やスタイルそして大きさなどはさまざまなものが用意されており、着メロも選べたので、自分の好みに合わせることができたのである。

3◆複雑性…利用者の側からすると、携帯電話の操作は通常の電話とまったく変わらないので、新しい技能を習得する必要はなかった。文字情報を通信する方法として、ショート・メッセージ・サービス（ＳＭＳ）が一九九〇年代後半に日本の若者の間で人気を呼んだとき、彼らは必要な技能を即座に習得した。今日では、毎日一〇億ものＳＭＳが送信されている！　携帯電話の製造者はＳＭＳの登場に驚いたものである。ＳＭＳ

図4-3………フィンランドにおける携帯電話の採用速度

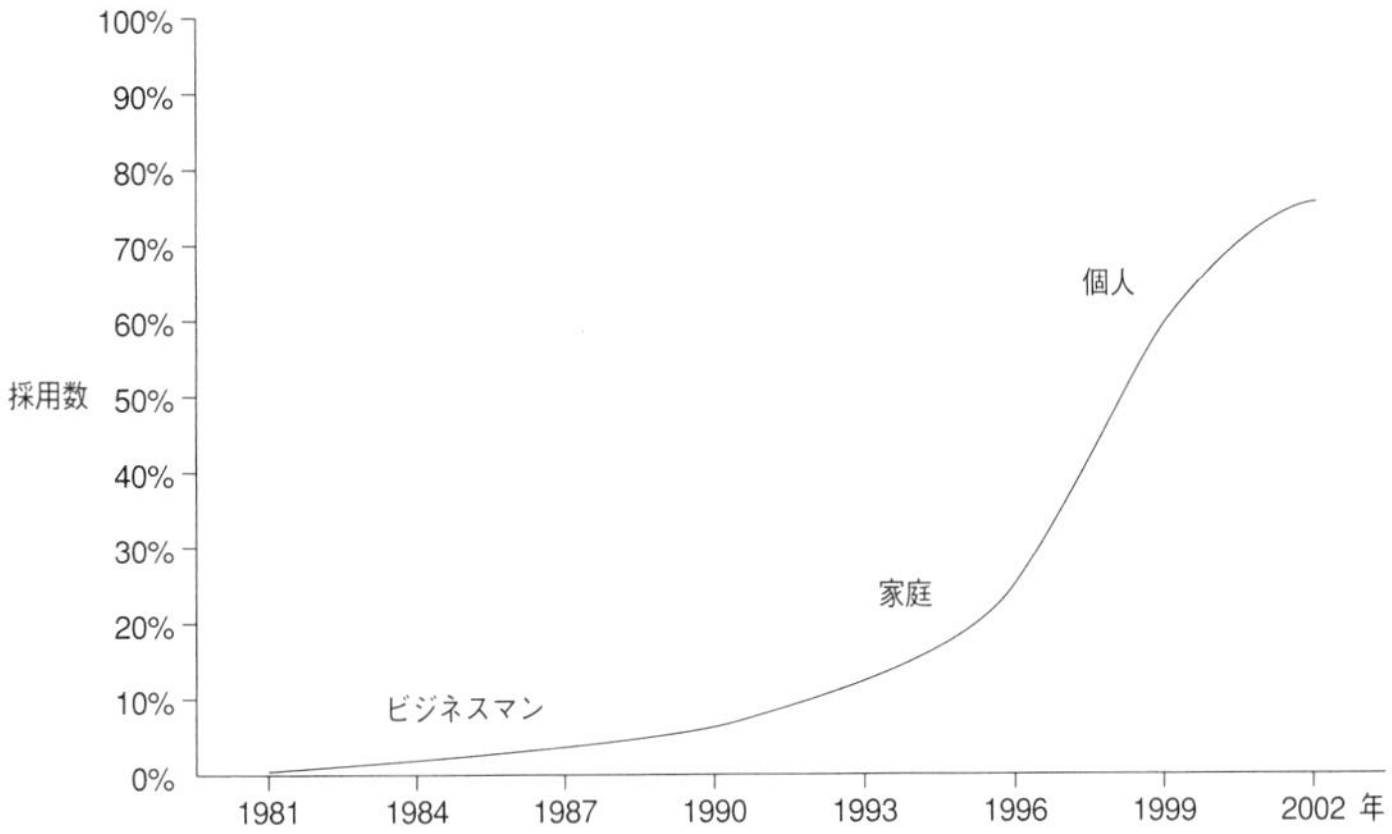

は利用者による再発明というべきもので、フィンランドでは非常に人気が高い。話すのが嫌いで陰気なフィンランド人は、短文のメッセージを送るのである。携帯電話に付属しているSMSは、フィンランドでは両立可能性の高い機能である。

4◆試行可能性…友人から携帯電話を借りて、試しに使うことができる。一九九〇年代初め、レンタカーには携帯電話が装備されていることが多く、多くの人々にとってこのイノベーションを試す機会となった。さらに、通信会社では普通、採用を促すために最初の月は無料にしていた。こうしたインセンティブも、携帯電話の初期の試行を増進させるものであった。

5◆観察可能性…自動車のなかやレストランなどの公共の場所で携帯電話が使用されているのを見るのは、潜在的購入者にとって、携帯電話の採用が地位の付与になると意識させるに十分であった。視覚そして聴覚という意味で、このイノベーションの観察可能性はきわめて高いのである。

エスポー訪問

携帯電話が急速に普及した理由を知るには、エスポーにあるノキアの本社つまりノキアハウスを訪れる必要がある。ノキアの爆発的な成長のおかげで、エスポーはフィンランド第二の都市になった。エスポーはおそらく、マイクロソフトの何千人もの百万長者が軒を連ねるワシントン州ベルビューに匹敵するヨーロッパの都市である。自ら財を成した百万長者を含めて、ノキアのおよそ二万人の社員はストックオプションを得ている（ただし、一九九〇年代に株式市場が高騰した全盛期ほどではない）。ノキアは秘密主義な組織である。たとえば、情報漏えいの懸念から、ノキアの社員はeメールにファイルを添付して送信することが許されていない。われわれの訪問は、ソネラ社の副社長に対する好意で手配された。ソネラ社は（当時の）フィンランドの支配的な電気通信事業者で、ノキアの重要な顧客である。

エスポーにあるスタイリッシュな本社ビルは鋼鉄とガラスを基調とした建物で、非常に開放的で自然採光を取り入れており、室内は木製の床で調度品が整えられている。ノキアというのは、フィンランドのタンペレに近い小都市の名前に由来する。ノキアはここで一三七年前に事業を開始したのである。ノキアはガロッシュというゴム製の長靴、電線、そして紙製品を生産していたが、さらに成長著しいパソコン事業に参入した。しかし、ノキアは一九八八年に財政危機に直面し、ほとんど破綻寸前であった。社長は自殺し、ノキアを救済するためにヨルマ・オリラが後任に指命された。オリラは現在CEOである。彼は既存の事業をすべて売却し、携帯電話とそれを支える電気通信ネットワーク事業に集中することにした。オリラには、携帯電話の普及速度が世界的にみて離陸間近であるという確信があった。彼は正しかった。GSM（移動通信用グローバルシステム）を使った初めての通話が一九九一年にノキアの電話を介してなされた。この技術によって、携帯電話を使って世界中でローミング・サービスを受けられるようになったのである。GSMの先駆者となることによって、ノキアは大きな市場シェアを獲得した。ノキアの年間売上高は七〇億ドルで、フィンランド株式市場に上場する企業の総株式資本の半分以上を占めている。ノキア単独で、フィンランド株式市場の総取引高の六〇％以上を占めているのである。

売上高比で研究開発に九・六％の投資をすることにより、ノキアは地球規模で展開されている携帯電話事業の先頭を切っている（大企業の研究開発に対する売上高投資比率はおおむね二から三％である）。ノキアでは、従業員五万八〇〇〇人のうち三分の一は研究開発に干与していて、新しい携帯電話の開発に従事しているものと見積もっている。ノキアは地球規模で活動しているので、五四の研究開発センターは世界中に散在しており、フィンランドには二箇所しか存在しない。エスポーにある研究開発部門の従業員一二〇人の国籍はおよそ四〇カ国に及んでいる。ノキアの研究開発センターからは革新的な製品が生み出されていて、世界の携帯電話市場を支配し続けている。二〇〇二年には、市場セグメントごとに二〇の新モデルを発表した。たとえば、ノキア7210はスポーツ愛好家向けに販売され、水しぶき、衝突あるいはほこりなどから保護すべく、頑丈な外装となっており、ストップウォッチと温度計が取りつけられている。ノキア7650にはデジタルカメラと写真アルバムが内蔵されている。高級なものでは、ノキア・バーチューは二万ドルからの商品ラインアップで、金かプラチナ製あるいはダイアモンドが埋め込まれている！

本章の要約

本章ではイノベーションの五つの属性について説明してきた。これらの属性に対する個人の知覚によって、イノベーションの採用速度が予測される。五つの知覚属性の測定方法は、既存の研究成果を援用するのではなく、調査ごとに開発されるべきである。

採用速度とは、イノベーションが社会システムの成員によって採用される相対的な速さのことである。イノベーションの知覚属性に加えて、次のような要因が普及速度に影響を与える。❶イノベーション決定の類型、❷イノベーション決定の各過程においてイノベーションを普及させるコミュニケーション・チャンネルの性質、❸社会システムの性質、❹イノベーションを普及させるためのチェンジ・エージェントの努力。

相対的優位性とは、新たに登場したイノベーションが既存のアイデアよりもよいものであると知覚される度合いのことである。社会システムの成員によって知覚されるイノベーションの相対的優位性は、その採用速度と正の相関がある［一般化命題4-1］。**過剰採用**とは、専門家がイノベーションの採用を拒否すべきであると感じているのに、人がそれを採用することをいう。**予防的イノベーション**とは、将来の欲せざる出来事の発生確率を減じるために、個人が現時点で採用する新しいアイデアである。予防的イノベーションはそうでない通常のイノベーションよりも一般に普及速度が遅い。

両立可能性とは、イノベーションが既存の価値観、過去の体験、そして潜在的採用者の必要性と相反しないと知覚される度合いのことである。社会システムの成員によって知覚されるイノベーションの両立可能性は、その採用速度と正の相関がある［一般化命題4-2］。イノベーションに名前をつけたり、さらに既存のアイデアとの間のポジショニングをすることは、イノベーションを両立可能にする重要な方法である。チェンジ・エージェントは土地固有の知識体系を無視しがちだが、土地固有の知識体系は人々に対してイノベーションに意味を付与する一つの方法となる。

複雑さとは、イノベーションを理解したり使用したりするのに、相対的に困難であると知覚される度合いのことである。社会システムの成員によって知覚されるイノベーションの複雑さは、その採用速度と負の相関がある〔一般化命題4-3〕。

試行可能性とは、小規模にせよイノベーションを経験しうる度合いのことである。社会システムの成員によって知覚されるイノベーションの試行可能性は、その採用速度と正の相関がある〔一般化命題4-4〕。

観察可能性とは、イノベーションの結果が他の人たちの目に触れる度合いのことである。他の人々から容易に観察され、伝達されるアイデアもあれば、そうでないものもある。社会システムの成員によって知覚されるイノベーションの観察可能性は、その採用速度と正の相関がある〔一般化命題4-5〕。本章の主題は、潜在的採用者が新しいアイデアを知覚する方法をチェンジ・エージェントと普及研究者は理解しなくてはならないところにある。潜在的採用者知覚が、普及過程の特質を決めることになるのである。

第5章……Innovativeness and Adopter Categories

革新性と採用者カテゴリー

新しいものを試す最初の人間になるな、そして古いものを捨てる最後の人間になるな。
アレクサンダー・ポープ『批評に関するエッセイ』［一九七一］

先ずもって緩やかな前進、次いで急速で一律に加速された進歩、再び緩やかに続く進歩があって遂にそれは停止する。これが発明の三つの時代である。……統計学者や社会学者がこれを指導すれば、多くの思い込みが避けられるだろう。

ガブリエル・タルド『模倣の法則』［一九〇三］

同じ社会システムに属する人たちすべてが同時にイノベーションを採用するわけではない。むしろ、時間が経過するにつれて採用するので、新しいアイデアの使用を開始した時点に基づいて、人々を採用者カテゴリーに区分できる。採用時の観点から、社会システムに属する個々の成員ごとに記述することもできようが、あまりに冗長であり、採用者カテゴリーに依拠するほうが効率的である。**採用者カテゴリー**とは、人々の革新性に基づいて社会システムの成員を分類するものであり、各カテゴリーには同程度の革新性を有する人々が属することになる。社会システムの成員を記述する便宜的な方法の一つである。

普及に関する他の属性と比較して、われわれは革新性について多くのことを知っている。**革新性**とは、社会システムに属する他の成員（あるいは採用単位）と比べて、新しいアイデアを相対的に早期に採用する度合いのことである。革新性を増進させることが多くのチェンジ・エージェント機関の主要な目標であることから、普及研究では革新性が主要な従属変数となっている。革新性は、単に認識上や態度の変化だけではなく、明白な行動変化を示す指標であり、ほとんどの普及計画の最終的な目標である。普及過程において、革新性とは実利的な行動なのである。

本章では採用者を分類する標準的な方法について説明するとともに、採用者カテゴリーの特性に関する研究の知見に従って、その手法の有用性を示すことにする。

アンデス山中コロンビアの村落での農業イノベーションの普及

［注＊この事例は、ドイッチマンとファルス・ボーダ［一九六二b］に基づく。］

一九六〇年代初期に南米ソーシオで実施された普及研究は、重要な転換点となった。これは、ラテンアメリカ、アフリカ、あるいはアジア地域にある農村で行なわれた初めての普及研究だった（ただし、サイエド・ラヒムによる普及研究がほぼ同時期にバングラデシュで進行中であった）。世界の人口の八〇％は発展途上国で生活しているにもかかわらず、一九六〇年までに実施された五〇〇以上もの普及研究はすべて、北米ないしヨーロッパでのものだった。ソーシオ研究が一九六二年に実施されたときには、普及モデルが農村にも適用可能かどうか明らかではなかった。識字率は低いうえに貧困が蔓延しており、一方でマスメディアに触れることはほとんどなかったのである。

ソーシオ研究は、ミシガン州立大学コミュニケーション学部の故ポール・ドイッチマン教授と、オーランド・ファルス・ボーダ教授が実施した。ボーダは米国で博士号を取得し、コロンビアにおける社会学の礎を築いた人物である。彼はすでに一〇年ほどソーシオで調査を行なってきており、社会変化の実験を行なうために、この村落にさまざまな新しいアイデア――新しい学校校舎、裁縫協同組合、消費者組合店舗、そして二つの農業イノベーション――を導入していた。二つの農業イノベーションとは、コレラに対する鶏への予防接種とパパス・モンセラテというジャガイモの新品種である。ソーシオにある七一戸の農家は、主要な作物としてジャガイモを栽培しており、加えて、養鶏、家畜、そして小麦栽培を行なっていた。

ドイッチマン教授は米国で報道事件の普及を調査したことがあり［ドイッチマンとダニエルソン、一九六〇］、農業イノベーションの普及調査についても熟知していた。ボーダ教授は、米国で博士課程に在籍中に、農業の普及調査をよく知るようになった。一九六一年に、ドイッチマン教授は東ランシングからコスタリカのサンノゼに異動し、この地で彼はラテンアメリカにおけるコミュニケーション研究プログラムを指導した。彼はソーシオでの共同調査に対する資金を獲得した。これはコロンビア国立大学のボーダ教授とその大学院生との共同研究で、普及調査手法を用いるものであった。

ソーシオはアンデス山脈の火山土により形成されている急傾斜の土地で、三〇〇〇メートル以上の高地にある小さな村落であった。ソーシオの住民はアメリカ・インディアンでスペインの探検家によって五〇〇年ほど前に征服された。一九六二年頃には、インディオ文化の面影はほとんど失われていた。人々は貧しく、農家の半分は四エーカー以下の農地しかもっていなかった。四二%の農民は読み書きができず、四年以上の学校教育を受けたのは、七一人の農民のうちたったの二人だけだった。無学と貧困のため、マスメディアへの接触は限られていた。ラジオの所有率は全世帯のたったの一四%であった。米国のようにメディアが飽和状態にある国と比べて、ソーシオはイノベーションが普及するような環境にあるとは思えなかった。

しかしながら、研究に付された六つのイノベーションのうち二つ、つまり化学肥料および殺虫剤・防カビ剤用スプレーガンはこの三〇年ほどの間にソーシオに広く普及し、およそ一〇〇%の採用率に達していた。この二つのイノベーションの採用速度は、アイオワ州での雑種トウモロコシの普及速度とほとんど同様であった〔ライアンとグロス、一九四三〕。別の二つのイノベーション、つまり密集型の家禽・家畜飼育とジャガイモの防カビ剤については、普及研究が始まった一九六二年以前の一〇年間に、両者とも七五%の採用率に達していた。研究対象とした六つの農業イノベーション(ボーダが導入した二つのイノベーションを含む)はすべてS字型曲線をたどっていた。どのイノベーションにしても、ソーシアに導入された初めの頃は、ごくわずかの農民が採用するだけであった。ついで、採用者がクリティカルマスに到達すると、累積採用率の増加が早くなり、ますます多くの農民がイノベーションを採用するようになった。やがて、いまだに採用していない農民の数が少なくなるにつれて、イノベーションの採用率は横ばいになったのである。

ドイッチマンとボーダはこれら六つのイノベーションすべてを組み合わせて、革新性に関する合成指標、つまり各人がいくつかの新しいアイデアを採用する一般的な傾向を測定することとした。ソーシオに住む農民のうちの四人は六つのイノベーションすべてを採用していたが、一人はイノベーションのどれ一つも採用していなかった。イノベーションを採用したすべての農民に、各々の採用時点を質問した。この際、相対的に早期に採用した農民には革新性の観点から高得点を付与した。七一人の農民の革新性に関する累積分布は、S字型曲線で正規分布に近いものであった。こうして、質問に回答した農民を次の五つの採用者カテゴリーに分類した。

1◆**イノベータ**……革新性が最も高得点であった二人の農民。
2◆**初期採用者**……革新性が次に高得点であった一〇人の農民。
3◆**初期多数派**……革新性がその次に高かった二三人の農民。
4◆**後期多数派**……革新性がさらにその次に高かった二三人の農民。
5◆**ラガード**……革新性が最も低かった一三人の農民。

次にドイッチマンとボーダ〔一九六二b〕は、五つの採用者カテゴリーの特性を明らかにするために、得られた結果をオハイオ州の農民に関する筆者の研究〔ロジャーズ、一九六一〕と比較した。ソーシオとオハイオ州での結果はともに、農地の大きさ、学校教育、マスメディアへの接触、オピニオン・リーダーシップのどれをとっても、革新性と最も相関している変数であった。オピニオン・リーダーシップは、農業イノベーションに関して、ある農民が情報や助言を他の農民から求められる度合いによって計測された。すなわち、ソーシオにしてもオハイオ州にしても、これらの社会経済的変数およびコミュニケーション変数に関して、イノベータはラガードと最も明瞭に異なっていたのである。農業イノベーションの普及に関しては、きわめて異なった環境下にある二地域において目を見張るような類似性がみられた。普及過程は、米国や西ヨーロッパに限定されるものではなく、人間の行動に関する普遍的なモデルであることが示されたのである。

しかしながら、イノベーションの普及に関して、研究対象とした二つの社会システムの間には明瞭な相違がある。たとえば、オハイオ州の例では、イノベータからラガードまでの農地の平均規模は三三九エーカーから一二八エーカーまで［ロジャーズ、一九六二］である。ソーシオでは、最も革新的な農民は最も革新性に乏しい農民の一〇〇倍もの農地を所有していた！　社会経済的にみて、しばしばこうした極端な格差が第三世界の農村では見受けられる。多くの他の普及研究と同様、ソーシオに住むイノベータはラガードよりもはるかにコスモポライトであり、村外にある市場街や都市に出かけたり、マスメディアを通じて新しいアイデアを学んでいたのである。

ソーシアでの普及過程は村内の対人コミュニケーション・チャンネルを通じて進行した。米国でのこれまでの農民に対する普及調査によると、イノベーション決定過程の知識段階ではマスメディアが最も重要であった。しかし、ソーシオでは、知識段階でのコミュニケーション・チャンネルについて、その四三％が村の他の農民との対面的なコミュニケーションによるものであった。イノベーション採用過程の知識段階でマスメディア・チャンネルを活用していたのは、たったの五人だけであった。ソーシオでは対人コミュニケーションへの依存が高かったために、普及過程の進行は緩慢であったように見受けられる。特に、一九三〇年代に導入過程が始まった二つのイノベーションがそうである。そのS字曲線は左側に長い「尾」があり、採用率が離陸するまでに五年から一〇年の年月が経過していた。このように、ソーシオのような農村での普及過程では、口コミがきわめて重要であった。

ライアンとグロス［一九四三］が実施した雑種トウモロコシに関する研究によると、農民が自身の農地で実験を行なって確認するまで、ほとんどの農民はイノベーションを採用しなかった。試行的な栽培を数年行なった後になってようやく、アイオワ州の典型的な農民はこの新種の種子を採用した。対照的に、ソーシオに住む村民のほとんどは、六つのイノベーションすべてを、試行するまでもなく即座に全面的な採用に踏み切った。おそらく、こうした衝動的な振る舞いが起きたのは、農民のほとんどが学校教育を受けておらず、経験から学ぶという「科学的な」態度が欠如していたからであろう。こうした突進型の意思決定は、独裁的な権力に即座に従うように農民が条件づけられているところにあると、ドイッチマンとボーダ〔一九六二b〕は示唆している。しかし、それ以降にソーシアに導入されたイノベーションでは、試行に基づいて採用しているかのようであった。つまり、農民たちは自身の試行経験に基づいて、イノベーションを評価することを学習しつつあると見受けられたのである。

ソーシオでのマスメディアへの接触はきわめて限られているものの、ラガードと比べてイノベータははるかに多くマスメディアに触れており、イノベータのマスメディア接触度（ラジオ、新聞および書籍への接触）に関する評点が平均二六点であったのに対して、ラガードは平均でたったの四点であった。知識段階でのマスメディア・チャンネルの活用度合いは、イノベータが一一％であるのに対してラガードは二％であり、イノベータのほうが相当に高かった。同じく知識段階でのコスモポライト性は、村外との接触という点でみると、イノベータは三三％に対してラガードは一七％であった。イノベータは村落社会システムに新しいアイデアをもたらすためのコミュニケーション・チャンネルを活用することにより、どのイノベーションについても、村内での普及活動を開始する際に重要な役割を果たした。ひとたびイノベーションがコスモポライト・チャンネルあるいはマスメディア・チャンネルからもたらされると、村内の対人コミュニケーション・チャンネルを通じて、普及過程が離陸し自己維持的な状況が訪れた。

ソーシオ研究は普及調査の古典となり、その後に行なわた発展途上国での何百もの普及研究の道を開いた。ドイッチマンとボーダ〔一九六二b〕の研究は、とりわけ革新性と採用者カテゴリーという概念的な道具の有効性を立証したのである。

革新性に基づく採用者カテゴリーの分類

かつて採用者カテゴリーの名称は普及研究者の数と同じくらい多かった。普及研究初期の時代には、研究者間で共通の術語を使用するまでに至らなかったので、採用者の属性を記述するのにさまざまな用語が飛び交った。社会システムのなかで最も革新的な成員は「進歩主義者」、「高度試行者」、「実験者」、「灯台」、「先進的偵察者」、あるいは「超採用者」などと名づけられていた。一方、最も革新性の低い成員は「怠け者」、「偏屈」、あるいは「頑固者」などと呼ばれていた。採用者カテゴリーとカテゴリー化手法の混乱のために、標準化の必要性が力説された。標準的な命名方法と分類体系がないとすれば、採用者カテゴリーに関して得られた研究相互間の知見をどのように比較すればよいのか？　幸いにして、採用に関するS字型曲線に基づいた採用者カテゴリーの分類方法が、一九六〇年代初期に確立されたのである〔ロジャーズ、一九六二〕。

採用に関するS字型曲線と正規分布

普及過程には時間要素があり、それに沿って採用者カテゴリーを分類し、普及曲線を描くことができる。採用頻度に応じて、時間軸に沿ってイノベーションの採用曲線を引くと、正規型で釣鐘状の曲線になる。〔図5-1〕はアイオワ州での雑種トウモロコシ研究により得られたデータに基づくが、イノベーションの採用速度は釣鐘型の曲線（頻度基準）ないしS字型曲線（累積基準）によって表されている。両者の違いはデータの表示方法による。初めのうちはあまりイノベーションの新規採用者がいないので、累積型のS字型の採用曲線は緩やかに上昇する。採用曲線は次第に上向き、社会システム内の人たちの半数が採用した時点で最大となる。その後はイノベーションを採用する人たちが少なくなるにつれて、採用速度は徐々に遅くなる。S字型曲線は正規型である。なぜか？

人間の特性はおおむね正規型に分布している。たとえば体重や身長などの身体的な特性、あるいは知能や学習などの行動特性などがそうである。こうしたことから、革新性の度合いなどの変数も正規分布をすると予想される。個人の学習曲線の軌跡を社会システムに置き換えて類推すると、社会システムの成員が次々とイノベーションを採用するにつれて、そのイノベーションに関わる経験が獲得されると予想するのは理にかなっている。社会システム内部でのイノベーションの採用は、ある意味で個人の学習体験と等価なのである（実際のところ、イノベーションを採用する前に個人が試行するなら、各々の採用こそが学習体験なのである）。

イノベーションの採否を決定する成員への影響が累積的に増大し、イノベーションに対する同僚間のネットワークが社会システムの内部で活性化する結果、その採用者数は正規分布するとわれわれは予測する［第6章参照］。この影響は社会システム内部でのイノベーションに関わる知識の増加や採用（あるいは拒絶）に起因する。新しいアイデアの採用は、対人ネットワークを通じた情報交換から生じることがわかっている。たとえば、ある社会システムにおいて最初の採用者が二人の成員とそのイノベーションについて対話し、この二人がイノベーションを採用して、さらに他の二人に話をするという具合にイノベーションが採用されるならば、時間軸に沿って採用者数をプロットすると、統計学でいうところの二項分布となる。この過程は感染病の伝染と同様である［ベイリー、一九五七／一九七五］。

もちろん、このような仮想的な事態が現実に起きることはほとんどない。たとえば、社会システム内の成員が相互に完全に自由に対話することはありえない。社会的な地位の違い、地理的な障害その他の変数が、イノベーションについて誰が誰と話し合うかに影響を及ぼす。社会システムの成員の半数が採用した後、S字型の普及曲線は頭打ちになる。というのは、新しいアイデアについてまだ聞いたことのない仲間が残り少なくなるので、こうした相手を探して話すことがますます困難になってくるからである。

対人ネットワークが活性化して、社会システムの仲間内でイノベーションについての個々人の主観的な評価が浸透すると、S字型普及曲線は「離陸」する〔図5-1参照〕。普及曲線で普及率が一〇%から二〇%に至る部分が普及過程の核心である。この点を越えると、いくら止めたくても、新しいアイデアの普及を止めるのはほとんど困難になる。

ライアンとグロス〔一九四三〕はアイオワ州での雑種トウモロコシの採用に関わるS字型普及曲線にカイ二乗適合度検定を適用して、採用率と累積正規曲線の偏差を検定した。一九三七年にちょうど半数の成員が採用するヨンを採用する農民の数が正規分布の予測値よりも小さかったからである。ところが、その直後すなわち一九三七年には正規曲線の予測よりも多くの農民がイノベーションを採用した。つまり、普及過程の初期段階では新しいアイデアに対する抵抗が比較的強かったのに対して、次第に十分な数の農民がイノベーションを採用してクリティカルマスに到達し、抵抗感が次第に克服されたと考えられる。それでもなお、時間の経過とともに全体的な採用率は概して正規S字型分布に近く、普及過程全体として正規分布からの各年の偏差は相互に打ち消しあっているのがみてとれる。

一般化命題5-1◆**採用者分布は時間軸に沿って釣鐘状の曲線を描き正規分布に近づく。**これを裏づける証拠

図5-1………

アイオワ州の二つの地域コミュニティにおける雑種トウモロコシの各年の新採用者数と累積採用者数

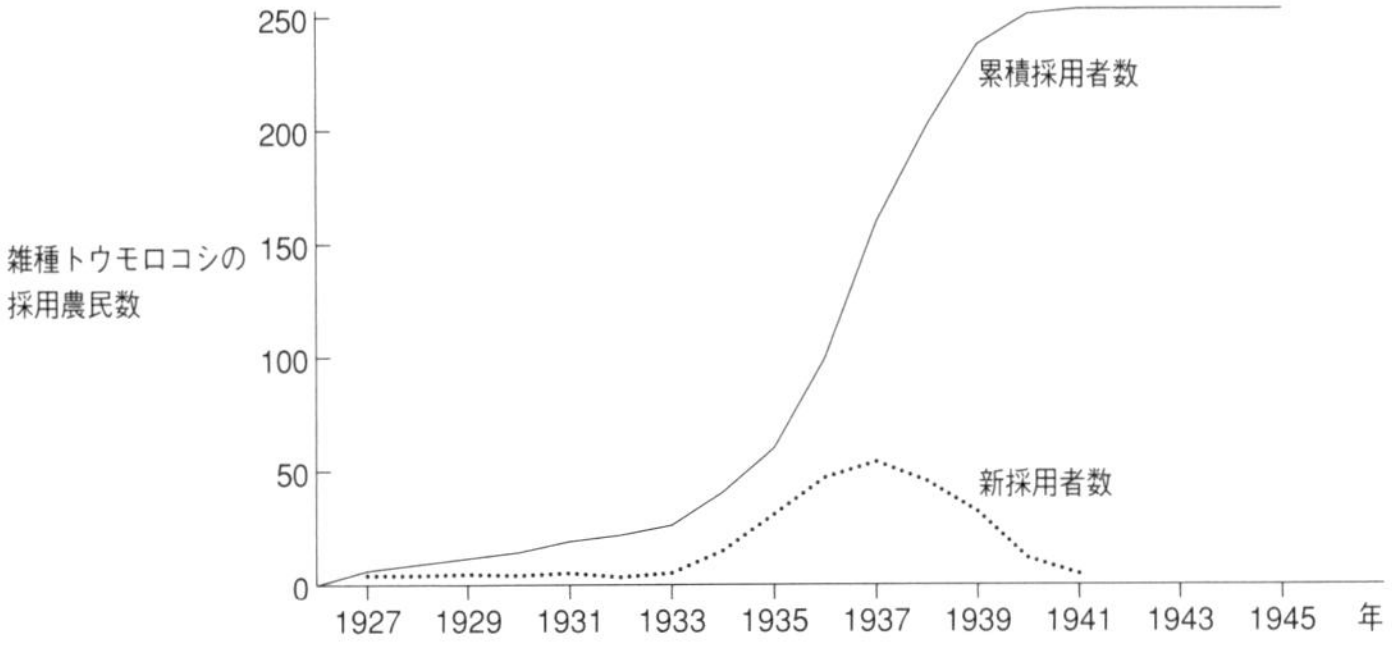

雑種トウモロコシの累積採用者数はS字型曲線に近づく。

一方、年あたり平均採用者数の頻度分布は正規曲線つまり釣鐘状の曲線に近づく。

普及過程の初期には、相対的に少数の人々が採用する。しかし、徐々に採用速度が早まり、
ついには社会システムのすべて(あるいはほとんど)の成員がイノベーションを採用するに至る。

出典:ライアンとグロス[1943]に基づく。


は、米国をはじめとする多くの国の数多くの社会システムにおける農業、消費財、その他のイノベーションに関する調査から得られている[たとえば、ライアン、一九四八:デイミット、一九五四:ロジャーズ、一九五八:ビールとロジャーズ、一九六〇:ボーズ、一九六四:ハンブリン、一九五四]。これまでに、採用者分布の形状に適合するような、これとは異なるさまざまな数学公式が提案されている。S字型普及曲線は本質的には正規分布であり、採用者カテゴリーの分類にきわめて有効であるという結論が示されている。

S字型曲線はイノベーション固有であるとともに社会システム固有のものであり、ある特定の社会システムに属する成員の間に特定のイノベーションが普及する際の現象を説明する。S字型曲線は成功したイノベーションの場合のみにあてはまり、イノベーションは社会システムのなかのほとんどすべての潜在的採用者に浸透する。たとえば、何千もの新商品が小売店の棚に並べられ広告宣伝されるが、大部分は失敗に終わる[ゴールドスミスとフリン、一九九二]。ほとんどのイノベーションは成功しない。社会システムの少数の人に採用された

後、そのイノベーションは結局のところ拒絶されて採用率は横ばいになり、採用の中断が生じて、採用率も急降下するのである。

組織の革新性を測定する

組織によるイノベーションの採用数を時間軸に沿ってプロットすると、通常その累積採用分布はS字型曲線になる。たとえば、米国におけるヘイトクライム法（hate crime law）の普及がそうである［グラッテト、ジェネスとカリー、一九九八］。一九七〇年代以来、人種的・宗教的・民族的な集団間の紛争、憎悪に起因する威嚇、あるいは暴力などが段階的に拡大してきたのに対応して、多くの州ではこうした行為を犯罪とする法律を通過させるようになってきた。全米に先駆けてカリフォルニア州は一九七八年にヘイトクライム法を通過させ、三年後にはオレゴン州とワシントン州が、さらに二年後には七つの州が採用した。カリフォルニア州での立法化以来一七年が経過した一九九五年に、ヘイトクライム法を採用していないのは全米五〇州のうち一七州だけである。累積採用数は通常のS字型曲線を描いている［図5-2］。

個人の場合と同様、組織が新しいアイデアを採用する際にも、さまざまな抵抗が存在するのではないかと類推される。カリフォルニア州のような革新的な州には進歩的でリベラルな政治文化があり、新しい法律やプログラムの採用において革新的であるという評判がある［ウォーカー、一九六九］。革新的な州はまた、すでにイノベーションを採用した州に隣接している。すなわち、オレゴン州とワシントン州もまた革新的な州で、カリフォルニア州に追随したものとみられる［図5-2参照］。こうして、空間的な近接性に基づいたコミュニケーション・ネットワークという概念によって、ヘイトクライム法の採用における革新性を一定程度説明できる。この法律が全米各州に普及するにつれて、少なからぬ再発明が生じ、詳細にみると各州の法律はそれぞれ異なっていた。たとえば、人種、宗教、民族などの集団による憎悪犯罪に加えて、性差に起因する行為を禁じている州もある。

普及現象においてはS字型曲線がしばしば観察されるので、普及論を研究している学生はどのイノベーションもS字型に従うと考えがちである。しかし、イノベーションによっては特有の理由があり、S字型を示さないものもある。たとえば、そのイノベーションがある社会システムではタブーであり、自由に話し合えない場合や、新しいアイデアは全体のごく一部の人々にしか役に立たないなどである。たとえば、「安全なセックス」の採用は、HIV／AIDSに感染するおそれの高い麻薬注射の常用者、ゲイ、性的に放縦な人たちには特に有効であ

図5-2………米国各州がヘイトクライム法を採用した年

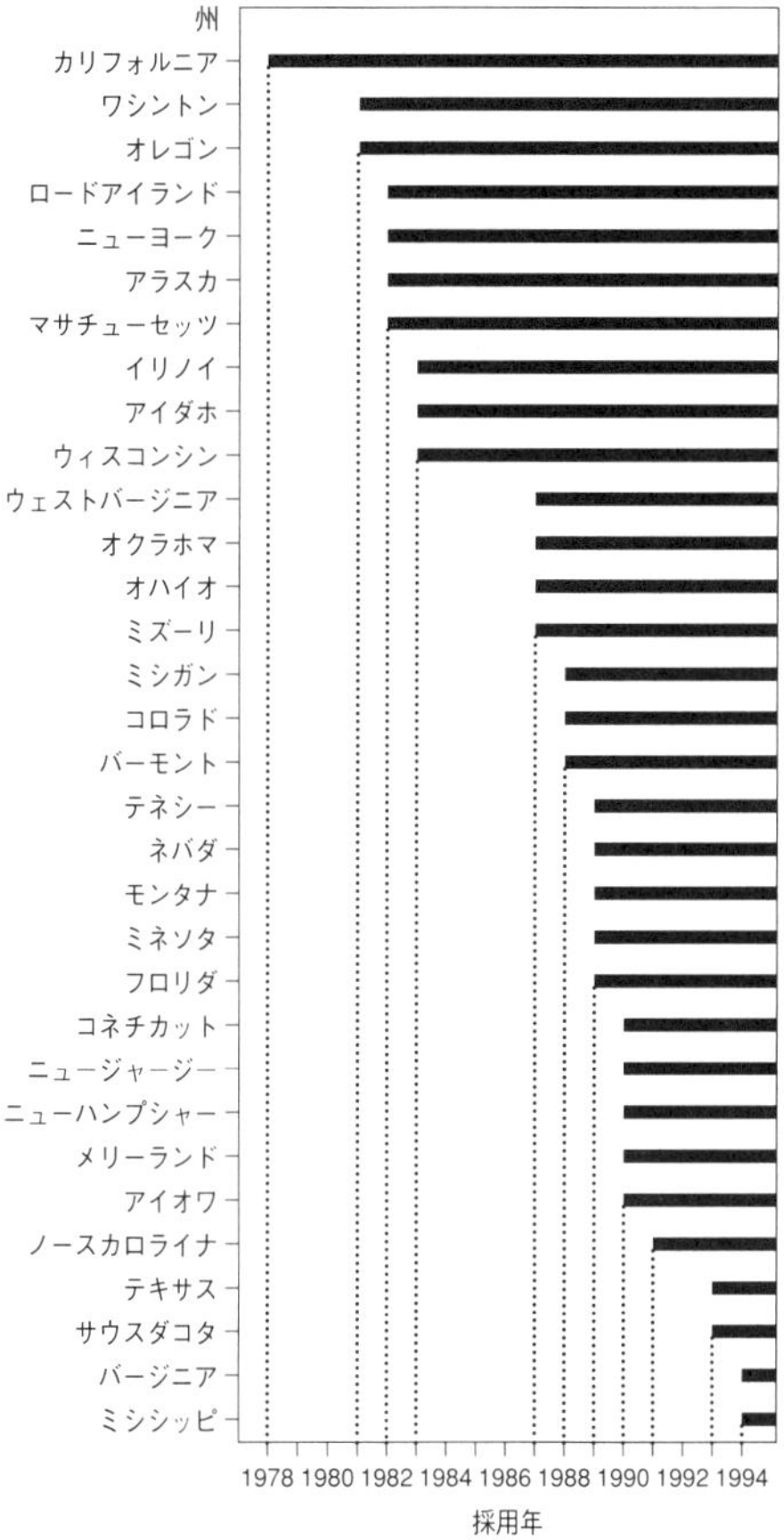

イノベーションの採用年は通常のS字型曲線ではなくて、
棒グラフで描かれている。
ヘイトクライム法に関する本データが集計された時点では、
17州はまだこのイノベーションを採用していなかった。
より革新的な州は人口、面積などの規模が大きく財政的に豊かで、
リベラルで進歩的な伝統を有していた。また、新たに採用した州は、
すでにヘイトクライム法を採用した州と隣接している傾向があった。
出典:グラッテト、ジェネスとカリー[1998]

る。しかし、普及曲線は、一部の特殊な社会集団ではS字型になるかもしれないが、全人口比ではそうならないだろう。また、HIV予防は予防的イノベーションなので、その普及は緩慢であると予想される［第4章参照］。

　ここで主張したいのは、S字型の採用曲線が必然的であると仮定することではない。むしろ、イノベーションの採用曲線の形状は、事前に確定されるものではなく、経験的に判断されるべきものである。これまでに実施された研究によると、採用者分布は釣鐘上の正規曲線であり、累積するとS字型になることが多い。

誰が採用するのか？

　アイオワ州の農民やイリノイ州の医師を対象とした初期の普及研究では、個人が分析単位であると仮定して研究を行なってきた。それ以後、組織の革新性を調査するときには、普及研究者は当該組織の長《ちょう》からデータを収集してきた［第8章参照］。数十年ほど前、社会システム内で誰がイノベーション採用の決定をするのかという問題に注目が集まるようになってきた。たとえば、学校でのイノベーション採用に関わるデータを学校長から提供してもらうにしても、学校長の個人的な性格や社会経済的な特性はその学校の革新性とはほとんど関わりがないのは明らかだ。現実にはおそらく、学校という組織構造のなかで誰かほかの個人あるいは集団が、そのイノベーションの採用を主導している。こうした現実に直面して、組織の長がその組織の革新性を代表していると仮定するのではなく、組織内のイノベーション・プロセスに焦点をあてた研究が進められるようになった。

　同様にごく最近では、誰が社会システムで採用の意思決定を下しているかがきわめて重要であると力説している研究報告がある。東ナイジェリアで実施された農業イノベーションの普及研究がそれで、筆者（ロジャーズ）と研究チームは農家の男性家長にインタビュー調査を実施することにしていた（米国、コロンビア、バングラデシュ、ブラジル、インドで行なってきたものと同じである）。最初にインタビューした男性家長は、その家で採用した農業イノベーションについてほとんど何も知らなかった。男性家長はわれわれに何人もいる妻たちと話すべきだと語った。彼ではなく妻たちが農地の耕作に責任を負っていて、妻たちが意思決定を行なっているというのである。妻たちの何人かは化学肥料の施肥といったイノベーションを採用している一方、それ以外の妻たちは採用していなかった。こうしてわれわれは、**農地**そして誰にせよ農地に対するイノベーション採用の意思決定を行なっている人たちこそが、ナイジェリアでは普及分析の単位となるべきであると知ったのである。ごく稀に男性家長が意思決定者であることがあった。ナイジェリアの農地がどのように構成されているかは必ずしも明らかではない。男性家長と多数の妻たちによって構成される家族なのか、それとも各々の妻が耕作している土地なのか？

採用するのは誰かという問いについて、ソニア・デイビッド［一九九八］はアフリカでの間作栽培の普及という好事例を提供している。このイノベーションは「露地栽培」とも呼ばれており、成長が早く窒素固定型の樹木を生垣に沿って植えつけることで薪が得られ、木の葉を家畜用飼料や、作物の腐葉土や堆肥としても活用するものである。このイノベーションは、かつてアフリカで行なわれていた伝統的な焼畑農業に置き換わるものとして導入された。露地栽培は国際的な農業機関によって導入され、この計画を評価するために、イノベーション採用の普及速度を測定することにした。

露地栽培を採用するのは誰かという問いには、容易に答えられないことが判明した。たとえば、上述のナイジェリアでの調査では、性別役割は場所によって異なる。東ナイジェリアでは、イグボ族の男性は伝統的に樹木の植えつけに関する決定権をもっていたが、女性は露地に作物を植えつける時期や、いつ家畜用の飼い葉飼料を切るかという決定権をもっていたのである。乾季になってヤギの飼料を得るために女性が窒素固定型の樹木を刈り込みすぎると、多くの樹木が枯れてしまうなど、性別役割のために争いが生じるところとなった。西ケニアのルオヤルヒヤ地域では、多くの男性は出稼ぎで移住しており、ほぼ半数の農家では女性が農作業を担っている。女性にはナタを使って樹木の枝を払うだけの力がないなどの理由で、彼女らはこれを男の仕事だとみなしている。慣習上、ルヒヤ地域の女性は夫が植えつけた樹木を切るわけにはいかないのである。しかし、樹木を定期的に刈り込まないと、作物の上に覆いかぶさり収穫量が減少してしまうのだが、これは女性の責任なのである。

それでは、アフリカで露地栽培というイノベーションを採用するのは誰なのだろうか?

採用者カテゴリー

現在広く引用されている採用者カテゴリーは、筆者がアイオワ州立大学博士課程に在学しているときに考案したものである。当時私は採用者カテゴリーに使われている用語の混乱と分類方法のいい加減さにうんざりしていた。副専攻として統計学を学んでいたので、平均や標準偏差などについては当然知っており、正規分布に従う採用者カテゴリーの測定に統計学が活用できると考えていた。これに加えて、空軍でのパイロット訓練候補者の選定など、他分野の標準的な分類方法についても心得ていた。本書で述べる採用者カテゴリーの分類に関する考え方は、一九五八年に発行された専門誌〔ロジャーズ、一九五八〕と本書の第一版に掲載された。

採用者カテゴリーを標準化するには次の点を明確にしなくてはならない。❶採用者カテゴリーの数、❷各カテゴリーに属する社会システムの成員の確定、❸採用者カテゴリーを定義するための確固とした方法。

採用者カテゴリーを決定するための判定基準は革新性である。**革新性**とは、ある社会システムに属する個人あるいはその他の採用単位が他の成員よりも相対的に早く新しいアイデアを採用する度合いのことである。革新性は相対的な概念である。というのは、人々は社会システムのなかで、他の人と比べて多かれ少なかれ革新性をもっているからである。革新性は連続的な変数であって、これをカテゴリーに区分するのは一種の概念的な操作で

図5-3………革新性に基づいた採用者カテゴリー

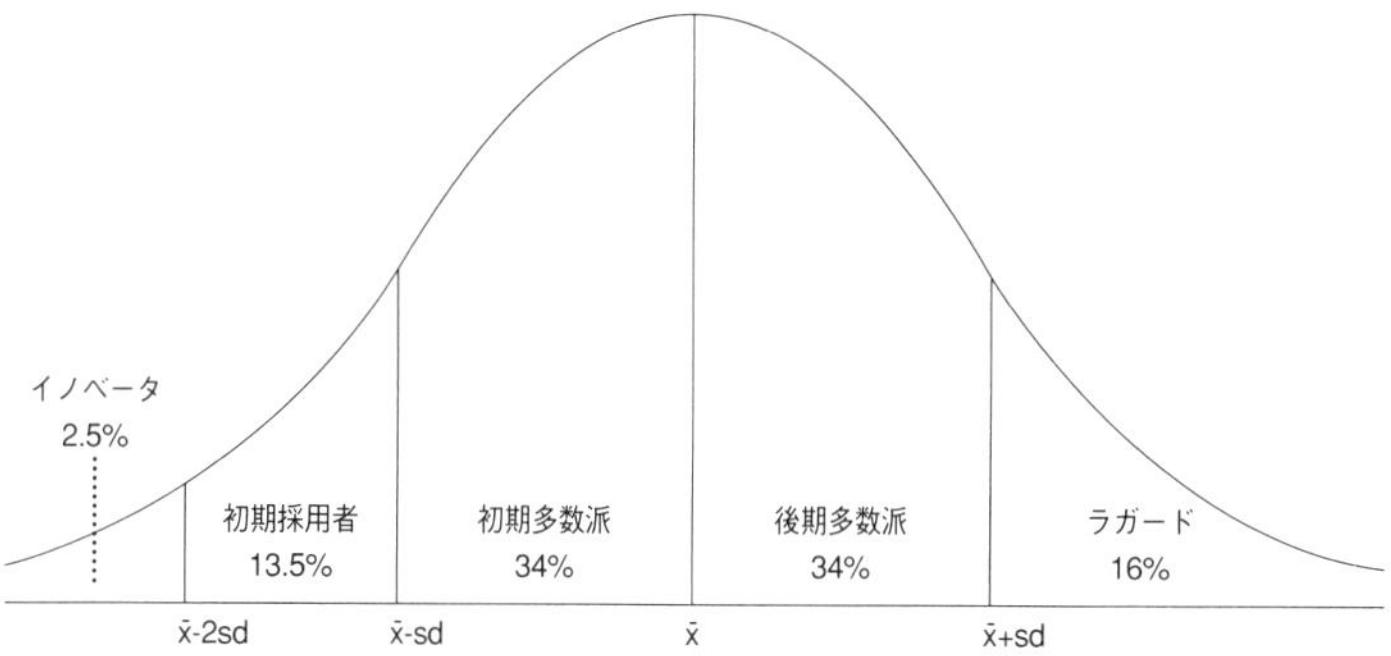

イノベーションを採用する時点によって計測される革新性の次元は、連続的な量である。
革新性の変数は、採用時点の平均値(x̄)から標準偏差(sd)分ずつずらすことで、
五つの採用者カテゴリーに区分される。

ある。それはちょうど連続体である社会的地位を上流、中流そして下層階級に区分するようなものである。こうした区分化は人間の行動を理解するために行なわれる単純化の一種だが、個々人をグループ化することによって何がしかの情報が失われることになる。

理念的にはカテゴリー集合は次のようであるべきである。❶**網羅的**：研究対象のすべての構成単位（個人などの成員）を含んでいること。❷**相互排他的**：カテゴリーに分類された研究対象単位はその他のカテゴリーには含まれないこと。❸**唯一の分類原則**から導出されること。

前述のように、S字型の採用者分布は正規分布に近づくことを示した。正規分布は採用者をカテゴリーごとに分類するのに有用な特性値をもっている。その一つの特性値あるいはパラメータは平均（$\bar{x}$）であり、もう一つは標準偏差（sd）である。標準偏差は平均のばらつきあるいは分散の度合いを表し、対象となった人々の平均からのばらつきの平均値である。

平均と標準偏差を使って、採用者分布を五つのカテ

ゴリーに分類する。鉛直線は平均値とその両側の標準偏差で引いてあり、正規曲線の下側にある各カテゴリーの割合はパーセントで表示されている。［図5-3］は正規分布を、❶イノベータ、❷初期採用者、❸初期多数派、❹後期多数派、❺ラガードの五つの採用者カテゴリーに区分している。これらの採用者カテゴリーと各々のカテゴリーに属する人々の割合を図中の正規曲線上に記載している。

イノベーション採用者の平均値から2シグマ（sd）差し引いたその左側には、社会システムのうちの最初にイノベーションを採用した二・五％の成員が属しており、これが**イノベータ**である。イノベーションを採用する次の一三・五％の成員は平均値から1シグマから2シグマ差し引いた値の間に属しており、初期採用者と名づける。次の三四％の成員は初期多数派と呼んでおり、平均値から1シグマ差し引いた箇所に対応する。平均値から右側に1シグマの地点の値の間には、次にイノベーションを採用する三四％の成員が属しており、後期多数派と名づける。残りの一六％が最後にイノベーションを採用するラガードである。

この分類法は左右対称ではなく平均値の左側には三つの採用者カテゴリーがあるが、右側には二つしかない。これを解消する一つの方法は、ラガードを二つのカテゴリーに分けて初期ラガードと後期ラガードにすることであろうが、ラガードはどうやら均質なカテゴリーを形成しているようにみえる。同様に、イノベータと初期採用者を一つにして左右対称にすることも考えられるが、両者は互いにきわめて異なった特性を有しており、二つの別個のカテゴリーとしておいたほうがよいように思われる。

こうした区分法の問題点は、イノベーションが成員のすべてに採用されることなく、不完全な採用に終わった場合に生じる。たとえば、ライアンとグロスが調査した雑種トウモロコシの普及研究では、アイオワ州の二五九人の農民のうち二人は一九四一年の時点でイノベーションを採用していなかった。こうした不完全な採用があると、カテゴリー分類法は網羅的とはいえない。この問題は、一連のイノベーションを合成したうえで、複合的な革新性の尺度を導入することで避けることができる（ドイッチマンとボーダによるソーシオでの調査などがその一例である）。

革新性を採用者カテゴリーの判定基準にすることで、前述のカテゴリー化に関する三原則を満たすことができる。すなわち、五つの採用者カテゴリーは（非採用者を除いて）網羅的であり、相互排他的であり、一つの分類原則から導出できる。ここで述べた採用者カテゴリーによる分類法は、今日の普及研究で最も広く利用されており、ほとんど唯一の分類手法となっている。「イノベータ」や「初期採用者」といった用語は広く人々に理解され使用されているのである。

理念型としての採用者カテゴリー

本章で述べる五つの採用者カテゴリーは理念型である。実際の観察に基づいて、比較可能なように整理された概念のことを**理念型**という。理念型は単に採用者カテゴリーに関する観察結果すべての平均値ではなく例外が存在する。もし例外や逸脱がなければ、理念型は必要ではない。理念型は経験的な観察から導き出された抽象概念である。革新性という連続体のうちで、五つの採用者カテゴリー相互間に明確な断絶が起こることはない。それにもかかわらず、「イノベータ、初期採用者」対「初期多数派、後期多数派、ラガード」の間には不連続が存在すると主張する研究者がいる［ムーア、一九九一］。これまでの研究には、採用者カテゴリー間に「キャズム（深い溝）」が存在するという主張を裏づける知見はない。そうではなく、革新性が適切に測定されるならば、それは連続的な変数であって、（各カテゴリー間には重要な違いはあるが）隣接する採用者カテゴリー間には明瞭な断絶や不連続は存在しないのである。

次に各採用者カテゴリーの主要な特徴と意義を概観しつつ、より詳細な一般化を試みることにする。

イノベータ……冒険的

冒険的であることはイノベータにとってほとんど執念といっていい。新しいアイデアへの関心が高いために、イノベータは地域内の仲間のネットワークから離れて、よりコスモポライトな社会的関係を求める。イノベータ同士が地理的に離れていようとも、イノベータ集団内でのコミュニケーションの方法や友情は共通している。イノベータであるためには、いくつかの前提条件が必要である。十分な金銭的資産があれば、利益のあがらないイノベーションの採用に伴う損失を吸収する一助となる。複雑な技術的知識を理解し活用する能力も必要である。イノベーションを初めて採用するとき、イノベータは高度の不確実性に対処できるだけの能力がなければならない。

イノベータの際立った特質は冒険好きなことであり、向こう見ずで大胆で危険を引き受ける人間であろうとする。当然いつかは起こることだが、イノベーションがうまくいかないときにも、イノベータはこうした偶発的な挫折を受け入れる覚悟がなければならない。地域社会の他の成員からは尊敬されていないかもしれないが、普及過程において重要な役割を果たしている。すなわち、イノベータは社会システムの境界外からイノベーションを導入することでイノベーションの採用を開始するのである。このように、イノベータは社会システムへのイノベーションの流れという点で、ゲートキーパーの役割を果たしている。

初期採用者……尊敬の対象

初期採用者はイノベータよりもなお一層地域社会システムに根ざした存在である。イノベータがコスモポライトであるのに対して、初期採用者はローカライトである。また、他の成員と比べて最も高いオピニオン・リーダーシップを有している。潜在的な採用者は、イノベーションについての助言や情報を初期採用者から入手しようとする。多くの人たちにとってイノベーションを採用する前に「確認すべき個人」なのである。チェンジ・エージェントは普及過程を早めるために、このカテゴリーに属する人を地域の伝道師として探し求める。初期採用者は革新性において平均的な人たちと比べてそれほど先進的ではないので、社会システムのなかで多くの人たちの役割モデルを演じる。初期採用者がイノベーションを採用するとき、彼らはクリティカルマスに到達するための引き金となるのである。

初期採用者は同僚から尊敬されていて、新しいアイデアを上手にしかも思慮深く利用する体現者的な存在である。仲間からの尊敬を獲得し、かつコミュニケーション・ネットワークの中心に居続けるために、賢明なイノベーション意思決定をしなければならないことを承知している。初期採用者はイノベーションを採用することによって、それにまつわる不確実性を減少させ、ついで対人的なネットワークを介して周囲の仲間にイノベーションに関する主観的な評価をもたらす。初期採用者は、ある意味でイノベーションを採用することによって、承認印を押しているのである。

初期多数派……慎重派

初期多数派は社会システムの成員の半数が採用する以前にイノベーションを採用する。仲間と頻繁に交流するが、社会システムのなかでオピニオンリーダーとなることは稀である。非常に初期の採用者と相対的に遅い採用者の中間という独特の立ち位置のために、初期多数派の人たちは普及過程でのつなぎ役という重要な役割を果たし、社会システムの対人ネットワークにおける相互連絡役を演じている。初期多数派は最も人数の多い採用者カテゴリーの一つで、社会システムの成員のうちの三分の一を占めている。

初期多数派がイノベーションを完全に採用する以前には、しばらく慎重になることがある。彼らのイノベーション決定期間は、イノベータや初期採用者と比べて相対的に長期になる［第3章参照］。本章の冒頭に記した「新しいものを試す最初の人間になるな、そして古いものを捨てる最後の人間になるな」という格言はまさに初期多数派の考え方にピッタリである。彼らは慎重な意思をもってイノベーションを採用するが、決して先行することはないのである。

後期多数派……懐疑派

ちょうど社会システムの成員の半数が採用した後に、後期多数派はイノベーションを採用する。初期多数派と同様、後期多数派も社会システムの成員のうちの三分の一を占める。イノベーションの採用は、後期多数派にとって経済的な必要性からかもしれないし、増大する仲間からの圧力の結果かもしれない。後期多数派は懐疑的かつ警戒の念をもちながらイノベーションに接近するので、彼らは社会システムの成員のほとんどがイノベーションを採用するまで、採用しようとはしない。後期多数派がイノベーションの採用を納得するころには、社会システムの規範は間違いなくイノベーションに対して好意的になっている。仲間うちの圧力は、イノベーションの採用を動機づけるのに必要である。後期の採用者には余剰資源が少ないので、彼らがイノベーションを採用しても安全であると感じる前に、それに対する不確実性の大部分が取り除かれていなくてはならない。

ラガード……因習派

ラガードは社会システムのなかでイノベーションを最後に採用する人々である。彼らはほとんどオピニオン・

リーダーシップを持ち合わせていない。ラガードは採用者カテゴリーのなかで最もローカライトである。多くは社会システム内のネットワークにおいてほとんど孤立している。彼らの参照時点は過去である。意思決定はしばしば以前にさかのぼった観点からなされ、同じく相対的に因習的な価値観をもっている仲間と交流するのが常であり、おおむねイノベーションやチェンジ・エージェントに対して懐疑的である。彼らのイノベーション決定過程は相対的に長期に及び、新しいアイデアに気づいてからかなり経って採用ないし使用を始める。ラガードの立場からすると、イノベーションに対する抵抗はまったくのところ合理的である。というのは、彼らの資源は限られており、採用以前に「うまくいくことが確実」でなければならないからである。おぼつかない経済状態のゆえに、彼らはイノベーションの採用に際立って注意深くなくてはならないのである。

「ラガード」＝「のろま」という言葉には、悪いイメージがつきまとうかもしれない。また、不愉快な差別感がある（ちょうど「下層階級」が否定的な述語であるのと同じである）。ラガードでない人たちにはイノベーション寄りのバイアスがあるので、ラガードは悪い名称なのである［第3章参照］。採用者カテゴリーに準拠する普及研究者は、「ラガード」という言葉を使うにしても、特に蔑視しているわけではない。実際、研究者がラガードでない別の用語、たとえば「後期採用者」と呼んだとしても、まもなく同様の言外の否定的な意味をもつようになるだろう。しかし、ラガードがイノベーションを採用するのにかなり遅れているといっても、彼らに落ち度があるわけではない。社会責任つまり社会の側の落ち度のために、ラガードの現状があるというほうが現実を一層正確に表しているのかもしれない。

イノベーションを拒絶する人々……旧派アーミッシュ

[注＊この事例はホステットラー[一九八〇、一九八七]に基づく。]

もしあなたが今日の米国で暮らす旧派アーミッシュ（Old Order Amish）の一員であったならば、ボタン、トラクター、自動車、家族計画、壁紙、シガレット、腕時計、ネクタイの存在を信じないだろう。デートをすること、兵役、投票に応じることも、八年以上の学校教育を受けることもないだろう。大家族（アーミッシュの家庭には平均で七人から九人の子供がいる）はいいことで、相応しい職業は農業だけで、アーミッシュ同士で結婚すべきだと信じているであろう。

アーミッシュは一六九〇年代にスイスに興った宗派で、ヤコブ・アンマン（「アーミッシュ」という名前はこれに由来している）の信奉者たちがキリスト教から分裂して結成されたものである。アーミッシュはヨーロッパで迫害されて、一七七五年の米国独立戦争以前にペンシルバニア州に移動を開始した。約五〇〇人のアーミッシュが第一波としてアメリカに渡り、その後、三〇〇〇人以上が一八一二年の戦争後に移動してきた。

今日では、一〇万人ほどの旧派アーミッシュが米国の地域コミュニティで暮らしていると推定されている。この数十年の間に、彼らの人口は各地で増加してきている。オハイオ州に最も多く住んでおり、ペンシルバニア州とインディアナ州が続く。このほかに、彼らのコミュニティはミシガン州、アイオワ州、カンサス州、ケンタッキー州、フロリダ州その他の州に広がっている。

結婚相手がアーミッシュでないと、アーミッシュに留まることはできないので、近親結婚が問題になっている。オハイオ州、ペンシルバニア州、インディアナ州に住むアーミッシュの八〇%近くは、たったの八家族の名前で占められている。事実上、ペンシルバニア州ランカスター郡に住む数千人のアーミッシュの人々は、一七五七年に生まれたキリスト教徒フィッシャーの末裔である。輸送手段に馬車を頼っているアーミッシュは、地域コミュニティ外に住む仲間と結婚することはほとんどないので、結婚相手は限られている。

アーミッシュの人間が教会の教えから逸脱すると、その人は破門という形で罰せられる。破門されて遠ざけられると、アーミッシュの人々は誰一人としてその人に話しかけることはない。旧派アーミッシュの人々は同じ信仰をもった人たちしか知らないので、遠ざけられるということは世界中で友達が一人もいないと同然である。子供も、兄弟も、姉妹も、そして配偶者も破門された人間と話してはならず、同じテーブルで食事をしてはならないのである。婚姻関係も禁じられる。罪を犯したものは、公衆の前で懺悔して初めて破門が解かれる。たとえば、オハイオ州に住むアーミッシュの若者が自動車を運転して破門されたことがある。一週間遠ざけられた後で、地域の信徒集会に出席し、象徴的であるが、自らの運転免許証を引き裂きながら懺悔をしたのである。

アーミッシュの親は子供たちに社会的な圧力を加えるにもかかわらず、およそ二〇%の若者がアーミッシュから離脱していると推定されている。しかしながら、アーミッシュの高出生率はこの欠落を補って余りある。アーミッシュの信仰から離脱した人たちの多くはメノー派の教徒になる。メノー派のライフスタイルはアーミッシュと非常に近いが、アーミッシュほど変化を拒絶してはいないからである。

アーミッシュの子供たちは、周辺の非アーミッシュの世界と接触することはほとんどない。テレビ、ラジオ、雑誌、そして非アーミッシュの学校教育は許されていない。非アーミッシュの子供と友達になることは禁止されている。アーミッシュのティーンエイジャーは、公立の高等学校に通ってはいけない。高校に通うようになると、若者たちはポピュラー音楽や自動車あるいはデートに心を奪われてしまうと両親は心配している。独特の言語の使用はまた、若者たちが旧派アーミッシュの文化のなかで社会化するのに重要である。アーミッシュは特殊なドイツ方言を話しており、これがまた彼らを非アーミッシュから切り離すことになる。何世紀か前のヨーロッパでのアーミッシュに対する宗教的な迫害のせいで、彼らは自分たちが暮らしている社会から分離することに強い価値を置くようになった。アーミッシュは子供たちの社会化に際して、迫害の歴史を強調する。生徒の誰もが、ヨーロッパのキリスト教徒によって拷問され、強姦され、そして殺戮されたアーミッシュの殉教者について書かれたものを読む。

アーミッシュが生存するには肥沃な土地があればいい。そこで労働集約型の農業を営み、タバコや野菜、果物その他の作物を栽培する。彼らは酪農や養鶏などの集約型農業を行なっている。アーミッシュの家族は、子供たちが農業で生計が立てられるように工面する。トラクターは使用しない。子供たちの労働の機会を阻害しないようにするためである。地域環境と急速に増える人口との間の均衡を図るなかで、重労働と高い出生力はアーミッシュにとって切り離して考えることはできない。最近は地価の上昇がアーミッシュの生活様式を脅かしている。今日、ランカスター郡に住むアーミッシュの成人のうち約半数は大工、鍛冶屋、工芸職人あるいはチーズ造りをしたり、レストランで働いている。あるアーミッシュは、トラクターのタイヤを金属リムに置き換えることによって、トラクター用の農機具を馬が牽引できるように改造する仕事をしている。

アーミッシュはほとんどの消費者用イノベーションや多くの農業イノベーションの採用を拒絶しているが、彼らの宗教的価値観や家族観に適合する新しいアイデアの採用に関しては非常に革新的である。たとえば、ソマーズとネイピア〔一九九三〕は、オハイオ州の三つの郡に住むアーミッシュと非アーミッシュあわせて三六六人の農民に対面調査をしてデータを収集した。アーミッシュの農民は、農業系の化学物質による地下水の汚染問題に大きな関心を示した。アーミッシュにとって、土壌や水質の保全は宗教的に大きな意味をもつ。自然と調和を保ちつつ生活することには高い価値がある。アーミッシュの生活様式が農業の生産性に強く依存していることから、よく理解できることである。地域コミュニティの規範はこうした環境保全に関する価値観を反映しており、農機具や自動車あるいはトラクターの採用に反対するのと同じ圧力が肥料や殺虫剤の使用を抑制させている。

アーミッシュは、家庭用水質浄化システムのような近代技術の使用や容器での飲料水の購入は文化的な面から禁じられている〔ソマーズとネイピア、一九九三〕。それゆえ、作物への化学肥料の使用を抑制するといった農地保全イノベーションの採用は、アーミッシュ農家にとって地下水の汚染を回避するための最も適切な方法である。アーミッシュは一般的な意味で革新的ではないが、彼らの文化的価値と矛盾しないイノベーションを採用することに関しては、非常に革新的なのである。

採用者カテゴリーの特質

革新性に関わる変数については、膨大な研究文献が蓄積されてきている。ここでは普及研究の結果を次の三つの観点、すなわち、❶社会経済的地位、❷人格、❸コミュニケーション行動、から一般化する。

社会経済的特質

一般化命題5-2◆**年齢に関しては、初期の採用者と後期の採用者の間に相違はみられない。**年齢と革新性の関連性については矛盾した検証結果がある。この課題を取り扱ったおよそ半数の普及研究では関連性がないとされているが、いくつかの実証研究によると若者のほうが革新的であるとされ、他の研究では高齢者のほうが革新的であるという結果が得られている。

一般化命題5‐3◆初期の採用者は後期の採用者よりも長期の学校教育を受けている。

一般化命題5‐4◆初期の採用者は後期の採用者よりも読み書き能力が高い。

一般化命題5‐5◆初期の採用者は後期の採用者よりも社会的な地位が高い。 社会的な地位は収入、生活水準、資産の所有、職業的名声、社会階層における自己認識度などによって示される。どのような計測方法によっても、社会的な地位は革新性と正の相関があるのが普通である。

一般化命題5‐6◆初期の採用者は後期の採用者よりも社会的流動性が高い。 これまでの実証的な研究の結果によると、初期の採用者はより高い社会的地位にあるばかりでなく、なお一層高い地位に移動することが示唆されている。実際、彼らは社会的により高い地位を得るためにイノベーションの採用を活用しているのかもしれない。

一般化命題5‐7◆初期の採用者は後期の採用者よりも大きな構成単位（大きな農家、大きな学校、大企業など）を有している。 初期の採用者の社会的な特質は、より一層高い教育水準や社会的地位などといった点にある。彼らはより一層豊かであり大きな構成単位を有している。社会経済的な地位と革新性は相伴っているようである。イノベータは金持ちだから革新的なのか、それとも革新的だから金持ちなのか？　こうした因果関係は通常のクロスセクション分析で解を得ることはできない。しかし、社会的地位と革新性が相伴っている点に関しては、わからなくもない理由がある。採用するのに費用がかかり、初期の資本投下量がかさむイノベーションがある。社会システムのなかでも豊かな成員のみがこうしたイノベーションを採用できる。最初の採用者が最も大きな利益を受けることが多い。つまり、イノベーションを初期に採用することで、イノベータは金銭的な優位を獲得する。その結果、イノベータはますます豊かになる一方、ラガードはますます貧しくなるのである。

イノベータは最初にイノベーションを採用するので、後期の採用者であれば避けられるリスクを負うことになる。イノベーションが社会システムに初めて導入されたとき、後期の採用者はイノベーションにまつわる高度の不確実性に対応したくはないのである。イノベータが採用したイノベーションのいくつかが失敗することは避けられない。したがって、イノベータは時折起こる失敗による損失を吸収できる程度に豊かでなければならない。豊かさと革新性が高度に相関しているとしても、経済的な要素だけで革新的な行動をすべて説明できるわけではない。たとえば、農業分野のイノベータは富裕なことが多いが、**イノベータではない**金持ちの農家はたくさんいるのである。

人格

革新性に関わる人格上の変数は、これまでの研究ではあまり注目を集めてこなかった。理由の一つは、普及研究において人格を測定することが難しいからである。

一般化命題5－8◆初期の採用者は後期の採用者よりも感情移入が高い。 人が他の人の役割に自らを投影する能力を**感情移入**という。この能力は、イノベータであるためには重要な特質である。というのは、反事実的にものごとを考えたり、特別に想像力があり、異類的な人たちと効果的に情報をやりとりするには、その人たちの役割を演じられるだけの能力が必要だからである。イノベータの属する社会システムの外部の人たち（たとえば、別の社会システムに属するイノベータ、チェンジ・エージェント、科学者あるいは研究開発者）の役割に自己をある程度投影できなければならない。

一般化命題5－9◆初期の採用者は後期の採用者よりも独善的でないようにみえる。 個人が相対的に閉じた信念体系、つまり強く保持されている信念の集合をもっている度合いを**独善主義**という。高度に独善的な人は新しいアイデアを喜ばず、むしろ過去に固執したがるようにみえる。この命題を裏づける根拠は希薄で、数例の調査研究があるのみである。

一般化命題5-10◆**初期の採用者は後期の採用者よりも抽象概念に対処する能力が高い。**おしなべて、マスメディアなどから得られる抽象的な刺激に基づいて、イノベータは新しいアイデアを採用しなければならない。後期の採用者は仲間がイノベーションを使用している状況を観察できるので、抽象概念に対処する能力をそれほど必要としないのである。

一般化命題5-11◆**初期の採用者は後期の採用者よりも合理性をもっている。**ある与えられた目的に到達するために、最も効果的な方法を取ることを**合理性**という。

一般化命題5-12◆**初期の採用者は後期の採用者よりも知性的である。**

一般化命題5-13◆**初期の採用者は後期の採用者よりも変化に対して好意的な態度をもっている。**

一般化命題5-14◆**初期の採用者は後期の採用者よりも不確実性やリスクに対処する能力がある。**

一般化命題5-15◆**初期の採用者は後期の採用者よりも科学に対して好意的な態度をもっている。**イノベーションは科学的な研究の産物であることが多いので、イノベータが科学に対してより一層好意的であるのは理にかなったことである。

一般化命題5-16◆**初期の採用者は後期の採用者ほど運命論者ではない。**人が己《おのれ》の将来をコントロールする能力が欠如していると知覚している度合いを**運命論**という。将来は運命によって決められると考えているよりも、人は自身を有効に働かせる能力をもち、自らをコントロールしていると信じているとき、イノベーションを採用する傾向がある［バンドゥラ、一九九七］。

一般化命題5-17◆初期の採用者は後期の採用者よりも（学校教育、より高い地位、職業などに対する）向上心が高い。

コミュニケーション行動

一般化命題5-18◆初期の採用者は後期の採用者よりも社会参加することが多い。

一般化命題5-19◆初期の採用者は後期の採用者よりも社会システムのなかで対人ネットワークを介して高度に連結している。 ある人が他の人と関わっている度合いを連結性という。

一般化命題5-20◆初期の採用者は後期の採用者よりもコスモポライトである。 イノベータの対人ネットワークは社会システムの内側よりも外側に向いている。広範囲に旅行し、地域システムの境界を越えた事柄に関わっている。たとえば、アイオワ州での雑種トウモロコシのイノベータは、平均的な農民以上に州都であるデモイン市に出かけていた［ライアンとグロス、一九四三］。新薬を採用した革新的な医師は、そうでない医師よりも頻繁に別の地域で開催された専門家会議に参加していた。**コスモポライト性**とは人が外部の社会システムを志向する度合いのことである。

イノベータは、ドイツの社会学者ジンメル［一九〇八／一九六四］が言うところの「よそ者」のような行動をとる。「よそ者」の特殊なものの見方は、地域システムとの一体感の欠如に由来する。「よそ者はある社会集団の土着的要素や特有の性向に強く制約されることがないので、与えられた事柄についての認識や理解あるいは評価に先入観をもたずにいられる」。よそ者は外部の社会集団を志向するので、より広い社会総体から情報を入手できるのである［ロジャーズ、一九九九］。ジンメル［一九〇八／一九六四］によると、**よそ者**とは社会システムの成員ではあるが、強く帰属していない成員のことである。

ジンメルが描くよそ者のモデルは行商人であり、その多くはユダヤ人であった。ジンメル自身ユダヤ人の息子で、親はキリスト教に改宗したが、ドイツで研究活動を行なっている間に反ユダヤ活動に直面している。おそらく、よそ者とは社会システムに新しく入り込み、行くも帰るもその自由を留保している人たちのことである。よそ者は社会システムのなかで他の成員と社会的な距離を保っているので、社会システムの規範からは相対的に自由である。さらに、社会システムを他の成員とは別の角度から見ており、客観性の度合いも高い。実際、シカゴ大学で一九一五年から一九三五年にかけて隆盛を誇ったシカゴ学派は、ジンメルのよそ者概念を実証的な社会問題研究に応用し、社会科学者はその調査対象者を客観的に観察するべきであると強調した。彼らはよそ者の「ものの見方」をとるように訓練された。よそ者概念は、社会的距離［第6章参照］、異類性、そしてコスモポライト性などの知的な所産をもたらしたのである。

明らかに、ここで述べているイノベータ概念は、ジンメルの描くよそ者概念と共通しているところが多い。イノベータは社会システムの成員であるが、コスモポライトであり、外部の社会システムを志向している。イノベータは社会システムの他の成員とは弱い絆でつながっている。こうした志向のために、イノベータは地域システムの制約から自由であり、それ以前には試されることのなかったイノベーションを試行するだけの人格的自由度が備わっているのである。

一般化命題5－21◆初期の採用者は後期の採用者よりもチェンジ・エージェントとの接触が多い。

一般化命題5－22◆初期の採用者は後期の採用者よりもマスメディア・コミュニケーションへの接触が多い。

一般化命題5－23◆初期の採用者は後期の採用者よりも対人コミュニケーションへの接触が多い。

一般化命題5－24◆初期の採用者は後期の採用者よりもイノベーションについての情報を活発に探し求める。

一般化命題5－25◆初期の採用者は後期の採用者よりもイノベーションについての情報を多くもっている。

一般化命題5-26◆**初期の採用者は後期の採用者よりもオピニオン・リーダーシップの度合いが高い。**革新性とオピニオン・リーダーシップには正の相関が存在するが、この二つの変数の相関の度合いは部分的に社会システムの規範に依拠する。社会システムの規範が変化に好意的であるとき、オピニオンリーダーはより一層革新的になる［第6章参照］。

オピニオン・リーダーシップと採用者カテゴリーに関する簡単なチャートを［図5-4］に示す。ここにはアイオワ州コリンズにある一四戸の農家が描かれている。除草剤というイノベーションが利用可能になった一九四八年に、これを採用したイノベータがオピニオンリーダーであるという指名は、たった一人から受けているだけである（指名は初期採用者から受けた）。一九五〇年に採用した人は初期採用者であり、彼は除草剤というイノベーションに関するコミュニケーションの情報源ないしチャンネルとしての指名を残りの一三人のうち八人から受けている。初期採用者が除草剤を使用し始めたとき、彼の周囲の人たちは引き続きイノベーションの採用を開始した。オピニオンリーダーは八人のイノベーション採用に影響を与えたが、イノベータはオピニオンリーダーに影響を与えたという意味で、間接的ではあるが大きな影響力をもっていたのである。

オーディエンス・セグメンテーションと採用者カテゴリー

前述の一般化命題で言及されているほとんどの独立変数は、革新性と正の相関をもっている。これらの独立変数に関して、イノベータはラガードよりも評点が高いことを示している。たとえば、ロジャーズとスベニング［一九六九］によると、伝統的なコロンビアの村落のイノベータは一年間に平均三〇回ほど町に出かけていたが、ラガードはたったの〇・三回であった。独善主義や運命論のような変数は革新性と負の相関があるが、少なくともほとんどの社会システムでは、オピニオン・リーダーシップは初期採用者と最も大きな相関がある。

図5-4………アイオワ州の近隣同士間における除草剤の普及

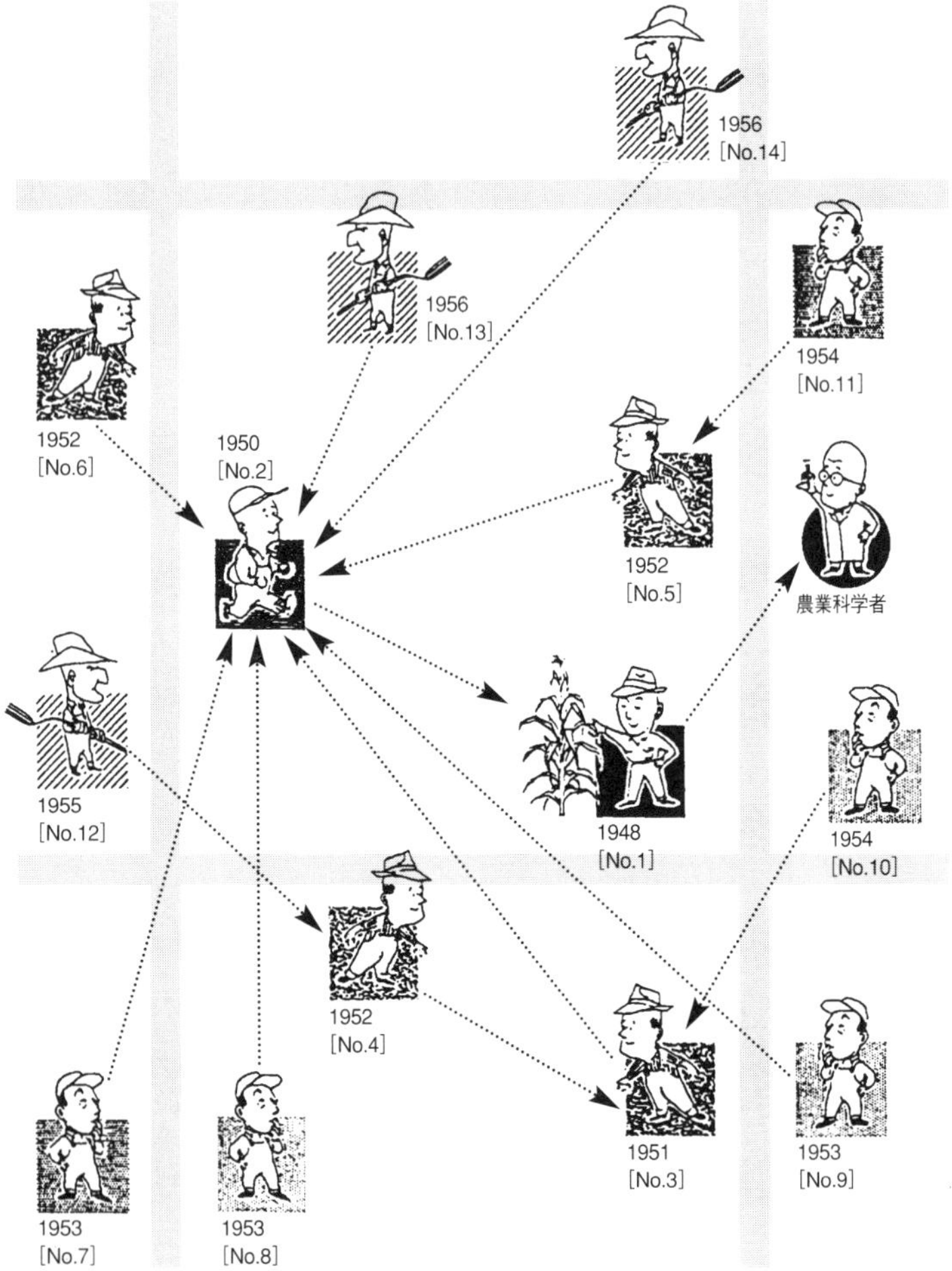

この近隣ネットワーク図は、アイオワ州に住む14人の農民に筆者が直接、
「2,4-D除草剤を採用しようと確信するに至った情報をどこからあるいは誰から得たのか」と質問した結果に
基づいて作成した。1948年に採用したイノベータは、農業科学者からイノベーションのことを学んだと回答した。
この小規模な社会システムのなかで、初期採用者は13人の農民のうちの8人に対して、
オピニオンリーダーとしての役割を果たした。
出典：ボーレン等[1958]

採用者カテゴリーのこうした特性は普及研究によって明らかになってきた。採用者カテゴリー同士の間には大きな違いがあることから、チェンジ・エージェントは採用者カテゴリーないしオーディエンス・セグメンテーションごとに異なった接近法をとるべきであると考えられたのである。**オーディエンス・セグメンテーション**とは、異なったコミュニケーション・チャンネルないしメッセージをサブオーディエンスごとに使いわける一つの戦略である。この戦略では、異類的なオーディエンス（対象者）を相対的に同類的な一連のサブオーディエンスに細分する。イノベータには、信用しうる科学者によってきちんと実験され開発されたイノベーションを示してその採用を促すのである。しかし、この方法は後期の採用者やラガードには効果がないであろう。というのは、彼らは科学に対してあまり好意的な態度をもっていないからである。彼らはイノベーションにまつわる不確実さのほとんどが取り除かれるまで採用しようとしない。後期の採用者は、仲間うちの主観的な経験に最も重きを置いており、これは対人ネットワークを通じてもたらされるのである。

香港の携帯電話ラガード

［注＊この事例はウェイ［二〇〇一］、ウェイとリウング［一九九八］、リウングとウェイ［二〇〇〇］に基づく。］

チェンジ・エージェント機関はイノベータと初期採用者に関心が高く、ラガードに関する普及研究は比較的少ない。しかし、ラガードに焦点を合わせた調査からも興味深い結果が得られるのではなかろうか。香港中文大学のラン・ウェイ教授とルイス・レオング教授による携帯電話のラガードに関する一連の先駆的な研究は、これを明らかにしている。香港は世界中で最も携帯電話の採用率の高い地域の一つである（調査が行なわれた二〇〇〇年の時点で採用率は七七％であった）。一九九八年と二〇〇〇年に、香港の家庭を対象に電話インタビューによりデータが収集された。サンプルは膨大だったので、一九九八年に関しては携帯電話の非所有者三八八世帯がここに含まれており、また二〇〇〇年については同二〇二世帯が含まれていた。これらの五九〇世帯の携帯電話ラガードの特性を、両時点での採用者と比較したのである。

他の多くの国と同様、香港での携帯電話の初期の採用者はビジネスマンで、高等教育を受け、高収入で、社会経済的な地位も高かった。こうしたエリートにとって、携帯電話は動き回りながら仕事をするのに打ってつけの技術であった。携帯電話は所有者に威信を与える消費財であると宣伝され、注文仕立ての革製のカバーと着メロを選べるしゃれた電話一式が手元に届いたのである。カラオケやDVDあるいはCATVのようなコミュニケーション技術と同様に、携帯電話は香港のますます強まってきた自己中心的なライフスタイルを助長した。自己中心的な人々は、こうした技術を使うことが生活を楽しむ一部であると考えたのである。

そのうち、携帯電話はどんどん安くなり、ブルーカラー労働者、主婦そして学生などの後期の採用者カテゴリーや社会的地位の低い人々に普及した。採用者と非採用者の間の社会経済的相違は消失し始めた。これは、コミュニケーション技術が広く普及するにつれて、社会経済的な要因はあまり重要でなくなってきた[ダットン等、一九八七]ことを示唆していた。遅れて携帯電話を採用した人たちは、ビジネス用としてよりは自らの感情の発露として利用した。香港での一九九八年と二〇〇〇年の時点における調査で採用していなかったラガードは、次のような理由で携帯電話を所有していないと回答した。❶複雑性（「携帯電話サービスがわかりにくい」）、❷彼らの価値観との両立不可能性（「公衆電話が至るところにあるし、しかも安価である」）、❸相対的劣位性（「携帯電話は必要ないし、通話の質がよくないことが多い」）。

ラガードに関するこの香港普及研究は、ラガードの視点からの普及過程を理解する一助となる。ほとんどすべての人が採用しつつあるイノベーションは、ラガードの目からするとまったく違って見えるのである。

革新性と必要性のパラドックス、および最小抵抗戦略

社会システムのなかで、イノベーションの採用による便益を最も必要としている成員（教育水準の低い人たち、貧しい人たち等々）は、イノベーション普及過程の終わりのほうで採用することが多い。最初にイノベーションを採用する成員は、通常、イノベーションから得られる便益が最も少ないのである。革新性と便益の必要性の間にあるパラドックスは、社会経済的なギャップを拡大させる傾向がある［第9章参照］。

第三世界における避妊イノベーションの採用は、この革新性と必要性のパラドックスの事例である。第三世界のエリート家族はたくさんの子供を養うだけの余裕があるにもかかわらず、相対的に小さな家族構成である。家族計画プログラムを政府が開始したとき、避妊イノベーションを最初に採用したのはこうしたエリート家族であった［ロジャーズ、一九七三］。社会経済的にエリートの家族は平均して二人ないし三人程度の子供しかいないが、下層の家族では五人から六人ほどの子供がいて、子供を養い教育を受けさせられないことが多い。貧しい家族は家族計画や少数の家族構成の必要性を強く感じていても、一般に避妊を採用しない。そして、なぜ政府は貧しい家族のために無料で避妊具を配布しようとしているのか、それに疑いの目を向けるのである。このようにして、最もイノベーションを必要としている人たちが最後に採用するというパラドックスが生まれる。

何がこのパラドックスを生み出すのか？　家族計画の場合には、子供は労働力であって、たくさんの子供をもつことは経済的な資産であると貧困家庭が信じているところにある。貧しい両親は、子供の少ない家庭は幸福な家庭であるという政府の役人の話を信じようとはしない。この逆説的な傾向の第二の理由は、チェンジ・エージェントがしばしば**最小抵抗**のセグメンテーション戦略をとるからである。最小抵抗のセグメンテーション戦略とは、チェンジ・エージェントがイノベーションを最も受容しやすい社会経済的なエリートに接触する戦略であ

る。避妊法の採用に際しては、ある程度の資源や技能あるいは訓練が必要だが、エリートでない家族ではこれを持ち合わせていないことがある。家族計画イノベーションには計画的な行動や人の再生産機能、あるいはその他の知識や技能が必要とされるが、エリート家族ではこうしたイノベーションを受容する能力が高い。こうして、政府が家族計画手段を無料で提供しても、ほとんどの国では社会経済的なエリートが最初に採用する。

革新性と必要性のパラドックスが必ず起こるとは限らない。チェンジ・エージェントは**最大抵抗**のセグメンテーション戦略をとることが可能である。この戦略においては、社会経済的に最下層に位置し、イノベーションの必要性をほとんど感じていないような、通常は最後に採用するサブオーディエンスにコミュニケーション活動を集中する。チェンジ・エージェントがその努力をエリート階層に集中する一方で、後期多数派やラガードなどのサブオーディエンスを無視してしまいがちな最小抵抗戦略は、社会システムのなかで情報格差による社会格差をもたらしかねないのである［第9章参照］。

インターネットの登場は、革新性と必要性のパラドックスを克服する新たな方法を提供することになるかもしれない。インターネットを介して、個人に的を絞ったメッセージが後期の採用者に到達する。その提供手法によって、健康に関するメッセージが低所得で教育水準の低い人たちに到達し、広く活用されるようになってきている。

ネットワークが革新性に及ぼす影響

これまでの革新性に関する普及研究の多くは、学校教育や社会経済的地位など個人の特性に焦点をあててきた。最近になって、個人の革新性を説明するのに対人的なネットワーク仲間の役割を研究する普及研究者が現れてきた。たとえば、フォスターとローゼンツバイク［一九九五］は、インドに住む農民の行動データを分析し、農業イノベーションの普及過程が進行するなかで、近隣農家の体験が当該農民の革新性（そして収益性）に影響を与えていることを示した。次章では、タンザニアで実施されたシャヒード・モハメド〔二〇〇二〕の研究に基づいて、個人的なネットワーク変数が家族計画イノベーションの採用に及ぼした影響を説明する。たとえば、ネットワークの仲間うちに家族計画の採用者が多い人たちほど、家族計画を採用する傾向が高かったのである。

ヘイトクライム法〔グラッテト、ジェネスとカリー、一九九八〕や宝くじ〔ベリーとベリー、一九九〇〕などのイノベーションが米国州政府に浸透する過程を研究した普及研究者（主として社会学者や政治学者）も、同様の調査結果を報告している。すでにイノベーションを採用した州が近隣にあると、当該州でも採用が促進される。ヘイトクライム法を早期に採用したカリフォルニア州が近隣のオレゴン州やワシントン州に影響を及ぼし、採用を促したのは前述のとおりである。驚くほどのことではないが、革新的な政策の不確実性が高い場合、州政府の政治家や官僚はすでにイノベーションを採用している他州を参考にするものである。ここでもまた、普及は社会的な過程であって、イノベーションは対人ネットワークを通じて移動することを知る。

米国の州と同様のレベルでの調査がイタリアで実施されたことがある。一二の新法を対象として、パットナム〔一九九三〕はイタリアの二一の地方政府の革新性を点数化して計算した。露天掘りの規制、水産業の振興、そして大気汚染や水質汚濁に関する新法が調査対象であった。これら一二の新法の採否を地方政府ごとに割り出し、相対的に早期に採用した地方政府には高い評点を与えた。その結果、最も革新的な地方政府は近隣の地方政府に影響を及ぼしていることがわかった。

ネットワークが個人あるいは組織の革新性に及ぼす影響については、より一層の調査が必要である。

本章の要約

採用者カテゴリーとは、個々人の革新性に基づいて社会システムの成員を区分したものである。**革新性**とは、社会システムに属する他の成員あるいは他の採用単位と比べて、ある成員が新しいアイデアを相対的に早期に採用する度合いのことである。さまざまなカテゴリー方式と採用者の名称が用いられていたが、本章では現在広く活用されている五つの標準的な採用者カテゴリーを説明した。

採用者分布は時間軸に沿って釣鐘状の曲線を描き正規曲線に近づく［一般化命題5-1］。革新性は連続的に変化し、正規分布の二つの統計量（平均と標準偏差）を使って、採用者分布は五つのカテゴリーに区分される。各カテゴリーの主要な属性は次のとおりである。すなわち、イノベーター——冒険的、初期採用者——尊敬の対象、初期多数派——慎重派、後期多数派——懐疑派、ラガード——因習的。年齢に関しては、初期の採用者と後期の採用者の間に差はないが、初期の採用者は長期の学校教育を受けており、読み書き能力が高く、社会的な地位が高く、社会的流動性が高く、大きな構成単位（大きな農家、大きな学校、大企業など）を有している［一般化命題5-2から5-7］。採用者カテゴリーのこうした特長は、初期の採用者は後期の採用者よりも一般に一層高い社会経済的な地位をもつことを示している。

社会システムのなかで初期の採用者は人格においても後期の採用者と異なる。初期の採用者は感情移入が高く、独善的ではなく、抽象概念に対処する能力が高く、合理的であり、知性的であり、変化に対して好意的な態度をもっており、不確実性やリスクに対処する能力があり、科学に対して好意的な態度をもっており、それほど運命論者ではなく自身を有効に働かせる能力をもっており、学校教育、より高い地位、職業などに対する向上心が高い〔一般化命題5-8から5-17〕。

最後に、採用者カテゴリーごとにコミュニケーション行動が異なる。初期の採用者は多くの社会参加をしており、社会システムのなかで対人ネットワークを介して高度に連結しており、コスモポライトであり、チェンジ・エージェントとの接触が多く、マスメディア・コミュニケーションへの接触が多く、対人コミュニケーションへの接触が多く、イノベーションについての情報を活発に探し求め、イノベーションについての情報を多くもっており、初期の採用者は後期の採用者よりもオピニオン・リーダーシップの度合いが高い〔一般化命題5-18から5-26〕。

これまでの調査によると、イノベーションの初期の採用者と後期の採用者との間には、❶社会経済的地位、❷人格、❸コミュニケーション行動、において多くの重要な差異がみられる。これら五つの採用者カテゴリーの際立った特徴はオーディエンス・セグメンテーションに活用できる。**オーディエンス・セグメンテーション**とは、それぞれのサブオーディエンスごとに異なったコミュニケーション・チャンネルあるいはメッセージを使用する戦略のことである。

第6章……Diffusion Networks

普及ネットワーク

どのような野生の牛の群れにも、指導者つまり影響力のある頭がいるものである。

ガブリエル・タルド『模倣の法則』[一九〇三]

前章では、人々がイノベーションの採用を確信する際には、対人ネットワークの個人に及ぼす影響が重要であることを強調した。本章ではまず、普及ネットワークについてこれまでに解明されていることを説明する。ついで、普及ネットワークが人にイノベーション評価情報をもたらすことで、イノベーションに対する不確実性が減少する過程を要約して述べる。まずは、オピニオン・リーダーシップについての検討から始める。**オピニオン・リーダーシップ**とは、比較的頻繁に、人が他の人の態度や行動に対して非公式に影響を及ぼして、その人を望ましい方向に向かわせる度合いのことである。オピニオンリーダーとは、他の人の意見に主導的に影響を及ぼす人のことである。オピニオンリーダーの行動は、社会システムでのイノベーション採用速度の決定に重要な役割を果たす。実際、普及曲線がS字型なのは、いったんオピニオンリーダーが採用して、他の人にイノベーションのことを話し始めると、単位時間当たりの採用者数が指数曲線的に増加するからである。

本章の中心となるアイデアは、対人コミュニケーションがどのように普及過程を進行させ、採用者のクリティカルマスが形成されるかという点にある。

現代数学普及のオピニオン・リーダーシップ

[注＊この事例はリチャード・カールソン[一九六五]に基づく。]

オピニオン・リーダーシップについて理解するために、現代数学という教育イノベーションがペンシルバニア州アレゲーニー郡の三八人の教育主任の間に浸透した古典的な研究事例を取り上げる。アレゲーニー郡は事実上ピッツバーグ市内といってよい場所にある。現代数学イノベーションは、米国有数の数学者が公立学校の数学教科課程を徹底的に見直した一九五〇年代初期に始まったもので、彼らの努力の結果、「現代数

図6-1………
現代数学がペンシルバニア州アレゲーニー郡の教育主任に普及する際のオピニオン・リーダーシップ

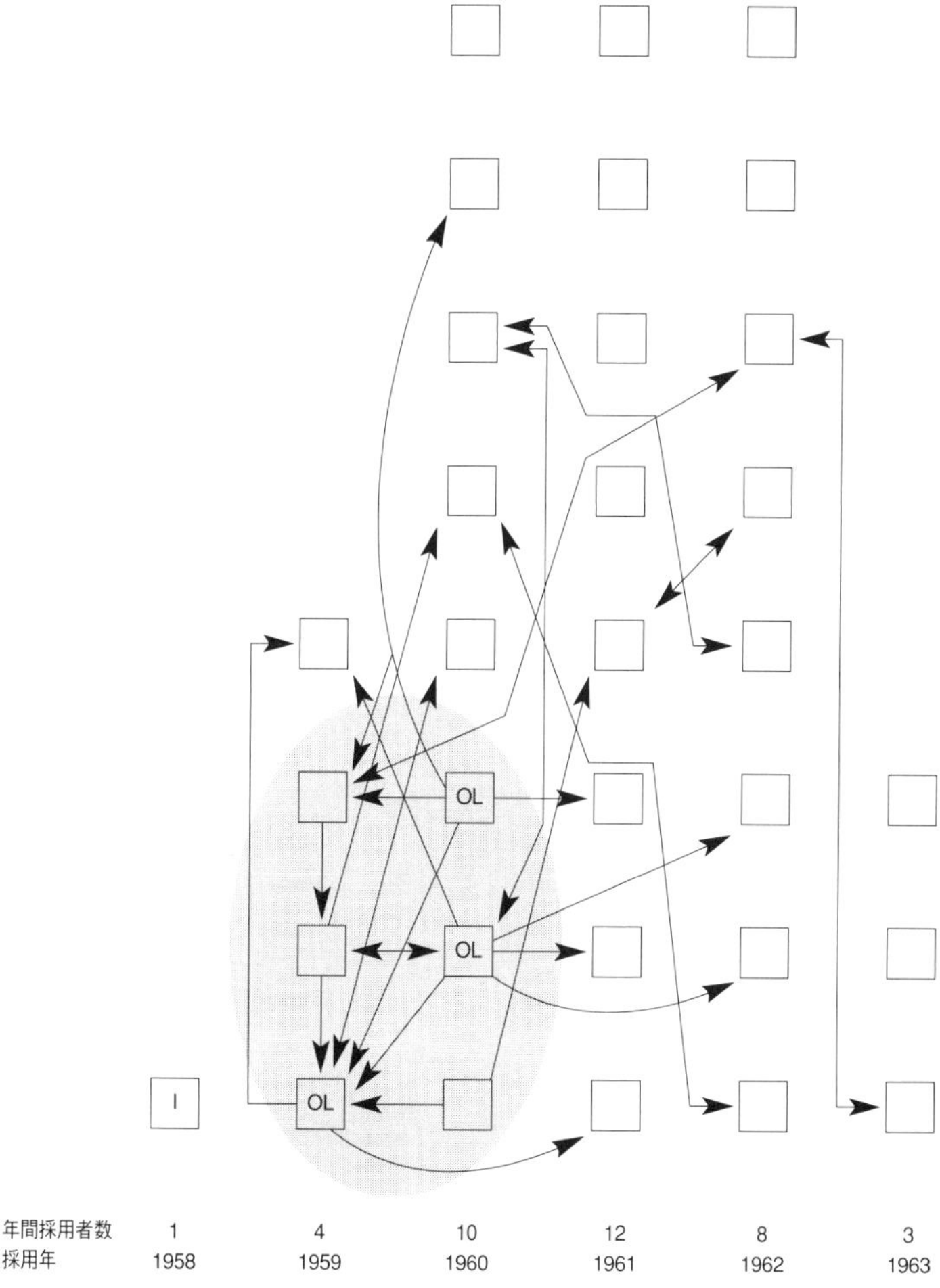

出典：カールソン[1965]のデータに基づいて編集。
なお、簡略化するため、イノベーションを採用した38人の教育主任のうち、32人のみを記載した。

学」が誕生した。これは数学教育の根本的な転換を迫るもので、新しい概念を教えるためのテキストや映像メディアに加えて、教員の再教育を行なうための夏季講習など一式が整えられた。米国科学財団（NSF）や米国教育省などが強力に後援したので、イノベーションは比較的早く浸透した。現代数学は数学教育を全面的に改良するものとして、教育者の間できわめて好意的に受けとめられた。現代数学は、集合理論やベン図に基づき、確率を重視している点で、「古い」数学とはまったく異なっていた。数学の教員はまったく新しい手法を学ばなければならなかったのである。

［図6-1］のように、現代数学は一九五八年に現代数学イノベーションを採用した一人の教育主任（図中の「私」）を通じて、郡内の学校に導入された。このイノベータはソシオメトリック（後述）の観点からみて孤立者であった。つまり、「私」はピッツバーグ地域の学校の教育主任三七人の誰ともネットワーク連結（リンク）をもっていなかったのである。「私」のようなイノベータは、地域社会システムではしばしばその同僚から変な目で見られる。イノベータというのは、その人の属する社会システム外のコスモポライトな友人たちとつきあうものなのである。

［図6-1］はソシオグラムつまりコミュニケーション・ネットワーク図で、イノベーションの普及における個人の間の連結をたどったものである。矢印は教育主任同士のコミュニケーションの流れのパターンを示している。影の部分の六人は互いに友人で、クリーク（Clique：小集団）つまり非公式の親交がある集団である。クリーク内の教育主任たちは、他の教育主任よりも親交が深い。ピッツバーグでは、こうしたクリークの成員が一緒にゴルフやポーカーなどをすることが多い。

ピッツバーグでの現代数学普及に際して、このクリークが中心的な役割を果たした。クリークの成員（特に一九五九年と一九六〇年にイノベーションの使用を決定した三人のオピニオンリーダー）が採用すると、すぐに採用速度は急速に上昇した。［図6-1］をみると、一九五八年には採用者はただ一人（イノベータ）であったが、一九五九年末には五人、一九六〇年には一五人、一九六一年には二七人、一九六二年には三五人、そして一九六三年末までには三八人すべてが採用するところとなった。一九五九年、一九六〇年、一九六一年における突然の採用増加はオピニオンリーダーが採用したことによる直接の結果のようにみえる。

オピニオンリーダーは当該社会システムの規範に強く適合している。コスモポライトなイノベータは革新的すぎて、その他三七人の教育主任にとって適切な役割モデルとはなりえなかった。これらの教育主任は、六人の教育主任が構成しているクリークの三人のオピニオンリーダーがイノベーションに対して好意的な態度を示すまでは、採用を見合わせていた。普及の任にあたるチェンジ・エージェントは、こうしたオピニオンリーダーの採用に向けて注力すべきである。彼らが自ら採用すれば、次に他の成員の採用に向けて努力するはずだからである。

三八人の教育主任が現代数学を採用する時点で、いくぶん高度な同類性があったことが［図6-1］に示されている。矢印をみると、親交関係にある同士は互いに同年あるいは一年以内にイノベーションを採用していることが多い。親交関係にある教育主任同士が違う年に採用しているときも、その差はわずかである。つまり、情報の発信者と受信者はその力量が異なっていると知覚されていたとしても、不適切な役割モデルと考えられるほどの違いはなかったことを示している。

コミュニケーションの流れモデル

オピニオン・リーダーシップや普及ネットワークを理解するには、コミュニケーションの流れモデルが参考になる。皮下注射針モデルや二段階流れモデルなどが代表的である。

皮下注射針モデル

皮下注射針モデルでは、マスメディアは多数の視聴者に対して直接的、即時的かつ強力な効果をもつと主張する。一九四〇年代から一九五〇年代にかけて、マスメディアは人々に強く影響を及ぼして行動変化を促すと考えられていた。全知全能のマスメディアが原子化された大衆にメッセージをもたらすといった図式である［キャッツとラザースフェルド、一九五五］。強力なマスメディアという考えは、次のような歴史的な出来事から引き出されたものであった。❶スペイン・アメリカ戦争で公衆の支持を喚起したハースト新聞社の役割、❷第二次世界大戦中にナチスの指導者ヨゼフ・ゲッペルスがプロパガンダの道具として使ったマスメディアの威力、❸ニューヨーク市マジソン街での消費者向け宣伝と、米国の選挙での投票行動への影響。

より精緻な調査方法がコミュニケーション研究で活用されるにつれて、皮下注射針モデルに対して疑いの目が向けられるようになった。次に述べるように、この画期的な調査は先駆的なマスコミュニケーション研究者であるコロンビア大学のポール・ラザースフェルドが指導したものである［ロジャーズ、一九九四］。皮下注射針モデルはそもそも歴史的な出来事から直観的に理論化しており、あまりにも単純で機械的かつ大まかで、マスメディアの効果を正確に説明するものではなかった。それはオピニオンリーダーの役割を無視したものだったのである。

二段階流れモデル

思いがけなく、皮下注射針モデルの終焉はオハイオ州エリー郡での一九四〇年の大統領選挙に関する古典的な研究［ラザースフェルド等、一九四四］によってもたらされた。この研究は皮下注射針モデルを念頭において計画され、人が政治に対する判断を変更する際のメディアの役割を分析することを目的としていた。六〇〇人をサンプルとして、一一月の投票までの六カ月間にわたってパネル調査が行なわれた。驚いたことに、マスメディアの直接的な影響を受けていたのはごくわずかの人たちだったのである。「マスメディアがどのように人の行動に変化をもたらすのか徹底的に調査した。驚いたことに、その効果はむしろ小さかった……。人々の政治に対する判断は、マスメディアから直接的に影響を受けるよりも、他の人との対面的な接触から一層大きな影響を受けているようであった」〔ラザースフェルドとメンツェル、一九六二〕。

データは、「アイデアはラジオや印刷物からオピニオンリーダーに流れ、そこからそれほど活発でない人たちに流れている」ことを示唆していたのである〔ラザースフェルド等、一九四四〕。メディアからオピニオンリーダーへの第一段階では主として**情報**が転送されたのに対して、オピニオンリーダーからフォロワーへの第二段階では対人的な**影響**が拡散したのである。この**二段階流れ仮説**は、コミュニケーション・メッセージが情報源からマスメディア・チャンネルを経由してオピニオンリーダーに到達し、次にオピニオンリーダーはフォロワーに転送したことを示唆していた。このモデルは多くのイノベーション普及研究の場で検証され、コミュニケーションの流れを理解するのにおおむね有効であることが確証された。二段階モデルから重要な概念が取り入れられ、その概念が後の調査研究によって拡張されている。それにもかかわらず、二段階流れモデルはあまりにも単純すぎるため、今日、研究者が言及することはほとんどない。

二段階流れモデルは、マスコミュニケーション・チャンネルと対人コミュニケーション・チャンネルとの境界面に着目すべきことを示した。このモデルは、それまで考えられていたほどにマスメディアは強力でも直接的に影響を与えるものでもないことを意味していた。もちろん、人は新しいアイデアに関してマスメディアに接触し、対人チャンネルからも情報を得て、それを基にイノベーションについて仲間とコミュニケーションの交換を行なう。コミュニケーション過程は必ずしもきっちり二段階であるわけではない。メディアが人に直接的に影響を与えるときのように、一段階しかない場合もあるだろう。また、多段階のコミュニケーション過程が進行する場合もあるかもしれないのである。

コミュニケーション源やチャンネルはイノベーション決定過程の異なる段階ごとに異なった機能をもっている［第3章参照］。もともとの二段階流れモデルでは、イノベーション決定過程の各段階においてコミュニケーション源やチャンネルがそれぞれ異なった役割を果たしていることを認識していなかった。イノベーション決定は次の過程を経る：❶イノベーションの**知識**、❷**説得**（あるいは態度）、❸採否の**決定**、❹**導入**、❺決定の**確認**。マスコミュニケーション・チャンネルは基本的に知識創造装置であり、対人ネットワークはイノベーションの採用を人に説得する意味で重要な役割を負う。二段階流れモデルではイノベーション決定過程に内在する時間経過が考慮されていないので、こうした考え方が顕現化することはなかった。オピニオンリーダーばかりでなくフォロワーにおいても、知識段階と説得段階とではコミュニケーション源とチャンネルが異なる。このように、二段階流れモデルが意図していたこととは違い、オピニオンリーダーだけがマスコミュニケーション・チャンネルを活用するのではないのだ。

オーディエンス間のコミュニケーションの流れはきわめて複雑で、たったの二段階で説明することはできない。コミュニケーション過程は非常にきめが細かく、一つの文章や二段階モデルだけで記述することはできない。それでもなお、コミュニケーション研究をオピニオン・リーダーシップに着目させたという意味で、二段階流れ仮説は重要である。

コミュニケーション・ネットワークにおける同類性と異類性

対人ネットワークを通じたコミュニケーションの流れを理解するには、同類性と異類性という概念が役に立つ。誰が誰のメッセージを信頼するかという構造が、ネットワーク分析のなかで明らかになるのである。

同類性と異類性

人と人とのコミュニケーションの基本原理は、アイデアの交換は似たもの同士あるいは同類的な人たちの間で頻繁に行なわれるところにある。**同類性**とは、コミュニケーションをしている一組の人たちが類似している度合いのことである。こうした類似性は信念や教育あるいは社会経済的な地位などの属性にあるのだろう。ポール・ラザースフェルドとマートン〔一九六四〕はこうした現象に「同類性」という概念的な名称をつけたが、同類的な行動という一般的な考え方は、ほぼ一世紀前にフランスの社会学者ガブリエル・タルド〔一九〇三〕が次のように記している。「社会的な関係は互いに職業や教育が類似している人たちの間では一層緊密になる」。

異類性とは、コミュニケーションをしている一組の人たちが何らかの属性において異なっている度合いのことである。異類性は同類性の対概念である。発信者と受信者とが同類的であるときコミュニケーションはより効果的に行なわれるので、同類性は頻繁に生じる。二人の人が意味や信念を共有し相互に理解しあっているとき、両者の間のコミュニケーションは効果的になりやすい。人々は類似した人とつきあっているときに心地よさを感じる。明らかに自分とは違う人と話すときには、コミュニケーションを効果的に遂行するのに一層の努力を要する。類似していない個人間の異類的なコミュニケーションでは、人は既存の信念と矛盾したメッセージにさらされて、心理的に不快な状態におかれるので、コミュニケーションは認知的な不協和を引き起こすのである。

同類性と効果的なコミュニケーションは補完関係にある。二人の間でコミュニケーションが頻繁であればあるほど、二人は同類的になる。二人が同類的になればなるほど、二人の間のコミュニケーションはますます効果的になる。同類性の原理から外れて、異なった人たちとコミュニケーションをしようとすると、人は効果的でないコミュニケーションのせいでフラストレーションを感じることが多い。技術的な能力や社会経済的な地位、信念、言語などが異なると、誤解が生じ、その結果メッセージを無視するようになる。

異類的なコミュニケーションは稀にしか起きないが、情報という点からみて特殊な潜在力をもっている。異類的なネットワークはしばしば二つのクリークを連結させ、社会的に類似していない人たちの橋渡しをする。社会システムにおける個人間の異類的な連結は「ブリッジ」と呼ばれ、イノベーションに関する情報をもたらすのに特に重要である。これはグラノベッター〔一九七三〕の「弱い絆《きずな》の強み」理論の意味するところでもある。そこで、同類的なコミュニケーションは頻繁であり容易であるが、イノベーションの普及においては異類的なコミュニケーションほど重要ではないかもしれない。同類性は普及過程を加速させるが、緊密に結びついたネットワーク内の人々への普及に留まる。結局のところ、普及過程は少なくとも何かしら異類的なコミュニケーションを通じてしか起きないのである。

普及の障害としての同類性

同類性は、社会システムのうちでイノベーションが浸透する流れの障害となることがある。新しいアイデアはより高位の社会的地位の人たちやより革新的な人たちを通じて社会システムに導入される。同類性の度合いの意味するところは、エリートはエリート同士でつきあうということであり、イノベーションの情報が非エリート集団にしたたり落ちる（トリクルダウン）ことはない。同類的な普及では、イノベーションは垂直方向というよりも水平方向に拡散する。同類性はイノベーションの普及速度を遅らせるように作用するのである。もし同類性が普及の障害となるならば、チェンジ・エージェントはタイプの異なった何人かのオピニオンリーダーと共同して事にあたるべきであろう。また社会システム内の個人間ネットワークが高度の異類性を有しているのであれば、チェンジ・エージェントは社会経済的な地位が高く革新的な少数のオピニオンリーダーにのみ意を注げばよい（ただし、こういうことはあまりない）。

いくつかの知見から、次の一般化命題が示唆される。一般化命題6-1◆**個人間の普及ネットワークの大部分は同類的である。**たとえば、社会システムで上層にいる人たちが下層にいる人たちと交流することは稀である。同様に、イノベータはほとんどラガードと打ち解けて話し合うことはない。同類性は対人ネットワークにおいてイノベーションの普及を遅らせるように作用するが、そこには便益もある。たとえば、上層のオピニオンリーダーは下層の人たちの役割モデルとしては不適切であり、両者の交流は後者にとっては望ましくないことがある。ファン・デン・バン［一九六三］がオランダの農業コミュニティで調査した結果はその一例である。五〇エーカー以下の農地の所有者でオピニオンリーダーだった農家は三％しかいなかったが、その地域の全農家の三八％の農地は五〇エーカー以下であった。高い労賃の支払いよりも、トラクターや搾乳機などの機械装置の購入が、規模の大きな農家にとっては賢明な判断であった。これに対して、小規模農家は高価な装置は購入せずに、労働集約型の園芸農業に注力するのが最善の方策であった。しかし、ある意味で予想どおり、大規模農家は適切なモデルではなかったにもかかわらず、小規模農家は広い農地をもつオピニオンリーダーに追随したのである。

同類性と異類性に関わる普及ネットワークについては、インドの村落で調査した事例がある［ラオ、ロジャーズとシン、一九八〇］。一方の村落は非常に革新的であったが、他方は伝統的な規範に従っていた。伝統的な村落では、新種米の普及ネットワークはより一層同類的であった。ここのオピニオンリーダーは高齢で学校教育をほとんど受けていなかった。対照的に、革新的な村落のオピニオンリーダーは、若くて高度の教育を受けている高位のカーストであった。伝統的な村落では、普及ネットワークの連結は高度に同類的で、カースト制度に基づくものであった。バラモンはバラモン同士、ハリジャンはハリジャンと会話していたのである。しかし、進歩的な村落では新種の米はカースト制という社会構造の上方から下方へと、異類的なネットワークを通じて普及していった。そのおかげで、普及速度が速くなったのである。

ネットワークの連結が異類的であるときのリーダーとフォロワーの性格に関する一般化命題は次のとおり。

一般化命題6-2◆**対人普及ネットワークが異類的であるとき、フォロワーは次のようなオピニオンリーダー、すなわち、社会経済的地位が高く、高度の学校教育を受け、マスメディアから情報を多く入手しており、コスモポライトで、チェンジ・エージェントとの接触が多く、革新的なオピニオンリーダーを探し求める。**この命題は、技術的に能力があると知覚されるオピニオンリーダーからイノベーションについての情報や助言を探し求めるフォロワーの一般的な傾向を示している。異類的なネットワークが作用するとしても、ある程度以上の能力がある人を探し求めており、極端に大きな能力がある人ではない。普及過程で働く対人ネットワークは通常、同類的であることを忘れてはならない。ここで同類的というのは、オピニオンリーダーに従うフォロワーは、身近にいる仲間的なオピニオンリーダーからイノベーションについての相応の学習を受けるといった意味である。しかし、こうした同類的な普及ネットワークは、社会システムの構造を通じたイノベーションの浸透を遅らせることにもなる。

オピニオン・リーダーシップとネットワーク連結の測定

オピニオン・リーダーシップと普及ネットワークの連結を計測するために、これまで次の四つの方法が用いられてきた。❶ソシオメトリック手法、❷キーとなる情報提供者による評点づけ、❸自己評価手法、❹観察手法、である［表6-1］。

1◆**ソシオメトリック**手法においては、ある与えられた話題（イノベーションなど）についての情報や助言を誰に求めるかを回答者に質問する。オピニオンリーダーは、この質問によって社会システムで最も指名される数の多い人たちである。したがって彼らはネットワークの連結も最大である。疑うまでもなく、フォロワーの知覚に基づいて計測するので、ソシオメトリック手法はオピニオン・リーダーシップを計測するのにきわめて妥当な手法である。しかし、オピニオンリーダーの人数は少ないので、確定するためには多数の人に質問する必要がある。この手法は社会システムの成員のほとんどのネットワークデータが得られるときに有効であり、少数のサンプルでは若干問題がある。

回答者からはネットワークに属する相談相手などを何人か挙げてもらうのが一般的である。たとえば、「この村落で家族計画手法について話し合う女性を三人（あるいは四人）挙げてください」などである。こうした限定的な選択を促す質問では、回答者は最も強いつながりのあるネットワークの相手を挙げる。しかし、それ以外に、普及過程において決定的な役割を果たしているが、回答者とはそれほど頻繁に情報交換していない人がいるかもしれない。おそらく、話し合う相手を回答者に列挙させるためには、名前を挙げる人数を制限すべきではない。もう一つの方法は「名簿調査」法の実施である。これは、各回答者に社会システム内の成員の一覧表をみせて、そのうちの誰とどのくらい頻繁に話し合ったかを質問する。名簿による方法では「強い」連結のみならず、「弱い」連結が計測できる。

2◆オピニオンリーダーを同定するもう一つの方法は、**キーとなる情報提供者**に質問することである。彼らは、社会システム内のネットワークについて特に詳しい知識をもっている。特にその社会システムが小規模で情報提供者が内情をよく知っているときには、数人の情報提供者を押さえられれば、ソシオメトリック手法と同程度の正確さでオピニオンリーダーを同定できる。キーとなる情報提供者を探し出す手法は、ニューメキシコ州タオス郡で実施された。この調査〔ビュラー等、二〇〇二〕は、オピニオンリーダーを募集して、彼らにコンピュータやインターネットの使い方を身につけさせ、デジタルデバイドを解消することを目的としていた。次に、コンピュータリテラシーを身につけたオピニオンリーダーが、他の人を募って技能を身につけさせることにしていたのである。オピニオンリーダーを同定するために、キーとなる情報提供者（宗教指導者、役所の役人、学校の責任者、あるいは長く住んでいる人たち）に対して、人々は誰に情報や助言を求めることが多いかという質問を行なった。数人の情報提供者が名前を挙げた人たちをオピニオンリーダーとして同定したのである。

3◆**自己評価**手法とは、調査回答者に質問して、他の人が調査回答者のことをどの程度影響力があるとみているかを同定する調査手法である。「人々は自分を仲間内のリーダーとみなす」〔バレンテとデイビス、一九九九〕のである。典型的な自己評価手法では、「ほかの人と比べて、人々がより頻繁にあなたのところに情報や助言を求めに来ると思いますか？」と質問する。自己評価手法の成否は、回答者がどの程度正確に自分のイメージを同定し報告するかという精度に依存する。オピニオン・リーダーシップを計測するこの手法は、社会シス

表6-1………オピニオン・リーダーシップと普及ネットワークを計測する四つの方法の優位性と限界

計測方法	方法の概要	質問事項	優位性	限界
ソシオメトリック手法	社会システムの成員に対して、あるアイデアについて助言や情報を求める相手先を尋ねる	あなたのリーダーは誰か?	ソシオメトリックな質問は取り扱いが容易で、異なった種類の状況や課題にも適用可能である。妥当性が高い	ソシオメトリックのデータ分析は複雑である。少数のオピニオンリーダーを特定するのに、多くの回答者から回答を得る必要がある。社会システム内部のごく一部の人びとにしかインタビューしない場合には、適用困難である
情報提供者の評点付け	社会システムで主観的に選択されたキーとなる情報提供者に対して、オピニオンリーダーを指名するように求める	この社会システムでリーダーは誰か?	ソシオメトリック手法と比べて、費用や時間が節約できる	各情報提供者は、その属する社会システムを通暁していなければならない
自己評価手法	各回答者に対して、回答者自身がオピニオンリーダーであると知覚している度合いを計測するための一連の質問を行なう	この社会システムであなたはリーダーか?	回答者の行動を左右しているオピニオン・リーダーシップに対する、回答者自身の知覚を計測する	回答者が、自身のイメージを明らかにして回答できる正確度に依拠する
観察手法	コミュニケーション・ネットワークが発生するがままに、その連結を確定し記録する	なし	妥当性が高い	目障りになりがちである。ごく小規模な社会システムではうまくいくが、観察者としては相当の忍耐が必要である

テムから無作為抽出に回答者を選んで回答してもらうときに有効である（なお、無作為抽出法はソシオメトリック手法には不適切である）。

4◆オピニオン・リーダーシップは**観察**手法によって計測できる。観察手法では、調査研究者は社会システムにおけるコミュニケーション行動を同定して記録する。長所は、得られたデータには高い妥当性があることである。ネットワークの連結が適切に観察されるならば、その存在の有無は疑いようがない。観察手法は非常に小さな社会システムに最も適している。また、対人的な交流が起きるかどうかを実際に見て記録することができる。しかし残念ながら、小さな社会システムでは観察自体が調査の障害になることがある。社会システム内の成員は彼らが観察されていることを知っているので、あえて違う行動をとる可能性がある。さらに、観察者が知りたいネットワーク行動が稀にしか起こらないとすると、相当に辛抱強くなければならない。

実際には、観察手法は普及ネットワークやオピニオン・リーダーシップの計測にはあまり活用されてこなかった。米国の四つの市にあるゲイバーで、HIV予防のために、無作為抽出法に基づいて実施された介入調査研究が著名である［ケリー等、一九九七］。調査のために講習を受けたバーテンダーは、一〇日間、顧客のオピニオン・リーダーシップを観察して、顧客から最も人望のある人たちの名前を記録した。評価の基準は、どの男性が最も頻繁に挨拶を受けていたか、挨拶を交わしていたか、また好かれているかという点であった。ゲイバーには数人のバーテンダーがいて、各々独自に観察を行なった。次に、何人かのバーテンダーのリストに載った男性が、オピニオンリーダーとして集められた。彼らはバーの客の人数のおよそ八％であった。これらのオピニオンリーダーはHIV予防と安全なセックスについての講習を受け、質問を受けやすくするために、信号機のロゴ入りのバッジを身につけた。介入調査の対象となったバーに来るゲイの顧客は、オピニオンリーダーの介入の前後一年間にわたって、安全なセックス行為についての調査を受けた。

ケリー等〔一九九七〕によると、比較対照のために選定した他の四つの（介入調査を行なっていない）市域と比べて、介入調査を行なった四つのゲイバーの顧客について、コンドームで保護したアナルセックスが四五％も増加したことがわかった（コンドームで保護されないアナルセックスが、ゲイの男性間のＨＩＶ感染の主要な原因である）。米国内で行なわれた同様の実験でも、同じ結果が得られている〔ケリー等、一九九一、一九九二；ケゲレス等、一九九六；シッケマ等、二〇〇〇〕。しかし、ロンドンでの五つのスポーツ施設〔エルフォード等、二〇〇一、二〇〇二〕、あるいはスコットランドのグラスゴーとエジンバラでのゲイバー〔フラワーズ等、二〇〇二〕では必ずしも成功しなかった。ケリーは対象オーディエンスの一五％をオピニオンリーダーとして選定し講習を行なう必要があると感じていたが、後者の研究ではそこまでのことはしなかった。「ケリーの研究の結果、郊外のゲイバーでのネットワークに関する際立った特質のため、（安全なセックスという）イノベーションの普及が生じる特に強力な場所となった」〔ミラー等、一九九八〕のである。ケリーの調査では、オピニオンリーダーが社会システムのすべての成員と直接接触することは仮定していない。というのは、オピニオンリーダーが組み込まれているコミュニケーション・ネットワークを通じて、自然にオピニオンリーダーのメッセージ（安全なセックス）が拡がるので、その必要はないのである。この意味で、ケリー等〔一九九一、一九九二、一九九七〕によるゲイバーのオピニオン・リーダーシップ戦略は、ＡＩＤＳ感染が発生した初期にサンフランシスコで実施されたＳＴＯＰ ＡＩＤＳ介入調査に類似している。

オピニオン・リーダーシップを計測するのに、前記の何種類かが同じ回答者に適用された場合、その計測結果には正の相関がみられたが、相互の関係について研究者間の合意が得られるまでには程遠い状況にある。これら四つの手法はいずれも正当性があるので、どの手法を選択するかは便宜上の問題である。

さらに、オピニオンリーダーに関する研究によると、長期にわたり非常に安定していることがわかっている。たとえば、オブライエン等〔一九九八〕は、二つのコミュニティに洪水が襲い、別の二つのコミュニティでは養豚業者が進出したことで社会的な混乱があったにもかかわらず、ミズーリ州にある五つの地域コミュニティのリーダーとそのコミュニケーション・ネットワークは一九八九年から一九九五年に至る六年間にわたって安定していたと指摘している。もちろん、何十年も経過する間には、相対的に安定な地域コミュニティや組織でも、その社会システム内のオピニオンリーダーは不可避的に交代する。しかし、一般にオピニオン・リーダーシップの構造は相対的に短期間においては安定しているのである。

社会システムのなかでのオピニオン・リーダーシップの典型的な分布に関しては、少数がオピニオン・リーダーシップを担う一方で、ほとんどの人たちはまったく、あるいはほとんどリーダーシップをもっていない。オピニオン・リーダーシップは程度の問題である。普及キャンペーンの際には、最も影響力の強いオピニオンリーダーが、チェンジ・エージェントが努力を傾注するターゲットになる。

電気自動車の普及におけるオピニオンリーダーとメイブン

一九九〇年代初頭、カリフォルニア州とアリゾナ州政府は、自動車会社の全販売台数のうち一〇%は無公害車にしなければならないとの命令を出した。つまり、一〇%は電気自動車かハイブリッドカーでなければならないことになった。ロサンゼルスやフェニックスなどの大都市でのスモッグを減少させることが目的であった。ゼネラルモーターズ（GM）は二〇億ドルをかけて、電気自動車の設計、製造およびマーケティングに専念することとした。ポジショニングを改めて、米国民から革新的な企業であるとみられるようにするためであった。

デトロイトにある研究開発部門の自動車技術者は、バッテリー駆動のこぎれいな自動車を製作した。当時のバッテリー技術の限界のため、インパクト（当初このプロトタイプ車はこう呼ばれた）は一回の充電で一〇〇マイルほどしか走行できなかった。さらに、二二〇ボルトの電源にプラグを差し込んで、三～四時間ほどかけて充電しなければならない。インパクトは軽量（部品の多くはアルミニウム製であった）で、静か（電気モーターはほとんど音がしない）であった。インパクトはどの点をとっても、これまでの自動車とは異なり、流線型で強力な加速性能をほこっていた。

プロトタイプ車が一五〇台できあがったところで、マーケティング・マネジャーは普及研究者の助けを借りて、カリフォルニア州とアリゾナ州にある一八の都市でマーケティング・キャンペーンを展開した。GMと地域の電力会社は共同で地域の新聞に広告を載せ、新車の試乗者を募集した。その反応はすさまじく、五〇万人ほどサクラメントの人口のうち七〇〇〇人が応募してきたのである！　応募者には、その人のオピニオン・リーダーシップと革新性の度合いを計測するために、長々とした質問表が送付された。回答結果から、オピニオン・リーダーシップと革新性を併せ持った数百人が各都市ごとに選抜され、三〇分間の試乗に招待された。

これらの人々は、いわゆる「カーマニア」と呼ばれているが、マーケティングの専門家はメイブンと名づけている。**メイブン**とは、ある種の製品に対して関心を持つとともに専門知識を有している人々のことである。メイブンは特定の製品について豊富な知識を持っているので、他の人たちからオピニオンリーダーとして頼りにされることが多い。試乗した人たちはインパクトの性能についてあれこれ知りたがった。たとえば、時速九〇マイルに達するまでに何秒かかるか、重量、ホイールベースの長さ、電気モーターの出力、値段、冬でもバッテリーはちゃんと動くのか、などであった。試乗後の三〇分間、メイブンはGMのエンジニアと質疑応答が許可された。しかし、三〇分では質問にすべて答えてもらうには短すぎるとして、総じて不満を漏らしていたのである！

ついで、彼らはGMのマーケット調査員から感想を聞かれ、真っ赤なインパクトの大きな写真をもらい、それを職場の掲示板などの公共の場所に貼るように依頼された。また、各試乗者は「野球カード」を五〇枚受け取った。カードの片面にはインパクトのカラー写真が印刷されており、裏面には詳細な性能が記載されていた。メイブンはこの名刺サイズのカードを友人たちに渡すようにと頼まれた。各カードには、それぞれ識別番号とフリーダイヤルの電話番号が記載されており、この番号にかけると、インパクトの試乗に登録できるようになっていた。メイブンはカードを配り終えると、さらに多くのカードを求めた。試乗した人たちが起点となって、口コミの普及過程が一八の都市で動き始めた。こうしたマーケティング・キャンペーンが、電気自動車普及の「バズ（buzz、ブンブンいう音）」を生み出したのである。

この試験的なマーケティング・キャンペーンから得られた第一の教訓は、「インパクト」という名前は惨憺たる評判であったことである。メイブンはまた、自動車が軽すぎることから、重量のある自動車と衝突事故を起こした場合のことを懸念していた。そこでGM第一号の電気自動車（electric vehicle）ということで、インパクトは「EV-1」という名前に改められた。この電気自動車の大きな欠点は、一回の充電で一〇〇マイルしか走行できないことで、用途は子供のお迎えや通勤用などに限定されてしまうことであった。二二〇ボルトの電源コンセントが給油所やドライブインなどに取りつけられるまでは、EV-1の有用性はきわめて制約されざるをえなかったのである。

それでもなお、試乗したメイブンの多くはインパクトを手に入れようと夢中になっていた。無公害車という環境へのやさしさ、（ガソリンと比較しての）電気代の安さ、流線型の外観、それに加えて一般道路で最もおしゃれな自動車を運転するという地位付与型の相対的優位性（イノベーションの知覚属性の一つ）は、消費者を強く引きつけた。一九九七年も秋が深まったころ、ロサンゼルス、サンディエゴ、フェニックスにあるサターンの販売代理店一〇数店舗でＥＶ‐１の販売が開始された。販売実績はささやかなもので、その後一年の間に二つの州政府はもともとの命令への遵守を延期した。消費者とともにメーカーの電気自動車に対する関心は以後薄らいでいったが、二〇〇〇年には何社かがガソリンと電気動力で走行する「ハイブリッドカー」のマーケティングを開始した。

少々高くついたが、普及研究者が対人コミュニケーションを喚起する方法をＧＭは学ぶところとなった。いくつかの教訓は、車内設置型のＧＰＳ（全地球測位システム）というイノベーションのマーケティング業務に即座に活用されたのである。

単形的および多形的オピニオン・リーダーシップ

ある社会システムにおいて、すべての事柄に通じたオピニオンリーダーが存在するのか、それとも問題ごとに別のオピニオンリーダーが存在するのか？ **多形性**とは、人がさまざまなトピックに関してオピニオンリーダーとして行動する度合いのことである。逆に、**単形性**とは、人が一つだけのトピックに関してオピニオンリーダーとして行動する度合いのことである。社会システムにおいて、多形的なオピニオン・リーダーシップは次のような要因によって変わるようである。すなわち、オピニオン・リーダーシップを計測するトピックの拡がりや、社会システムの規範が革新的か否かなどである。キャッツとラザースフェルド［一九五五］がイリノイ州ディケーターにおいて四つのトピック（ファッション、映画、公共の事柄、消費財）に関する主婦のオピニオン・リーダーシップを分析した結果によると、三分の一のオピニオンリーダーは四つのトピックのうちの一つ以上に影響力を行使していたことが判明した。ほかの調査ではこれより多い多形性もあれば、少ない多形性もあった。たとえば、発展途上国での村落のリーダーは、しばしば政治や道徳の問題のみならず、健康、農業、教育などといった事柄についてもオピニオンリーダーであった。

ポール・リビア、馬に乗る

［注＊この事例はフィッシャー［一九九四］に基づく。］

アメリカの生徒なら誰でも知っているヘンリー・ワズワース・ロングフェローの有名な詩は「聞きなさい、子供たちよ、君たちはポール・リビアの真夜中の乗馬のことを聞いたことがあるだろう」という一節から始まる。この詩は、ボストンの銀細工師リビアが一七七五年四月一八日から一九日にかけて、深夜に馬を走らせてマサチューセッツ州の市民に急を告げたときのことを示している。すなわち、英軍がボストンから軍を進めて、ジョン・ハンコックやサミュエル・アダムスなどの植民地の指導者を捕らえ、備蓄してある銃や弾薬を差し押さえようとしていたのである。愛国心の強い米国人たちは、翌日侵入者とレキシントンとコンコードで会戦し、完勝した。その結果生まれた衝突から、米国独立戦争が勃発した。

英軍がボストンを出発して進軍を始めた四月一九日深夜午前一時には、リビアの真夜中の乗馬のおかげで、英軍が向かっているという報せはマサチューセッツ州リンカーンに達していた。この警告は三時にはサドベリーに届き、五時にはボストンの北西二五マイルのアンドーバーに達していた。朝九時にはボストンから四五マイル離れたアシュビーにまで広がり、七五〇平方マイルに住む人々を目覚めさせていたのである！　何千もの民兵が組織され、四月一九日の午前にはレキシントンとコンコードで英軍と戦い、午後にはボストンに敗走する英軍を追撃した。英正規軍の退却時に増援部隊が派遣されなければ、この遠征部隊は全滅していたかもしれなかったのである。

もう一人の米国人ウィリアム・ドーズも警告を発するべく、同じ夜にボストンから馬を走らせていたことはあまり知られていない。しかし、ドーズの場合、アメリカ民兵を喚起するほどの効果はなかった。というのは、彼はマサチューセッツ州の小さな町や村にある反英軍オピニオンリーダーのネットワーク構造を知らなかったからである。ドーズは夜一一時にボストンを出発した。それはリビアと同時刻で、同じくらいの速さの馬に乗り、同じ目的をもっていたが、ドーズはリビアとは別の街道をとった。ドーズの場合、なぜこれほど効果がなかったのであろうか？　リビアはボストン茶会事件では枢要な役割を果たしており、英国の課した規則を打破しようと企てていた多くの革命家クラブに属していた。四月の夜、リビアはどのドアを叩けばよいか、よく心得ていたのである。その結果、彼はキーとなる成員を起こし、その成員は近所の人たちを集めて、英軍に対抗するために武器をとった。彼らは警告を発するために、銃を三回連射して、隣近所の民兵を深夜に起こした。ある村落の指導者は別のコミュニティに警告を伝えるために人を派遣した。深夜に馬を走らせている間に、リビアは馬に乗って帰る途中の若者たちに出会った。リビアは彼らがさらに情報を拡散させてくれると思った。報せが多数の人々に拡散するにつれて、S字型の普及曲線が展開すると確信したのである。実際、報せははるか遠方にまで届き、口コミの伝播はやがて一巡して元に戻り、ボストンに返ってきた。

これと比較して、ドーズはリビアほどこの地域のことを知らなかった。マサチューセッツの田舎を深夜に馬を走らせても、彼は手当たり次第にドアを叩くだけであった。家の主は多くの場合、踵を返して眠りに戻っていったのである。

オピニオンリーダーの特性

オピニオンリーダーはフォロワーとどこが違うのか？ 次の七つの一般化命題は、この質問の回答として、実証的な研究結果を要約したものである。各命題ではオピニオンリーダー以外はすべてフォロワーとしているが、これは命題を明瞭に提示するためである。

外部的なコミュニケーション

一般化命題6－3◆**オピニオンリーダーはフォロワーよりもマスメディアとの接触が多い。**もともとの二段階流れ仮説では、オピニオンリーダーはマスコミュニケーション・チャンネルとの接触が多いと指摘されている［ラザースフェルド等、一九四四］。オピニオンリーダーは社会システムにおける新たなアイデアの入り口としての役割を果たすことで、フォロワーによって知覚される能力を獲得する。マスメディア・チャンネルを介して、オピニオンリーダーのコスモポライト性により、あるいはチェンジ・エージェントと多く接触することにより、オピニオンリーダーは外部とのつながりが得られる。

一般化命題6－4◆**オピニオンリーダーはフォロワーよりもコスモポライトである。**コミュニケーション・ネットワークに関する著名な社会学者であるロン・バート教授は、オピニオンリーダーを「境界線上の人たち」と呼んでいる。すなわち、オピニオンリーダーは社会集団の外部からその成員に新しいアイデアをもたらす意味で、一定程度のコスモポライト性をもっている。彼らは「社会集団間の境界をまたいで情報を運ぶ。彼らは物事の先頭にも隅にもいる人間でもない。社会集団のリーダーではなく、社会集団間の仲介人でもない」［バート、一九九九］。オピニオンリーダーは社会集団の境界をまたいで外部と接触することによって、フォロワーが知覚するところのイノベーションに関する能力を獲得する。

一般化命題6-5◆オピニオンリーダーはフォロワーよりもチェンジ・エージェントとの接触が多い。すでに説明したように、チェンジ・エージェントはオピニオンリーダーを活用して、普及活動を推進しようとする。したがって驚くことではないが、オピニオンリーダーはフォロワーと比べてチェンジ・エージェントと頻繁に接触することが多い。

近寄りやすさ

オピニオンリーダーがイノベーションに関するメッセージを普及させるためには、フォロワーとの間に強固な対人ネットワークを築いていなければならない。つまり、社会的に近寄りやすくなければならないのである。近寄りやすさの目安は社会参加である。公式的な会議や非公式的な会話を通じて、イノベーションに関する対面的なコミュニケーションが生まれる。米国独立戦争の英雄の一人であるポール・リビアがマサチューセッツ州で最初に英軍の進撃を報じるだけの重要な社会的地位にいたのは、彼がボストン地域の主要なクラブに属していたからである。リビアは革命家が集結していた主要な酒場ともつながりがあった。これらのクラブや酒場の会員には、一七七五年に始まる米国独立戦争の立役者がいたのである［フィッシャー、一九九四］。

一般化命題6-6◆オピニオンリーダーはフォロワーよりも社会参加が多い。

社会経済的地位

一般化命題6-2で示唆したように、われわれはフォロワーは社会経済的な地位の高いオピニオンリーダーを探し求めると考えている。確かにオピニオンリーダーは平均的にフォロワーよりも社会経済的な地位が高い。これについてはガブリエル・タルド［一九〇三］が次のような指摘をしている。「発明は最下級層からも生まれるが、それが拡散するには社会的に上層に上がっていけるかどうかにかかっている」のである。一般化命題6-7◆**オピニオンリーダーはフォロワーよりも社会経済的地位が高い。**

革新性

イノベーションを使いこなす能力があり信頼のおける専門家であると仲間内で評価されるためには、オピニオンリーダーはフォロワーよりも早く新しいアイデアを採用しなくてはならない。次の命題には実証的に強い裏づけがある。一般化命題6-8◆**オピニオンリーダーはフォロワーよりも革新的である。**しかし、彼らは必ずしもイノベータではない。あるときにはイノベータであるが、通常はそうではない。みたところ矛盾するようなこの事実は何を意味するのであろうか？　われわれは、オピニオンリーダーの革新性に影響を及ぼす社会システムの規範に着目しなくてはならない。というのは、オピニオンリーダーが革新的である度合いは、フォロワーの側に依存することが多いからである。

革新性、オピニオン・リーダーシップ、そして社会システムの規範

どのようにしてオピニオンリーダーは社会システムの規範に合わせながら、同時に率先して新しいアイデアを採

用できるのだろうか？　この回答は次のとおり。一般化命題6－9◆**社会システムの規範が変化を好むとき、オピニオンリーダーは革新的になるが、変化を好まないとき、さほど革新的ではない。**社会システムの規範がより伝統的である場合、オピニオンリーダーはイノベータと遊離していることが多い。イノベータは疑いの目で見られ、社会システムの成員から尊敬されることはなく、成員はイノベーションに関するイノベータの判断力を信用しない。たとえば、伝統的なコロンビアの村落を調査したロジャーズとスベニング［一九六九］は、オピニオンリーダーはフォロワーよりもほんの少しだけ革新的で、歳をとりコスモポライトではなかった。つまり、オピニオンリーダーの革新性は社会システムの規範が決定するのである。

多くの国で調査した結果によると、オピニオンリーダーが社会システム規範に強く適合していることが裏づけられている。たとえば、ハーゾッグ等［一九六八］はブラジルでの調査に基づいて次のような結論を述べている。「きわめて伝統的な地域コミュニティでは、リーダーもフォロワーも革新的ではないので、地域コミュニティは伝統的な状態に留まる。多くの近代的な地域コミュニティでは、規範は革新性に対して好意的であり、リーダーもフォロワーも革新的である。まさに近代化が進行中の地域コミュニティでは、分裂が生じ、オピニオンリーダーは他の成員に先んじて新しいアイデアを試行することにより、近代化への道を先導する」。

チェンジ・エージェントが犯しがちな失敗は、**革新的すぎる**成員をオピニオンリーダーとして選択することである。チェンジ・エージェントはオピニオンリーダーと行動をともにして、彼ら自身と社会システムの成員との間の異類的なギャップを埋めようとする［第7章参照］。しかしオピニオンリーダーが平均的な成員と比べてあまりにも革新的である場合、チェンジ・エージェントと成員との間にすでに存在していた異類性が、今度はオピニオンリーダーとフォロワーとの間に生じてしまう。伝統的な規範の存在する社会システムでは、イノベータはオピニオンリーダーとしては不適切である。イノベータはエリートすぎて、変化志向すぎる。彼らは平均的な成員にとって、参照モデルとして非現実的なのである。社会システムの規範が採用者カテゴリーを規定する。

ときにチェンジ・エージェントは社会システムの成員から能力のあるオピニオンリーダーを見出すことがあるが、チェンジ・エージェントがその努力をこうしたオピニオンリーダーに注ぐあまり、これらのリーダーがイノベータ化してそれまでのフォロワーの信頼を失ってしまうことがある。オピニオンリーダーとフォロワーとの関係は微妙な均衡のもとにある。オピニオンリーダーがあまりにも革新的になりすぎたり、新しいアイデアを即座に採用したりすると、フォロワーはオピニオンリーダーの判断に疑いの念をもつようになる。社会システムにおけるオピニオンリーダーの役割の一つは、フォロワーに対してイノベーションの不確実性を減じる助けとなることである。この役割を遂行するために、オピニオンリーダーはイノベーションを採用するにあたっての意思決定を慎重にしなければならない。オピニオンリーダーは肩越しに後ろを振り返りながら、社会システムのほかの成員が新しいアイデアに対してどう考えているかを熟慮しなければならないのである。

組織にもオピニオンリーダーは存在するか？

組織にもオピニオンリーダーは存在するのだろうか？　ジャック・ウォーカー〔一九六六〕の調査によると、社会システム内部の個々人の間でイノベーションが普及するのと同じように、イノベーションは組織から組織へと組織間ネットワークを通じて普及する。ウォーカーが研究対象としたのは米国五〇州の政府組織で、州ごとに福祉、衛生、教育、環境保全、ハイウェイ、市民権、警察など八八におよぶ政策プログラムの採用に関する革新性を点数化した。州政府がこれらの案件を採用するということは、新たなサービスの提供、新たな規制の制定、あるいは新しい州政府機関の創設を意味していた。たとえば、ガソリン税の創設、市民権に関する法律の制定、屠畜場検査の実施、州衛生委員会の設置などである。ウォーカー〔一九七一〕は最も革新的な州が五つ（ニューヨーク州、マサチューセッツ州、カリフォルニア州、ニュージャージー州、ミシガン州）あることを指摘したうえで、これらの先導的な州のことを「ナショナルリーグ」と名づけた。この五州は人口規模が大きく、都市化と工業化が進んでいた。おそらく、農村地域が多くて小規模の州よりも何年か前になんらかの社会問題に直面し、それに対処するために新法を制定する等の行動をとったのであろう。またこれらの州は財政が豊かであり、イノベーションを採用するだけの資源をもっていたのである。

米国のどの広域圏にせよ、ある特定の州がオピニオンリーダーとして出現していた。これらの州が新しい計画を採用すると、その広域圏にある他の州はそれに追随していた。イノベーションをこれらの先導的な州以外の州政府が採用した場合、その普及速度は遅くなるか、まったく普及しなくなる。このように、米国の州政府の間にはイノベーション普及に関するコミュニケーション・ネットワーク構造が存在していたのである。

さらにウォーカー〔一九七二〕は、米国五〇州を連結する普及ネットワークを計測するために、一〇州の州政府官僚にインタビュー調査を行なって、ネットワークデータを収集した。州政府官僚がイノベーションについての情報を探すとき、直接隣接する州に目配りしていた。「州政府官僚は、資源や社会問題あるいは運営スタイルが似かよっていると思う州政府の官僚と最も多くコミュニケーションしていた」のである。たとえば、アイオワ州の官僚は、いくつかのイノベーションについてはミシガン州やカリフォルニア州の行動に追随していたが、ウィスコンシン州から受けた影響のほうが大きかった。ウィスコンシン州はアイオワ州に隣接しており、アイオワ州の官僚はウィスコンシン州のことをより適切なモデルと考えていたのである。ウィスコンシン州は中西部の州のオピニオンリーダーであった。ウォーカーの指標では、ウィスコンシン州は全米五〇州のうち一〇位であったが、アイオワ州は二九位であった。ウォーカーによると、フォロワーである州はオピニオンリーダーである州がすでに採用した法律の条文をコピーすることが多く、ある場合には、タイプミスもそのままコピーしていたという。

要約すれば、次のようなイノベーション普及過程が想定できる。すなわち、新しい法律は全米五〇州のうち、まずは「ナショナルリーグ」に属する州のうちの数州が採用する。その数年後、新法は各広域圏のオピニオンリーダー州が採用する。ついで、各地域にある数州に急速に拡がる。オピニオンリーダー州は五つの革新的な州とその他の多くの州の間を取りもっていたのであり、全米の普及ネットワークを連結する役割を負っていたのである。

これ以外に、オピニオン・リーダーシップが組織間にも存在するという実証例は、この数十年間に米国の都市に普及した政策イノベーションの調査結果から得られている。市役所の建物やレストラン、バーなどの公共の場での禁煙条例がその一例である［ロジャーズ、ピーターソンとマッコウィティ、二〇〇二］。米国南西部で初めて禁煙条例を採用した都市の一つはニューメキシコ州ラスクルーセスであった。この小さな学園都市の市議会には禁煙チャンピオンがおり、間接喫煙の有害性について研究を行なっていた著名な生物医学研究者がいたことがその一因であった［ヘイズ等、二〇〇〇］。数年のうちに、地域コミュニティの衛生リーダーの連携活動などを通じて、ラスクルーセスの禁煙条例は米国南西部の十数都市に拡がった。このように、ラスクルーセスは禁煙条例という政策イノベーションの普及において、オピニオンリーダーとしての役割を果たしたのである。

オピニオンリーダーは重要か？

「（普及）プログラムを立案するときには、ネットワークを無視するのではなく、これを活用しうる」［バレンテとデイビス、一九九九］のである。ネットワークの使い方で最も一般的なのは、オピニオンリーダーをみつけて活用することである。社会システムでオピニオンリーダーを通じて活動することが、はたして普及過程を早めるかどうかという点について、多くの実験が実施されるようになってきている。衛生イノベーションの介入調査において専門家でないオピニオンリーダーを巻き込んだ調査がある一方で、イノベーションが医師の間にどのように拡がるかを扱った調査もある。なかでも、帝王切開に伴うリスクを軽減するために、経膣出産を推奨するガイドラインの採用に関する二つの介入調査を比較したジョナサン・ローマス等［一九九一］の研究が著名である。一方の介入調査は、一六の病院に所属する七六人の医師からオピニオンリーダーを選び、これらの医師が経膣出産の採用を推奨するというものであった。他方は、カルテの検査および医師への情報提供を調査するものだった。一年後、後者の検査方式による介入調査ではさほどの成果がみられなかったのに対して、前者のオピニオンリーダー方式では経膣出産の採用が八五％増加した。ここで、オピニオンリーダー方式とその代替案方式を比較した実験を行なっている点に着目してほしい。

［表6-2］にはオピニオン・リーダーシップの効果に関してすでに完了した八つの実験結果が示してある。これによると、介入調査を伴うHIV予防、乳癌検査のためのマンモグラフィーの採用、あるいは心臓病予防のいずれにおいても、オピニオン・リーダーシップの介入が行動変化をもたらすのに有効であったことがわかる。これらの健康に関する介入調査のほとんどはランダム化比較試験であった。つまり、新薬の効能や新たな医療処置、あるいはその他社会システムの成員の健康を改善するために介入する手法の効果を試験するのに「最も基準になる検査」である。ランダム化比較試験（RCT）とは何か？　RCTでは、介入試験が治験条件下にある人たちにランダムに行なわれる前と後に、必要なデータが収集される。つまり、データ収集は対照（あるいは比較）条件下で行なわれるのではない。同時発生する変化による効果を取り除くために、対照条件下で生じる効果は、治験条件下で生じる効果から差し引かれる。［表6-2］に要約して示した一〇の実験結果から、イノベーションが普及する際に、オピニオンリーダーが重要な役割を果たしていることが確認できる。この結論は既存のオピニオン・リーダーシップ研究を踏まえたもので、さほど驚くべきことではない。多くの普及研究は実験というよりは実地調査である。最近のオピニオン・リーダーシップに関する実験的手法は非常に重要で、イノベーションの普

及についてのいくつかの研究命題を解明するために、この方法が今後増加することが見込まれる。

これらの一〇の実験でオピニオンリーダーと目された人たちは、介入調査プログラムに協力して、他の人たちにネットワークを通じて影響を行使することになぜ同意したのだろうか？ 共通の理由は、健康問題が介入調査プログラムによって解決されたという個人的な体験にあった。たとえば、アープ等［二〇〇二］が行なったノースカロライナ州でのマンモグラフィー［訳注＊乳房レントゲン撮影］推進プログラムでは、オピニオンリーダー一七〇人の多くは、早期発見のおかげで乳癌から回復した人たちであった。このように、彼女らは積極的な役割モデルとして貢献したのであった。すでに言及したように、数十年前のノースカレリアはフィンランドで最も高率の心臓病発症地域であり、フィンランドは当時最も心臓病の罹患率が高い国であった。ノースカレリア心臓病予防計画のオピニオンリーダー八〇五人の多くは心臓発作の経験があるか、父親、兄弟あるいは夫を心疾患で失っていた［プスカ等、一九八六］。こうした健康問題を抱えていたうえに、多くのオピニオンリーダーは利他主義的であった。四つの職場の女性オピニオンリーダーは、同僚の健康問題を心配したすえに、職場での健康プログラムのオピニオンリーダーとして貢献するに至ったのである［テッサロ等、二〇〇〇］。

オピニオンリーダーとして名乗りをあげる過程、ならびにこの過程でとられた配慮をみると、同僚の行動を変えるのにオピニオン・リーダーシップが少なくともある程度の役割を果たしていたことは間違いない。オピニオンリーダーがフォロワーに影響力を行使し続けるには、彼らを絶えず勇気づけておく必要がある。実験から四年後、ノースカレリア計画のオピニオンリーダー八〇五人の半数は現場から離れていた［プスカ等、一九八六］。さらに、普及活動に関する介入調査でオピニオンリーダーが受ける訓練は、実験ごとに相当程度異なっている。ゲイバーでの実験では、オピニオンリーダーは安全なセックスとＨＩＶ予防において積極的な役割モデルを果たすように訓練を受けた［ケリー等、一九九二、一九九七：ミラー等、一九九八］。ゲイバーの事例では、訓練を受けたオピニオンリーダーは

表6-2………オピニオンリーダーの影響

普及プログラムにおけるオピニオンリーダーの影響は頑健であることがわかった。

研究者・研究方法	オピニオンリーダーを確定する方法	普及プログラムの目的	オピニオンリーダーの介入の影響度
カストロ等[1995] 3年にわたる ランダム化比較試験	キーとなる情報提供者（アリゾナ州フェニックスにある7つの教会の司祭と牧師）	乳癌の撲滅のために、各教会のオピニオンリーダーたちが教会のメンバーを鼓舞すること	プロジェクトが進行中で、まだ結果の報告がなされていない
セレンタノ等[2000] 21カ月にわたる ランダム化比較試験	キーとなる情報提供者ならびにソシオメトリック（タイ王立陸軍被徴兵者）	タイ陸軍男性450人のSTD/HIV感染率の低減	STD/HIV予防に頑健な影響力
アープ等[2002] 3年にわたる ランダム化比較試験	キーとなる情報提供者（ノースカロライナ州の5つの郡に住む170人のオピニオンリーダー）	美容院、教会などでの説明会を通じたアフリカ系アメリカ人女性の間の乳癌検診の推進	五つの対象郡と比較して、乳癌検診率は7%増加
ケリー等[1992] 6カ月にわたる ランダム化比較試験	ゲイバーでの観察手法とキーとなる情報提供者（3つの市にあるバーテンダーと、43人のオピニオンリーダー）	危険性の高い行動を減らすことによって、ゲイバーの顧客のHIV感染率を低減させること	無防備なアナルセックスの15%から29%までの減少
ケリー等[1997] 1年にわたる ランダム化比較試験	観察手法とキーとなる情報提供者（四つの市にあるゲイバーのバーテンダー）	危険性の高い行動を減らすことによって、ゲイバーの顧客1,126人のHIV感染率を低減させること	無防備なアナルセックスの減少とコンドーム使用の増加
ローマス等[1991] 2年にわたる ランダム化比較試験	オンタリオ州の4つの病院での、医師によるオピニオンリーダー4人のソシオメトリックな指名	3,552人の妊婦に対する帝王切開の低減	オピニオンリーダー医師が病院に在籍しているだけで帝王切開率の相当程度の減少
ミラー等[1998] 8カ月にわたって5地点で収集されたデータに基づいたランダム化比較試験	観察手法とキーとなる情報提供者（ニューヨーク市にあるギャンブルバーのバーテンダー）	ギャンブルバーでの男娼と常連客1,862人のHIV感染率を低減させること	20人の講習を受けたオピニオンリーダーの影響力により、危険性の高い行動が3%から25%減少
プスカ等[1986] 4年にわたる現地調査	805人のオピニオンリーダー。フィンランドのノースカレリアに住むキーとなる情報提供者によって村落ごとに2名ずつ同定された	高率の心疾患が顕著に見られる社会システム内部での心臓病のリスク要因を低減させること	喫煙の減少と健康的な栄養摂取の増加
テッサロ等[2000] 18カ月にわたる現地調査	4つの作業所のキーとなる情報提供者。104人の女性オピニオンリーダーを募った	4つの作業組織での全従業員の衛生行動の改善	オピニオンリーダーは衛生関係の資料を配布し、衛生に関わる会合を開き、非公式のネットワークを通じて衛生情報を普及
バレンテ等[2002] 3カ月にわたる ランダム化比較試験	キーとなる情報提供者（教師）、ソシオメトリック手法（調査）およびネットワーク手法（カリフォルニア州の学校16校の6年生1,960人）	教師やオピニオンリーダーないしネットワーク仲間による講習の結果を禁煙率の向上と比較すること	プロジェクトが進行中で、まだ結果の報告がなされていない

バーの常連から頻繁に話しかけられたが、これは彼らが着ていた服に信号機のロゴが描かれていたからである［ケリー等、一九九一］。対照的に、ノースカロライナ州での一七〇人のオピニオンリーダーは、乳癌予防のためのマンモグラフィーという微妙な話題を話し合うのにふさわしい教会や美容院などで女性に接触するように指導された［アープ等、二〇〇二］。

オピニオンリーダーとフォロワーが、互いにどこでどのように接触するかは実験ごとに異なる［表6-2］。ゲイバーの事例では、オピニオンリーダーがフォロワーと話し合うのはたやすいことであった。他の研究では、オピニオンリーダーは訓練を受けて、積極的に社会システムの成員を探し求めて接触したり、会合を準備したり、印刷物を配布したりした［テッサロ等、二〇〇〇］。バレンテ等［二〇〇二］が実施したカリフォルニア州の学校での実験では、オピニオンリーダーによる禁煙促進活動の達成度を比較している。ここで、オピニオンリーダーは、キーとなる情報提供者（教師）や、ソシオメトリック手法（六年生による指名）や、ネットワーク仲間（生徒は、彼らが指名したオピニオンリーダーごとに割り振られた）によって、特定された。禁煙への態度変更という点で、ネットワーク手法は情報提供者（教師）手法よりも有効であり、情報提供者（教師）手法はソシオメトリック手法よりも有効であった。

これらの一〇の実験から得られた最も重要な結論は、オピニオンリーダーがどのように選定されて訓練されるとしても、あるいは他の人たちの行動にどのように影響を及ぼすとしても、オピニオン・リーダーシップ戦略は一般に健康の改善に対して顕著な効果があるという点である。

医薬品の普及ネットワーク

[注＊この事例はコウルマン等［一九六六］に基づく。]

個々人のオピニオン・リーダーシップの度合いを計測するのに、初期の普及研究者は社会システム内の個人ごとのネットワーク連結数を算出していたが、次第にオピニオンリーダーとフォロワーの特性を計測するようになってきた。この種の研究では、オピニオン・リーダーシップ変数は個々人が対人ネットワークとして選択される数の多寡によって計測されたが、個人が分析における単位要素であった。次の段階では、分析の単位要素として、個人ではなく、普及ネットワーク連結度が使われるようになった。連結度を単位要素にすることで、普及研究に大幅な変化がもたらされた。これまで明らかではなかった普及過程における対人的な機構が、ネットワーク分析によって深く理解されるようになったのである。

普及ネットワークの特質を解明した初めての普及研究は、医師たちの間に普及した新薬に関する研究で、社会学者のジェームス・コウルマン等［一九六六］が実施した。それまでの普及研究者と同様、コウルマンらは、個々人の革新性（つまり、医師が新薬テトラサイクリンを採用した月）に関連するさまざまな独立変数を調査した。しかし、これまでの研究者とは違って、独立変数のなかにネットワーク・コミュニケーション行動に関するさまざまな変数を加えた。彼らは（年齢、コスモポライト性、社会経済的地位などの個々人の特性よりも）これらのネットワーク変数が革新性を予測する最も重要な因子であることを発見したのである。

しかし、コウルマン等［一九六六］は、これまでの普及研究者のように、そこで留まることはなかった。対人ネットワークによって普及過程の特質を説明する方法を探究したのである。このようにして、個々人を分析の単位要素とする従来の研究方法から訣別した。つまり、個々人ではなくて普及ネットワーク連結をデータ分析の単位要素とした。この方法論的な前進が、対人コミュニケーション機構を知るための重要な一歩を用意し、S字型普及曲線の解明に貢献したのである。

テトラサイクリンは有効性の高い抗生物質で、医師が一般診療で日常的に処方することが可能であった。テトラサイクリンの有効性は、どのような診察でも迅速にしかも容易に測定することができた。また、テトラサイクリンが置き換わることになった抗生物質と比べて、副作用が少なかった［ファン・デン・ブルトとリリエン、二〇〇一］。医師にとって、テトラサイクリンはアイオワ州の農民にとっての雑種トウモロコシのようなものであった。イノベーションの相対的優位性ゆえに、行動の変化とその結果は歴然としていたのである。自ら雑種トウモロコシを採用したアイオワ州の農民と違って、医師は採用という意思決定を患者のために行なった。アイオワ州の農民と同様、医師は高度の不確実性に直面しながら、意思決定を行なった。彼らはこの不確実性に対処するために、周辺の仲間の意見や行動に依存したのである。

新薬が処方可能になってからたった二カ月で、一五％の医師が新薬を試行した。四カ月後には五〇％に達した［コウルマン等、一九六六］。疑いもなく、テトラサイクリンの相対的優位性という知覚属性が、その急速な採用速度に影響を与えたのである（わずか一七カ月後には、調査対象であったほとんどの医師は新薬を採用した）。新薬の使用結果は驚くほど肯定的で、このイノベーションに関する対人ネットワークメッセージのほとんどは他の医師の採用を促すものであった。実際上、テトラサイクリンの採用中断は一七カ月の調査期間に生じることはなかった。コウルマン等［一九六六］は、新薬の採用に際する医師の革新性は、彼らの回答に基づいて七つのネットワーク相互連結性と関連があるとの知見を得た。ここで、**相互連結性**とは、社会システムの成員が対人ネットワークによって連結されている度合いのことである。

1◆病院に正規の職員として所属していること
2◆病院職員との会合に頻繁に出席していること
3◆他の医師と医局を共有していること
4◆ソシオメトリックの観点からみて、情報源や助言を求める対象として、他の医師から名前が挙げられていること
5◆患者の病状について話し合う相手として、他の医師から名前が挙げられていること
6◆ソシオメトリックの観点からみて、最良の友人として他の医師から名前が挙げられていること
7◆ソシオメトリックの観点からみて、他の医師の話し相手としてのネットワークの連結が双方向的であること

右の七つのネットワーク変数に関して、ネットワーク連結度の高い医師はテトラサイクリンを採用するにあたって革新的であった一方、孤立している医師（つまり、ソシオメトリックの観点からみて、同僚から名前が挙げられなかった医師）の新薬採用時期は遅かった〔図6-2参照〕。医師の個人的特性、コミュニケーション・チャンネルへの接触、患者の平均収入、その他の独立変数のどれと比較しても、医師のネットワーク相互連結度のほうが革新性の予測因子として最も精度が高かった。「医師間」ネットワーク変数のほうが、「医師自身」の特性変数よりも勝っていたのである。いくつかあるネットワーク連結度変数のなかでも、革新性の予測因子として最も優れていたのは、親交変数（右記6に関わる変数）であった。孤立した医師四六人の半数以上は、新薬が医師コミュニティに普及し始めてから一〇カ月経過した後になっても採用していな

かった［コウルマン等、一九六六］。孤立した医師とは、ソシオメトリックの観点からみて他の医師との親交がゼロか一つしかなく、医局を他の医師と共有しているよりはむしろ単独で診察を行なっている医師のことである。これと比較して、同じく一〇カ月経過した時点で、相互連結度からみて二つあるいはそれ以上のネットワークのある医師はほとんどすべてテトラサイクリンを採用していた。

連鎖反応的な接触感染過程がテトラサイクリンの普及初期の数カ月のうちに生じたかにみえることを前提として、コウルマン等［一九六六］は相互連結度の高い医師ほど革新性が強かったと説明している。［図6-2］は、相互連結度の高い医師たちのS字型曲線が雪ダルマ式に速やかに離陸していることを示している。初期採用者はイノベーションに関する個人的な体験を数人の同僚に語りかけ、語りかけられた同僚がイノベーションを採用し、そして次の機会には、イノベーションに関する主観的な体験を他の同僚に語りかけ、語りかけられた同僚がこれを採用していくといったように、この過程が連鎖的に起こったのである。数カ月のうちに、ほとんどすべての連結度の高い医師たちはイノベーションを採用し、その結果、採用速度は当然のごとく横ばいになった。医師たちを連結していた対人ネットワークが存在し、イノベーションに対する主観的評価を交換するコミュニケーション経路が用意されていたからこそ、接触感染過程が生じたのである。

採用に関する連鎖反応は比較的孤立した医師たちには起こらなかった。彼らは、イノベーションに対する主観的な評価を教えてくれる同僚と接触するネットワークを欠いていたのである。そこで、孤立した医師たちの採用速度はほとんど直線的であった。ただし、各期間内の新たな採用者数は、いまだにイノベーションを採用していない医師たちに対して一定の比率に留まっていたため、採用率曲線はやや屈曲している［図6-2参照］。孤立した医師たちに関しては、採用率が突如として離陸することはなかった。しかし、次第にこうした医師のほとんどすべてはイノベーションを採用した。相互連結度の高い医師たちは、その対人ネットワ

図6-2……テトラサイクリンの普及率

テトラサイクリンを採用した
医師の累積比率

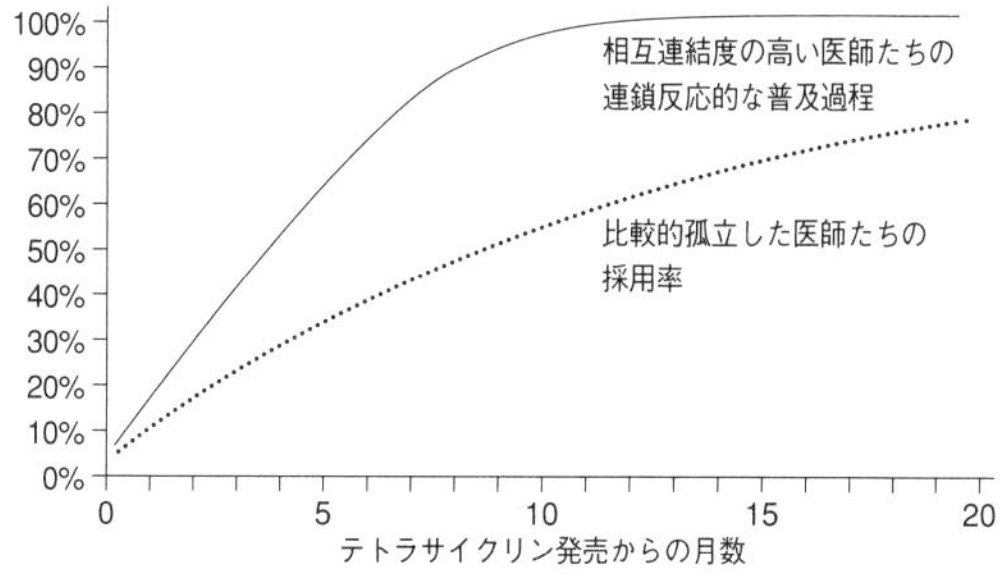

相互連結度の高い医師たちの採用率は、雪だるま式の普及過程をたどって「離陸」した一方、
比較的孤立した医師たちの採用率は直線的であった。
図に示した採用率は、コウルマン等[1966]が報告した現実のテトラサイクリンの採用率を、
「相互連結度の高い医師たち」と「孤立した医師たち」の観点から対比するために、若干図式化してある。
相互連結度の高い医師たちは対人ネットワークによって密接に連結されているので、
連鎖反応的な普及過程は相互連結度の高い医師たちの間に生じた。
出典：コウルマン等[1966]に基づく。

ークのゆえに、新薬の採用に関して革新的であった。「連結していた医師たちに対するネットワークの影響は速やかで強かった。孤立した医師たちに対するネットワークの影響は緩やかで弱かったが、ないわけではなかった」［コウルマン等、一九六六］。バレンテ［一九九五］はこの新薬普及研究に関わるデータを使った再解析を行なっているが、それによると孤立した医師たちの平均採用期間は普及過程開始後九・五カ月であったのに対して、相互連結度の高い医師たちは七・九カ月であった。

新薬採用という必ずしも自明でない不確実な状況のなかで、医師たちが意思決定を迫られたとき、彼らは互いに助力を仰ぎつつ、新しいアイデアの意味を理解するのに役立つ情報を求めた。このようにして、新薬の意味は社会的に構成されたのである。ネットワークに緊密に連結されていた医師たちは、イノベーションを同じように解釈していた。テトラサイクリンの場合、コウルマン等が調査した医師コミュニティでは、このイノベーションに対して次第に肯定的な知覚をするようになってきた。同じ意見が共有されることで、相互

連結された医師たちは新薬を一層速やかに採用するところとなった。最終的には、相互連結された医師コミュニティでのイノベーションに対する好意的な知覚は、ネットワークの周縁部に位置する比較的孤立した医師たちにさえも浸透していったのである。新薬採用の際に、医師コミュニティ内部の三人のオピニオンリーダーがフォロワーに影響を与え、その結果、爆発的な採用が普及過程の比較的早い時期に発生したように見受けられる。

以上の考察から、次の一般化命題6-10を得る。**社会システム内部での個人のネットワーク相互連結度は、その人の革新性と正の相関がある。**仮にイノベーションに対する同僚の経験に基づいて、人々が新しいアイデアの採用を確信しているとすれば、同僚と共有している対人コミュニケーションが多ければ多いほど、その人は新しいアイデアの採用に関してより一層革新的である。

最近になって、普及過程における社会ネットワークの役割に関する当初の結論に疑問を呈するとともに、その過程の一層の解明を図るために、何人かの研究者がコウルマン等〔一九六六〕の収集した新薬普及データを再解析している。ロナルド・バート〔一九八〇、一九八七〕は、医師同士でテトラサイクリンを採用した時期が似かよっているのは、ネットワーク連結よりは、むしろ「構造的同等性」であると結論づけている。「構造的同等性」は二人の人がネットワーク構造のなかで同様の社会空間を占めているときに生じる。また、ピーター・マースデンとジョエル・ポドルニー〔一九九〇〕は、イベント・ヒストリー解析手法を用いて、コウルマン等〔一九六六〕の収集した新薬普及データを再解析した。彼らは、テトラサイクリンを採用する際の医師の革新性に、ネットワーク変数はほとんど影響を与えなかったと結論づけた。トーマス・バレンテ〔一九九三、一九九五〕は、閾値モデルを用いて、コウルマン等〔一九六六〕の収集した新薬普及データを再解析した。閾値モデルとは、医師はそれぞれ医学イノベーションに抵抗する閾値をもっているが、この抵抗閾値は仲間からのイノベーションに関するネットワーク作用によって徐々に克服されるというものである。コスモポライト情報源（特に医学雑誌）からの外部影響および医師間のネットワーク相互連結度という二つの要因の組み合わせが、テトラサイクリンの採用に際しての革新性を最も良好に説明することをバレンテ［一九九五］は見出した。新薬採用にあたっての革新性とオピニオン・リーダーシップの相関は〇・二三であった［バレンテ、一九九五］。また、ファン・デン・ブルトとリリエン［二〇〇一］は、医師間の対人的なネットワークを介した普及というよりは、むしろ積極的な製薬企業のマーケティング努力のほうが、テトラサイクリンがあれほど速やかに浸透した理由を説明できるとしている。

これらの新薬普及データの再解析結果が示すところは、別個の理論モデルおよび異なる解析手法を用いることにより、ネットワーク作用がイノベーションの採用を説明する方法に関して、研究者たちは若干異なった結論に達しているということである。

普及ネットワーク

普及過程の心髄は、潜在的な採用者がイノベーションに対する仲間の経験をモデルとしたうえで模倣するところにあると指摘してきた。人々がイノベーションを採用するか否かを決定する際は、すでにイノベーションを採用していて、しかも自分自身とよく似た人たちとのコミュニケーション経験に依存することが多い。イノベーションに対する主観的な評価は対人コミュニケーション・ネットワークを通じて流れる。そこで、普及過程を理解するためには、ネットワークの本質を理解しなくてはならない。

ドミニカ共和国での光電池普及ネットワークの構築

［注＊この事例はレスニック［二〇〇〇］に基づく。］

一九八四年にペギー・レスニックは研究のためにカリブ地域を訪問した際、太陽エネルギーを利用したポンプを設置するために、ジャマイカの学校に光電池設備を据えつけ、その結果、子供たちはきれいな水が飲めるようになった。ちょうど同じ頃、リチャード・ハンセンは光電池パネルを脇に抱えて、ドミニカ共和国の税関職員の傍らを歩いていた。彼はこの光電池パネルを自らの住居に据えつけることで、電灯をつけテレビを観ようとしていた。光電池は半導体チップを使った再生可能エネルギー技術で、導線とつなげて太陽からの電磁放射線を電気に変換する。たとえば、電卓の多くは光電池を利用している。

一五年ほど後の一九九九年、ペギー・レスニックは光電池の普及に関する博士論文を作成するデータ収集のためにジャマイカに戻った。光電池の熱烈な信奉者であった校長は学校を離れており、パネルは破壊され、配線はむしりとられていた。子供たちはもはやきれいな水を飲むことができなかった。しかし、驚いたことに、近くのドミニカ共和国には八〇〇〇もの光電池アダプターがあったのである！　光電池の採用者はドミニカでも最貧困層に属する人々で、北海岸の僻地に住んでいた。カリブにある二つの国での、このきわめて異なった事態は何と説明できるのか？

リチャード・ハンセンはMITの工学士でありMBAの取得者で、大手電機メーカーのウェスティングハウスを退職して、一九八四年にドミニカ共和国に移住した。彼が使っていた光電池技術は、近隣の人たちの好奇心をそそった。彼らは家では灯油ランプを使い、ラジオやテレビは自動車バッテリーを電源としていたが、自動車をもっていなかったので不便な電源であった。ハンセンは光電池を採用するのに必要な金（一つあたり約六〇〇ドル）を自らの資金から貸してやり、隣家三軒に光電池パネルを据えつけた。最初の採用者は、妻が外出している間に彼女への贈り物として光電池パネルを屋根の上に取りつけた。妻が夕方に帰宅したとき、彼女は光り輝く家が信じられなかった。初期の採用者の一人は、「昔は真暗闇だったのに、今は光と機会がある」と語った［レスニック、二〇〇〇年より引用］。ドミニカ共和国の村落にある家の屋根の上に設置された、縦と横の大きさが二〇インチと四〇インチの光電池パネルは、五つの電灯、一台のラジオ、一台のテレビ、そしておそらくはミキサーや扇風機の電源をまかなうのに十分であった。ハンセンは最初の採用者三人を訓練して、光電池の据付工事をさせることとした。まもなく、彼らはこのイノベーションを二七戸の家庭に普及させた。これらの家庭はいずれも半径一五マイル以内の一本の幹線道路沿いに住んでいた。

これらの初期採用者は太陽エネルギー利用拡大協会を結成し、一五〇人の取扱技術者を訓練し、採用者にはローンを用意し、さらに光電池パネルに対する輸入税を一〇〇%から一八%に下げるように政府に働きかけた。新規採用者は頭金六五ドルを協会に支払い、残りを四〜五年のローンで返済する。政府系の電力事業体は電力を光電池の採用者に安価に提供しようと試みたが、協会はこれを退けた。政府の電力事業には停電やその他の問題が多く発生し、これを経験した人々はやがて光電池発電のほうがまさっていると知るに至ったのである。ある光電池の採用者が語っているように、「光電池は切れることがない」のである［レスニック、二〇〇〇年より引用］。やる気と電力を与える光電池技術は、このイノベーションを採用した貧しいドミニカ人にとってきわめて重要なものであった。

イノベーションに対するこの熱意が、協会による資金と技術の支援を伴いつつ、極貧のドミニカ共和国北海岸一帯に光電池を浸透させる原動力となった。こうした活動を通じて、ドミニカの人々は光電池の普及過程を推進する責務があると感じるようになった。これは特に、リチャード・ハンセンが米国に帰国してからのことである（彼は協会理事で、ドミニカには月に二回、理事会に出席するために戻ってくる）。ハンセンの協力を得て、協会は国際組織となることを決定した。一九九九年には、協会は中央アメリカのホンジュラスで光電池の普及プログラムを立ち上げ、一年も経たずに、一〇〇〇台以上の採用者を獲得した。

ドミニカ共和国での光電池普及の成功を何と説明するのか？　主要な理由の一つは、採用者がネットワーク（太陽エネルギー利用拡大協会）を組織したことで、これがイノベーションの浸透を促進させたのである。

クラスター研究

発展途上国の村落での家族計画の採用調査において、イノベーションが普及するときには個人のネットワークが重要な役割を果たしていることが解明された。たとえば、ロジャーズとキンケイド〔一九八一〕は、韓国の二五の村落で家族計画イノベーションの普及過程を調査した結果、いくつかの村落は「ピル村」であり、その他は「IUD村」、そして一つだけ「輸精管切除村」があることがわかった。ある「ピル村」では、家族計画の採用者はすべて経口避妊薬を使用していた。同様に、研究対象となったその他の村落では、採用者のほとんどすべての人は同じ家族計画を採用していた。避妊法の選択がこれほどまでに均質になることは、決して偶然ではないだろう。韓国政府が実施していた家族計画プログラムでは、いずれの村落に対しても何種類かの同じ避妊法を「カフェテリア」方式によって提示していた。たとえば「IUD村」では、何人かのオピニオンリーダーが初めにIUDを採用し、その体験が仲間の村民に対人ネットワークを通じて伝えられた。村の一〇人程度の女性がIUDの採用を決定した時点で、みなが揃ってクリニックでIUDを挿入した。その結果、数年後にさらに普及が進行し、その村のほとんどの採用者は同じ家族計画方法を使用するところとなった。この調査は、韓国政府は国民を対象として家族計画の普及を図ったが、その普及は主として村落の内部で生じたことを示唆している。

次の事例研究でも同様の結果が得られている：❶コーラーによる右記データの再分析〔一九九七〕、❷エントウィッスル、カスターラインとサイエド〔一九八九〕によるエジプトの村落での調査、❸エントウィッスル等〔一九九六〕によるタイの村落での研究、❹モンゴメリーとカスターライン〔一九九三〕による台湾の街区での研究。たとえば、エントウィッスル等〔一九九六〕は、タイの村落には「ピル村」や「IUD村」などがあることを確認している。

家族計画の普及においてネットワークが重要であるという事実は、既婚で妊娠可能な夫婦の採用割合によって計測された採用率のばらつきからもみてとれる。韓国の村落での普及率を計測したところ、ある村落では五〇%以上の採用率を示していたのに対して、他では一〇〜一五%ほどであった。この差異は村落内のコミュニケーション・ネットワークの特質に原因があった。個人のネットワークが、その個人がイノベーションを採用するか否かの重要な予測因子となったのである。

実際、普通の韓国女性は同じ村落に住む他の女性（友人であることが多い）が使用している家族計画方法を知っていた。避妊法は目に見えないので、他の人が採用している方法を知るためには、対人コミュニケーションによるしかないのである。IUDを使用している女性の場合、ネットワーク仲間の四・三人は同じくIUD採用しており、二人がピル、そして一・七人がコンドームあるいは輸精管切除を採用していた。経口避妊薬を使用している女性についても同様の傾向があり、ネットワーク仲間はだいたい同じ避妊法を使っていた。バレンテ等〔一九九七〕がカメルーンの女性について調べたところ、採用している避妊法とネットワーク仲間との間には強い連関があることがわかった。「ピル村」や「IUD村」といった奇異な現象は、こうした均質化傾向のために村落レベルで避妊法の種別を総計したときに生じる。コミュニケーション・ネットワークがイノベーションの普及と採用において強く作用しているのは十分に根拠があることなのだ。この現象には心配な側面がある。ネットワーク仲間がある避妊法を採用していたがゆえに、彼女には明らかに不適切であるにもかかわらず、ネットワーク仲間と同じ避妊法を採用していた例がある［コーラー、一九九七］。

イノベーションの採用者間にみられる同様のクラスター化はほかの状況でも見受けられる。たとえば、フィラデルフィアの郊外で隣人同士が窓型のエアコンを採用したときの様子をウィリアム・ホワイト［一九五四］が記述している。エアコンの採用者クラスターはホワイトが撮影した航空写真によって簡単に識別できる。航空写真をみると、エアコンがテラスハウスの窓から突き出ているのである。ホワイトが現場で窓型エアコンの採用者にインタビュー調査をしたとき、隣人同士でまったく同じブランドのエアコンを購入している例はほとんどないことを発見した。エアコンを購入して満足している採用者は彼らのネットワーク仲間にエアコンの快適さを話すものの、採用した特定のブランドを強く勧めることはなかった。そのかわり、どのブランドでも似たようなものだと語っていたのである。

北部イタリア地方フローレンスに近いサン・ジミニャーノという丘の上の村落にある家々では、三層から四層の石塔を建造していた。この石塔はステータスシンボル以外には特に意味はなかった。そもそも、ある一家が石塔を建造して、ついで、その隣家が負けじともっと高い石塔を建造した。やがて、どの家も石塔を建造したのだが、他のイタリアの村落では類をみないものであった。

いくつかのイノベーションはクラスター的に採用されるという事実は、隣人間の対人ネットワークが人々のイノベーション採用決定に強い影響を及ぼしていることを示唆している。普及過程におけるネットワークの影響という点では、「模倣犯罪」に関する研究にも同様の根拠を求めることができる。コロラド州リトルトンにあるコロンバイン高校での大虐殺事件は、一九九九年四月二〇日に起こった。その後、米国では二二カ月の間に同様の学内暴力事件が一九件発生した。そのうちの数件はコロンバインの事件ときわめて類似しており、おそらくこの事件が誘発したものであった。たとえば、オクラホマ州フォートギブソンの七年生は、コロンバインの事件に取りつかれた挙句、一九九九年一二月に級友たちに半自動式拳銃で一五発を撃ち込んだ。カンサス州では三人の少年が逮捕され、警察は彼らの家で銃と爆弾製造用の材料と、コロンバインの発砲犯が着用していたのとよく似た三着の黒いトレンチコートを発見したのである［グラッドウェル、二〇〇〇］。

模倣犯罪の場合、犯罪行為へのネットワークの影響は対面的なチャンネルよりもむしろマスメディアを介して生じる。飛行機のハイジャックは事件がマスメディアで報じられることによって誘発される伝染性の行動である。ホールデン［一九八六］は一九六八年から一九七二年にかけて米国で起こった飛行機のハイジャック事件の普及を分析した。この期間に、ハイジャックの試みが一三七件、つまり二週間に一回も発生したのである。ハイジャック事件のほとんどは囚人の解放や金銭の強奪を目的とするものだった。米国で金銭強奪を目的としたハイジャックが成功すると、その後四五日以内に二回の企てを誘発した。伝染性の効果だけで全米の金銭目的のハイジャックの八五％が説明できたのである。しかも、細部にわたって似かよったハイジャックが繰り返された。この場合、ハイジャックは犯罪者の間に普及したイノベーションだったのである。

コミュニケーション・ネットワーク分析

コミュニケーション・ネットワークは、パターン化された情報の流れによって相互に連結されている人たちが構成する。ネットワークは、ある程度の構造あるいは安定性をもつ。人間の行動はネットワークのパターンによってある程度予測されうる。そこでネットワーク研究はコミュニケーション構造を解明する一助となる。**コミュニケーション構造**とは差異化された要素の配列であって、この要素は社会システムにおいてパターン化されたコミュニケーションの流れのなかで識別される。コミュニケーション構造は非常に複雑で、ごく小さな社会システムであっても、そのシステムに属する成員自身がコミュニケーション構造を理解していないことがある。社会システムにあるネットワークの連結数はきわめて多いので、コミュニケーション構造を解明しようとすると、すぐに情報過多に陥ってしまう。たとえば、一〇〇人の成員からなる社会システムでは最大四九五〇通りのネットワーク連結があり、一〇〇〇人になるとおよそ五〇万通りある。無数のネットワーク連結を解明するにはコンピュータが必要になる。**コミュニケーション・ネットワーク分析**とは社会システム内部のコミュニケーション構造を解明するための調査手法であり、対人的なコミュニケーション関係を分析単位として使用することで、コミュニケーションの流れに関するネットワークデータを分析する。

ネットワーク分析では、ネットワーク連結でのコミュニケーションの近接性に基づいてクリーク内の個々人を同定するので、社会的距離が短い人たちは同じクリークに分類される。ドイツの先駆的な社会学者ジンメルは、社会的距離は人間の行為を理解するための基本的な概念の一つであるとしている〔ジンメル、一九〇八／一九六四〕。**社会的距離**とは、社会経済的地位や民族性などに関して、人と人との間の親密度の欠如として知覚される度合いのことである。社会的距離という概念はコミュニケーションの近接性というネットワーク概念と等価である。「エルデシュ数」というのは、近接性に関する指標の一例である。これは数学者ポール・エルデシュとの近接性を示す指標である。エルデシュは著名かつ風変わりなハンガリー生まれの数学者で、誰よりも多い一四七五編の科学論文と多くの共著論文を発表している〔ホフマン、一九九八〕。エルデシュと共著論文を発表した四八五人の研究者はエルデシュ数1である。エルデシュと共著を発表した数学者と一緒に論文を発表した研究者は、エルデシュ数2となる。アルバート・アインシュタインのエルデシュ数は2であった。エルデシュ数は対人的な近接性の指標であって、「分離度」のようなものである。

コミュニケーションの近接性とは、ネットワーク連結のなかにいる二人の個人コミュニケーション・ネットワークが重複している度合いのことである。**個人コミュニケーション・ネットワーク**は、ある与えられた個人に関して、パターン化されたコミュニケーションの流れを通じて、この個人と連結している人たちによって構成される。人は誰でも個人ネットワークをもっている。その人の行動は、部分的にはその人の個人ネットワークに属する人たちとのコミュニケーションから得られる情報や影響のあり方によって決定される。

個人ネットワークには、相互に交流しあう人々の集合によって構成されるものがあり、**相互連結型個人ネットワーク**と呼ばれる。対照的に、**放射状個人ネットワーク**では、対象となっている人とは連結しているが、相互には交流のない人たちの集合によって構成される。放射状個人ネットワークは、あまり密度は高くないがより開放的である。ここで、構成単位がその外部環境との間で情報を交換する度合いのことを**開放性**という。したがって、この位置にいる人は広く情報を交換することができる。こうした放射状ネットワーク連結はシステム全体に拡がっていくので、イノベーションの普及に際しては特に重要である。バレンテ［一九九五］は三種類のデータ（イリノイ州の医師、ブラジルの農民、韓国の女性）に基づいて、放射状個人ネットワークの度合いが革新性と正の相関をもっていることを見出した［バレンテとフォーマン、一九九八］。

「弱い絆の強さ」理論

情報を伝搬する度合いに基づいてネットワーク連結を分類するという考え方は、マーク・グラノベッター［一九七三］の「弱い絆の強さ」理論に始まる。グラノベッターはボストン近郊の都市ニュートンに住む人たちの求職方法を調査し、過去一年以内に新しい職についた二八二人からの回答を集めた。驚いたことに、ほとんどの回答者はそれほど親しくない異類的な友人から仕事の話を伝え聞いたというのである。こうした「弱い絆」は、「ごくたまにしか連絡しあうことのない大学の旧友や以前の職場の同僚や雇用主など、現在の交友ネットワークにかろうじて記されているような」〔グラノベッター、一九七三〕人たちとの間で起こった。こうした知り合いとの偶然の出会いが弱い絆を再活性化させることがあり、仕事の情報を交換することになったのである。新しい仕事に至ったネットワークのなかには、まったくの他人からのものもあった。

たとえば、ある会合に参加させるためにボストンに飛行機で出かけた会計士は、弱いネットワーク連結を通じて求職に成功した。この会計士はボストンに住むあるビジネスマンとローガン空港からタクシーに同乗した。彼らは会話を始め、ビジネスマンの属する会社では会計士を探していることが話題になった。おそらく読者は次に何が起きたか想像がつくであろう。グラノベッターが調査したとき、この会計士はその調査の回答者のひとりだったのである。

グラノベッターがニュートンで調査したときの回答者のうち、親しい友人や親戚などを通じて職をみつけたのはたったの一七%だった。なぜ弱い絆は強いネットワーク連結よりもこれほど重要なのだろうか? ある人が知らないことを、その人の親しい友人が知っていることは滅多にないので、ある人の親しい友人たちもまた相互に友人同士であり、結束力の強いクリークを形成しているのである(相互連結型個人ネットワーク)。このような成長性の乏しい社会システムは、ある人が外部環境から新しい情報を手に入れるという点で、きわめて貧弱なネットワークである。こうした情報を得るためのチャンネルとしてもっと有用なのは、その人にとってより離れた(より弱い)知り合いであり、放射状ネットワーク上の人たちである。こうした人たちのほうが新しい仕事やイノベーションなど、その人が知らない情報をもっている可能性が高い。弱い絆は、親しい友人同士からなる小さなクリークを、それとは離れたクリークと結びつける。このように、弱い絆はブリッジ連結であることが多く、複数のクリークを結びつけている。**ブリッジ連結**とは、社会システム内のあるクリークに属しているとともに、その立ち位置から複数のクリークをつなげる個人のことである。こうした弱い絆が何らかの理由で社会システムから取り除かれると、分離孤立したクリークの集合となってしまう。弱い絆はコミュニケーション・メッセージが頻繁に流れるわけではないが、ここを流れる情報は個人および社会システムにとって大きな意味をもつことがある。グラノベッターがこの理論を「弱い絆の（情報力の）強さ」と呼んだのは、弱い絆が新情報を伝播するのにきわめて重要だからである。

絆の強弱の次元は**コミュニケーションの近接性**といわれるもので、ネットワーク連結のなかにいる二人の間の個人コミュニケーション・ネットワークが重複している度合いのことである。弱い絆はコミュニケーションの近接性という点では低レベルである。というのは、弱い絆でつながっている二人は、これ以外の人たちに関してはネットワーク連結を共有していないからである。少なくともある程度の異類性がネットワーク連結に存在していないと、イノベーションの普及は起きない。低レベルの近接性をもった弱い絆は異類的であることが多い。弱い絆が普及過程においてきわめて重要であるのは、このおかげなのである。たとえば、リウとダフ［一九七二］およびリウ［一九七五］によると、家族計画イノベーションはフィリピンの主婦の小さなクリークの間に比較的早く浸透した。しかし、避妊法についての情報が結束力の強いクリークから別のクリークに弱い絆を通じて伝播されるまで、イノベーションは地域コミュニティ全体には普及しなかったのである。弱い絆は、高い地位のクリークと低い地位のクリークをつなぐといったように、社会経済的な地位に関して異類的であることが多い。

これまでの議論を要約すると次のようになる。一般化命題6-11◈**コミュニケーション・ネットワーク連結の潜在的な情報交換能力は、❶コミュニケーションの近接性、および❷同類性の度合いと負の相関がある。**低レベルの近接性をもった異類的な連結（グラノベッターの「弱い絆」）は稀であるが、イノベーションに関する情報の流れにとって大きな意味をもつ。この情報がすでにイノベーションを採用した人の評価であるときにも大きな**影響**を及ぼす。おそらく、ネットワークのなかにはイノベーションの情報を伝搬する「弱い絆の強さ」があるとともに、対人的な影響を伝搬する「強い絆の強さ」がある。親しい友人とのネットワーク内での絆の潜在的な影響力は、ある人にとっての「弱い絆」（あまりつきあうことのない知り合い）がもたらす影響力よりも強い。相互連結ネットワークのなかで強くつながっている仲間同士は潜在的な影響力を行使することはほとんどない。というのは、この種の同類的で高水準の近接的な個人ネットワークは、イノベーションの情報によって活性化することはほとんどないからである。その人がまだ知らない情報をたくさんもっていることは稀である。情報交換が一層行なわれるためには、情報は外部から相互連結型ネットワークへ流れ込んでこなくてはならない。

ネットワークの中で誰と誰がつながっているのか？

一般化命題6-12◆**物理的な距離に関して近く、社会的な特性として同類的な人たち同士が相互につながる傾向がある。**人々は、最小の努力で最大の報奨が得られるネットワーク連結を形成する。空間的かつ社会的な近接性は最小努力の指標である。隣人や同類的な仲間とのコミュニケーション・ネットワーク連結は気楽で、あまり努力を要することはない。しかし、こうした低レベルの努力しか要しないネットワーク連結は、イノベーションの情報を獲得するためには限られた価値しかない。対照的に、距離的にも社会的にも離れた異類的な連結は、個人にとって新しいアイデアの情報をもたらすという意味で強力であることが多い。気楽なネットワーク連結は、情報という観点からは価値が低いのである。

個人ネットワークをうまく活用しようとする個人にとって、情報を効率よく得たいと思うならば、閉じたネットワーク連結の快適さから離れて、より一層異類的で空間的に離れたネットワーク連結を形成すべきである。最近は簡単にインターネットが利用できるようになり、こうした弱い絆を形成することが容易になってきている［ローゼン、二〇〇〇］。

社会的学習理論

社会心理学の理論のなかで、直接的に普及ネットワークに応用できるのは社会的学習理論である。人の学習がどのように起こるかについて、心理学では人の内面を研究対象とすることが多い。人の行動が変化する様子を説明するために、社会的学習理論では他の人との特定の情報交換を人の外面から解釈する。社会的学習理論の主唱者はスタンフォード大学のアルバート・バンドゥラ教授である〔一九七七、一九八六〕。

社会的学習理論の中核的な考え方は、人は観察モデルを形成することによって他の人から学習するというものである。つまり、人は他の人の行動を観察し、それと似た行動をとる。観察者（他の人の行動を観察している人）の行動は、モデルになった人の行動と完全に一致するわけではなく、単純化した模倣であったりする。むしろ、同じような行動をとるために、観察者は社会的なモデルを作ることで、観察された行動パターンから必要不可欠な要素を引き出す。モデル化することで学習者は観察された行動を採用できるようになるのである（この点でイノベーションの再発明によく似ている）。

社会的学習理論の基本的な考え方は、人は他の人の行動を観察することで学習できるのであり、人の行動が参照モデルから影響を受けるためには、必ずしも言語的な情報交換を要しないというものである（もちろん、対人コミュニケーションは、多くの場合、非言語的なモデル化を伴っている）。このように、（言語的なコミュニケーションのみならず）非言語的なコミュニケーションは行動を変化させるために重要である。社会的学習理論では、個人の行動変化が生じるには外的な要因が重要であると考えているので、コミュニケーションを行動変化の原因とみなす。したがってこの変化は基本的に「社会的」なのである。他の人をじかに観察すること、あるいはマスメディア（特にテレビや映像など）を通じて、人は新しい行動を学習することができる。社会的なモデル化は対人的ネットワークを通じて頻繁に起きるが、テレビなどに登場する人を通じて起きることもある。理念的には、社会的参照モデルの行動が推奨されているとき、人はその行動からより多くのことを学習する。

社会的学習とイノベーションの普及の間には共通点が多い。どちらの理論も、人が他の人とのコミュニケーションの結果、どのようにして行動の変化を起こしたかを説明しようと試みる。どちらの理論も情報の交換が行動変化にとって本質的なものであると強調しており、ネットワーク連結が行動変化を起こさせる説明要因の主要なものとみなしている。

アリゾナ州立大学の社会学者たち〔ハンブリン等、一九七三、一九七九：クンケル、一九七七：ピッチャー等、一九七八〕は社会的学習理論を飛行機のハイジャックの普及過程に適用している。彼らの視点は次のとおりである。「普及モデルは社会を巨大な学習システムとみなしており、そこでは他の人々から独立することではなく、人々は絶え間なく行動したり、意思決定している。……誰もが自身で意思決定をしているのだが、それは自身の個人的な体験に基づいて行なっているというよりは、相当程度、他の人の体験を見たり聞いたりしたことに則っているのである」〔ハンブリン等、一九七九〕。この見解は、イノベーションに関する仲間との対人コミュニケーションが普及過程を進行させるという普及理論の考え方と共通している。

双方向イノベーションの普及におけるクリティカルマス

普及過程の社会的な側面を理解するのにきわめて重要な概念は「クリティカルマス」である。クリティカルマスとは、一層の普及がそれ以降に自己維持的になる点のことである。クリティカルマスという概念はそもそも社会活動の研究を行なっていた研究者に端を発しており、近年ではコミュニケーション研究者がこれを発展させて

図6-3……クリティカルマスを伴った双方向イノベーションの採用率

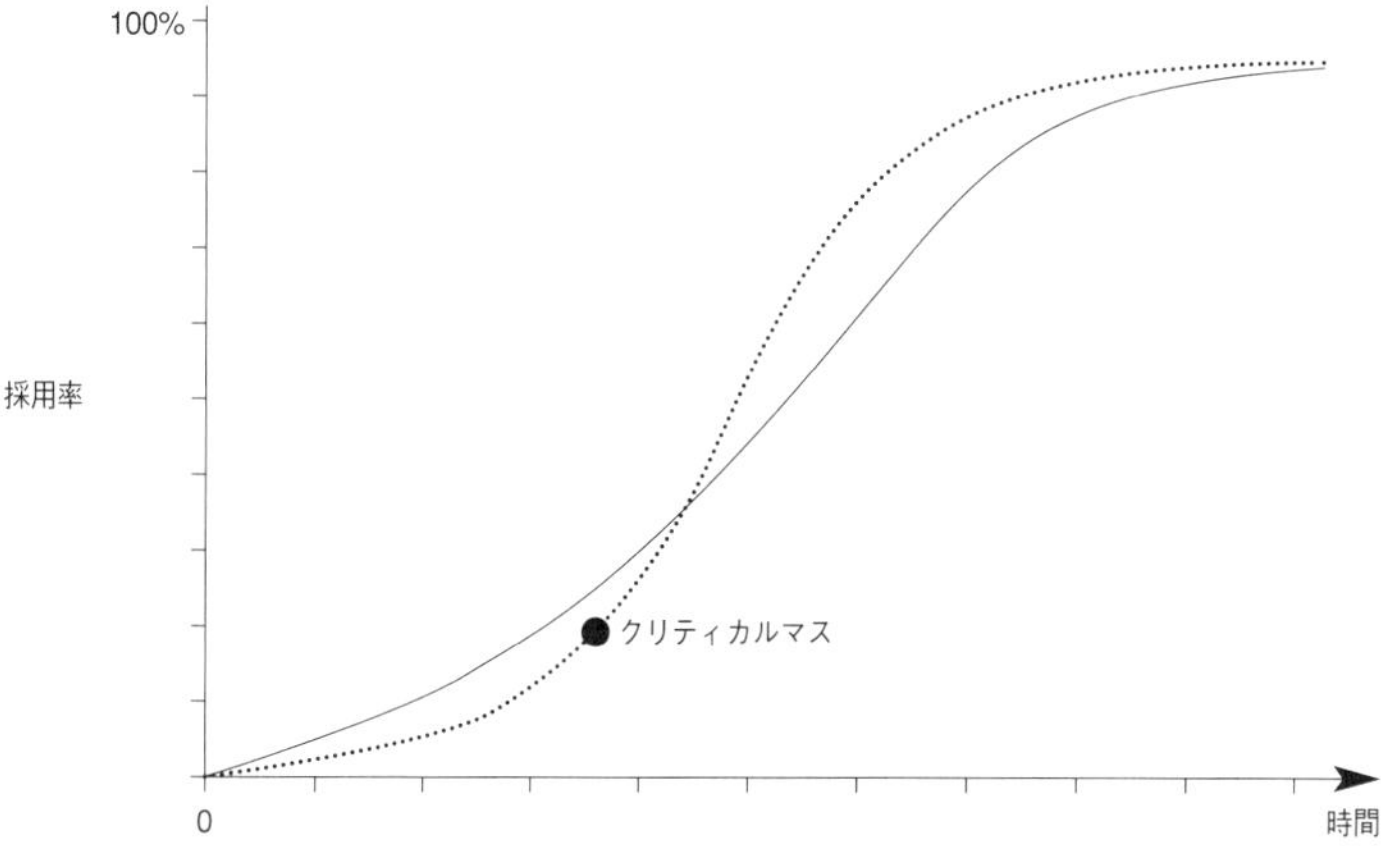

クリティカルマスは、社会システムの十分な数の人々がイノベーションを採用した結果、
イノベーションのそれ以降の採用速度が自己維持的になる点で生じる。

いる。eメールや電話、ファクスなどの双方向メディアの採用速度は際立った特徴を示しており、これをクリティカルマスと呼ぶ。**クリティカルマス**は、社会システムの十分な数の人々がイノベーションを採用した結果、それ以降の採用速度が自己維持的になる点で生じる。

新しいコミュニケーション技術の双方向的な特質が、社会システム内の採用者間の相互依存性を生み出す。双方向イノベーションは、採用者がコミュニケーションしたいと思っている他の人も使用しない限り、それを採用した人にはほとんど役に立たない。このように、社会システムに属する平均的な人たちにとって双方向コミュニケーション技術が十分な効用を発揮するには、クリティカルマスに達するほどの人々がイノベーションを採用しなければならない。採用者が加わるごとに、双方向コミュニケーション技術の効用はすべての採用者にとって増大する。一八七〇年代に電話を採用した最初の人はその事例である。双方向技術においては、二番目の採用者が登場するまで効用は発生しない。普及過程の比較的初期の段階でクリティカルマスに到達するまでは、採用速度は非常に緩慢である［フィッシャー、一九九二］。クリティカルマスに達すると、採用速度は加速する［図6-3参照］。双方向コミュニケーション技術とは何か？　**双方向性**とは、コミュニケーション過程の参加者が相互の会話のなかで役割をやりとりしたり、会話をコントロールできる度合いのことである［ウィリアムス、ライスとロジャーズ、一九八八］。「相互の会話」とは、あるコミュニケーション行為がそれまでの一連のコミュニケーション行為に依拠している度合いのことである。一連のやりとりのなかで、メッセージは蓄積されつつ、次のメッセージに影響を与える。「役割のやりとり」とは、ある人Aが別の人Bの立場に立って感情移入できる能力のことである。「コントロール」とは、人がタイミングや内容、そして一連のコミュニケーション行為を選択し、代替案を探し求め、他の用途のために内容を蓄積し、新たなコミュニケーション能力を生み出せる範囲のことである［ウィリアムス、ライスとロジャーズ、一九八八］。双方向コミュニケーションの場合、コミュニケーション過程でのこうしたコントロールを双方が幅広く分かち合っている。

非双方向イノベーションの採用者は、後期の採用者に対して逐次的に影響を及ぼしている。社会システムの成員が採用するにつれて、非双方向イノベーションは将来の採用者にとってなお一層便益が高まると知覚され、彼らの採用を促す。しかし、双方向イノベーションの場合、初期の採用者が後期の採用者に影響を及ぼすのみならず、逆進的な相互依存過程を通じて後期の採用者も初期の採用者に影響を及ぼすのである［マーカス、一九九〇］。双方向イノベーションの採用者が加わるごとに生じる便益は、将来の採用者すべてにもたらされるだけではなく、それまでの採用者も便益を享受する。普及論という点からすると、双方向コミュニケーション技術の際立った特徴は、「逆進的な相互依存、つまり後期の採用者は初期の採用者に逆に影響を与える」ところにある［マーカス、一九九〇］。たとえば、インターネットの採用者が一人加わるごとに、eメールは誰にとってもわずかずつ価値のあるものになる。そこで、双方向イノベーションの便益は、時間軸に沿って前方に位置する将来の採用者に及ぶのみならず、後方に位置する既存の採用者にも及ぶことになる。

インターネットの普及

コンピュータ・ネットワークの成長は、このイノベーションがクリティカルマスに到達した一九九〇年頃以来、指数関数的に増加している。この拡大の主要な推進力は、二万あったコンピュータ・ネットワークを連結したインターネットの形成である。インターネットの起源はARPANETにまでさかのぼる。ARPANETは一九六九年に創設され、米国国防総省の三〇の受託事業者にコンピュータソフトやデータベースの共同利用を認めるものであった。eメールは後からの思いつきで加えられたが、まもなくコンピュータ・ネットワークの利用者にとって枢要な機能となった。ARPANETは冷戦時代に核攻撃から生き残るために設計され、中央司令部あるいは中央管制局が一つも存在しないシステムであった。

一九八三年にARPANETからインターネットが誕生したときにも、この多対多の分散的なネットワーク構造が維持された。何百万台ものコンピュータが何億ものネットワーク経路を通じて電話回線によって連結された。電話回線を通じてコンピュータからコンピュータへと伝搬されながら、さまざまなメッセージが目的地に向けて流れている。

一九九五年までに、インターネットはおよそ二〇〇〇万台ものコンピュータと接続され、その数は毎年倍増していた。一九九六年には、五〇〇〇万人のインターネット利用者がいて、毎年五〇〇〇万人ずつ増え続け、二〇〇〇年には約四億一〇〇〇万人、そして二〇〇一年には五億二〇〇〇万人に達した［クウォン、二〇〇二］。二〇〇二年初頭には、利用者数は世界で五億四四〇〇万人に上り、世界人口の九・九％を占めるに至ったのである［図6-4］。驚嘆すべき速さであり、人類史上最高の普及速度の一つであろう（普及が速かった理由は［第4章］で論じた）。インターネットの急速な普及は、普及モデルのさまざまな側面（特にクリティカルマスの役割）を研究する機会を提供することになった。たとえば、北米での利用者のほとんどは、雇用者あるいは教育機関などから与えられたアカウントを通じてインターネットにアクセスしている［ラローズとホアグ、一九九七］。ある面で、インターネットは組織イノベーション、すなわち少なくとも組織的な要因による影響を強く受けたアイデアなのである。

人々はインターネットを何のために使っているのか？　筆者はインターネットに関する書籍を執筆するために共同作業を行なっているが、ある利用者はデートの約束に使っている。ネット上で恋に落ちることがあるかもしれない。電子掲示板を利用して、情報を書き込んだり集めたりする人々もいる。あるコンピュータ会社では、インターネットを介して新型コンピュータにリンクを張る実験をしたい人を募集して、コンピュータを無料で貸し出している。膵臓癌の患者とその家族は、インターネットのリストサーブ上で同じく膵臓癌を患った人々とメッセージを交換している。情報や心の支えを求め、新薬試行に参加するかどうか話し合ったり、医師に対する不平を訴えている［ギノッサー、二〇〇二］。カリフォルニア州サンタモニカのホームレスの男性は、公共電子ネットワーク（PEN）を通じて地域コミュニティの論点についての意見を表明している。彼は図書館から無料でPENにアクセスしている。コンピュータ・ネットワークは社会の弱者に力を与えることができる［ロジャーズ等、一九九四：シュミッツ等、一九九五］。若者を含め、ポルノサイトを探し求める人々もいる。インターネットの分散的な特質からして、親にしても政府にしても、こうした行為の制限や抑制をすること

図6-4………世界のインターネット累積採用者数

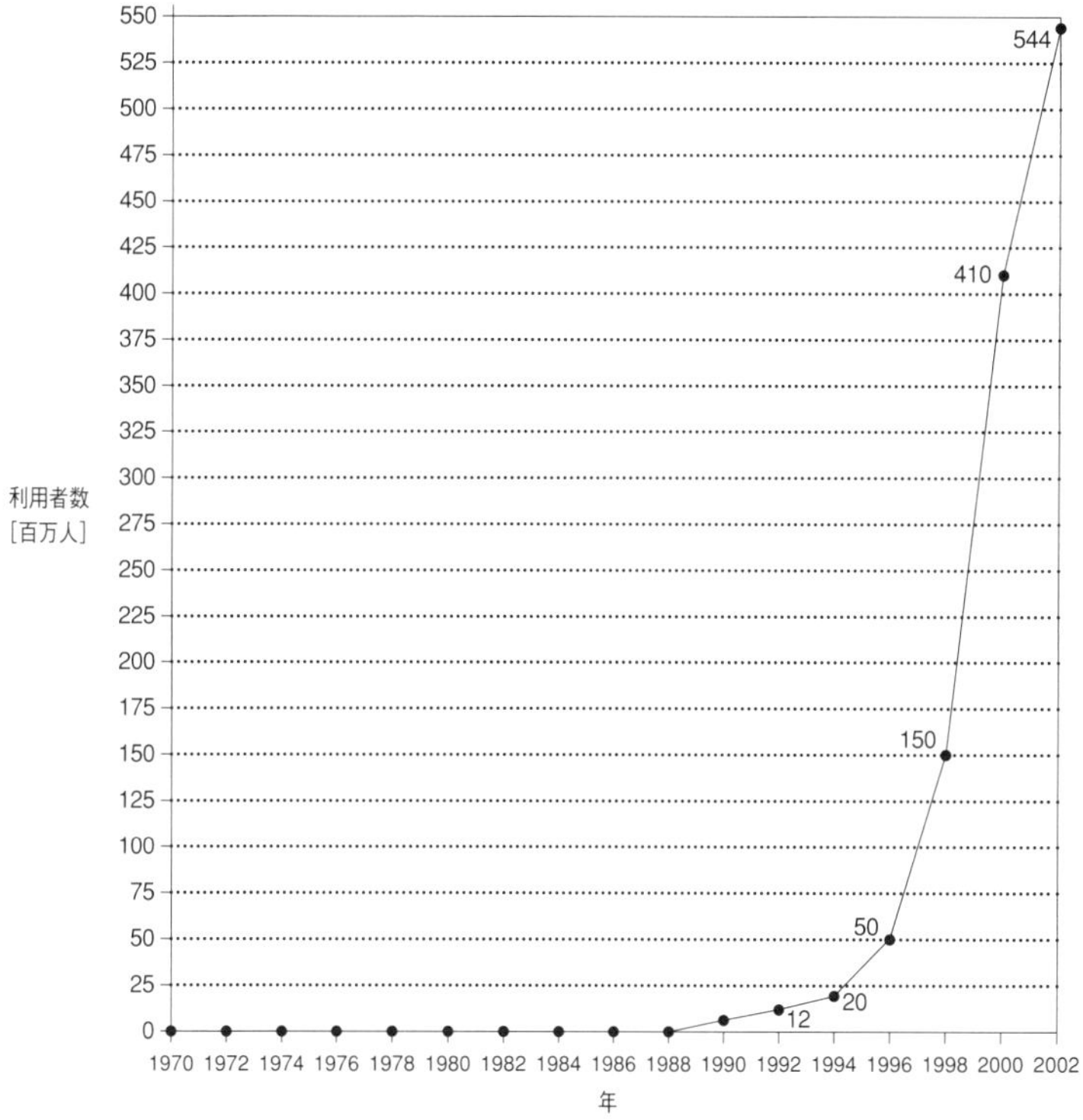

コンピュータ・ネットワークARPANETが創設されて、
コンピュータ科学に関わる米国国防総省の受託事業者が相互接続されることになった1969年以降、
当初の採用速度はきわめて緩慢で、ほとんど直線的であった。
やがて、1980年代後半になると、
ARPANETとその他多くの既存のコンピュータ・ネットワークが一つになってインターネットが形成された。
クリティカルマスは1990年頃に生じてからは、ブラウザのような技術進歩に助けられて、
また、1990年代半ばに登場したWWWによる商業利用が加わって、
採用率は急上昇し2002年には世界の人口の9%(5億4,400万人)がインターネットの利用者となった。
出典:NVA社のオンライン・ポピュレーション・サーベイの推定値に基づいてクウォン[2002]が作成。

は難しい（「セックス」はインターネット検索で最も人気の高い用語である）。

一九九〇年代半ばに、米国政府はインターネットを事業目的に使用することを許可した。インターネットは販売活動や購入活動に利用されており、世界企業の拡大に拍車をかけるところとなった［シンガルとロジャーズ、二〇〇一］。インターネットを通じて大量に販売された最初の製品は書籍だった。その結果、アマゾンなどのeコマース企業は、クレジットカードによる決済や翌日配達など商取引の性格を変えてしまったのである。いまでは、eメールは隣の事務所の人とも、地球の裏側にいる社員や友人ともつながっている。

二〇〇二年までには、ワールドワイドウェブ（WWW）上には三七〇〇万のウェブサイト上に三一三〇億ページがあり、そのうちの六八％は英語である［クウォン、二〇〇二］。この莫大で迅速に増加する情報源が、人々がインターネットに対して知覚する価値を増進し、コンピュータ・ネットワーキングの採用速度を押し上げている。

インターネットは普及研究へのますますの関心を生み出し、特に普及過程におけるコミュニケーション・ネットワークの役割に関心が集まっている。インターネットの登場以前は、対人ネットワークは空気のようなもので、理解は困難であった。今では、人々はコンピュータを連結する導線を通じてコミュニケーションしており、コンピュータには人々のメッセージ交換記録が蓄積されていて、ネットワークの本質が解明できる［ロジャーズ、一九八七］。ネットワークに参加する人は、誰に接続しているかについてわかっているが、これらの人々が誰に結ばれるかについてはほとんど知らない。ヒューレット・パッカードの経営トップが語っているように、「われわれは、われわれが何を知っているか、あるいは誰がそれを知っているかを知らないことが多い」のである。あるシステム内部の人々にそのシステムの全ネットワーク構造を示して、コンピュータ・ネットワーク分析を行なうことで、こうしたことの解明が可能になる。

クリティカルマスの概念

クリティカルマスの概念は物理学に起源を持っており、そこでは核反応を継続的に引き起こすだけの放射性物質の量と定義されている。「原子炉は、核分裂の連鎖反応が自己維持的になるとき、〝臨界状態〟になる」〔シェリング、一九七八〕。クリティカルマスは、個々人の行動とその活動を包含するシステムとの間の関係を表している。クリティカルマスの原理はきわめて単純なので、伝染、ファッション、種の生存と消滅、言語システム、民族の統合、パニック行動、そして政治活動などにおいて出現するのは当然である。

クリティカルマスの概念は広く人間の行動を理解する基本となる。というのは、個人の行為は、どれだけ多くの人たちがある特定の方法で行動しているかを知覚することに依存しているからである〔シェリング、一九七八〕。ここ数十年間のクリティカルマスに関わる理論や研究の多くは、マンカー・オルセン〔一九六五〕の集合的行為の論理に触発されたものである。すなわち、「大きな集団に属する人たちすべてが合理的かつ利己的であり、集団として共通の利益と目標を達成するように行動してそれを獲得したとしても、彼らは依然として共通の利益を達成するために自発的に行動してはいない」。こうした社会システムにおける一見不合理な個人の行動は研究者の注目を集め、コミュニケーション研究者、社会学者、社会心理学者、経済学者、そして世論の研究者はこぞって集団的行為の研究を進めてきた。社会システムにおける個人の行動はなぜこれほど非論理的にみえるのだろうか？人々は集合的なレベルで社会システムに損害を与えているかもしれないなどと顧慮せずに、各人はその目標を追い求めて合理的に行動しているというのが基本的な理由である。

ガレット・ハーディン〔一九六八〕の「共有地の悲劇」は、各人が合理的な行動を追い求めた結果、皮肉にも全体のシステム（つまり「共有地」）を破局に陥れるというものである。ハーディンの概念は、中世ヨーロッパの村落にあって、ほぼ放牧能力が限界に達している共有の放牧地に由来している。つまり、村落に住む一〇〇戸ほどの農民（平均で牛を一〇頭飼っている）は家畜をもう一頭増やしても共有地（牛が千頭いる）の放牧能力を越えることはあるまいと計算したとしよう。一〇〇戸の農民がすべて同じ計算をしたとすると、共有地はいまや一一〇〇頭の牛を飼育することになる。共有地の悲劇が生じた結果、やがて個々の農民は共有の放牧地に柵を巡らすようになったのである。

熱波の季節に郊外の住民がエアコンを使用するのも、共有地の悲劇の一例である。「人はみなエアコンを全開で使うのが最も快適である。しかしもし全員がそうすると、電力に過負荷がかかり誰もエアコンを使えなくなる」［ブリューアー、一九八五］。大気汚染や水質汚濁、あるいは都市内交通の混雑現象も共有地の悲劇の一例である。共有地の悲劇から逃れる一つの方法は、中央（政府など）の権威によって法律などの規制をかけることである［オストローム、一九九〇］。

クリティカルマスに関わる別の概念はネットワーク外部性である。**ネットワーク外部性**とは、利用者の数が増加するにつれて、利用者の価値が大きくなる財やサービスのことである［マーラーとロジャーズ、一九九九］。つまり、外部性を伴うイノベーションの利便性は、新しい双方向コミュニケーション・サービスに対する利用者の数など個々人にとって外部的である。たとえばインターネットの普及初期のように、ネットワーク外部性があまり作用しないときには、双方向イノベーションの採用速度は緩慢である。十分な採用者数になり、社会システムに属する人々が「誰でもそうしている」と知覚すると、採用速度は加速し、クリティカルマスが達成される。インターネットの場合、北米では一九九〇年ころにクリティカルマスに到達した。

携帯電話の普及ではこうした双方向電気通信サービスに伴う外部性の問題を乗り越える必要はなかった。というのは、携帯電話の採用者は既存の電話網の利用者ベースに接続すればよかったからである。携帯電話の利用者とだけしか電話ができないように設計されていたとしたら、クリティカルマスは携帯電話というイノベーションにとって重大なことであったろう［マーラーとロジャーズ、一九九九］。ファックスやeメール、ビデオコンファレンスの採用速度はクリティカルマスによって特徴づけられるが、ボイスメールはそうではない。なぜなら、ボイスメールは既存の電話利用者ベースを活用したからである。クリティカルマスに到達する前には双方向イノベーションの採用速度を遅くするように作用する要因が、クリティカルマスが達成された後には採用速度を加速させる［ウィーバー、一九九二、一九九五］。

ネットワーク外部性が電気通信イノベーションの採用速度に与える影響は標準化に依拠する。たとえば、家庭用ビデオ装置（ＶＴＲ）の二つの規格（ベータとＶＨＳ）に関しては、ＶＴＲが一九八〇年代に普及するおよそ十数年間、日本の電気メーカーの二陣営が対立して競争していた。統一された標準がなかったため消費者への普及は緩慢なものだった。各々の標準ごとに、クリティカルマスが到達されねばならなかったのである。結局、一方の標準のみがクリティカルマスに到達し、他方は米国での販売市場に浸透しなかった。

ここで、クリティカルマスの概念は社会科学上のいくつかの理論と密接に関連していることがわかる。つまり、集合的行為の論理、共有地の悲劇、そしてネットワーク外部性である。これらの関連する概念は、クリティカルマスが双方向コミュニケーション技術の普及において果たす役割を理解する一助となる。

普及過程におけるクリティカルマスの概念は、新製品のマーケティングに重要な意味をもっている。マーケティング普及研究者は数値解析によって、新しい従属変数、つまり一つの国の中で新製品がクリティカルマスに到達するのに要する時間、を明らかにした。この変数は「離陸時間」といわれている。たとえば、シャーメッシュとテリス［二〇〇二］はヨーロッパ一六カ国の一〇製品の売り上げ速度を計測した。その結果、明白な離陸（クリティカルマス）が各国の製品ごとに生じたことがわかった。クリティカルマスに到達する期間は、導入後平均して六年間であった。シャーメッシュとテリス〔二〇〇二〕は、各新製品の年間採用速度のデータを分析して、クリティカルマスに到達した年を確定した。台所や洗濯関連製品の平均離陸時間は七・五年であったが、情報や娯楽製品が離陸に要した期間は導入後たった二年であった。もしもある新製品がすでに隣国でクリティカルマスに達していたならば、同じ新製品の国での相対的な離陸時間は早くなる。

シャーメッシュとテリス〔二〇〇二〕の研究は、異なった社会システムでイノベーションが普及するときの離陸に関する比較研究の可能性を示唆している。ヨーロッパ共同体一五カ国における携帯電話の普及速度を調査したフィンランドの研究者ローリ・フランク〔二〇〇二〕によると、北部ヨーロッパ諸国（スウェーデン、デンマーク、フィンランドなど）では先行して普及したのに対して、南部ヨーロッパ諸国では採用が遅れたと述べている。北部ヨーロッパ諸国は相対的に早く導入することにより、先行者の優位を獲得した。たとえば、スウェーデンでは一九八一年に、フィンランドとデンマークは翌年導入した。これに対してギリシャはスウェーデンに遅れること一二年、一九九三年に導入した。ギリシャでの携帯電話の採用速度は最も緩慢であったが、その理由の一部は急速に普及した諸国と隣接していなかったことによる。フランクはハジャーストランド〔一九五二〕の空間普及理論を引用し、既存の研究を改良して、調査対象国の隣国の採用者数の影響ばかりでなく、各隣国の各期間の携帯電話の採用速度を算定している。

このように、クリティカルマス概念は直観的にも普及過程の理解を助けるのみならず、新たな従属変数の存在と新たな理論研究を示唆しうるのである。

観られながらしかも観ている

あるの組織に新たなeメールシステムが導入されたときのことを考えてみよう。eメールに採用者が一人加わるごとに、すべての利用者の効用が増大する。もしも最初の採用者が、自分あるいはその属する組織が便益を受けるとは考えずに、自分自身の直接的な便益のみを顧慮しているとすれば、誰もこのイノベーションを採用せず、S字型の普及過程も生じることはないであろう。採用者に関するクリティカルマスが双方向イノベーションに出現するまでは、個々の採用者にとって優位性がほとんどないのである。これには、集合的行為や、共有地の悲劇、あるいはネットワーク外部性などと同様の、個人と社会システムとの間の関係がある。クリティカルマスに到達するほどの個々人が双方向イノベーションを採用したとき、逆進的な相互依存性によって、双方向イノベーションは既存そして将来の採用者の両方の相対的優位性が増加するので、それ以降の普及速度は自己維持的になる。クリティカルマスはその意味で「安定限界点」［グラッドウェル、二〇〇〇］、すなわち普及過程における社会的閾値なのである。クリティカルマスへの到達以降、社会システムの規範はその成員に対して、イノベーションのさらなる採用を促すようになる。安定限界点に接近するにつれて、ごくわずかのイノベーション採用者の増加は突如として大きな変化をもたらし、採用速度は急速に加速する［図6-4参照］。

アレン［一九八三］が示唆するように、他の人の将来的な採用をいくらか期待して、人々はイノベーションを採用する。アレンは「他の人の意思決定が何かを考えながら、人々は意思決定選択をしているようにみえる。既存あるいは潜在的な採用者といった〝集団を観ながら〟、社会システム内の集団がどのような選択をするか見定めたうえで、人々はイノベーション採否の選択を行なう。その結果、社会システム内の集団はいわば、誰もが〝観られながらしかも観ている〟という状況に向かっていく」と指摘している。同僚がeメールのような双方向コミュニケーション技術を採用しているのをみるとき、伝染効果が発生する。観られながらしかも観ているという行為は、特に双方向イノベーションの普及において重要な役割を果たしている。

クリティカルマスはまた、双方向イノベーションの中断にも影響を与えることがある。すでに指摘したように、通常の普及理論では人々がイノベーションを採用する意思決定は一方向的に影響すると仮定している。つまり、後期の採用者は初期の採用者の影響を受けるが、その反対方向の影響はない。非双方向イノベーションでは、普及過程が一方向的に順次生起し、各段階が相互に依存しあっている。クリティカルマスの出現は、逆進的な相互依存もまた起きていることを示している。つまり、初期の採用者が後期の採用者に影響を与えるのみならず、後期の採用者が初期の採用者に影響を与えている。「利用者が離脱するにつれて、残余の利用者の便益が減少するとともに費用が増加し、なお一層の離脱を誘発する」〔マーカス、一九八七〕のである。クリティカルマスは双方向イノベーションの採用速度に影響を与え、同様に中断速度を加速させもする。

たとえば、組織の誰か一人がeメールによるメッセージでの返信を中止したとしよう。メールを送信した人はその人からの返信がないことから、中断はやがて他の人の知るところとなる。すると、人々は、その人とやりとりをするのにeメールはもはや効果的な方法ではないとの結論を下す。ある人がコミュニケーション・ネットワークから脱落すると、多くの人々に影響を与えて、誰もがeメールの使用の中断をほんの少し考えるようになる。ある人が双方向イノベーションを中断すると、ついには中断者の数がクリティカルマスに到達し、その結果社会システム全体がeメールのようなイノベーションを完全に拒絶する事態に至るかもしれない。今日では、eメールがこうした事態に陥ることはありえないが、一九九〇年代初期にはいくつかの組織で起きていたのである。

クリティカルマスについてのこれまでの議論では、採用者が他の人に与える潜在的な影響はすべからく同等であると考えてきた。しかし明らかにそれは同等ではない。影響力の強い少数の人々が新しいアイデアを採用すると、あまり影響力のない同数の人々が新しいアイデアを採用したときよりもクリティカルマスへの到達に大きな意味をもつことになることがある。クリティカルマスにはオピニオンリーダーが含まれているのが一般的なので、双方向イノベーションの普及過程においては、社会システム内部のコミュニケーション・ネットワーク構造がクリティカルマス出現の一助となる。これによって、新しく登場した書籍や映画あるいは音楽などの「嗜好製品」が瞬く間に流行する現象の一部を説明しうるのである。

思わぬ掘り出し物

［注＊この事例はグラッドウィル［一九九九］に基づく。］

ダニエル・スチールやトム・クランシーなどの有名な著者の本は、大量の宣伝がなされて、ほとんどすぐ大成功を収め、ベストセラーの第一位になり、販売最初の週に何十万部も売れる。こうした書籍には販売量の日安があり、すでにいつでも売れる市場が存在している。

これとはまったく異なる種類の本のことを、出版業界では「スリーパー」と呼んでいる。スリーパーの販売はごく緩慢に推移し、目には見えない不可思議な口コミの過程を経て、ようやくクリティカルマスに到達する。その事例は、レベッカ・ウェルズという無名の作家が一九九二年に著した『どこにでもある小さな祭壇（Little Altars Everywhere）』で、シアトルにあったが今は倒産した小さな出版社から発行された。ウェルズには、一九九二年の感謝祭をナショナル・パブリック・ラジオ（NPR）のプロデューサーと過ごした友人がいた。この友人はウェルズの本が好きで、ショーの司会者であるリンダ・ウェルトハイマーにこの本を回した。彼女もこの本が気に入り、NPRでウェルズにインタビューした。アーカンソー州ブライスビルに住む男性がラジオのインタビューを聞いた。彼はこの本を買い、それを妻メアリ・ゲイ・シプリーに渡した。彼女はブライスビルにザット・ブックストアという書店をもっていた。彼女はこの本は皆が読むべきだと考えて、一九九三年に一二冊ほど注文した。店の正面にある特別の本棚にウェルズの本を置き、彼女が発行しているニューズレターにその本の記事を載せた。まもなく、ウェルズの本はザット・ブックストアの売上げ第二位になったのである。

ウェルズの本に対する同様の熱狂はいくつかの地域でも沸き起こってきて、やがて販売冊数の増加にニューヨークの編集者が目をつけるところとなった。編集者ダイアン・レブランドは一九九六年にレベッカ・ウェルズに次回作『ヤァヤァ・シスターズの聖なる秘密』の契約をするよう提案した。メアリ・ゲイ・シプリーは準備万端であった。彼女は一〇〇冊注文したが、このようなことは彼女の小さな書店ではいまだかつてないことだった（彼女は普通、一つの本に対して一、二冊しか注文しない）。シプリーは発行元の販売責任者に、ウェルズがブライスビルに来たら素敵だと語った。ウェルズがザット・ブックストアに来て『ヤァヤァ・シスターズの聖なる秘密』を読んだとき、店はすし詰めになった。最前列の女性たちは「ヤァヤァ」と書いてあるプラカードをかけていた。

やがてこの本は何万冊も売れるようになり、ダイアン・レブランドはニューヨーカーに広告を載せることにした。メディアを通じての始めての宣伝である。一カ月で、売上げは倍の六万冊に上った。発行後二年経過した一九九八年二月までには、ベストセラーに載り、すぐに三〇〇万冊が増刷された。明らかに、メアリ・ゲイ・シプリーのような人物が、ウェルズの本のようなスリーパーを起こすのに重要な役割を果たしている。シプリーは生まれてからずっとブライスビルで暮らしており、ザット・ブックストアを二五年間運営してきている。彼女は顧客のことを知っており、ある特定の顧客に見合った本をあてることができる。彼女の推薦は尊重されているのである。

趣味嗜好品の推薦は、インターネットを介して提供されている協調フィルタリング方式によって利用可能になっている。購入履歴や嗜好の傾向などに基づいて、好きそうな本や音楽を予測するのである。たとえば、ロジャーズの『イノベーションの普及』を購入した人の多くは、トーマス・バレンテ［一九九五］の『イノベーション普及におけるネットワーク・モデル』やエマニュエル・ローゼン［二〇〇〇］の『クチコミはこうしてつくられる』を買っている。これら三冊の本は共通点が多いので、この購入クラスター化はさほど驚くことではない。協調フィルタリング方式はこれに留まらず、最近購入した一〇冊について質問して、本の好みを尋ねてくる。こうした好感度データを集めることによって、協調フィルタリング方式は趣味嗜好品の具体的な推薦ができるようになる。こうして、去年のクリスマスに姪に『若草物語』を購入したからといって、アマゾンから子供の本の案内が送られてくることはないのである。しかし、協調フィルタリング方式が、スリーパーを起こしたメアリ・ゲイ・シプリーのような人物に置き換わることはできるのだろうか?

採用に関する個人閾値

人がある活動に加わるとして、その時点までにその活動に参加していなくてはならない（その人を除いた）人数のことを**閾値**《いきち》という［グラノベッター、一九七八；マーカス、一九八七］。イノベーションの普及で閾値に到達するとは、ある人の個人的コミュニケーション・ネットワークに属する人々の少なくともある人数が、イノベーションを採用しそれに満足していることを人が知ったうえで、納得して採用するときのことをいう。閾値は**個人**レベルで起きるのに対して、クリティカルマスは**社会システム**のレベルで起きることに着目して欲しい。人々は採用の閾値をもつのに対して、地域コミュニティや組織などはクリティカルマスをもつ。

個人閾値はミクロレベルの過程を説明するもので、このミクロレベルでの個人の意思決定が集計されて社会システムにおけるクリティカルマスとなる。グラノベッター［一九七八］は、個人レベルでの閾値と社会システムのレベルでのクリティカルマスが相互に関連していることを次のように説明している。

暴動の局面、つまり広場を一〇〇人の人々が動き回っている状況を思い描いてみよ。彼らの暴動閾値について、ある人は閾値〇、ある人は閾値一、ある人は閾値二として、一〇〇人目の人は閾値九九であると仮定する。これが閾値の分布である。その結果は明らかであり、「バンドワゴン」効果とか「ドミノ」効果とでも呼ぶべきものである。閾値〇の「扇動者」が暴動行為に出て、いわばガラスを割る。これは次の閾値一の人を活性化する。こうした二人の行為は閾値二の人を活性化し、ついに一〇〇人すべてが暴動に加わる。

もしも閾値一の人を取り除き、閾値二の人に置き換えれば、暴動はたった一人の暴動者が出て終わる。ガラスは一枚しか割られない。クリティカルマスに達することはないだろう。

閾値モデルでは、イノベーションの採用を意思決定する人は同じ社会システムに属しているとともに、行動を変化させてすでにそのイノベーションを採用した人々の数に依存すると考える。上記の窓ガラスモデルでは、各人は窓ガラス破損者の人数を容易に観察できる。しかし、避妊具やＨＩＶ予防イノベーションなど、イノベーションの多くはそれほど簡単に観察できない。各人の性的パートナーのみが、イノベーションを採用したか否かを知るのみかもしれない。こうした観察の難しいイノベーションでは、高レベルの多数者無知が生じる。**多数者無知**とはある社会システムに属する人々が他の人々の行動について無知である度合いのことである。こうした状況下では、個人閾値は新しいアイデアの採用に関してあまり重要ではない。

普及過程に対する理解は個人閾値の分布に着目することによって改善されるが、この課題については比較的少数の実証研究がなされているのみである。トーマス・バレンテ教授［一九九三、一九九五］が指摘するように、社会システムに属するすべての成員のイノベーション採用速度に関するデータと並行しながら普及ネットワークのデータを収集することは、実に困難だからである。イノベーション普及過程において個人閾値やクリティカルマスに関する理解を深めるには、こうした実証データの欠如という制約がある。実際、バレンテ［一九九五］は普及ネットワークモデルの仮説を証明するために、その時点で利用可能であった既存のデータ集合を再分析せざるをえなかったのである。

人々はなぜクリティカルマス到達以前にイノベーションを採用するのか

普及過程におけるクリティカルマスの役割を理解するための重要な設問は、「人はなぜクリティカルマス到達以前に双方向イノベーションを採用するのか」という点である［図6-3参照］。普及初期の段階では、イノベーションを採用するときに知覚される費用は、知覚された相対的優位性を上回っている。普及初期に採用する人は、イノベーションの普及速度は近い将来（人々が採用することにより）離陸し始めると見越して採用を決定するのかもしれない。これは、多くの人々は仲間内の成功体験を学習した後でないとイノベーションを採用しないというこれまでの普及研究の考え方とは異なるものである。

［図6-5］は、コウルマン等［一九六六］がテトラサイクリンという新薬の普及を調査した際、その回答者の一人であるイリノイ州ピオリアの医師の閾値行動を示したものである。この医師は、彼の属する地域コミュニティに五人の医師間ネットワークをもっていた。普及過程の開始時期には、どの医師も新薬を採用しなかった。三カ月後、この医師のネットワーク仲間の二人が採用した。つまり、この医師の個人ネットワークの四〇％にあたる。医師の個人ネットワークに属する医師が新薬を採用するにつれて、彼も徐々に新薬を採用する方向に傾いていった。新薬を採用した個人ネットワークの仲間は三カ月で四〇％になり、その五カ月後には八〇％、さらに八カ月経過した後には一〇〇％に達した。一七カ月の普及過程の末に「安定限界点」（対象となった医師の個人閾値）に至

り、この時点でこの医師は新薬を採用したのである。アレン［一九八三］の言葉を借りれば、ピオリアの医師コミュニティは新薬の普及過程という点で、観られながらしかも観ていたのである。

採用に関する閾値は社会システム内部の成員ごとに異なっており、S字型普及曲線が生じるのもこのためである。最初にイノベーションの採用に走るイノベータは、冒険好きであることから採用に関する閾値はきわめて低い。後期の採用者の閾値は相対的に高いので、彼らの個人ネットワークに属する人々の多くがイノベーションを採用して初めて閾値に到達する。採用に関する個人閾値は正規分布しており、普及曲線はS字型となる。

バレンテ［一九九五］は、個々人をネットワーク閾値によって分類できることを示した。すなわち、❶彼らの属する社会システムという観点からの革新性、および❷彼らの属する個人ネットワーク仲間の観点からの革新性、である。この分析手法によって、全般的な普及過程のなかでは初期に採用しているが、個人ネットワーク仲間に対しては相対的に後期に採用している個人を明らかにできる。同様に、ある人には、ネットワーク仲間を通じてイノベーションを知るところとなった後期の採用者がいたが、その人のネットワーク仲間は依然として採用していない事例をバレンテは示している（つまり、閾値に達したからといって、すべての人がイノベーションを即座に採用するわけではなく時差が存在するのである）。またある人々が後期の採用者となったのは、個人ネットワークを通じてイノベーションに触れることがなかったためであった。個人のイノベーション採用行動を知るために、ネットワーク仲間の革新性の関数として、個人の革新性を分析することの意義がここに見出されるのである。

一般化命題6－13◆**ある人の個人ネットワークに属する人たちがすでにイノベーションを採用しているならば、その人はより一層イノベーションを採用する傾向がある**［ロジャーズとキンケイド、一九八一：バレンテ、一九九五］。普及は本質的にきわめて社会的なものである。ある人の一定数の仲間が採用したとき、その人にとっては採用に関わる閾値に到達する。イノベータは非常に低い閾値をもっているので、イノベーションを相対的に初期に採用し、

図6-5………個人の採用閾値

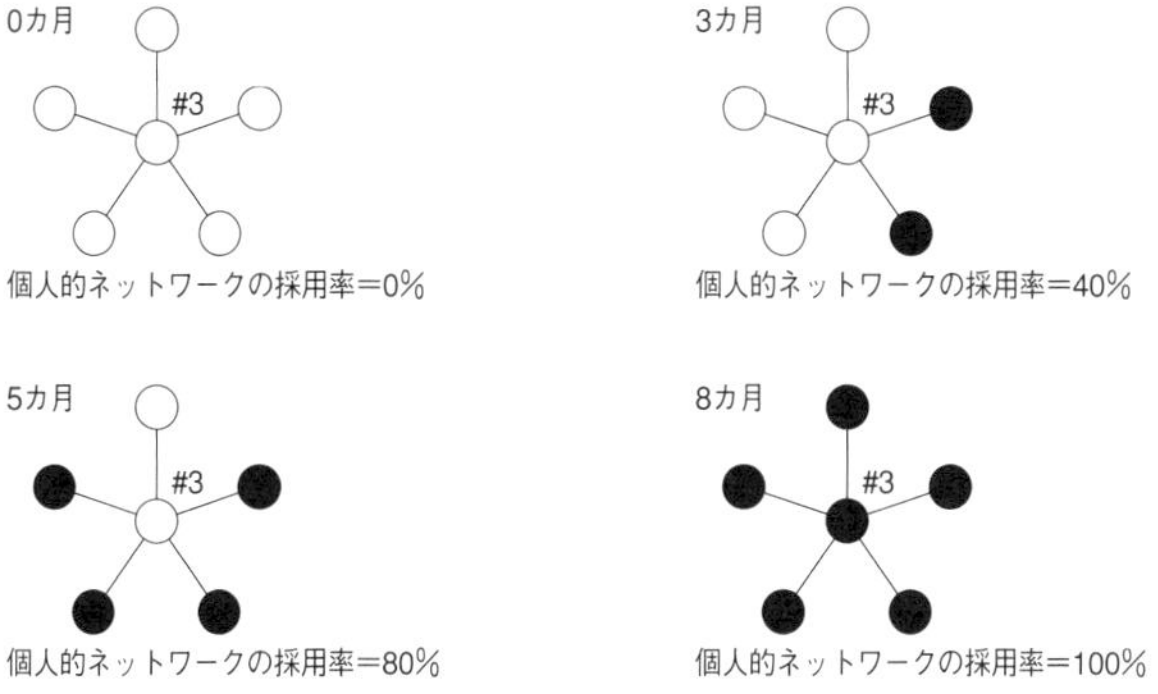

この医師は、仲間の医師たち五人のコミュニケーション・ネットワークの焦点に位置している。

医師たちは普及過程の開始後、最初の八カ月の間にテトラサイクリンを採用した。

この医師は新薬に対して比較的高い抵抗閾値をもっており、抵抗閾値に打ち勝つためには、
すでにイノベーションを採用していた同僚からのネットワークを介しての強力な働きかけが必要だった。

出典：コウルマン等［1966］の新薬普及データに対するバレンテ［1995］の再解析に基づく。


社会システムのなかにイノベーションの普及過程をもたらす。初期に採用することによって、イノベータは後期に採用する人たちが閾値に到達するのに一役買うことになるのである。双方向イノベーションの採用率がクリティカルマスに到達すると、すべての人にとって、ネットワーク仲間の採用比率が飛躍的に増加し、それ以後の採用速度は急に上昇する。クリティカルマスの出現は、個人閾値はそれぞれ異なっているという観点から説明できるのである。

　クリティカルマスが個々人の採用行為に与える効果を説明するためには、ミクロレベルの個人的コミュニケーション・ネットワークについての考察が有用である。クリティカルマスに関する重要な設問の多くは、クリティカルマスが出現するネットワークの特性、およびクリティカルマスが誘発する効果を精査することによってのみ回答が得られる。たとえば、医師がテトラサイクリンを採用する過程で述べた［図6-5参照］ように、医師の個人的コミュニケーション・ネットワーク仲間のうち、その医師よりも以

前に採用している医師たちの割合に基づいて採用閾値を計測した。この医師はたった五人としかこのイノベーションについて直接意見を交わしたことがなかったので、すべての医師仲間に対する割合に基づいて計測したわけではないのである。個人の採用を予測するためには、個人の採用閾値をシステムレベルではなく、個人ネットワークレベルで計測したほうが正確なのは当然である。

クリティカルマスに着目することにより、普及理論の一部は重要な修正を余儀なくされる。特に双方向イノベーションに関してはそうであるが、さらに、クリティカルマスは非双方向イノベーションでも出現しているかもしれない。たとえば、社会的エリート層が一部の衣料品を着用してクリティカルマスに到達すると社会全体に流行し始める［グリンデレング、一九六七：クレイン、一九九九］。ファッショナブルなドレスを着用している人たちは観られながらしかも観ているのである（新しいファッションを着用している人は、パーティで同じドレスを着た人を見かけると激昂することがある）。そのほかの人たちは新しいファッションを競って採用するようになり、新しい衣料品のファッションがそれに置き換わっていく。これがスカートの裾の長さの変化やへそ出しルックなどのファッションの普及過程である。

どのようなイノベーションにせよ、採用者がその仲間のイノベーション採用に影響を与えるという意味で、成員間の相互依存関係は数え切れないほど起きている。こうした仲間内の影響によって、累積採用率が五％から二〇％程度になると普及曲線は離陸し始める（正確な比率はイノベーションごとに異なり、社会システムのネットワーク構造に依拠する）。離陸が起こると、イノベーション採用を促す活動はほとんど必要なくなる。というのは、一層の普及はイノベーション自身の社会的推進力によって自己生成されるからである。非双方向イノベーションの採用に関してこのS字型曲線の意味を説明すると、きわめてクリティカルマスの概念に似かよってくる。双方向イノベーションで特徴的なのは、そこには採用者と潜在的採用者との間に組み込まれた「強制的特質」があるという点で、これは双方向イノベーションの逆進的相互依存性に由来する。キャッツ〔一九六二〕が指摘するように、「タンゴを踊るには二人必要なのである」。少なくとも二人。

ネットワークとターボチャージャ効果

個人ネットワークに関する変数を考慮すると、革新性のような従属変数が変動する要因を説明することが可能になってくる。**ターボチャージャ効果**とは、個人レベルの変数による直接的効果ではなく、ネットワーク変数によって説明される従属変数に関わる変動要因のことである〔ウェルマン、一九八三〕。タンザニアでの家族計画の普及研究で、シャヒード・モハメッド〔二〇〇二〕は回答者三〇二〇人を対象としてターボチャージャ効果を調査した。各回答者に対して、彼らが重大案件について話し合った人たち四人を特定してもらった結果、回答者は同性、同一宗教、同一部族と相談しているという意味で、強い同類性が見出された。家族計画とＨＩＶ予防を促す連続ラジオドラマの聴取者は、このドラマについて他の人と語りあっていたのである。

教育レベルや社会経済的地位などのネットワーク変数をつけ加えることで、小幅ではあるが、家族計画法の採用に関する従属変数の変動要因を説明できることをモハメッド〔二〇〇二〕は実証した。個人の革新性に関わるネットワーク・ターボチャージャ効果については、一層の研究が必要である。

クリティカルマスを実現するための戦略

社会システムのなかで双方向イノベーションをクリティカルマスに到達させるためには、どのような戦略を用いることができるか？

1◆双方向イノベーションの採用初期段階では、社会システム内の階層構造で高い位置にいる人たちをターゲットとすべきである。たとえば、組織の長がｅメールなどの双方向技術の導入を支持し、組織内の成員に最初にメッセージを送れば、そこには明らかにメタ・コミュニケーション・メッセージが含まれていることになる。すなわち、他の成員は、組織の長の電子メッセージに応答するために、すべからく新技術を採用すべしというメッセージである。

社会システムがクリティカルマスに到達する際の背景は、双方向イノベーションを採用させる圧力を加えるのに重要である。社会システムの階層構造、報奨制度、そして諸規則が新しいアイデアの採用を後押しすることもあれば落胆させることもある。社会システムの側では、最初のイノベーション採用者に対して特別の資源（インセンティブなど）を用意することによって、個々人の採用意欲を増やすこともできる。

2◆イノベーションに対する個々人の知覚を次のようにして形作ることができる。すなわち、イノベーションの採用は避けられない、採用が望まれている、クリティカルマスはすでに達成された、あるいはまもなくクリティカルマスに到達する、などである。

3◆相対的に革新的と目される社会システムの成員で、外部からの影響を受けていない集団にイノベーションを導入すべきである。たとえば、ｅメールシステムはまず企業の研究開発部門に導入されることが多かった。研究開発部門はこのようなイノベーションの導入には特に最適の環境である。研究開発部門でクリティカルマスが達成された後に、企業全体に導入されたのである。

4◆双方向イノベーション採用の初期段階では、少なくともクリティカルマスに至るまでは何らかのインセンティブを付与すべきである。（クリティカルマスに到達するための）最も直截的な方法は、ある一定期間、特定の集団を選り分けて、無料サービスを提供することである〔ロールフス、一九七四〕。二〇〇一年に米国内でハイブリッドカーのマーケティングを開始したある自動車メーカーは、その価格を自動車製造費用の約三分の二（消費者は約一万ドル節約できる）に設定するとともに、イノベータの採用を促すためのインセンティブとして三年間の無料点検サービスを付与した。二年後、一万八〇〇〇台の車両を販売して、クリティカルマスに到達した。インセンティブ付与がその役割を果たせば、インセンティブ付与もまもなく終了する。

［訳者……報道の普及調査研究は人々を驚愕させる重大事件の浸透過程に焦点を合わせている。報道の普及はきわめて早いので、通常のコミュニケーション調査手法の適用は困難で、報道事件の普及研究では「消防署」調査なる方法をとる。つまり、報道事件が起こるのに先立って質問表を設計し、大学院生などに電話インタビュー調査の方法を訓練しておく。そのうえで、事件が起きたときには、対象とする回答者に即座に電話をかけてインタビュー調査を実施しデータを収集する。

セイリエンス［訳注＊もともとは要点あるいは突起という意味である。］は報道事件を特徴づける質を表している。セイリエンスとは、報道事件が個々人によって重要であると知覚される度合いのことである。一九九七年のダイアナ妃の死はきわめて多数のオーディエンスに顕著な行動変化をもたらした。会葬者がロンドンで三マイルにも及ぶ葬列をなし、何億もの人々がテレビでその模様を観て、死後数週間のうちに人々は彼女に関する何百万部もの本を購入し、そしてエルトン・ジョンが歌う「風の中の火のように」は、大ベストセラーになった［ブラウン等、一九九八］。ダイアナ妃の死を悼むこれほどの感情のほとばしりは、パラソーシャル（準社会的）な相互作用が引き起こしたと考えられる。パラソーシャルな相互作用とは、オーディエンスが、あるメディア・パーソナリティと個人的な関係があると知覚する度合いのことである［シンガルとロジャーズ、一九九九］。若い女性の多くはダイアナとの間にパラソーシャルな相互作用を持つ傾向が高かったので、葬儀の模様をテレビで観たのである［ブラウン等、一九九八］。

9・11テロリスト襲撃に関する報道の普及

[注＊この事例はロジャーズとシーデル[二〇〇二]に基づく。]

「私の義父は世界貿易センターにいて、叔父はペンタゴンにいた」「空港の安全体制は茶番そのものだった」「ああ神様、われわれは戦争のなかにいる！」

二〇〇一年九月一一日に発生したニューヨーク市とワシントンDCでのテロリスト攻撃の報道を普及調査した際に、回答者一二七人から集められた回答のうちの三人の発言である。これまでの報道事件に関わる調査以上に、9・11の報道はオーディエンスを感情的にさせるものであった。テロリストの襲撃は恐怖を生み出すことを狙いとしていたが、われわれのニューメキシコ州アルバカーキでの調査では、テロリストの意図は完全に達成されていた。テロリストの襲撃はまた愛国心を強く喚起するものであり、人々は家や職場や車体に国旗を掲揚した。

米国の人々がきわめてセイリエンスが高いと知覚し、報道が速やかに普及したという意味で、9・11の襲撃は瞠目すべき報道事件であった。マスメディアは連日この報道に力を尽くしたが、人々はその報道に倦むことはなかった。それは、アフガニスタンへの爆撃、炭疽菌への恐怖、オサマ・ビン・ラディンのビデオスピーチ、そしてアフガニスタンへの特殊部隊の上陸など、新しい報道事件が続々と起こったからでもあった。このように報道は次から次へと発生して、九月一一日以降も何カ月にもわたってメディアによる報道が集中的になされたのであった。

世界貿易センターへの最初の襲撃はアルバカーキ時間で午前六時四六分に起きた（ニューヨークやワシン

トンとは二時間の時差がある）。一二七人の回答者のうちテロリストの襲撃を知っている人の割合は、六時から七時までの間が七％、七時から八時までの間が三四％、八時から九時までの間に七〇％に跳ね上がり、九時から一〇時までの間に九二％にまで増加した。昼までには、九九％つまり一二一人中一二〇人（一二七人のうち六名からは回答がなかった）の人が朝の報道事件を知っていたのである。この事件がこれほど速やかに普及したのは、回答者のセイリエンスの高さとメディアの完璧なまでの優位性による。

初めのうち、普及曲線はゆっくりと立ち上がるが、七時前後には離陸する。人々はテロリストについての情報を共有したいと考えたので、個人対個人のコミュニケーションが報道事件の普及に重要な役割を果たした。特に遅くなって耳にした人に顕著であった。世界貿易センターの報道や写真は非常に衝撃的で、人々はこの情報と感情を、よその人たちと分かち合わなければならないと感じたのである。一二七人の回答者のうちおよそ八八人（六九％）はテロリストの襲撃をほかの人に話した。この八八人は、合計で四一八人、つまり一人あたり四・八人に情報を伝えた。八八人の回答者のおよそ八〇％の人たちは一人ないし四人に話しをしたが、二人の回答者はそれぞれ五〇人以上もの人たちに話しをした。

マスメディア・チャンネルからテロリストの襲撃について初めて聞いた平均時刻は、八時三八分であったが、対人チャンネルからは一〇時三分で、およそ一時間半の時間差があった。メディアは何人かの人々に気づきの知識をもたらし、次いでこれらの人々が他の人たちに話したのである。

一二七人の回答者のうちおよそ五九％の人たちは、二〇〇一年九月一一日のテロリスト襲撃から個人的に影響を受けたと回答している。すなわち、

「気持ちが沈み、悲しくなり、動転し、怒りを覚える」「金輪際、ニューヨークに行きたくない」「自分のなかの愛国心を確認した」「軍隊にいるので、いつでも飛んでいく用意がある」「叔父は（世界貿易センターで）

あやうく死ぬところだったが、職場に行くのが遅れた」

回答者のおよそ八六％はテロリストの襲撃後に、何らかの活動に従事した。三分の二の人々は犠牲者のために祈りを捧げ、二一％は追悼式に加わり、一六％は献金し、八％は献血をした（この数字は実際よりも若干多めかもしれないが、献血センターは当時超多忙であった）。回答者の三分の一以上は家や車上に国旗を掲揚した。その他の人たちは、イスラム教徒の友人と語り合い、ニューヨークでボランティア活動をしたり、教室や会合などの場で教訓やいきさつなどを話した。

本章の要約

本章ではオピニオン・リーダーシップ、コミュニケーション・ネットワーク、およびクリティカルマスについて説明してきた。**オピニオン・リーダーシップ**とは、比較的頻繁に、人が他の人の態度や行動に対して非公式に影響を及ぼして、その人を望ましい方向に向かわせることができる度合いのことである。オピニオンリーダーは、普及ネットワークにおいて重要な役割を果たしており、普及計画のなかで見出され活用されることがある。

同類性とは、コミュニケーションをしている一組の人たちが類似している度合いのことである。**異類性**とは、コミュニケーションをしている一組の人たちが何らかの属性において異なっている度合いのことである。個人間の普及ネットワークの大部分は同類的である［一般化命題6-1］。社会システムのなかで、同類性はイノベーションの流れに対して目に見えぬ障害として作用することがある。というのは、同等の人々が社会的に水平方向に意見を交換することになるので、社会経済的地位が高く、高学歴で、技術的な専門性の高い人たちから新しいアイデアがしたたり落ちる（トリクルダウン）のを妨げるからである。

対人普及ネットワークが異類的であるとき、フォロワーは次のようなオピニオンリーダー、すなわち、社会経済的地位が高く、高度の学校教育を受け、マスメディアから情報を多く入手しており、コスモポライトで、チェンジ・エージェントとの接触が多く、革新的なオピニオンリーダーを探し求める［一般化命題6-2］。フォロワーに比べて、オピニオンリーダーはマスメディアとの接触が多く、コスモポライトであり、チェンジ・エージェントとの接触が多く、社会参加が多く、社会経済的地位が高く、そして革新的である［一般化命題6-3から6-8］。オピニオンリーダーはフォロワーよりも一層社会システムの規範に従う。社会システムの規範が変化を好むとき、オピニオンリーダーは革新的になる［一般化命題6-9］。社会システム内部での個人のネットワーク相互連結度は、その人の革新性と正の相関がある［一般化命題6-10］。**相互連結性**とは社会システム内部の成員が対人ネットワークを通じてつながっている度合いのことである。

ネットワークを通じて社会システムの構造と安定性が得られるので、人の行動がある程度予測可能になる。**コミュニケーション構造**とは差異化された要素の配列であって、この要素は社会システムにおいてパターン化されたコミュニケーションの流れのなかで識別される。この構造は社会システムに存在するクリーク、およびクリーク間の相互連結によって構成される。ここで、ブリッジやリエゾンが相互連結役となる。個々人はコミュニケーションの近接性に基づいてクリークに所属するものと考えられる。**コミュニケーションの近接性**とは、ネットワーク連結のなかにいる二人の個人コミュニケーション・ネットワークが重複している度合いのことである。**個人コミュニケーション・ネットワーク**は、ある与えられた個人に関して、パターン化されたコミュニケーションの流れを通じて相互に連結している人たちによって構成される。相互連結型個人ネットワークに比べて、放射状個人ネットワークは個人の外部環境に対し開放的であり、イノベーションの普及において重要な役割を果たす。グラノベッターの「弱い絆の強さ」から次の［一般化命題6-11］が導かれる。すなわち、コミュニケーション・ネットワーク連結の潜在的な情報交換能力は、❶コミュニケーションの近接性、および❷同類性の度合いと負の相関がある。物理的な距離に関して近く、社会的な特性として同類的な人たち同士が相互につながる傾向がある［一般化命題6-12］。

クリティカルマスは、社会システムの十分な数の人々がイノベーションを採用した結果、それ以降の採用速度が自己維持的になる点で生じる。クリティカルマスはeメールのような双方向イノベーションの普及において特に重要である。双方向イノベーションでは、採用者が一人加わるごとに、採用しているすべての採用者の効用が増大する。**双方向性**とは、コミュニケーション過程の参加者が相互の会話のなかで役割をやりとりしたり、会話をコントロールできる度合いのことである。社会システムに属する人たちが非双方向イノベーションを採用するにつれて、それは将来の採用者にとってなお一層便益が高まると知覚される（これは後期の採用者に影響を及ぼす逐次的相互依存効果である）。しかしながら、双方向イノベーションの場合、初期の採用者が後期の採用者に影響を及ぼすのみならず、逆進的な相互依存過程を通じて後期の採用者も初期の採用者に影響を及ぼす（これは逆進的相互依存関係である）。

人がある活動に加わるとして、その時点までにその活動に参与していなくてはならない（その人を除いた）人数のことを**閾値**という。イノベータは新しいアイデアの採用に抵抗する閾値が低いので、採用に際して対人的なネットワークによる影響はほとんどあるいはまったく必要としない。対照的に、後期多数派の人々の閾値はもっと高いので、イノベーションに対する抵抗感に打ち勝つには、仲間うちのネットワークによる影響が必要である。閾値の個人レベルでの作用は、クリティカルマスの社会システムのレベルでの作用と似かよったところがある。ある人の個人ネットワークに属する人たちがすでにイノベーションを採用しているならば、その人はより一層イノベーションを採用する傾向がある［一般化命題6-13］。

第7章……The Change Agent

チェンジ・エージェント

人の常として、最も大きな苦痛の一つは新しいアイデアがもたらす苦痛である。
新しいアイデアは、結局のところ、あなたが好きだった考えが誤りかもしれないとか、
あなたが固く信じていたことの根拠が薄弱であるとかいうことを、あなたに思わせることになる。
……必然的に、普通の人々は新しいアイデアが嫌いで、多かれ少なかれ、
新しいアイデアを最初に持ち込んだ人をひどい目に合わせようとする傾向がある。
ウォルター・バジョット『物理学と政治』［一八七三］

ケニアのナイロビにある低所得層居住地域パムワリでの商業的性労働者（ＣＳＷ）約一〇〇〇人を対象としたＨＩＶ予防プログラムは、チェンジ・エージェントによるターゲティング介入調査の効果を示す好例である。プログラムが開始された一九八五年時点で、ＣＳＷのおよそ八〇％はすでにＨＩＶ陽性であった。チェンジ・エージェントが無料のコンドームを供与し、無料の性感染症（ＳＴＤ）診断所が設置されて、健康カウンセリングが行なわれ、六カ月ごとに健康診断が実施された。ＣＳＷとの一対一、あるいはバラザス（集会）において、仲間内の教育係がＣＳＷを支援する努力がなされた。パムワリのＣＳＷは平均して一日に四人の顧客をとっていた。この介入活動により、一件あたり一〇ドルの費用で、一年あたり約六〇〇〇人から一万人のＨＩＶ感染を未然に防いだと推計されている［モーゼス等、一九九一］。

パムワリに住むＣＳＷ一〇〇〇人を対象とするかわりに、ナイロビに住む一〇〇〇人の男性を任意選択して同様の健康サービスを提供し、さらに彼らのコンドーム使用率が同程度に達したとしても、一年あたりわずか八〇人のＨＩＶ感染を防ぐ程度であったとみられる［アルトマン、一九九七］。ここに、感染症のような問題にチェンジ・エージェントが上流側で介入することの優位性がある。パムワリ・プログラムではコンドームの供与以外にも、健康診断やＳＴＤ処置などのＣＳＷが望む健康サービスが提供された。こうした対応も間接的にＨＩＶの予防に役立った。ＨＩＶの**治療**に比べて、**予防**がどれほど安価で人道的であるかということをわれわれは知るのである。

本章ではチェンジ・エージェントの役割、クライアントとの関係、そして人の行動変化を促すためのさまざまな戦略について述べる。**チェンジ・エージェント**とは、チェンジ・エージェント機関が望ましいと考える方向に、クライアントのイノベーション決定に対して影響を及ぼす個人のことである。チェンジ・エージェントは新しいアイデアの採用を確かなものにしようと活動するが、ときにはあえて普及過程を遅らせたり、望ましくない効果のあるイノベーションの採用を防止したりする。

ターゲティング

ＨＩＶ／ＡＩＤＳの予防におけるチェンジ・エージェントの役割については、この数十年間多くの研究がなされてきた。一九九三年に筆者は同僚とともに、サンフランシスコでのＨＩＶ／ＡＩＤＳ予防プログラムの効果についての調査を始めた。サンフランシスコには七五万人が住み、二一二ものＨＩＶ／ＡＩＤＳ予防プログラムがあった。各々のＨＩＶ予防プログラムは特定の人々をターゲットとしていたので、各プログラムはそれぞれ広く浸透していた。この時点で、ゲイやバイセクシュアルな男性はＡＩＤＳに相当程度感染しており、爆発的流行の危険性の高い状況にあった。たとえば、ある予防プログラムでは、若いタイ人女性でしかもマッサージ・パーラーで働くＣＳＷをターゲットとしており、別のプログラムでは、市内にたった一五〇人くらいしかいないデッドヘッド（グレートフル・デッドというロック・ミュージシャンの「追っかけ」集団）を対象としていた。重要なことは、こうした予防プログラムはいずれも、ターゲット・オーディエンスの成員が組織し運営していたことである。フィリピン系の女性ＣＳＷは、市内の「ライスバー」でたむろしているフィリピンの若い男性を対象とした予防プログラムに参加していた。サンフランシスコでの二一二のプログラムはいずれも**介入活動**であった。**介入活動**とは、オーディエンスの行動変化をもたらすことによって、それとわかる成果を得るための整合的な目的をもった活動のことである。

二一二の予防プログラムは、いずれも少なくともその一部は、市公衆衛生局からの基金がＣＤＣ（疾病管理予防センター）を通じて供与されていた［ロジャーズ等、一九九五：デアリング等、一九九六］。これほど多くの予防プログラムがあると、はたして公共資金を効果的に利用しているかという疑問があるかもしれない。確かにいくつかの重複があり、同じようなオーディエンスを対象としたプログラム間の競争があり、資源の無駄遣いがあった。他方、対象を絞りすぎることは、ターゲット・オーディエンスにとって文化的に微妙な問題となることを意味していた。

ターゲティングとは、対象としているクライアントの特性を考慮しながら、コミュニケーション・プログラムをクライアントに合わせて計画し実施することである［デアリング等、一九九六］。形成的調査を通じて、あるいはプログラムの導入時に助言することなどを通じて、介入プログラムにターゲット・オーディエンスを関与させようとする場合、ターゲティング戦略は文化的に微妙な問題を際立たせることがある。サンフランシスコにおけるSTOP AIDSプログラムで実施されたHIV／AIDS活動への介入活動はその一例で、文化的に微妙な問題を投げかけるものだった。というのは、この予防活動はゲイの男性によってゲイの男性のために計画され、ゲイの男性がこの感染症をどう知覚しているかを細部にわたって理解した上で実施されたからである。

究極的なターゲティング戦略は**テイラリング**［訳注＊原義は仕立てて目的に合わせること］である。**テイラリング**では、コミュニケーション・メッセージは個人を対象としている。テイラリングは多くの場合コンピュータ（特にインターネット）を使って実現可能になる。すなわち、HIV予防のような事項に関わる多数のメッセージをコンピュータに記憶させることで、イノベーション決定過程における「変化の段階」［第5章］に対応して、個人の状況にピッタリと適合したメッセージを個々人に送信するのである。

有効性とは介入プログラムの目的達成度のことである。パムワリ地区などで仲間がCSWを支援する活動はHIV感染の予防を目的としているが、その有効性は目的が達成された度合いによって計測される。そこでは、行動変化を実現するのに要した費用対効果によって計算される。たとえば、一人あたりHIV感染予防に要した費用は、発展途上国で実施されたCSWに対する介入プログラムにおいて、八から一二ドルと見積もられている［ジャ、二〇〇一］。

相対的に同類的な人々について、その属する母集団と相違している程度のことを**独自性**という［デアリング等、一九九六］。HIV予防において、介入調査の対象となった感染の危険性の高い人々は独自性のある集団の一例である。社会はこれらの人々が独自であると知覚するとともに、彼らを非難することがある。たとえばインドでは、CSWやトラックの運転手あるいは薬物注射者など感染の危険性の高い人々を蔑視する傾向があった。こうしたこともあって、HIV感染の危険性の高い人々は、「希望のない、絶望的な、苦痛の多い」集団として色眼鏡で見られている［デアリング等、一九九六］。HIV陽性であるのは不名誉であるという意識がインドなどの国では非常に強く、彼らを私刑にすることもあった。教育係などの支援活動を行なう仲間内の人たちは、こうした感染の危険性の高いオーディエンスと同類的であり、HIV陽性患者を非難することはない。中立的な立場に立つことは、HIV／AIDS予防計画のために効果的な支援活動を行なおうとする人々がもつべき本質的な要件である。

連結役としてのチェンジ・エージェント

チェンジ・エージェントには、学校教師、コンサルタント、公衆衛生職員、農業エクステンション・エージェント、そしてセールスマンなど、いろいろな職業の人々が該当する。すべてのチェンジ・エージェントには、何らかの専門組織の資源とクライアント・システムの両者をつなぐコミュニケーション連結がある。チェンジ・エージェントの主要な役割は、彼らの機関からクライアント・オーディエンスへのイノベーションの流れを促進するところにある。この種のコミュニケーションが機能するためには、イノベーションがクライアントのニーズに適合していなくてはならない。介入プログラムを適切に調節してクライアントの変化するニーズに適合するようにするために、クライアント・システムからのフィードバック情報がチェンジ・エージェントからチェンジ・エージェント機関へと流れなければならないのである。

チェンジ・エージェント機関とクライアント・システムの間に社会的あるいは技術的な溝がなければ、イノベーションの普及に際してチェンジ・エージェントは必要ないであろう。チェンジ・エージェントは通常、普及されるべきイノベーションに関する高度の専門能力を有している。チェンジ・エージェント機関には、技術的ないしその他の専門的な分野で博士号を有している職員もいる。ほとんどのチェンジ・エージェントは何らかの専門分野で大学の学位をもっている。実際にはこうした高度の知識が障害となって、クライアントとの直截的な会話を困難にしている。技術能力における異類性は通常、文化的な意味での言語や、社会経済的地位、あるいは信念や態度などの異類性を伴っている。チェンジ・エージェントは、クライアント・システムとチェンジ・エージェント機関の専門家をつなぐものであるにもかかわらず、どちらのシステムとも相対的にみて異類的である。この異類ギャップのために、チェンジ・エージェントには役割葛藤とコミュニケーション上の問題が生まれる。異なるシステム間のブリッジとして、チェンジ・エージェントは二つの世界の周縁境界上に位置しているのである。

社会的な周縁に位置していることに加えて、チェンジ・エージェントは**情報過負荷**という問題にも対処しなくてはならない。**情報過負荷**とは、コミュニケーションからの入力が多すぎて、処理し活用することができず、機能停止に陥ってしまう組織あるいは個人の状態のことである。チェンジ・エージェント機関からの情報の洪水がチェンジ・エージェントの許容能力を超えてしまい、クライアント・システムに関連のあるメッセージを選択できなくなってしまうことがある。クライアントのニーズを知ることによって、チェンジ・エージェントはクライアントに関連のある情報のみを伝えることができる。

チェンジ・エージェントの役割

クライアント・システムへのイノベーション導入過程において、チェンジ・エージェントの役割は次の七項目にまとめることができる。

1◆変化に対するニーズを高める……チェンジ・エージェントはしばしば、クライアントが自らの行動を変える必要があることを気づかせる手助けをする。イノベーション決定過程を主導するために、現状の問題に対する代替案を提示し、その問題が重要であることを劇的に表現し、さらに直面する問題にクライアントが対処できるだけの能力があると安心させることもある。この段階では、チェンジ・エージェントはクライアントのニーズを見極めるとともに、ニーズの創造を手助けすることがある。

2◆情報交換する関係を構築する……変化へのニーズが生み出されたら、チェンジ・エージェントはクライアントとの間に密接な関係を築かなくてはならない。クライアントから信用と能力があり、信頼できる存在だと知覚され、クライアントのニーズと課題に感情移入することにより、チェンジ・エージェントはクライアントとの関係を高めることができる。多くの場合、クライアントはチェンジ・エージェントを受け入れて初めてイノベーションを受け入れる。クライアントがチェンジ・エージェントをどう知覚するかに応じて、イノベーションが評価される場合がある。

標準的なＨＩＶ予防のための介入プログラムでは、まずオーディエンスとなる人との対人的な関係の構築から始まり、ついで問題点を聞き、状況を理解し受け入れる。仲間内の教育係は中立的な立場に立たなければならない。さもないと、クライアントとの対人的な関係は崩壊してしまう。ＨＩＶ予防のチェンジ・エージェントがCSWと心が通じ合えるまでには数週間から数カ月かかる。そうなって初めて、安全なセックスというメッセージを伝えられるようになる。対象としているCSWの行動を変化させるには、一〇回ないしはそれ以上にわたって繰り返し接触することが必要である。安全なセックスに関するイノベーション決定過程では、衝動的な意思決定が起きることはほとんどない［シンガルとロジャーズ、二〇〇三］。

3◆**問題点を突き止める**……現状がクライアントのニーズに合致していない理由を明らかにするため、クライアントの問題点を分析する責任がある。問題点を突き止めるために、チェンジ・エージェントはクライアントの立場からその状況を感情移入しつつ見つめなければならない。

4◆**変化したい気持ちをクライアントに起こさせる**……クライアントが目的を達成するためにとるべき行動の経路について、さまざまなことを調査した後で、チェンジ・エージェントはクライアントの関心がイノベーションに向かうような動機づけの方法を探る。

5◆**変化したい気持ちを行動に変える**……クライアントのニーズに基づきながら、チェンジ・エージェントはクライアントの行動変化に影響を与える方策を探る。親しい仲間との対人ネットワークは、イノベーション決定過程の説得と決定過程において最も重要な影響を及ぼす［第3章参照］。この段階では、仲間内のネットワークを活性化させるために、オピニオンリーダーとともに任務を遂行することで、チェンジ・エージェントは間接的な役割を担うことが多い。あるいは、チェンジ・エージェント自身が仲間内の教育係やオピニオンリーダーを担い、親しい仲間同士のコミュニケーションを奨励することもある。

6◆**採用を安定させ、中断を未然に防ぐ**……チェンジ・エージェントはすでにイノベーションを採用したクライアントに対して、それを強化するメッセージを送り、新しい行動を効果的に安定させて、行動を「凍結」させることがある。クライアントがイノベーション決定過程［第3章参照］の導入あるいは確認段階にあるときに、こうした支援を行なう。

7◈**関係を終結させる**……チェンジ・エージェントの最終目標は、クライアントの側に自己再生的な行動を促すことである。クライアント自身がチェンジ・エージェントになるように仕向けることで、チェンジ・エージェントは任務から離れる道を探るべきである。別言すれば、チェンジ・エージェントは、クライアントがチェンジ・エージェントに依存している状態から、自立した状態に移行させる方法を探るのである。

上記の七段階の手順は理念的なものであり、現実にはチェンジ・エージェントとクライアントの関係はこれとはかなり異なっている。次の事例研究が示唆するように、チェンジ・エージェントとクライアントの間に存在する現実と理想の間の差異を調査することによって、多数の普及過程が非効率的な理由を多少は解明できるようになる。

インドネシアでのノープラントの強制的な普及

[注＊この事例はチュラダー、ドナルドソンとノーブル[一九九八]に基づく。]

普及への介入の成否を判定する基準は通常、介入によって達成されたイノベーションの普及率である。しかしながら、チェンジ・エージェント機関の達成度を測定する尺度に対して、ときに深刻な疑問が投げかけられることがある。普及キャンペーンによる採用決定の質のほうが、単なる採用数よりも重要なことがある。こうした忌まわしい事態は、インドネシアでノープラントという新避妊法を導入した際に発生した。通常の評価基準からすると、ノープラントの普及は大成功であった。一九九八年のインドネシアでのノープラントの採用者は三六〇万人で、世界のどの国よりも多くの人々が採用していた。およそ八六カ国の官僚がインドネシアを訪問し、同国の家族計画プログラムを自国のモデルとして活用した。

しかし、ノープラントの採用の経過を注意深くみてみると、別のストーリーがあった。すなわち、高い採用率を達成するために、強制的な手段がとられていたのだ。また、避妊法を提供したチェンジ・エージェントは、女性が採用するに際して、ほとんど説明やカウンセリングをしなかった。そして、副作用を経験した女性が中断しようとしても、阻止に努めたのである。その結果、イノベーション決定の質はとても完璧とは言いがたいもので、ノープラントの普及キャンペーンに対して倫理的な問題を喚起するとともに、長期的な採用が脅かされるところとなったのである。

一九八〇年代半ばにノープラントが利用可能になった当時、IUD（避妊リング）や経口避妊薬が登場した一九六〇年代初期以来の画期的な避妊技術であると目されていた。国際的な家族計画団体では、ノープラントは発展途上国の女性にとって完璧な避妊法であるとして、この登場を歓呼して迎えたのである。ノープラントは、プラスチック製の小さな六つのチューブレットを一方の前腕の裏側に針で差し込んで使用する。チューブレットは各々一インチ程度の長さで、性ホルモンであるプロゲスチンが女性の血流のなかに少しずつ漏れでていくようになっている。こうして、五年ほどの間、妊娠が抑制される。チューブレットは、女性が中断したいと思ったときにはいつでも、衛生専門家の手によって取り除くことができる。ノープラントが安全で効果的であることを実証した広範囲にわたる臨床試験結果に基づいて、食品医薬品局（FDA）は一九九一年に米国でのノープラントの使用を認可した。

どちらかというと理想的なノープラントの状況は、インドネシアでの普及と採用の実態と好対照をなしている。第一に、ノープラントは集中的な地域キャンペーンを通じて普及された。このキャンペーンは**サフ**

アリと呼ばれ、警察、地域の政治指導者、そして軍隊が総力を挙げて参加し、インドネシアの各地域コミュニティでの新しい避妊法の採用者の獲得に努めていた。サファリはインドネシア政府人口省長官の主唱する「指導民主主義」の概念に基づいていた。つまり、家族計画方法に関してカフェテリア方式をとることが可能であったにもかかわらず、一部の女性に対しては専門家によって特定の避妊法の採用が奨励されたのである。調査によると、西ジャワでのノープラントの採用者のうち七三％はサファリキャンペーン期間中に採用していた。チェンジ・エージェントがこうした方法をとるのは、衛生専門家のほうが潜在的採用者よりも避妊法に対する知識が豊富だとして正当化されていた。トップダウン方式で強制的な方策は、これまでの章節で推奨してきたチェンジ・エージェントの基本的な規則と相反するものである。

サファリは地域コミュニティに住む多数の女性を対象とした比較的短期間（通常は六週間程度）のキャンペーンだったので、個別のカウンセリングおよびノープラントの使い方に関する知識や原理に対する説明は不足していた。採用者には、（出血が長引くなど）副作用についての情報が適切に伝えられていなかった。多くの女性は、中断したいと思えばチューブレットを取り去ることができるとは聞いていなかった。実際、インドネシアでのノープラントの中断比率はＩＵＤや経口避妊薬のわずか四分の一であった。普及調査によると、中断が可能であることを知らなかった女性の中断はさらに少なかったことがわかっている。女性は衛生専門家の手を借りないと中断することはできず、その要望の多くは拒否された。中断ができた女性でも、数回にわたって取り外しを強く要求しなければならなかったのである。

明らかに、インドネシアの家族計画プログラム担当の役人は、クライアントに対する避妊サービスの質の改善に目を向けるよりも、ノープラントの普及と採用に過度に熱中していた。これらの過度に熱心なイノベーション・チャンピオンには、女性運動組織のような消費者援護組織などの対抗勢力がほとんど存在しなかった。こうした組織はインドネシアではきわめて非力でサファリキャンペーンに疑問を投げかけるような影響力をもっていなかったのである。インドネシアで活動している国際的な家族計画機関が、採用する女性の立場に立って介入しえたかもしれなかったが、そのうち最も影響力のある人口協議会（ロックフェラー財団の支援の下に米国で活動している機関）はそもそもノープラントを開発した組織であった。インドネシアでは、人口協議会は高品質の普及と採用に関心を示すチェンジ・エージェントとしてよりは、むしろイノベーション・チャンピオンとして活動していたのである。

この事例は、イノベーションの採用者数と採用決定の質の間のトレードオフが存在することを示している。さらに、イノベーションの採用に際して、チェンジ・エージェントとクライアントの間の相互作用を詳細にわたって調査することの必要性を示唆している。この種の調査方法については、本章で触れることとしたい。

チェンジ・エージェントの成功要因

なぜチェンジ・エージェントによって成功の度合いが異なるのだろうか？

チェンジ・エージェントの努力

チェンジ・エージェントの成功要因のうちの一つは、クライアントとの間で費やしたコミュニケーション活動の量である。一般化命題7-1◆**クライアントのイノベーション採用を確実にする意味でのチェンジ・エージェントの成功は、クライアントとの接触努力の度合いと正の相関がある。**チェンジ・エージェントの成功の度合いは通常、クライアント・システムの成員のイノベーション採用率で計測される。チェンジ・エージェント機関の主要な目的はクライアントのイノベーション採用を確実にすることなので、こうした成功の尺度が多用される（ただしインドネシアでのノープラント普及の事例は、こうした尺度が常にふさわしいものなのかという点で疑問を投げかける）。成功を計測する尺度には、イノベーション採用によって実際にクライアント側に望ましい結果がどの程度得られた［第9章参照］か、あるいはイノベーション決定の質的高さがどの程度かなどである。

一般化命題7-1の証拠として、衛生専門家が患者に禁煙活動を推奨した際の影響を調査した事例がある。この研究はコーホネン等［一九九九］が実施したもので、フィンランドの一地方であるノースカレリアは一九七〇年代には世界で最も心臓疾病の罹患率が高い地域であった。一九七〇年代初めに心臓疾病予防介入活動が始まった頃、ノースカレリアの酪農家を訪問したときのことを筆者は今でも覚えている。酪農作業を見学した後で、われわれは「朝のコーヒー」に招待された。これは、バターとトナカイの肉と分厚いチーズがのったオープンサンドイッチに、数杯のウォッカとコーヒーという代物であった。食事の後に、その酪農家は何本かのタバコを吸っていた。このコーヒーブレークはまさしくカチカチと音の鳴る心臓の時限爆弾であった！

しかし、長期にわたる心臓疾病予防プログラムの結果、一九九〇年代までに食習慣と喫煙行動が変化し始めた。コーホネン等［一九九九］は、禁煙に対する医師や看護師の助言が人々の行動を変化させるのにきわめて有効であったと指摘している。医師は喫煙がもたらす健康影響の専門家であると人々は知覚していたので、一方ならず信頼していた。衛生専門家の多くは喫煙せず、きわめて健康そうに見えたので、彼らは禁煙行動に関する個人モデルとなっていた。しかし、医師などの専門家であるチェンジ・エージェントは、喫煙行動を変えさせるのにあまり時間をとらず、しかもほとんど努力を払わなかったため、彼らの影響力はきわめて限定的なものであった。医師たちは、自分たちの主要な仕事は多くの患者を診察することであり、各患者に対してあまり時間をかけず、診察料を最大化させることだと考えていた。医師が深刻な健康問題とみなす病状を治療するのと比べて、患者に禁煙を勧める予防活動からは収入がほとんど期待できなかったのである。

クライアントとの接触だけがチェンジ・エージェントの成功を説明する要因ではない。たとえば、クライアントとの接触のタイミングもまた、イノベーションの普及段階との関連で成功要因の一つである。ストウン〔一九五二〕は、ミシガン州の農民に新しいアイデアを普及させる農業エクステンション・エージェントが割いている努力の大きさを分析した。普及キャンペーンの初期には、イノベーションに対して一年あたり費やす時間をチェンジ・エージェントの努力の大きさとして、イノベーションの採用速度はほぼこの時間数と比例していた。しかし、採用率が三〇%程度になると、努力時間数は減少したものの、農民はほとんど一定の割合で新しいアイデアを採用し続けていた。ひとたびオピニオンリーダーがイノベーションを採用してクリティカルマスに到達すると、採用曲線は自己生成的に成長して、(少なくともあるイノベーションについては) チェンジ・エージェントは現場から姿を消すことができるようになる。このとき、チェンジ・エージェントの努力とは関係なく、オピニオンリーダーが弾みをつけることによって、S字型曲線は上昇し始めるのである。

クライアント主導

チェンジ・エージェントの社会的な地位はチェンジ・エージェント機関とクライアント・システムの中間にあるので、必然的に役割葛藤に身を置くことになる。チェンジ・エージェントは属する機関からある特定の行動をとることが期待される場合が多いが、同時にクライアントからはそれとはまったく別の行為をするように求められることがある。この役割葛藤は、チェンジ・エージェントの成功という観点からみて、どうすればうまく解消できるのであろうか?

一般化命題7-2◆クライアントのイノベーション採用を確実にする意味でのチェンジ・エージェントの成

功は、チェンジ・エージェント機関主導というよりはむしろクライアント主導と正の相関がある。クライアント主導のチェンジ・エージェントはフィードバック志向が高く、クライアントと密接な関係があり、クライアントの目から見て信頼されており、しかも彼らのニーズを最優先して普及活動を行なっている。

クライアントのニーズとの両立性

チェンジ・エージェントにとって重要かつ困難な役割の一つは、クライアントのニーズを突き止めることである。次の一般化命題7-3が示唆される。**クライアントのイノベーション採用を確実にする意味でのチェンジ・エージェントの成功は、普及プログラムがクライアントのニーズと両立している度合いと正の相関がある。**これは一般化命題7-2と同等のものである。

クライアントが感じているニーズを無視してしまうチェンジ・エージェントは、失敗するか、あるいは想定外の結果を生み出すことが多い。たとえば、穀物の生産量を二倍にできる灌漑用の井戸を建設する資金がインドの村落に供与されたことがある。しかし、村民は当時数キロメートル離れた川から飲料水を運ばねばならなかったので、飲料用の井戸を望んでいた。農民は耕作地ではなくて村の中央に井戸を掘り、穀物の灌漑をするのではなく、飲料水として利用した。チェンジ・エージェントが、村民が感じていたニーズに即して立案していれば、井戸は飲料用として適切な場所に設置されていただろう。おそらく、チェンジ・エージェントは金銭的な便益の多寡を指摘することによって、灌漑に対するニーズを喚起すべきであったのである。

チェンジ・エージェントの側としては、クライアントが自身のニーズにふさわしい事業を遂行させる選択肢もあるが、それは失敗のもとになる。東南アジアのある国では自己扶助プログラムをまったくの無管理状態で実施した［ニーホフ、一九六四］。各村落のリーダーに地域発展計画の立案を委ねたうえで、チェンジ・エージェント機関はセメントや工具などの建設資材を供与した。学校や道路あるいはダムを建設するなど、何百もの事業が実施された。しかし、事業の半数以上は寺院の建設で、政府のチェンジ・エージェント機関が想定し望んでいたものではなかったのである。

チェンジ・エージェントはクライアントが感じているニーズに気づき、その変化をもたらすプログラムの採用を促すべきである。クライアントのニーズ形成を手助けする役割を放棄すべきではないのである。

チェンジ・エージェントの感情移入

感情移入とは、人が他の人の役割に身を置くことのできる度合いのことである。クライアントとチェンジ・エージェントとがさまざまな面で異なっているとき、チェンジ・エージェントのクライアントに対する感情移入はきわめて困難となる。次の一般化命題7－4が示唆される。**クライアントのイノベーション採用を確実にする意味でのチェンジ・エージェントの成功は、クライアントへの感情移入と正の相関がある。**

一般にチェンジ・エージェントは、イノベーションがクライアントに広く採用されることを志向している。クライアントが十分満足しているなど採用の質が高ければ、長期的にみてチェンジ・エージェントの活動はより一層有効なものになるであろう。家族計画プログラムに関与したチェンジ・エージェントは、もしクライアントサービスの質が改善されれば、避妊具の採用が増加し、採用の中断が減少し、採用速度も速まるであろうと認識していた。診療所のサービスの質を改善する方法の一つは、看護師などのスタッフを訓練して、クライアントが診療所に訪れたときにはまず挨拶をし、家族計画を必要とする話をよく聞き、目線を合わせて笑顔で語り、クライアントとの間に密接な関係を築くことである。ナイジェリアでは、こうした対人コミュニケーション手法を診療所のスタッフに三日間の日程で講習している。ついで、講習の成果を診療所の日誌記録によって評価し、診療所に「謎のクライアント」を訪問させて、講習を受けた人たちが学習したとおりに実行しているかどうか確認した。その結果は？　家族計画法の採用の質が向上するとともに、避妊法の採用に満足した人たちは他の人たちに伝えるところとなっていた［キム等、一九九〇］。

同一分野のガーナでの実験では、診療所のスタッフがクライアントにどの程度丁寧に対応しているかを評価するために「謎のクライアント」を送り込んだ。謎のクライアントは診療所で普通のクライアントを装うように特別に訓練されており、スタッフがクライアントに対応している様子を観察していた。この「謎のクライアント」研究によると、クライアントへの感情移入が向上し、クライアントとチェンジ・エージェントの関係が改善されて、イノベーションの採用を確実にする意味で大きな成功を収めたという［ハンチントン等、一九九〇］。

ナイジェリアやガーナでの感情移入によるプログラム手法とインドネシアでのノープラントの普及における強制的な手法を比較していただきたい。

コミュニケーション・キャンペーン

かつて国連が公衆の支援を得ようとして、シンシナチで行なったキャンペーンの失敗は有名である。国連が創設されてまもなくの頃で、一つの新しい考え、つまりイノベーションであった。シンシナチ・キャンペーンでは、六万部の資料が配布され、二八〇〇回の講演会が開催され、毎週六〇回に及ぶラジオのスポット放送が流された［スターとヒューズ、一九五〇］。キャンペーンは国連についてほとんど情報のない市民を対象に展開された。対象とした市民は事前調査によって選定され、女性、老人、貧困層あるいは低教育層の人々が含まれていた。

六カ月の間繰り広げられたキャンペーンは間違ったオーディエンス（若者と教育水準の高い人たち）に到達し

たものの、ほとんどのシンシナチ市民にはごくわずかの効果しか生じなかった。たとえば、評価アンケートで国連について何か知っていると回答した人は、二％しか増えなかった。選択的エクスポージャーという点から見て、キャンペーン・メッセージは対象としていたオーディエンスに到達しなかった。**選択的エクスポージャー**とは、ある個人がそれまでの態度や経験と整合のとれたメッセージに関心を向ける傾向のことである〔ハイマンとシーツレイ、一九七四〕。

シンシナチ・キャンペーンが失敗したもう一つの理由は、その抽象的な内容であった。キャンペーンのスローガンである「平和は国連から始まる。そして国連はあなたから始まる」は、オーディエンスの側から見て特別の行動と結びつくものではなかった。ある住民は「なぜ？　この標語を何回も聞いたけど、何を言いたいのかわからなかった」といっている。

コミュニケーション・キャンペーンがごくわずかの効果しかないと思われてから何年か経て、キャンペーンがもっと効果的な方法で提供されていたなら成功もありえただろうと、研究者は考えるようになった〔メンデルゾーン、一九七三〕。キャンペーンを成功させる戦略は次のとおりである。❶形成的調査を活用すること。**形成的調査**とは、効果的にキャンペーンの計画を立てるために、キャンペーンの対象オーディエンスおよびキャンペーンのメッセージを研究することである。❷具体的かつ合理的なキャンペーンの目標を設定すること。❸オーディエンス・セグメンテーションをすること。**オーディエンス・セグメンテーション**とは、異類的なオーディエンス総体を比較的同類的なセグメントに区分する戦略のことである。❹キャンペーンでのマスメディア・メッセージをきっかけとして、対人コミュニケーション・ネットワークが作動するように、メッセージを設計すること。キャンペーンはこのようなコミュニケーション戦略に基づいて運営されれば、成功する可能性がある。

キャンペーンとは何か？　この言葉は元来ラテン語の軍隊用語で、「戦場に行く」ことを意味していた。「目標」

つまりターゲットなどは現在でもキャンペーンで用いられている。すなわち、キャンペーンは合目的的なものであって、ある具体的な効果をもたらすことを企図したものである（シンシナチ・キャンペーンが失敗したのは、その目的があいまいだったからである）。また、キャンペーンでは多数のオーディエンスを対象としており、数週間から数カ月などと期限が設定されている。最後に、キャンペーンではポスターやテレビによる広報活動やメッセージなどをひとまとまりにしてオーディエンスに提供する。このように、キャンペーンでは、多数の人々に対して一定の期間に一連のコミュニケーション活動を通じて具体的な成果や効果を生み出すことを狙いとしている［ロジャーズとストーレイ、一九八八］。

西インド諸島セントルシアでのラジオを通じた家族計画およびHIV予防キャンペーンは成功事例の一つである［ボーガン、レジスとセントキャサリン、二〇〇〇］。このキャンペーンでは娯楽教育戦略が採用された。**娯楽教育戦略**とは、行動変化をもたらすために娯楽的メッセージのなかに教育的アイデアを盛り込むことである［シンガルとロジャーズ、一九九九］。まず、キャンペーンの立案者は対象としたオーディエンス（成年の男女）のなかからフォーカスグループを選定し、メッセージの内容が誤解されないようにするとともに攻撃的でないことを確認した。また、文化的に齟齬がないように、セントルシアの脚本家が「アプウェ・プレジ（快楽の後に苦痛が来る）」というラジオの脚本を書いた。連続ラジオドラマの主要なキャラクターには、教育的な内容を考えてプラスとマイナスのイメージをもった役割モデルが描写された。たとえば、ある男性キャラクターは重建設機械の運転手で、彼の子供を産んだ女性との結婚を拒むという役柄だった（セントルシアの八五％は婚外出産である）。

このラジオによる介入活動は、結婚や家族計画法の使用を促し、セントルシア・オウムの絶滅を救った。オウムの卵は媚薬であると信じられており、人々が卵を巣から盗んでいたので、セントルシア・オウムは絶滅危機品種だったのである。コンドームの新しいブランドである「キャタパルト」はラジオ番組を通じてのみ販売され、その販売がキャンペーン効果の指標となった。「アプウェ・プレジ」はセントルシアの人々の日常生活の問題点を扱っていると知覚されていたこともあって、人気は高く、セントルシアの成人人口の三分の一が聴取していた。Tシャツ、ポスター、バンパー・ステッカーなどもキャンペーン中に配布された。キャンペーンの成功には、「アプウェ・プレジ」のキャラクターを使った街頭演劇も一役買ったのである。

キャンペーンはなぜこれほど有効であったのか？　このキャンペーンは対象としたオーディエンスが参加する形成的調査として計画され、オーディエンスが加わってメッセージの予備テストがなされ、娯楽教育メッセージは生き生きとしていて適切だったのである。「アプウェ・プレジ」を聴取した人々の一四％が家族計画法を採用した。非聴取者もキャタパルト・コンドームの存在は知っており、これは聴取者が非聴取者にラジオ番組を話していたことの指標であった。家族計画や結婚あるいはセントルシア・オウムの保全などの話題について、人々が仲間、特にセックスパートナーと話し合うことを「アプウェ・プレジ」は促進した。タンザニアで実施された娯楽教育介入活動［ロジャース等、一九九九］などでも、対人的な仲間内のコミュニケーションはイノベーションの採用を決定するのに、決定的な役割を果たした。

近年の多数のコミュニケーション・キャンペーンをみると、チェンジ・エージェントが適切なコミュニケーション戦略をもって臨めば、非常に効果的になるのである。

エジプトでのORTキャンペーン

[注*この事例はアブドゥラ[二〇〇三]に基づく。]

ORT(経口再水和療法)キャンペーンが一九八三年にエジプトで開始されたとき、下痢関連性の脱水症状から毎年一三万人の幼児が死亡していた。この数字は二歳以下の子供一〇〇〇人に対して七〇人の死亡率であった。キャンペーンの目的は、死亡率を五年後までに二五%減少させることであった。一流の医学雑誌が「世界で最も成功した衛生教育キャンペーンの一つ」と指摘しているこのキャンペーンは、目標をはるかに上回る成果をあげた。キャンペーンによって、二年のうちに幼児の死亡率は半分になり、五年間で死亡率は七〇%も減少したのである! ORTに対する気づきの知識は一〇〇%浸透し、塩と砂糖の混合物である経口再水和塩(ORS)の採用率は九六%に達した。キャンペーン実施以前には、ORSの使用はわずか一%で、そのフォイル包装はあふれるほどあったが、倉庫に山積みされていたのである。その当時、抗生物質と絶食療法が脱水症状を「治療」するための方法として広く行き渡っていたが、まったく効果のない治療法であった。

国によるORTプログラムはエジプトで一九八三年に作られ、予算化された。ORTキャンペーンのターゲット・オーディエンスは地方に住む女性であったが、そのうちの八〇%は読み書きができなかった。そこで、印刷メディアの使用は問題外であった。キャンペーンの実施以前には、娯楽教育戦略が家族計画に活用されて、相当の成功を収めていた。そのキャンペーンでは、人気女優が口やかましい義母役で登場する、一分間のユーモラスなテレビスポット広告を呼び物にしていた。ORTキャンペーンでも、この手法をとることとして、連続もので一分間のテレビスポット広告を一五本制作した。ドラマ仕立てのスポットはターゲット・オーディエンスを強く引きつけた。エジプトでは地方の低所得層はテレビの視聴レベルが高かったのである。キャンペーンを企画するために、広範囲に及ぶ形成的調査が実施された。最初の問題は、「脱水症状」の呼び方だった。この状態に対応する適当な言葉がエジプトのアラビア語にはなかったのである。ガファフが最もふさわしい言葉として選ばれて、ORTキャンペーン期間中一貫して使われた。キャンペーンのロゴも選定され、母親が抱いている赤ちゃんにORT混合物をさじで食べさせている場面を呼び物にしていた。

当初はベテランの男優兼コメディアンがいずれのテレビスポットにも登場する予定だったが、予備テストではオーディエンスの評判は芳しくなかった。そこで、カリマ・モクターという有名なドラマ女優が抜擢され、話題にぴったりだと受け取られた。テレビのスポットでは、彼女は賢くてやさしい慈愛に満ちた母親役を演じた。各スポットには、下痢と脱水症状に苦しむ赤ん坊と、その赤ん坊を介抱するモクター、あるいは母親に何をしたらよいか助言しているモクターが登場した。どのスポットでも、ORS溶液を混ぜて投与する方法が放映され、「脱水症状を予防するのに、ORSを子供に飲ませましょう」というCMソングで締めくくられていた。「エディオ・マーロウル」つまり「ORS溶液があるから心配しなくていいのよ」という表現がエジプトでは日常生活の一部になった。一五本のテレビスポットがエジプトの国営テレビ放送から繰り返し放映され、大変な人気を呼んだ。オーディエンスはメッセージが何度繰り返されても飽きることはなかった。調査での回答者のうち八〇%は、テレビスポットはORTについての主要なコミュニケーション・チャンネルあるいは源であると回答した。ORTプログラムでは、ORSパケットの配布状況を注意深く追跡した。パケットは薬局で一包み六セントで販売された。また、三〇〇〇の補給所に行くと無料で手に入れることができた。補給所は尊敬を集めているオピニオンリーダーが責任をもって管理していたのである。

ORTキャンペーンは一九八三年から一九九一年まで比較的長期にわたって繰り広げられた。これによって、何十万人ものエジプトの子供たちの命が救われたのである。このキャンペーンはなぜこれほどまでに成功したのか？　形成的調査に基づきながら長期にわたって実施されたこと、そして娯楽教育テレビ・スポットおよびオピニオンリーダーつまり補給所管理者をうまく組み合わせたこと、が成功の要因であった。

同類性とチェンジ・エージェントの接触

［第6章］で定義したように、**同類性**とはコミュニケーションをしている一組の人たちが類似している度合いのことであり、**異類性**とはこうした人たちが何らかの属性において異なっている度合いのことである。チェンジ・エージェントとクライアントとは通例多くの点で異なっており、自分と近いクライアントと接触することが多い。

チェンジ・エージェントのクライアントとの接触という点で、次の一般化命題を裏づける結果が多く得られている。

一般化命題7-5◆**チェンジ・エージェントの接触度はクライアントの社会経済的地位の高さと正の相関がある。**

一般化命題7-6◆**チェンジ・エージェントの接触度はクライアントの社会的参加の多さと正の相関がある。**

一般化命題7-7◆**チェンジ・エージェントの接触度はクライアントの学校教育の高さと正の相関がある。**

一般化命題7-8◆**チェンジ・エージェントの接触度はクライアントのコスモポライト性と正の相関がある。**

これらの命題は、チェンジ・エージェントとクライアントの間の同類性が高いとき、両者のコミュニケーションは効果的であることを示している。こうした効果的なコミュニケーションは得るところが多いので、チェンジ・エージェントは自身と類似しているクライアントとの接触を強めることになる。ブラジルの農民一三〇七人に対して一年あたりの農業チェンジ・エージェントの接触数は次のとおりである〔ロジャーズ等、一九七〇〕。

チェンジ・エージェントの一年あたり平均接触数

イノベーター……20
初期採用者……15
初期多数派……12
後期多数派……5
ラガード………3

このデータは典型的なチェンジ・エージェントがクライアントと接触する回数である。チェンジ・エージェントの接触数は革新性と強い関連性がある。ロジャーズ等〔一九七〇〕は次のような結論を下した。つまり、三つの発展途上国に住む四〇〇〇人の農民の革新性に干与する一五の独立変数を調査した結果によると、「諸変数が何らかの制約を受けていたとしても、チェンジ・エージェントの接触数と最も強い相関関係を示していた変数は農業革新性であった」のだ。ブラジル、ナイジェリアそしてインドの農民に関しては、社会経済的地位がチェンジ・エージェントの接触と強く相関していた。これら三変数は次のように連関していた。

社会経済的地位→チェンジ・エージェントの接触→革新性

この連関の意味するところは、チェンジ・エージェントは援助を最も必要とするクライアントに対して、最もわずかな援助しか行なっていないということである。

チェンジ・エージェントの下層クライアントとの接触

教育水準が低く収入の少ないクライアントは、上層に属するクライアント以上にチェンジ・エージェントの支援を必要としている。それではなぜチェンジ・エージェントはその努力を最も不利な条件に置かれたクライアントに集中しないのか？　その答えは［第5章］で論じた革新性とニーズのパラドックスにある。上層のクライアントはチェンジ・エージェントと同類的である結果、両者間のコミュニケーションは容易であり効果的である。下層のクライアントは社会経済的にチェンジ・エージェントと相違しており、この異類性が両者間の効果的なコミュニケーションを妨げることになる。チェンジ・エージェントが政府機関あるいはその他機関の職員であるとすれば、下層のクライアントはチェンジ・エージェントを信頼しようとはしない。さらに、あまり恵まれていないクライアントは、チェンジ・エージェントが推し進めているイノベーションを採用するのに必要な資源を欠いていることが多い。

最後に、チェンジ・エージェントがこれまでの体験から形作られてきた自己実現的な予言ゆえに、彼らの多くは貧しく社会的地位の低いクライアントと接触しようとしない。彼らは社会的地位の低いクライアントはチェンジ・エージェントが行なっているイノベーション普及活動に反応しないと予想している。こうした固定観念のために、チェンジ・エージェントはあまり恵まれないクライアントに積極的に接触しようとはしないのである。

下層に属していて革新的でないクライアントを励まして、もっとチェンジ・エージェントに接触させるようにするにはどうしたらよいのだろうか？　一つの方法は、こうしたクライアントと可能な限り似かよっているチェンジ・エージェントを選ぶことである。ほとんどのクライアントは数年程度の学校教育しか受けていないなら、大学で教育を受けたチェンジ・エージェントはコミュニケーション上の困難を強く感じるであろう。こうしたことから、多くの普及プログラムではチェンジ・エージェントを補佐する補助者を雇用する。すなわち、**一般化命題7-9◆クライアントのイノベーション採用を確実にする意味でのチェンジ・エージェントの成功は、クライアントとの同類性と正の相関がある。**

サンフランシスコでAIDS感染が始まった頃に実施されたSTOP AIDS予防プログラムがきわめて効果的であったのは、ゲイの男性が集まる小集会での話し手がそのオーディエンスの特性と合致していたからである。講演者は若いゲイの男性で、ゲイのコミュニティではオピニオンリーダーとして尊敬されていた。さらに、話し手は普通HIV陽性であって、オーディエンスからその真意を疑われることはまずなかった。ウィルスの感染について何が話し合われているか、すべての人が理解していた。ある意味で、「私がしたようなことは止めて、安全なセックスをせよ」というのが彼らのメッセージだった［シンガルとロジャーズ、二〇〇三］。

専門補助者

補助者は、チェンジ・エージェントと比較してそれほどの専門知識をもっていない。補助者のよいところは、クライアント一人あたりの接触費用が、専門能力をもつチェンジ・エージェントよりも安く済むことである。アジア諸国での衛生プログラムでは、医師一人と同じ費用で三〇人の補助者を雇用できることが判明した。しかし、補助者が特に勝っている点は、彼らが下層のクライアントと同類性が高いことである。

多くのクライアントからみると、チェンジ・エージェントの資質として技術的な専門性のみが重要ではない。人格的な受容性が技術的な専門性と同等ないしそれ以上に重要なのである。専門補助者は専門家よりも技術的には劣るが、低レベルの技術的専門性を補って余りある社会的な能力をもっていることが多い。たとえば、発展途上国の家族計画の補助者は女性の専門助手であって、女性のクライアントと文化的に微妙な避妊といった話題を相談するのに優秀な男性医師よりも優れているのである。

性別や学校教育の有無あるいはクライアント・システムとの対人関係などに従ってチェンジ・エージェントの補助者を選ぶことにより、クライアントとの社会的距離が短縮される。補助者は専門家と下層のクライアントの間の社会的距離を半分に縮めるのである。

チェンジ・エージェントの信頼性

チェンジ・エージェントの補助者は能力信頼性に足りないところはあるが、無難信頼性に独自の優位性をもっている。**能力信頼性**とはコミュニケーション源あるいはチャンネルが知的で熟達していると知覚される度合いのことであり、**無難信頼性**とはコミュニケーション源あるいはチャンネルが信頼しうると知覚される度合いのことである。補助者はクライアントと近い仲間であると知覚されている。したがって、クライアントは、補助者が利己的な動機やクライアントを操ろうとする意図をもっていると疑うことは少ない。

(専門能力をもつチェンジ・エージェントなどの)異類的なコミュニケーション源あるいはチャンネルは能力信頼性をもっていると知覚されているが、(補助者などの)同類的なコミュニケーション源あるいはチャンネルは無難信頼性をもっていると知覚されている。理想的なチェンジ・エージェントの場合、能力信頼性と無難信頼性とが均衡している。つまり、チェンジ・エージェントが(社会経済的な地位や民族など)社会的な特性としてはクライアントと同類的である一方、普及されるべきイノベーションに関しては異類的であるとよいのである。

推し進めようとしているイノベーションに関して、チェンジ・エージェントの補助者がすでに採用している場合、それは同類性と異類性、そして能力信頼性と無難信頼性の両者の理想的な組み合わせとなる。HIV予防プログラムで仲間内から選ばれた教育係はその一例で、対象とするオーディエンスの目から見て信頼のおける同僚でもある。CSW HIV予防介入活動での仲間内の教育係は、以前は商業的性労働者（CSW）で、教育係として働いている間も性的労働に従事している人たちもいた。プログラム実施の結果、CSWとしての経験は対象とするオーディエンスの目から見た信頼性を勝ちとるのに不可欠であることがわかった。多くのCSWは貧困のためにこの職業に追い込まれており、仲間内の教育係とそのオーディエンスは社会経済的地位において同類的なのである［シンガルとロジャーズ、二〇〇三］。

同僚に援助の手を差し伸べる活動（アウトリーチ活動）を始めるときは、教育係になるためにHIV感染の経路や安全なセックスなどの簡単な講習を受け、オーディエンスと知り合いになる方法を学ぶ。仲間内の教育係は無料あるいは低価格でコンドームを配布ないし販売する。コンドームの販売から得られる収入はHIV予防活動に対する報酬の一部となる。CSWは仲間内の教育係から、客と交渉してコンドームを使用させる方法を教わる。

一般化命題7－10◆クライアントのイノベーション採用を確実にする意味でのチェンジ・エージェントの成功は、クライアントの目から見た信頼性と正の相関がある。

新しいアイデアの採用には、しばしば新製品の購入を伴う。クライアントはチェンジ・エージェントをあまり信頼しないことが多い。商業的なチェンジ・エージェントのクライアントが知覚するところであるが、その動機ゆえにチェンジ・エージェントの提案をあまり信頼しない。クライアントは販売員が販売手数料を稼ぐために、新製品を必要以上に売り込もうとしていると感じている。商業的なチェンジ・エージェントは、農業イノベーションでのイノベーション決定過程のうち、知識段階と導入段階においてコミュニケーション源あるいはチャンネルとして特に重要である［ライアンとグロス、一九四三：ビールとロジャース、一九五七：コップ等、一九五八］。というのは、クライアントは試行のために少量の新製品を購入するからである。この時点で、人々はイノベーションの利用方法に関わる情報を得るために、商業的なチェンジ・エージェントに強く依存することになる。彼らに対する信頼はハウツー情報に限定されており、イノベーションに対して好意的な態度を形成するように人々を説得するに至ることは少ない。説得にまでおよぶ場合は、親しい仲間や非商業的なチェンジ・エージェント、その他利害関係がないかあるいは少ない人々が信頼される。

商業的なコミュニケーション源あるいはチャンネルがイノベーションの気づきの知識を生じさせることがある。たとえば、コウルマン等［一九六六］による医師の新薬採用研究では、新薬に詳しい販売支援者および製薬会社が制作した商業出版物が、約八〇％の医師にとって新薬であるテトラサイクリンについてのコミュニケーション源あるいはチャンネルであった。販売支援者は製薬会社の社員で、医師を訪問して医学イノベーションの詳細を説明し、新薬の無料サンプルを提供する。販売支援者はイノベーション決定過程のうち説得および決定段階では信頼されていない［コウルマン等、一九六六］。

補助者によるにせの職業意識

にせの職業意識とは、補助者が専門能力をもつチェンジ・エージェントの服装や話し方などの識別マークをよそおう過程のことである。たとえば、HIV予防のためにCSWから選ばれた教育係は、ユニフォームやバッジなど専門能力をもったチェンジ・エージェントを示すシンボルを求めることが多い［シンガルとロジャーズ、二〇〇三］。補助者は彼らを指揮している専門能力をもったチェンジ・エージェントと一体感をもち、彼らもこうした専門家のようになりたいと望むことが多い。専門家がもつ学士号などを得ることはできないので、補助者は専門家と同じような行動をとろうとし、少なくとも専門家に見られたいとする。

こうしたにせの職業意識は、チェンジ・エージェントの補助者が担っている異類間のブリッジという役割を台無しにしかねない。しかし、補助者がにせの職業意識に内在する問題に気づけば、こうした危険性を矯正する行動をとるようになる。

オピニオンリーダーの活用

オピニオン・リーダーシップとは、比較的頻繁に、人が他の人の態度や行動に対して非公式に影響を及ぼして、その人を望ましい方向に向かわせることができる度合いのことである［第6章参照］。普及キャンペーンは、チェンジ・エージェントがオピニオンリーダーを見つけて動員することができれば成功する可能性が高くなる。一般化命題7-11◆**クライアントのイノベーション採用を確実にする意味でのチェンジ・エージェントの成功は、チェンジ・エージェントがオピニオンリーダーとともに活動する度合いと正の相関がある。**

チェンジ・エージェントの時間と活力は希少な資源である。オピニオンリーダーへのコミュニケーション活動に焦点をあてることで、チェンジ・エージェントはこの希少資源を倍加させて、クライアントの間でのイノベーション普及速度を加速させることができる。チェンジ・エージェントとしては、クライアント・システムに属するすべての人たちから相談を受けるのと比較して、オピニオンリーダーに接触するだけでよければ、その労力ははるかに軽減される。オピニオンリーダーとの接触は、チェンジ・エージェントの力を増幅させる。数年前に行なったラテンアメリカでの分析によれば、農業エクステンション・エージェントは一万人の農民と接触する任務を課せられていた。このおそるべき任務の達成は、エクステンション・エージェントがオピニオンリーダーを活用しなければ不可能であったろう。さらに、オピニオンリーダーの援助を獲得することで、チェンジ・エージェントは新しいアイデアに対する地域の後押しと承認を得ることができる。オピニオンリーダーなどの親しい仲間からのネットワーク・メッセージは、個々人がイノベーションの採用を確信するのに信頼がおけるとみなされる。オピニオンリーダーがイノベーションを採用すると、その後にイノベーションの普及を止めるのは困難になる。

チェンジ・エージェントは、イノベータをオピニオンリーダーであると勘違いすることがある。オピニオンリーダーにはフォロワーがいるが、イノベータは新しいアイデアの最初の採用者であり、社会システムの規範からすると逸脱者であると知覚されていることが多い。チェンジ・エージェントがコミュニケーション努力をオピニオンリーダーではなくてイノベータに注ぐと、社会システムにおいてイノベーションに関する気づきの知識は増えるかもしれないが、ほとんどのクライアントは説得されてもイノベーションを採用しない。社会システムの平均的な成員は、イノベータの行動を必ずしもまねようとはしないのである。また、チェンジ・エージェントが正しくオピニオンリーダーを識別したとしても、その努力をあまりにも少数のオピニオンリーダーに注ぎ込みすぎると、フォロワーの目から見てあまりにも革新的になりすぎてしまい、チェンジ・エージェントと親しすぎると知覚されてしまう。チェンジ・エージェントはオピニオンリーダーを革新的にしすぎることによって、フォロワーからの信頼を「摩滅」させてしまいかねないのである。

デモンストレーションの役割

イノベーションの潜在的な採用者が、同じ条件下で、イノベーションを使っているところを観察できれば、そのイノベーションを評価する助けとなる。別の人が使っているところを観察するなど、こうしたことは自然に起きることが多い。チェンジ・エージェントは、イノベーションをデモンストレーションすることによって、イノベーションの観察可能性を高め、その採用速度を速めようとすることがある。

一九一〇年代に米国が農業エクステンションサービスを開始して以来、農業エージェントは農場などで農業イノベーションのデモンストレーションを行なってきた。たとえば、化学肥料をトウモロコシ畑に施肥した場合とそうでない場合の比較が想定できる。収穫の時期には、エクステンション・エージェントはトウモロコシの刈り入れを助け、二つの場合の収穫量を比較し、近隣の農家にその結果を観察してもらうなどする。肥料の効果や施肥した場合の費用対効果などについて話し合うこともあろう。現地でのデモンストレーションの効果を普及研究者が調査した結果、特に普及過程の初期段階、つまりクリティカルマスに至る以前の段階で、しかも容易に観察可能な場合に有効な戦略であることがわかった。デモンストレーションは農業エクステンション・サービスの草創期においては特に重視されており、農業経済エージェントは「デモンストレーション・エージェント」と呼ばれていた。デモンストレーション戦略は今日では農業分野ばかりでなく、省エネルギー、大量輸送、教育、環境問題など広く活用されている。デモンストレーションは連邦政府の研究開発予算の約一〇%を占めているといわれている［ベーア等、一九七七］。

デモンストレーションには二つのきわめて異なる機能がある。❶現場でイノベーションの有効性を評価するために行なう**実験的デモンストレーション**、そして、❷イノベーションを他所の施設などに普及させるために行なう**実証的デモンストレーション**［マイヤーズ、一九七八］。この二種類のデモンストレーションは、混同されたり両方の機能をもたせて行なわれることが多い。実験的デモンストレーションでは、もしイノベーションが適切に評価されれば、つまり評価の善し悪しが確認されれば、それで成功といえる。どちらにしても、イノベーションの有効性についての知識が増えて、前進することになる。新たなＡＩＤＳワクチンがいくつかの国で実際に試行されているが、これなどは実験的デモンストレーションの一例である［シンガルとロジャーズ、二〇〇三］。実験的デモンストレーションはあまり人目につかないところで行なわれる。デモンストレーション管理者の姿勢は、イノベーションに対する健全な懐疑主義に基づくべきである。

これとは対照的に、実証的デモンストレーションはイノベーションの普及を促進するのが目的なので、潜在的採用者の説得を意図している。広く公衆の目に触れるなかで実施されるべきであり、デモンストレーションの管理者はイノベーションの有効性について楽観的な確約をするほどの姿勢をもつべきである。

チェンジ・エージェントがイノベーションを普及させようとするとき、現場でイノベーションをデモンストレーションすることは有効な戦略である。デモンストレーションが多くの場合に有効なのは、それがチェンジ・エージェントの「能力信頼性」とデモンストレーション実行者の「無難信頼性」を組み合わせているからである。実行者が社会システムで尊敬されているオピニオンリーダーである場合、特に有効である。

ターナー、マーチンとカニングハム〔一九九八〕は、カナダのオンタリオ州での中毒治療部局によるデモンストレーションの役割について調査した。これは低レベルのアルコールおよび薬物中毒患者に対する介入プログラムで、OPTIONというイノベーションの採用を人々に説得するものであった。この新しいプログラムは調査研究結果に基づいて立案され、オンタリオ州のある支局の一つでデモンストレーションされることになった。他の支局はこのデモンストレーション施設を訪問するように促され、新しい治療法に関する研修会も主催された。三四支局の職員がこのデモンストレーション施設を訪れ、体験し、OPTIONというイノベーションの決定過程における確認段階には至らなかったものの、試行段階は通過したのである。

クライアントの評価能力

普及過程のなかでチェンジ・エージェントがもっている特質の一つは、技術的能力である。しかし、チェンジ・エージェントが長期的な視点をもって対応するときには、クライアントの技術能力とクライアント自身でイノベーションの可能性を評価しうる能力の向上に力を注ぐべきである。そうすれば、クライアントは徐々に自分自身がチェンジ・エージェントになるであろう。次の一般化命題7-12が示唆される。**クライアントのイノベーション採用を確実にする意味でのチェンジ・エージェントの成功は、クライアントがイノベーションを評価する能力の増加と正の相関がある。**

残念なことに、チェンジ・エージェントはおおむね、イノベーションの採用速度を速めるといった短期的な目標に主要な関心がある。そうでなく、クライアントが自立することがチェンジ・エージェント機関の最終目標となるべきであり、これがクライアントのチェンジ・エージェントへの依存の終わりを告げることになるのである。しかし、この目標はほとんどのチェンジ・エージェント機関では達成されていない。これらの機関では、クライアントが自らイノベーションを評価する基本的な技能を教えるというよりは、むしろイノベーションの採用を促している。すでに本章では、インドネシアの女性に対して家族計画プログラムの採用を強制してきたことをみた。採用者の多く、特にサファリキャンペーン中に採用した人たちはノープラントを中断できることすら知らなかった。明らかに、普及機関は女性が避妊法を評価する能力を向上させようとはしなかったのである。

農業エクステンション・サービス

[注＊この事例は、ロジャーズ、イブランドとビーン［一九八二］、ロジャーズ［一九八六a、一九八八a］に基づく。]

農業エクステンション・モデルとは、米国の農民に対して農業研究の成果を普及させるために必要な仮説と原理、そして組織構造をひとまとまりにしたものである。農業エクステンション・サービスは世界でも最も成功したチェンジ・エージェント機関の一つであるといわれている。確かに、最も尊敬を集めそして最も広く模倣されている。農業エクステンション・サービスの成功を物語るものは、第二次世界大戦以降一〇年間にわたって米国農家の生産性が劇的に向上したことである。「誰にしても「農業とエクステンション」という二つの言葉を抜きにして、普及について一〇語以内で語ることは不可能である。……いろいろな意味で、すべての技術移転努力を決定づけるメタファーが農業エクステンションという言葉には含まれている」〔イブランド、一九八六〕のである。

農業エクステンション・サービスの歴史的な展開

ニューヨーク州ブルーム郡は、一九一一年にエクステンション・サービスの先駆的な活動を開始した。なかでもビンガムトン商業会議所は、農業がその地域の主要産業であったことから、農民の福利厚生に関心を寄せていた。そうした背景から、商業会議所の「農業事務所」は、ブルーム郡の農民にイノベーションを普及させるために、コーネル大学の農学部卒業生の採用を決定した。初年度の給与の一部はデラウェア・ラカウオナ鉄道から寄付されたので、彼は「郡エージェント」と呼ばれた（この時代、鉄道会社の社員はみな「エージェント」と呼ばれていた）。農業事務所は農業指導者を何人か抱えており、彼らは近所の農家に郡エージェントの給与の一部を負担するように寄付を募った。やがて、こうした寄付がブルーム郡農業事務所の年会費に組み込まれるところとなった。

郡エージェントと地域の農業事務所というアイデアは、一九一一年以降米国中に速やかに浸透した。これは次のような出来事で拍車がかかった。❶一九一四年スミス－リーバー法〔訳注＊エクステンション・サービスの設置と、それに対する資金援助を定めた法律〕を通じた連邦政府による資金援助、❷第一次世界大戦の間、高い農業生産性が必要とされたこと。郡エージェントを設ける動きが広がるにつれて、それを支援する組織である農業事務所の設立も浸透した。やがて、郡の農業事務所は州組織に組み込まれ、次いで一九一九年には米国農業会連合（AFBF）が結成された。AFBFは政治的な圧力団体として運営され、郡のエクステンション・エージェントに対する支援団体という本来の目的とは相容れない機能をもつようになった。農業事務所とエクステンション・サービスは一九一九年に分離したが、両組織は今日に至るまで良好な関係を続けている。AFBFの政治的な支援は、州の農業事務所のそれとあいまって、エクステンション・サービスの財政的な強さと安定をもたらす理由の一つとなっている。農業エクステンション・サービスに投資された年間あたりの資金と人員は、一九二〇年以来急上昇してきている。一九二〇年には、三〇〇〇人のエクステンション関連職員しかいなかったが、今日では合計一万七〇〇〇人の職員がいる。

米国でのエクステンション・サービスへの資金源は、連邦政府（四〇%）、州政府（四〇%）、郡政府（二〇%）であり、エクステンション・システムが全体として「協同エクステンション・サービス」として引き合いに出されるのはこうした理由があるからである。エクステンション・サービスは、農業に対する連邦政府の支出が連邦予算の伸びを下回っているときにも、高い成長水準を維持してきた。

州のエクステンション専門家

米国のおよそ四〇〇〇人のエクステンション・サービス職員の主要な任務は、州レベルでの「専門家」たること（全エクステンション職員の一七%）である。こうした専門家は最新の研究成果を自身の専門領域の見地から解釈して、郡のエクステンション職員に伝え、間接的にクライアントである農民に寄与している。綿花栽培者やミルク製造者など、米国の農民はますます専門化してきている結果、専門知識がますます重要になっている。州立農業大学の栽培学科に研究室がある栽培学のエクステンション専門家について考えてみよう。この専門家は州内に出張して、農民が集まる会議で挨拶をし、郡のエクステンション・エージェントが栽培学の新たな発展に遅れをとらないように仕向ける。このほか、農業経営学、マーケティング、畜産学、昆虫学、家政学、などの分野のエクステンション専門家が在籍している。

州のエクステンション専門家は研究に基づいた知識と郡のエクステンション・エージェントを連結する。エクステンション専門家は「郡エージェントのエクステンション・エージェント」である。この連結機能を効率的に遂行するために、エクステンション専門家は、ランドグラント〔訳注＊政府から補助を受ける権利を持つ〕を受けた大学の科学的ないし知的な世界と、農民および郡のエクステンション・エージェントの実際的な世界との間の懸け橋にならなければならない。通常、州のエクステンション専門家は郡でのエクステンション・エージェントとしての経験を積んだうえで、大学院で教育を受けて専門的な農業分野に移っている。

エクステンション・サービスの使命の拡大

一九一一年の時点では、エクステンション活動はただ単に生物学的な農業、つまり栽培学や畜産あるいは養鶏などに関心を払っていた。郡のエクステンション・エージェントは、新種子、肥料、品種改良した家畜、そして農機具のような生産増進イノベーションに重点を置いていたのである。ついで農家の妻たちが栄養摂取の向上、育児、家政などの情報を求めるようになり、こうした問題にエクステンション・サービスも注目するところとなった。それに応じて、郡の農業エージェントは郡の家政学エージェントと一緒に活動するようになった。通常、農業エージェントは農業技術の学士号をもち、一方、家政学エージェントはランドグラントを受けた大学の家政学学士号をもっていた。

こうして、郡のエクステンション・エージェントには、4Hクラブ〔訳注＊Hands（手）、Head（頭）、Heart（心）、Health（健康）の四つの頭文字からなる。よりよい農業をつくるために活動する。〕の活動の任に就く郡エージェントも抱え込むことになった。4Hクラブ・エージェントは農業技術の分野で学士号を取得しており、訓練を受けて将来の郡農業エージェントになると目されていた。4Hエージェントとしての経験の後に、郡の農業エージェントに昇進することがあった。

一九四〇年代までに、州のエクステンション・サービスは農業マーケティングの課題や消費者向け情報プログラムに視点を移し始めた。この変化は、エクステンション・サービスを厳密な意味での農業生産活動から、別の方向に向かわせることになった。一九一四年スミス＝リーバー法は、州のエクステンション・サービスに対して連邦政府の支援を約束するものであったが、農民のためにのみ活動しなくてはならないと特定するものではなかった。農民の数は一九一〇年には米国全人口の三五％を占めていたが、最近年では二％以下に減少している。

農業エクステンション・モデルからの教訓

農業エクステンション・モデルからどのような教訓が得られたのであろうか？

1◆農業エクステンション・モデルは一九一一年に登場して以来、環境の変化に応じて大きな変貌を遂げてきた。この柔軟さが農業エクステンション・サービスの成功の主要な理由である。

2◆農業エクステンション・モデルはクライアントの参加を前提として、地域のニーズを明らかにし、プログラムを計画し、評価とフィードバックを実行している。

3◆農業調査活動は調査結果の活用を目指しており、この活用志向意識がエクステンション・サービスの有効性を増進させている。

4◆州のエクステンション専門家は、彼らの専門研究分野の農業研究者や教授と社会的にも空間的にも密接な接触を図って活動しており、この密接な接触が農民の抱えている問題と研究に基づいた知識とをうまくつなぎ合わせるところとなっている。

5◆農業生産技術を農民に普及させるに際して、農業エクステンション・モデルはそれ以外の目的のものを農民や非農民オーディエンスに普及させるよりも一層効果的であった。

6◆農業エクステンション・モデルは、研究者から農民へのイノベーション普及のためのシステマティックな手段であるばかりでなく、利用者のニーズに合わせて研究活動を方向付けるための制度化された方法である（ランドグラントを受けた大学、農業試験所、エクステンション・サービスの複合体が全体としてイノベーション発展システムになっている）。

7◆もし成功が資金と人材の不断の成長によって計測できるならば、❶環境変化に適合しうる能力、❷米国農業会連合と指導的な農家の強力な支援、といった理由で、エクステンション・サービスは大成功であった。

8◆エクステンション・サービスは、生産農業を過剰に重視するとともに、農業地域の社会問題に対する関心が欠如していたとして批判されている。このうちのいくらかは、エクステンション・サービスが農業技術イノベーションの普及に成功したがゆえの批判である。

集中型および分散型普及システム

何十年もの間、研究者や政策立案者あるいはチェンジ・エージェント機関では古典的な普及モデルが支配的であった。このモデルでは、イノベーションはある専門家機関から発する。この専門機関はイノベーションを一つのパッケージにして潜在的な採用者に普及させる。イノベーションの個々の採用者は受身の受容者であると想定されている。この古典モデルがこれほどの人気を博しているのは、農業エクステンション・サービスの成功および普及研究の基本的なパラダイムがライアンとグロス〔一九四三〕による雑種トウモロコシ研究から生まれてきた事実による。「どのイノベーションが普及されるべきか、どのように普及させるべきか、そして誰に対して」などといった重要な決定は普及システムの上層部に近い技術官僚が行なうという意味で、米国での農業普及は集中的な傾向が強い。

シェーン〔一九七二〕は、古典的な普及モデルは現実の普及システムに遅れをとっているとして異議を唱えた。彼は古典的な普及理論では、イノベーションはある集中化されている専門家集団から発して、それから利用者に普及すると仮定しているとして批判した。この古典モデルは現実に適合している場合が多くても、シェーンは分散的な普及システム、つまりイノベーションが多数の源から発して、それが水平的なネットワークを通じて進化する普及システムの複雑さを考慮していないと指摘したのである。

最近になって、筆者は集中型の普及システムとはまったく異なる普及システムがあることに徐々に気づくようになった。公式の研究開発機関から発するのではなく、先導的な利用者の発明などによって、イノベーションがしばしば社会システムの現場からふつふつと湧きあがることが多い。このとき、イノベーションがある特定の使

表7-1………集中型および分散型普及システムの特徴

普及システムの特徴	集中型普及システム	分散型普及システム
意思決定と権限の集中度合い	政府の行政官や関連技術の専門家による全体的な意思決定に基づくコントロール	普及システムの成員間に広く権限とコントロールが共有されている
普及の方向	専門家からイノベーション利用者へのトップダウンによる普及	仲間内の水平的なネットワークを通じたイノベーション普及
イノベーションの源泉	関連技術分野の専門家による研究開発活動	ときには利用者でもある非専門家の実験からイノベーションがもたらされる
誰が普及すべきイノベーションを決定するか？	トップの行政官や関連技術分野の専門家	個別の成員あるいは組織のイノベーションに対する非公式の価値評価に基づいて、彼ら自身がどのイノベーションが普及すべきかを決定する
普及過程を促進するクライアントのニーズの重要度	イノベーション中心的なアプローチであって、イノベーションの利用可能性によって生み出されるニーズを強調するテクノロジー・プッシュ型	問題中心型のアプローチであって、実際に知覚されたニーズや課題によって生み出されるテクノロジー・プル型
再発明の度合い	イノベーションが採用者の間に普及する際、実情に合わせた適応や再発明の度合いは低い	イノベーションが採用者の間に普及する際、実情に合わせた適合の度合いが高い

用条件に適合するように利用者によって修正され再発明が頻繁に起こるなかで、イノベーションは仲間内のネットワークを通じて水平方向に拡散する。こうした分散型の普及システムは通常、技術専門家が管理することはない。そうではなく、普及システムでの意思決定は広く分担されており、採用者は多くの決定を行なっている。多くの場合、採用者は自らがチェンジ・エージェントになって、そのイノベーションを他の人に普及させていく。こうした分散型の普及システムの一例はペギー・レスニック［二〇〇〇］が調査したドミニカ共和国での太陽エネルギー利用の拡大計画である［第6章参照］。

分散型普及システムは集中型普及システムとどのような点で異なるのであろうか？［表7-1］と［図7-1］はその違いを示したものである。この二分法による対比はやや単純化しすぎており、実際には集中型と分散型普及システムの間のどこかにあるはずである［図7-2］。集中型普及システムでは、より一層線形的で一方向的なコミュニケーション・モデルを前提と

図7-1………集中型および分散型普及システム

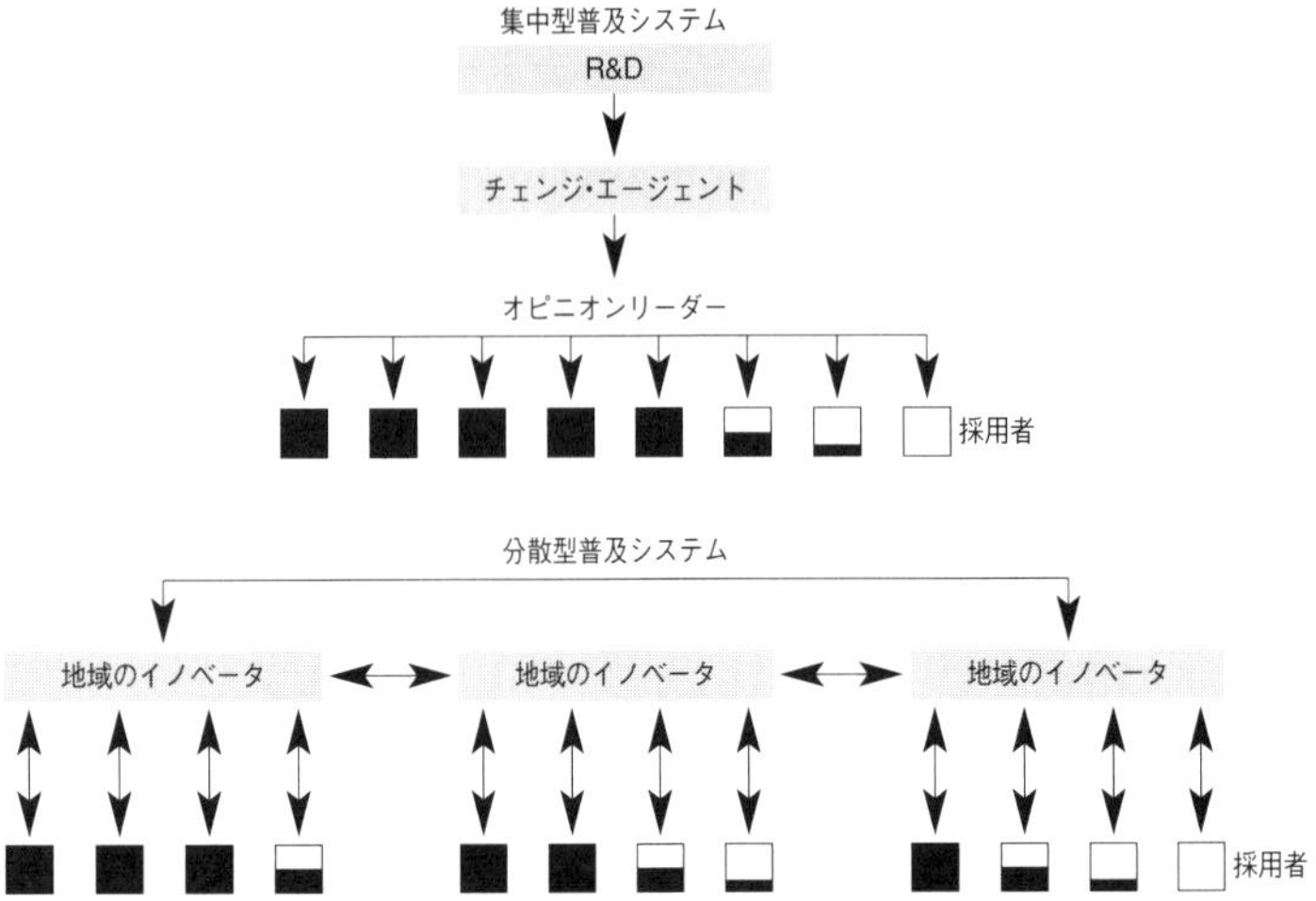

分散型普及システムでは、イノベーションは
比較的自然発生的に仲間内の水平的なネットワークを通じて浸透する。
イノベーションはある特定の指導的な利用者によって生み出され、おそらくは別の採用者によって再発明される。

図7-2………分散型および集中型普及システムの連続体

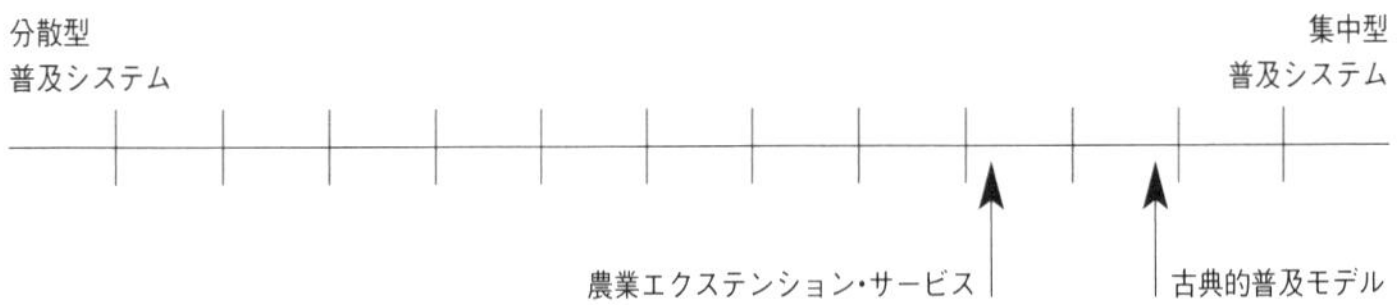

古典的普及モデルは、
ライアンとグロス[1943]の雑種トウモロコシ研究に基づいており、相対的に集中的である。
近年、普及研究者は、現実の普及システムは連続体上に分布しているものと認識するようになってきた。
米国での農業エクステンション・サービスは相対的に集中型であり、
多くの普及モデルは概ねそれに従ってモデル化されているが、他の普及システムは相対的には分散型である。

している。一方、分散型普及システムでは、コミュニケーションの収束モデルに近いものを前提としている。収束モデルとは、コミュニケーションの参加者が相互理解に達するために、互いに情報を生み出し共有するようなコミュニケーション・モデルである〔ロジャーズトキンケイド、一九八一〕。利用者システムの成員は普及過程の管理方法について健全な決定能力をもつというのが、分散型普及システムの基本的な仮定である。次の場合、利用者自身の普及システムを管理する能力が最大になる。❶利用者の教育水準が高く、技術的にも能力の高い実務家（たとえば、循環器外科医）であるとき、利用者はすべて専門家となる。❷普及されるべきイノベーションが高機能の技術水準を伴わない（一例は、省エネルギーあるいは有機家庭栽培、反対例は原子力発電所建設など）とき、知的水準の高い素人でも優位性を保つのに十分な技術的専門性を獲得する。

分散型普及の優位性と劣位性

集中型普及システムと比較したとき、分散型普及システムによって普及するイノベーションは利用者のニーズや問題によく適合しているようである。利用者はさまざまな意思決定、すなわち、利用者の抱えている問題のどれに着目すべきか、どのイノベーションがニーズに適合しているか、イノベーションについての情報の入手方法や情報源、そしてイノベーションを好みに応じてどの程度改変できるか、といったことに利用者自身が関与できるので、分散型普及システムのほうが好ましいと感じている。これらの意思決定に関して利用者の思いのままになる度合いが高いので、分散型普及システムは個別のニーズに合わせて調整される。チェンジ・エージェントとクライアントの間の異類性の問題もほとんどなくなる。イノベーションを探し求めようとする利用者の動機があると、分散型普及過程を志向する傾向が強くなり、しかもこうした動機によって、専門家のチェンジ・エージェントが普及過程を管理する状況よりも費用対効果比が向上するかもしれない。分散型普及システムでは利用者の自立が促される。最後に、利用者の多くは分散型普及システムを好むので、このほうが人気が高い。

しかし、集中型普及システムに比べて、分散型普及システムには劣位な点がいくつかある。

1◆分散型普及システムでは品質管理ができないので、どのイノベーションを普及させるべきかという意思決定は困難であり、非効率なイノベーションが普及する可能性がある。そこで、高水準の技術的な専門知識が必要なイノベーションを普及させようとするときには、分散型普及システムは集中型普及システムと比べて不適切である。

2◆さらに、分散型普及システムでは非専門家は普及戦略の理解に欠けているので、既存の採用者のところに行ってイノベーションを観察するのが主要な普及チャンネルとなる。こうした現場訪問は効果的な普及方法ではあるが、訪問を受ける側では負担が大きくなる。完全に分散型の普及システムでは、個別の利用者はそれぞれの利用者が抱えている問題と、それを解決できる利用可能なイノベーションについての適切な知識をもたないという困難に直面するかもしれない。

3◆ときに政府は、人々がニーズを感じないようなイノベーションを普及させようとする。高度に分散型のシステムでは、こうしたイノベーションはまったく普及しないだろう。発展途上国における家族計画がその一例で、政府にとっては優先順位の高い課題であるが、個別のカップルにとっては違うと思われる。ラテンアメリカやアフリカあるいはアジアには、避妊イノベーションを普及させる分散型システムは存在しない。同様に、リサイクリングなどの環境イノベーションは政策上の優先順位は高いが、あまり人気はない。分散型普及手法はここではうまくいかないのである。

以上の議論をまとめると、

1◆高水準の技術的専門知識を必要とせずに利用できるイノベーションであって、そのニーズが均質的である場合には、分散型普及システムは特に有効である。

2◆集中型および分散型普及システムの特徴を組み合わせた普及システムが個別な状況の下で有効である。たとえば、どのようなイノベーションが普及されるべきか、あるいはどの利用者の現場を訪問すべきかといったことを組み合わせた、集中調整型の普及システムを導入することが考えられる。分散型普及システムにおいて、専門家がイノベーションの技術的な評価を行なうことも想定しうる。

本章の要約

チェンジ・エージェントは介入活動を行なう。**介入活動**とは、オーディエンスの行動変化をもたらすことによって、それとわかる成果を得るための、整合的な目的をもった活動のことである。たとえば、サンフランシスコにおけるSTOP AIDSのようなHIV予防プログラムは感染速度を遅くするために計画された。ターゲティングは異類的なオーディエンスをセグメント化することにより、個々人に適合したメッセージを提供する方法の一つである。**ターゲティング**とは、対象としているクライアントの特性を考慮しながら、コミュニケーション・プログラムをクライアントに合わせて計画し実施することである。現時点で、インターネットはこうしたターゲットに合わせたメッセージを伝えるのに活用されている。

チェンジ・エージェントとは、チェンジ・エージェント機関が望ましいと考える方向に、クライアントのイノベーション決定に対して影響を及ぼす個人のことである。チェンジ・エージェントは次の主要な問題に直面する。❶チェンジ・エージェント機関とクライアント・システムの中間に位置することによる**社会的周縁性**、そして❷**情報過負荷**である。ここで、情報過負荷とはコミュニケーションからの入力が多すぎて、処理し活用することができずに、機能停止に陥ってしまう組織あるいは個人の状態のことである。チェンジ・エージェントには次の七つの役割がある。❶変化に対するニーズを高める、❷情報交換する関係を構築する、❸問題点を突き止める、❹変化したい気持ちをクライアントに起こさせる、❺変化したい気持ちを行動に変える、❻採用を安定させ、中断を未然に防ぐ、❼関係を終結させる。

一般化命題7-1から7-4および7-9から7-12の示唆によると、クライアントのイノベーション採用を確実にする意味でのチェンジ・エージェントの成功は、次の事項と正の相関がある。すなわち、❶チェンジ・エージェントのクライアントとの接触努力の度合い、❷チェンジ・エージェント機関主導というよりはむしろクライアント主導、❸普及プログラムがクライアントのニーズと両立している度合い、❹クライアントへの感情移入、❺クライアントとの同類性、❻クライアントの目から見た信頼性、❼チェンジ・エージェントがオピニオンリーダーとともに活動する度合い、❽クライアントがイノベーションを評価する能力の増加。

さらに、チェンジ・エージェントの接触度は次の事項と正の相関があることがいくつかの調査によって裏づけられている。❶クライアントの社会経済的地位の高さ、❷クライアントの社会的参加の多さ、❸クライアントの学校教育の高さ、❹クライアントのコスモポライト性［一般化命題7-5から7-8］。

補助者は、チェンジ・エージェントと比べてそれほどの専門知識をもっていない。補助者は専門能力をもつチェンジ・エージェントよりもはるかに安い費用で雇用できるばかりでなく、専門家とクライアントの間の異類性ギャップを橋渡しできる。補助者は能力信頼性に足りないところはあるが、無難信頼性に独自の優位性をもっている。**能力信頼性**とはコミュニケーション源あるいはチャンネルが知的で熟達していると知覚される度合いのことであり、**無難信頼性**とはコミュニケーション源あるいはチャンネルが信頼しうると知覚される度合いのことである。補助者はクライアント・システムと同類的なので、無難信頼性がある。**にせの職業意識**とは、補助者が専門能力をもつチェンジ・エージェントの服装や話し方などの識別マークをよそおう過程のことである。

近年になって、普及研究者は古典的な普及モデルとは異なる分散型普及モデルが存在することに気づき始めた。分散型普及モデルは古典的なモデルつまり集中型普及モデルの概念を超えている。米国での農業エクステンション・サービスのような**集中型**普及システムでは、普及に関する意思決定全般（どのイノベーションが普及されるべきか、どのように普及させるべきか、誰に対してなど）は政府の官僚と技術専門家の手に委ねられている。集中型システムでは、イノベーションの普及はトップダウン、つまり専門家から利用者に向かって流れる。

対照的に、**分散型**普及システムはクライアントによってコントロールされており、普及システムの成員間に権限とコントロールが広く共有されている。分散型システムでは、イノベーションは研究開発システムから生み出されるのではなく、非専門的な利用者による個別の試行からわき出てくる。水平的なネットワークを通じて、個別の成員がどのイノベーションを普及させるかを決定するのであり、相当の再発明が許容されている。分散型普及システムは収束型コミュニケーションを前提としている。収束型コミュニケーションでは、コミュニケーションの参加者が相互理解に達するために、互いに情報を生み出し共有している。分散型普及システムは、❶ある条件下ではきわめて有効であり、❷集中型普及システムと組み合わせることが想定されうる。

第8章……Innovation in Organization

組織におけるイノベーション

組織とは、イノベーションが散らばっている地べたのようなものだ。
筆者のインタビュー調査に対する某社社長のコメント

ここまで本書では、**個人**に対するイノベーションの普及に焦点をあてて論じてきた。しかしながら、イノベーションの多くは**組織**が採用する。多くの場合、組織がイノベーションを採用した後でないと、個々人は採用することができない。本章では、主として集合的なイノベーション決定および権限に基づくイノベーション決定を扱う。この二つのタイプの意思決定では、イノベーション決定が行なわれる社会システムは組織であることが多い。組織の革新性に関する初期の研究では、革新的な組織か否かという特性を明らかにするために、数多くの組織からデータサンプルを収集していた。しかし、その後、段階モデルに基づいて**組織内**のイノベーション過程を研究するようになってきた。本章ではこの重大な変化について検証する。後者の研究は、組織が変化する際の、イノベーション過程の本質ならびに人間行動についての重要な洞察を与えてくれる。

組織におけるイノベーション過程研究では、組織のなかでイノベーションの使用を開始する導入段階に重点を置く。個人を中心とした研究では、必ずしも導入過程までの研究は十分に行なわれてこなかったが、導入過程に重点を置くイノベーション過程研究によって、普及研究が改善されることになる。組織がイノベーションの採用を決定しても、即時に導入されるわけではない。個人によるイノベーション決定過程と比べて、はるかに複雑である。導入にあたっては、多くの人々が関与しながら、イノベーションの推進派と反対派がイノベーション決定過程に一定の役割を果たす。さらに、イノベーションの導入により、イノベーションと組織が相互に適応しつつ、ともに大きな変化を遂げるのである。

イノベーション決定の種類

イノベーション決定には次の三種類がある。

1◆**任意的なイノベーション決定**では、イノベーションを採用するか否かの選択が、社会システムの他の成員の意思決定とは関係なく、個人によってなされる。雑種トウモロコシを採用したアイオワ州の農民は任意的なイノベーション決定を行なった〔ライアンとグロス、一九四三〕。新薬を採用した医師も同様である〔コウルマン等、一九六六〕。

2◆**集合的なイノベーション決定**では、ノベーションを採用するか否かの選択が、社会システムの成員の間に合意が形成されることによって行なわれる。市による禁煙条例の採用決定は、住民投票にせよ市議会での投票にせよ、集合的なイノベーション決定である。決定がなされると、人々はそれに従わねばならない。たとえば、禁煙条例が可決された市では、バーやレストランなどで喫煙すると、逮捕されて罰金をとられることになる。

3◆**権限に基づくイノベーション決定**では、ノベーションを採用するか否かの選択が、強制力、地位、あるいは技術的な専門知識をもつ社会システム内の少数の人たちによってなされる。たとえば、携帯電話大手企業であるノキアのCEOが、社員はeメールを送信するときにファイルを添付してはならないと決定することなどはその一例である。権限に基づくイノベーション決定に、組織に属する従業員は従わねばならない。

これに加えて、**条件つきのイノベーション決定**では、イノベーションの採用が決定された後でなければ、個々人によるイノベーションの採否の選択が行なわれない。たとえば、医師が新しい医療処置を採用するという意思決定は、医師の属する病院が必要な医療器具の購入を決定して初めて実現できる。ここでは、任意的なイノベーション決定は、集合的な意思決定の後にくる。上記の三つのイノベーション決定を順に組み合わせて、条件つきのイノベーション決定となる。

組織

組織とは、人々が構成する安定したシステムであって、そこでは人々が共通の目標を達成するために、階層構造と分業を通じてともに働いている。組織は、規則に則った人間関係を通じて相当規模の日常業務を遂行するために設けられている。人間の努力を結集する方法としての組織の効率性は、この安定したシステムによるものであり、この安定性はコミュニケーション・パターンに加えられる構造化圧力に由来する。想定しうる組織構造は次のようなものである。

1◆**あらかじめ定められた目標**……組織はある特定の目標を達成するための明示的な目標をもって公式に設立されている。相当程度、組織の目標が組織の構造と機能を決定する。

2◆**所定の役割**……組織における仕事は、役割や義務としてさまざまな地位の間に分配される。役割とは、所与の地位を占めている個人によって遂行されるべき活動の集合である。地位は組織図上の「箱」である。個々人は組織に加わったり辞めたりするかもしれないが、地位は継続的に存在して、その地位に就いた個々人はそれにふさわしい行動をとることが期待される。

3◆**権限構造**……公式組織では、すべての地位が同等の権限をもっているわけではない。そうではなく、地位は階層的な権限構造のなかに組織されており、誰が誰に責任を負い、指示できるかが特定されている。

4◆**規則と規制**……文書化された公式の制度が、組織の成員による意思決定や活動を支配する。これらの諸規則が、雇用や昇進あるいは解雇などのさまざまな活動を調整し、一貫した組織の運営が確保される。

5◆**非公式パターン**……どのような公式組織も、非公式の慣習や規範など成員間の社会的な関係によって特徴づけられる。こうした非公式の慣習は長期間にわたって形成されたもので、どの組織でも重要な機能を果たしている。それにもかかわらず、官僚的な組織の意図するところは、標準化と公式化によって人間関係をできる限り非人格化することにある場合が多い。

組織が比較的安定しているとすれば、イノベーションは稀にしか起きないと思うだろう。実はその正反対で、ほとんどの組織ではイノベーションが常に継起している。変化に対する障害や抵抗は存在するが、イノベーションはすべての組織で進行している基本的な過程であることを忘れてはならない。

ドイツの偉大な社会学者マックス・ウェーバー［一九五八］は、工場や軍隊あるいは政府部局のような官僚組織について論じるなかで、その特徴を権限に基づく統制と捉えたうえで、これを「鉄の檻」と称した。規則が作られ、権限をもった個人によって指示が発令されたうえで、権限に基づくシステムを受け入れた組織の成員によって遂行される。始めのうちは、この統制システムは合理的かつ効率的に機能するが、官僚制の組織的有効性は時間の経過とともに失われていく。規則は厳しく執行され、すべてにおいて非人格的かつ不適切な方法で適用される。官僚制の指導者は次第に非人格化し、システムの合理性は消滅する。それにもかかわらず、組織の成員は統制という鉄の檻に囚われて、官僚的な権限システムを支持し続けるのである。

仮想組織

一九九〇年代に、新しい型の組織が突如として現れた。仮想組織は、これまでの組織行動概念を根本的に塗り替えるものだった。たとえば、コンプレクシカ（Complexica）は年商数百万ドルの完璧な仮想組織で十数名の従業員を雇用している。コンプレクシカは一九九九年にロジャー・ジョーンズ博士によって設立された会社で、本社はニューメキシコ州サンタフェの魅力的なビルにある。本社はジョーンズ社長と机、そして机の上の強力なコンピュータからなり、他の社員は世界中に散らばっている。社員の一人は世捨て人風で、サンタフェから八〇キロほど離れたハウストレーラーで生活しながら仕事をしている。その他の社員はロンドンとウィーンにいる。彼らは相互にインターネットで連結されていて、複雑適応システム理論に基づいたソフトウェア・プロジェクトの仕事を協働して行なっている。この理論は、ジョーンズがかつて働いていたロスアラモス国立研究所とサンタフェ研究所で開発されたものである。仕事のある日には、コンプレクシカの社員は絶え間なく、おそらく三〇分に一回くらいの頻度で連絡を取り合っている。インターネットのおかげで、物理的な空間を越えたコミュニケーション費用は実質上消滅している。仮想組織はインターネットなしには実現できなかっただろう。

仮想組織とは、地理的に離れた従業員が電子的なコミュニケーションによって連結されたネットワークである。従業員は対面的な会合で顔を合わすこともあるが、ほとんどの仕事は距離を隔てた場所で行なっている。仮想組織の優位性は、事務所経費や駐車場の節減、通勤時間や通勤費用がかからないこと、そしてクライアントや納入企業のすぐ近くに従業員を配置できること、などにある。仮想従業員は家や車のなかなどで仕事をしており、仕事場を設ける必要はない。

コミュニケーションはどんな組織においても基本的なものだが、仮想組織でのコミュニケーションは群を抜いている［ドサンクティスとモンジュ、一九九八］。ジョーンズは完全な仮想組織としてコンプレクシカを立ち上げた。これは、彼にとってはベンチャーキャピタルに頼る必要のないことを意味していた。彼は前に起業したときにベンチャーキャピタリストとの間で嫌な経験にあっていたのである。情報通信産業の一つであるコンプレクシカでは、すべての従業員があたかも同じビルの隣り合った事務所にいるかのようにして、業務が遂行できる。成長を遂げている情報通信産業がサンタフェに集結しているので、ジョーンズはそこを拠点に、起業したばかりの三〇ほどの会社と打ち合わせを行なっている。他の社員は世界中に分散していて、電子的に連結されている。

社員が住んでいる地域の時間帯が異なると、問題が生じる可能性があるが、コンプレクシカではこの問題にうまく対処している。米国に本拠地があるソフトウェア会社は、インドで仮想社員を雇用している。米国とインドでは約一二時間の時差があるので、社員は二日分の仕事を二四時間でこなしている［シンガルとロジャーズ、二〇〇二］。インドで雇用しているソフトウェアエンジニアの給与は、米国の社員のおよそ一〇％程度なので、企業にとっては経済的な優位性がきわめて高い。

仮想組織はより柔軟で、変化を持ち込んだとしてもそれを阻止する組織文化は希薄であり、階層構造もあまりみられず、そして組織の境界は不鮮明で、境界をとおして相互浸透が可能である［アフジャとカーレイ、一九九八：ドサンクティスとモンジュ、一九九八］。こうした特質は仮想組織に市場での競争優位をもたらしている。このような理由から、仮想社員を何人か抱えている組織は、この一〇年ほどの間に急増している。仮想性はイノベーションであるとみなすことができ、この新しいアイデアは多くの研究論文を生み出している。最近の文献調査では、仮想性というトピックに関して七〇〇件ほどの出版物が確認されている。仮想組織に関する研究の多くは、コミュニケーション研究者およびビジネススクールの組織・経営研究者が行なっている。

仮想組織には問題点もある。たとえば、ある研究によると、仮想社員は組織に対する一体感の意識が乏しく、満足度が低く、転職率も高いという。仮想的なコミュニケーションは、対面的なやりとりよりも抑制的でないことが多く、軋轢や誤解が拡大することがある。社員に仮想的なコミュニケーションを訓練させることで、こうした問題を克服する手助けをすることは可能である。

今日の組織は、マックス・ウェーバーが一〇〇年ほど前に論じたときの構造とは明らかに大きく異なっている。

組織の革新性

普及研究は農民などの個々の意思決定者を調査することから始まった。このパラダイムが医師や教師に拡大されたとき、初期の普及研究では、教師は学校の職員であり、医師の多くは病院で働いていたり、あるいはグループで診察することを無視していた。数十年を経て、採用の単位が個人ではなく組織とした普及研究が行なわれるようになった。組織革新性に関する初期の研究はきわめて単純なもので、諸データは（組織のトップなどの）単一の個人から集められた。つまり、こうした研究では、各組織は個人と等価なものに縮減されていた。組織全体が一つの分析単位として扱われたのである。

組織革新性に関する研究から多くの有益な知識が得られ、現在でも多くの研究が実施されている。たとえば、ある産業に属する企業間に浸透するイノベーションの普及過程は、社会システムに属する個人間に普及するのとほぼ同様である、などである。

研究者たちは、個人を対象として開発された革新性調査モデルと方法を組織研究にそのまま転用した。組織に関する何百もの革新性研究が一九七〇年代に行なわれた。ついで、**組織内部**のイノベーション過程に目を向ける普及研究が実施されるようになった。革新的な組織かそうでないかという変数を確定する代わりに、組織内のイノベーション過程が経時的に追跡調査され、イノベーションを過程として捉える段階モデルに研究の焦点が移っていった。このモデルは、個人のイノベーション決定過程における段階モデルと類似している。

組織の革新性に関する初期の研究は、革新的な組織の特性を照射するのに寄与した。これらの特質の多くは、革新的な個人の特質と等価であった。たとえば、規模の大きな組織は概してより革新的であることが判明した。これはちょうど収入が多いとか社会経済的な地位が高い個人の場合と同様である。しかし、組織の革新性には、個人のそれと対応しないものもある。たとえば、システムの**開放性**（システムの成員が外部システムの個別の成員と連結している度合い）や**公式化**（成員の役割遂行において、組織が成員に対して規則や手続きの遵守を求める度合い）のような組織の構造特性は、組織の革新性に応じて、正あるいは負に相関していることが判明した。組織の革新性研究の調査手法は個人レベルの研究から直接持ち込まれたが、それでもかなりの概念的な独創性が登場してきた。

それではなぜ、組織の革新性研究は時代遅れになったのだろうか？

1◆組織の革新性研究の結果、計測された独立変数（組織の特質を表す変数）と従属変数（主として革新性）との相関は比較的低いことが明らかになった。一〇〇以上の組織を研究対象として、きわめて定量的な分析が行なわれた。革新性（従属変数）は大体一〇から二〇程度のイノベーション採用を組み合わせた合成値を使って計測された。調査対象となった各組織の各イノベーション過程は、組織ごとの全体的な革新性の合成値として集計されたので、個々の過程は覆い隠されてしまった。クロスセクション分析によるデータの分散分析手法のため、イノベーションの「過程」つまり経時的変化の側面は無視されたのである。

2◆組織の革新性を研究するときに研究者の頭を悩ましたのは、CEOから得たデータが実際の組織全体のイノベーション行動をどのくらい適切に反映しているかという問題であった。組織の革新性調査では普通、対象とする組織の長による回答だけに基づいてデータを収集していたので、このデータが本当に組織全体の行動を代表しているかどうか知る術はなかった。たとえば、米国二七六市の八部局の関係者（局長、財政部長、警察トップなど）に質問票を送付し、計画および予算に関わる三つのイノベーションの採用について調査した事例がある［ビングハムとフレンドレイス、一九七八］。イノベーションの採用などの基本的な事項について、局長と財政部長の意見は一致しているものと考えるだろう。しかし、予算案が審議された当時、両者の意見が一致していたのは三分の二ほどの事項だけだったのである。この厄介な事実は、普及研究を頓挫させることになった。組織のトップ数人から山ほどのデータを集めるだけでは、研究命題を適切に実証する尺度とはなりがたいと思われたのである。

組織の規模と革新性

組織の規模と革新性の間には正の相関があることが確認されている。**一般化命題8-1◆大きな組織はより革新的である。**ミスティンジャー［一九六八］は「革新性は人によるものか、機関によるものか、それとも場所によるものか?」と問いかけた。カリフォルニア州の地域衛生部局の革新性は次の三項目と関係づけられた。❶職員数や予算規模といった組織規模、その関連で❷市の規模、❸地域衛生部局長のコスモポライト性や資格そして部局長の名声、である。全体として、「この調査の結果、地域の規模と衛生部局の規模が、おそらくは革新性を規定する最も説得力のある」［ミスティンジャー、一九六八］要素であることがわかった。

マーラーとロジャーズ［一九九九］は、ドイツの銀行三二四社にアンケート調査を実施して、eメールによる顧客サービスや企業の顧客への電子振込みなど一二の情報通信技術イノベーションの採用に関するデータを収集した。イノベーションの採用数および各イノベーションの採用時期の遅速に基づいて、銀行ごとに革新性指標を算出した。三二四社は五つの採用者カテゴリーに分類された［図8-1］。銀行の総資産、行員数、支店数、関連子会社数あるいは顧客数のいずれをとっても、革新性と規模との間にはきわめて強い相関があることが判明した。

図8-1………革新性指標に基づいたドイツの銀行324社の採用者カテゴリー

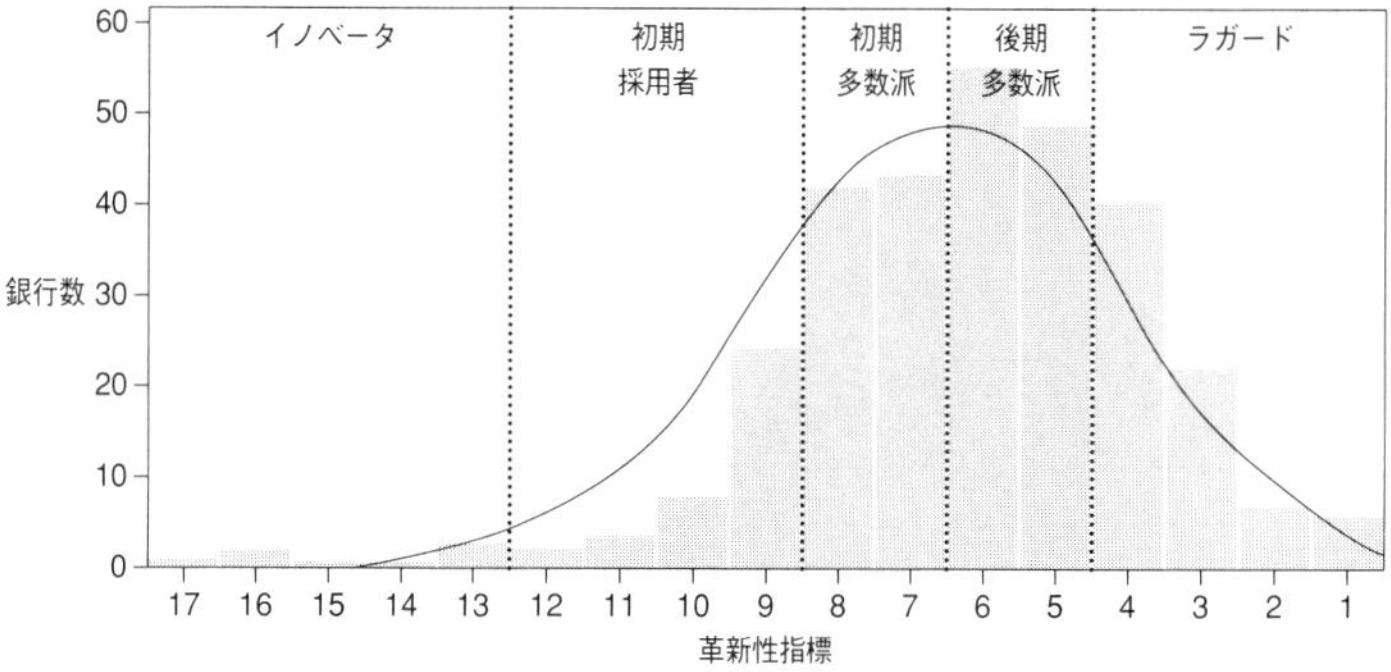

かつてはきわめて人気の高かった組織の革新性調査は、上のように示すことができる。

この図は、12の新ICTを採用したドイツの銀行324社の革新性を調べたものである。

銀行の採用者カテゴリー分布は個々人のそれとほぼ同様である。規模の大きさと革新性とは相関が高い。

たとえば、各銀行の資産総額の革新性指標との相関係数は0.75であり、銀行の社員数との相関係数は0.70であった。

出典：マーラーとロジャーズ[1999]

規模の大きさが組織の革新性と正の相関があるとの結論は、小さな会社のほうが適応力が高く官僚制を押さえ込みやすいという通俗的な考え方からすると、驚くべきことかもしれない。実際、規模の大きな企業から研究開発部門を解き放つのに、スカンクワークスという優れた方法がある。それにもかかわらず、規模と革新性との相関の強さは多くの調査で実証されている。

なぜこれまでの研究で、規模が組織の革新性を示す最良の指標であるとされてきたのか？　第一に、規模は容易に計測できる変数であり、比較的精度も高いからであろう。そこで、ほとんどの研究では組織の規模が調査指標に組み込まれている。

第二に、規模はおそらくイノベーションに関連するいくつかの次元の代理指標となっているからである。つまり、規模は、全資源、スラック資源（組織が日常業務の運営に要するよりも多くの資源を有している度合い）、従業員の技量専門性、組織構造等々の代理指標なのである。このような不明瞭な変数は、これまでの研究では、はっきりとは理解されず、適切に計測されることもなかった。こうした「潜伏している」変数の存在が、規模と革新性とに相関があると結論づけられてきた根本的な理由であろう。ほとんどの研究者は変数としての規模に理論的な関心を示さないが、規模は他の変数の便利な代理指標なのである。

構造特性と組織の革新性

組織の革新性は次のような独立変数と相関がある。❶個人（リーダー）の特質、❷内部組織の構造特性、❸組織の外部特性［図8-2］である。ここに組織構造に関わる変数が組織の革新性と相関していることがみてとれる。

集中化とは、システム内の権力や統制が比較的少数の個々人に集中している度合いのことである。これまでの研究では、集中化は革新性とは否定的に結びつけられてきたことが多い。権力が組織のなかで集中していればいるほど、組織の革新性は低くなるというわけである。少数の権力をもったリーダーがシステムを支配していると、組織が考慮に入れる新しいアイデアの範囲は限定されてくる。現場レベルでの問題を把握し、現場でのニーズに合致するイノベーションを検討するのに、集中化された組織の経営陣はあまり適切な位置にいるとはいえない。集中化された組織では、イノベーションが始動するのは分散化された組織と比べてあまり頻繁ではないかもしれないが、ひとたびイノベーション採用の決定がなされると、イノベーションの導入を促進させることができる。

複雑さとは、組織の成員がもっている知識や専門能力の水準の高さのことであり、成員の職業的な専門性あるいは正式の専門教育や訓練の度合いによって計測される。複雑さの度合いが大きい場合、組織の成員によるイノベーション価値の理解は高まるが、イノベーションの導入にあたっての合意形成が困難になることがある。

公式化とは、組織の成員が規則や手続きに従うことを組織として重要視するかどうかの度合いのことである。組織が官僚的であるかどうかは、公式化の度合いに基づいて計測される。公式化の度合いが強い場合、組織の成員はイノベーションについて検討することは抑制されるが、イノベーションの導入は促進される。

相互連結性とは、社会システムに属する要素単位が対人的なネットワークによって連結されている度合いのことである。組織のネットワーク相互連結性の度合いが高いときには、新しいアイデアは組織の成員にたやすく流れる。この変数は組織の革新性と正の相関がある。

組織スラックとは、特に用途の定められていない資源が組織内で利用可能な度合いのことである。この変数は組織の革新性と正の相関がある。特にイノベーション導入費用が高いとき、そうである。組織の規模と革新性とが非常に高い相関を示すのは、大きな組織では多くのスラック資源を抱えているからであろう。

組織の革新性に関する何百もの調査研究が実施された末に、以上の独立変数に対する組織の革新性という従属変数との相関は比較的低いことが明らかになった［図8-2参照］。一般化命題8-2◆**組織構造に関わる変数はどれも**

図8-2………
組織の革新性と関連のある独立変数

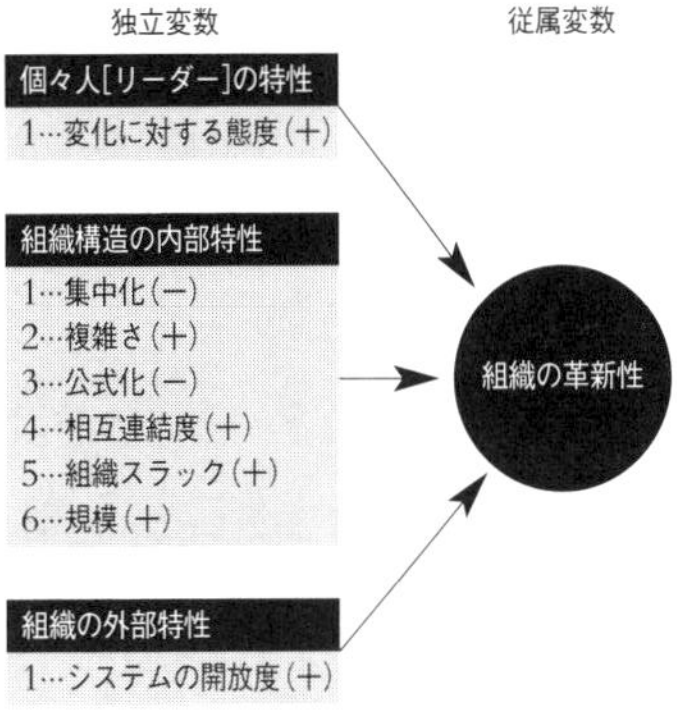

イノベーション過程の開始段階で革新性と一定の相関があるが、一方で導入段階では逆方向の相関がみられる。集中化の低さ、複雑さの高さ、そして公式化の低さはイノベーション過程の始動を促すが、これらの構造特性は組織がイノベーションを導入する妨げとなる〔ザルツマン等、一九七三〕。このように、開始段階と導入段階をイノベーション過程の分析に組み入れることで、組織の革新性と関連する変数に関して既存の調査結果を良好に説明できることがわかる。

組織の革新性研究に対する研究上の関心は近年になって薄れてきているものの、こうした研究は引き続き行なわれており、興味深い結果が得られている。たとえば、フェネル〔一九八四〕は、イリノイ州で従業員二五〇人以上の私企業一七三社に対して、関連する二つのイノベーション（社員に対するアルコール中毒症相談プログラムとアルコール中毒治療に関する保険の適用）の普及と採用の状況を調査した。結果として、企業がアルコール中毒症に関する保険適用プログラムを採用した場合には、アルコール中毒症相談プログラムの採用もまた円滑に進んだ。組織規模と複雑さの度合いはアルコール中毒保険プログラムの採用と相関があり、これはまたアルコール中毒相談プログラムの採用の要因となった。労働組合や組織の医療部門の反対にもかかわらず、こうした結果が得られたのである。

フェネルの研究は、同一の組織によって採用された関連する二つのイノベーションについて検討するものであった。前章で論じたように、多くの普及研究では、ただ一つのイノベーションに焦点をあてており、同一の社会システムに普及する複数のイノベーションの採用速度の相互関係を追跡調査した事例はほとんど見受けられない。しかし、複数のイノベーションの普及経路が必ずしも独立であると仮定しない研究が必要である。

アラン・メイヤーとジェイムス・ゴーズ〔一九八八〕が実施した組織のイノベーション研究は実に興味深いものである。彼らは米国中西部の都市にある二五の病院が採用した一二種類の医療イノベーション（CATスキャナ、超音波イメージング、レーザー外科療法、胎児監視装置、内視鏡手術等）を調査した。合計三〇〇のイノベーション決定はそれぞれ各組織内で行なわれ、これが分析の単位となった。通常の組織の革新性研究では、病院がイノベーションを採用する際の相対的な革新性を数量化する。それに対して、彼らは、イノベーション決定ごとに九点満点の評価指標を用いた新機軸に注目してほしい。すなわち、病院の職員がイノベーションに気づいている状態（一点）から、イノベーションを採用して日常的に利用している状態（八点）、そして新技術の性能を高めている状態（九点）である。本質的に、この従属変数は、対象とした一二イノベーションに関して、病院がイノベーション過程の各段階を経過し進行した度合いを示している。

メイヤーとゴーズ［一九八八］は、病院でのイノベーション過程を通じてイノベーションが進行した度合い（同調査での従属変数）は次のように説明されることを示した。❶イノベーションの知覚属性のうち、観察可能性、低度の危険性、そして低度の複雑さによって、従属変数の分散値の四〇％を説明できる。❷病院の環境、組織、リーダーシップなどの変数では、従属変数の分散の一一％しか説明できない。調査によると、積極的なマーケティング戦略に活用可能な複雑な組織構造をもち、しかも都市郊外に位置する大規模な病院は、とりわけ革新的であった。医療イノベーション過程の進行において特に重要だったのは病院のＣＥＯの存在で、彼らはしばしばイノベーション過程の進行にかなりの影響を及ぼしていた。イノベーション・チャンピオンは、イノベーション過程が経過するなかで医療イノベーションを進行させる要の存在であった。

チャンピオンの役割

チャンピオンとは、新しいアイデアが組織内に誘発するかもしれない無関心や抵抗に打ち勝つために、イノベーションの背後で支援するカリスマ的な個人のことである。イノベーション・チャンピオンは、組織に新しいアイデアが浸透するための重要な役割をはたしうる。もちろん、反イノベーション・チャンピオン（つまり反対者）は、新しいアイデアがイノベーション過程で日常化段階に到達するのを阻止しうるのである。

過去の調査によると、イノベーション・チャンピオンは組織のイノベーション過程において重要な存在であることが多い。一般化命題8-3◆**イノベーション・チャンピオンの存在は組織におけるイノベーションの成功に寄与する。**シェーン〔一九六三〕は「新しいアイデアはチャンピオンを見出すか、さもなければ死に絶える」と述べている。

イノベーション・チャンピオンというのは、組織内で高い地位を占める権力をもった個人で、企業の社長や副社長あるいは経営陣トップだと考えがちである。確かに経営の「守護神」がイノベーションを祝福するのは有害なことではない〔スミス、レディキャンとオルセン、一九九二〕。デイ〔一九八四〕は、力強いイノベーション・チャンピオンの存在という図式は、高価で、目につきやすく、先端的なイノベーションの場合にはあてはまることを示した。不確実性の高いイノベーションには、チャンピオンの存在が決定的であることは間違いなく、そうでなければこの種のイノベーションは死滅してしまうだろう。しかし、それほど先端的でないイノベーションのチャンピオンは中間管理者であることが多い。たとえば、グッドマンとステックラー〔一九八九〕は、バージニア州の衛生機関が採用した一〇の新事業プログラムを調査した結果、最も貢献したチャンピオンは衛生機関の次長か支部長であることを示した。彼らはそれほど上級の地位ではなかったので、幹部に接触することはできなかった。チャンピオンの重要な資質は、❶組織のなかで要の地位を占めていること、❷さまざまな人たちの望みを理解する分析的かつ直感的技量をもっていること、❸組織内の人たちとともに働くための研ぎ澄まされた対人交渉能力があること、である。このように、チャンピオンは組織内でのイノベーションの調整役かつ段取り役で、組織の事情にイノベーションが適合するよう手助けをする存在であった。チャンピオンが非公式の連携を指揮するなかで、イノベーションは見直され、組織は個々人の連携によって再編成されることが多かった。組織内のチャンピオンは地域コミュニティでのオピニオンリーダーに似た役割を果たすのである。

ハウエルとヒギンス［一九九〇］は二五人のイノベーション・チャンピオンをそうでない二五人と照合した結果、チャンピオンは危険を冒すことができ、より革新的で、他の人により強く影響を与えることのできる人たちであることを示した。チャンピオンはきわめてイノベーション志向の存在である。しかし、権力という点では、他の人と比べてそれほど際立っているわけではない。多くの場合、人々の技量のほうが権力よりも重要なのである。

イノベーション・チャンピオンは組織で特に権力のある個人ではなく、むしろ人々とのつきあいに長けており、説得や交渉ごとに巧みな個人であるという一般的な図式が浮かび上がってくる。この種のイノベーション・チャンピオンの一例は、公衆衛生専攻で修士課程に在籍していたある学生であった。彼はテキサス州エルパソの市議会が二〇〇一年に禁煙条例を採用するまでのイノベーション過程で要となる役割を果たしたのである［ロジャーズ、ピーターソンとマコウィティ、二〇〇二］。この学生はインターンシップコースを履修するために、NGO（非政府組織）団体コミュニティボイスが行なっていた空気清浄法に関わる背景調査に加わった。このNGOは室内空気清浄法つまり禁煙条例の制定を目指していたのである。彼はエルパソでの禁煙グループの集会に参加し、記録をとったり、話をしたりしていた。しばしば、この企画グループのリーダーたちは「この問題に関する事実が必要なんだ。ん、学生のインターンか、助けてくれないか?」と話していた。

やがて、この学生は禁煙問題に時間をますます費やすようになった。彼はレストランのウェイターのアルバイトをして、喫煙セクションで働いていたところ、間接喫煙によるものと思われた耳の病気に頻繁に感染して、高価な抗生剤を購入せざるをえなくなった。彼の状況を知った禁煙グループのリーダーたちは、レストランやバーの喫煙セクションで働く人たちの健康被害について、エルパソ市議会での公聴会で証言するよう彼に依頼した。

市議会議員八人と個人的に親しくなるにつれて、彼は一日に数時間を市役所内でぶらぶらしながら過ごし始めた。ある議員はこの学生に、隣接する市が禁煙条例を採用した結果、その市のボウリング場やビンゴ場の営業実績がどのくらい影響を受けたか調べるよう依頼した。さらに、学生は市役所が検討中の包括的な禁煙条例と類似の条例の写しをいくつか入手するよう依頼された。ある市議会議員はこの学生に何軒かのレストランのオーナーに会って、提案されている禁煙条例についてヒアリングしてくるよう依頼した。他の市議会議員は、サンディエゴではどのくらいのレストラン客が国境を越えてメキシコに食事に出かけているかというデータを彼に求めた。サンディエゴはエルパソと同じくメキシコと国境を接しており、すでに禁煙条例を導入していたが、メキシコでは喫煙が許されていたのである。

学生は毎日が禁煙問題のロビーストのようになり、各市議会議員が室内空気清浄法に対して賛成反対かどちらに傾いているかすぐわかるまでになった。二〇〇一年六月エルパソ市議会では条例が七対一で可決され、全米二二番目のこの都市では、それ以後レストランやバーなどの公共空間での喫煙が禁じられた。この学生インターンは、イノベーション・チャンピオンとしての役割を果たした満足感とともに、学業に復帰したのである。

エルパソには禁煙問題のチャンピオンがもう一人存在した。尊敬を集めていた市議会議員で、条例の可決直前に市長になった。市長は市議会議員の投票に影響を与え、承認後の新法の導入に重要な役割を果たした。これに対して、エルパソのほとんどの市民は学生インターンのことを聞いたこともなかった。彼の役割は禁煙政策というイノベーション過程が調査されるなかで明らかになったのである。

米国南西部の都市で、筆者らは禁煙問題に関する別のタイプのチャンピオンを発見した。たとえば、ニューメキシコ州シルバーシティでの最も重要なチャンピオンは、地域の禁煙グループの議長に選出された一五歳の女子高校生であった。彼女は禁煙条例が承認されるまで毎日、市役所関係者と面会した。ついで、ニューメキシコ州アルバカーキに引っ越すと、この若きチャンピオンは禁煙組織で活動し、アルバカーキで禁煙政策の議会通過を目論んでいたグループの議長に選出された。筆者が彼女に二〇〇二年にインタビューしたとき、禁煙のボランティア活動に週四〇時間費やしているとのことであった。テキサス州ラバックでは、喘息を患っている一〇歳の少年が、禁煙政策の承認のために実施され成功したキャンペーン・チャンピオンの一人であった。

これらの事例から、イノベーション・チャンピオンは年齢に関係なく、公式的な権力もさまざまで、その能力も多様であることが推察される。おそらく、彼らの特質はイノベーションと組織の性質によるのであろう。いずれにせよ、チャンピオンの役割は、イノベーション過程を始動することと、その新しいアイデアが承認され導入されるように誘導することである。

組織におけるイノベーション過程

組織におけるイノベーション研究の重要な転回点はジェラルド・ザルツマン教授等〔一九七三〕による『イノベーションと組織（Innovations and Organizations）』の出版であった。著者たちは、組織で生じるイノベーションには際立った側面があることを示した。そこでは、研究上の主たる従属変数は採用（イノベーションの使用を決定すること）よりはむしろ導入（イノベーションを使用に供すること）であった。このときまで、イノベーションと組織に関する研究の多くは、組織の革新性に関心が向いており、革新性は対象とする組織がイノベーションを採用する否かによって計測されていた。一九七〇年代初期以降、イノベーションと組織に関する研究の焦点は、組織におけるイノベーション過程の経時的な調査に移った。研究対象はｅメールや経営情報システムなどのコンピュータに関わる情報通信技術（以下、ＩＣＴ）が多くなった。確かに、ＩＣＴは組織におけるイノベーション研究に新しい生命を吹き込むことになったのである。

組織内でのイノベーション過程をみると、決定、行動、そして出来事という一連の主要な手順が明らかになってくる。イノベーション過程に関するデータは、主要な人物による過去の想起、採用決定についての組織内での記録などの情報源から得られる。

一九八〇年代以降になって、組織におけるイノベーション研究が爆発的に増加した。なぜか？　その理由の一つは、特に経営と組織分野のビジネススクールの研究者がイノベーション過程の研究に強い興味を示し始めたからである。一九八三年にはミネソタ大学のビジネススクールで、このトピックに多額の研究資金が投じられた。このプログラムはアンドリュー・ファン・デ・フェン教授が代表研究者となり、工業、教育、農業、衛生、防衛等々さまざまな分野の技術的イノベーションに関する一四の詳細な事例研究調査が実施された。ファン・デ・フェン教授をはじめとする研究者らは、イノベーション過程に関するデータを収集分析することにより、普遍的な理論枠組みを追究したのである〔ファン・デ・フェン、エンジェル、プール、一九八九；ファン・デ・フェン等、一九九九〕。

組織におけるイノベーションに多くの関心が向けられたもう一つの理由は、すでに述べたように、組織内にICTが広く導入されたからである。ICTの導入の多くは失敗に終わり、コンピュータ関連の技術を効率よく導入する方法への関心が高まった。組織におけるイノベーションは組織の管理者が直面する重要な問題であると認識されるようになったのである。

組織内の最初の利用者にとって、eメールのような双方向イノベーションには機能的な優位性はほとんどない（しばしば少なからぬ劣位がある）。明らかに、最初のeメールの採用者はコミュニケーションする相手がいない。かくして、双方向技術の組織内での採用速度は、少なくともクリティカルマス〔第6章参照〕に到達するまでは緩やかに進行する。ICTを研究することは、これまでにない種類のデータが得られることと、新しい理論とそれに伴う新しい変数が存在するので、研究者に際立った知的優位性をもたらすことになる［ファン・デ・フェンとロジャーズ、一九八八］。たとえば、ＩＣＴに関するイノベーションの採用は、個々人のｅメールやパソコンなどの利用度合いに関するコンピュータ記録によって計測できる［アステブロ、一九九五］。

組織におけるイノベーションを研究するときには、組織変数がイノベーション行動に作用する。つまり、組織の個々の成員の行動を総計した以上の行動に作用すると仮定している。そこで、組織の背景や事情は、イノベーション過程研究の分析にある種の知的な「ターボチャージャ」をつけ加えることになる［第６章参照］。「この種の調査では、組織はイノベーションに対する制約ないし抵抗物とみなされることが多い。少なくとも組織にイノベーションを導入しようと試みるときには、通常多くの問題に遭遇すると想定されている。しかし、ある特定のイノベーションは組織で知覚された問題にうまく適合していないのかもしれないし、あるいはイノベーションに対して期待された結果を組織の成員は肯定的というよりは否定的に捉えているので、こうした困難がみられる事態もありうる」［ファン・デ・フェンとロジャーズ、一九八八］のである。つまり、組織構造は組織におけるイノベーション過程に対して必ずしも否定的な影響要因ではない。

ＩＣＴ技術の採用

組織におけるイノベーション過程については、パソコンやｅメールなどのＩＣＴの普及と採用に関する近年の調査結果に基づいて、いくつかの洞察が得られている。これらのイノベーションは明らかに優位性があるので、普及は急速でそれほどの努力も要しないと思うかもしれないが、そんなことはない。ＩＣＴは人間行動に大きな変化をもたらし、多くのことを学ばねばならず、学習のために長時間を要するのである。

二〇年ほど前までは、「ボス」には秘書がついており、秘書は口述筆記するか、手書きの手紙やメモをタイプライターで清書していた。今日では、パソコンのおかげで、秘書とタイプライターは消え去り、ボスはコンピュータのキーボードに向かって自身でタイプしている。eメールのおかげで、メッセージの多くは電子的に送信されて、ペーパーレス・オフィスの様相を呈してきている。オフィスでのこうした重大な行動変化がどのようにして起きたのかは、多くの研究の主題となった。たとえば、ヘイッキラ［一九九五］は、フィンランドの企業を調査して、社員がパソコンの使い方を習得するために大量の時間と労力が必要なことを見出した。学習の大半は、同僚の助けを求めながら、日常業務のなかで行なわれる。社員がワープロ操作やeメールあるいは作表などのパソコンの機能を使いこなせるようになるまでに、何カ月もの期間が必要であった。学習には労働時間の二〇から二五％以上を要していたのみならず、同僚が学習の手助けをするためにも同等の労力が割かれていた。これまでのコンピュータに関するイノベーション過程についての記述は、技術の習得に必要な労力をあまりにも過小評価していたのである。

米国の五四社の経営管理者四七一人を調査したところ、コンピュータに対する懸念がパソコンの採用と使用にあたり重要な障害となっていることがわかった［イグバリア、一九九四］。典型的な意見は、「コンピュータを壊してしまいそうでこわい」というものであった。こうした懸念がコンピュータを使う楽しみを損なうことになった。一方で、コンピュータを使う楽しみが、社員が使用方法を学習するきっかけになっていた。コンピュータの使用度合いを説明するのに、コンピュータに対して知覚された使い勝手のよさは、楽しみと比較して六倍以上の影響力があった。講習によって懸念を払拭でき、そうすることで好感度も向上し、コンピュータの使用も増進する。社員に対する講習を抜きにして、ただ単にコンピュータをあてがうだけでは、使用増にはつながらない。社員がオフィスのコンピュータ上でブリッジなどのゲームをするのを認めることは、時間の効率的な使用と学習するためのステップになるかもしれないとイグバリア等〔一九九四〕は示唆している。

スウェーデンのゴーテンベルグにあるボルボの工場のホワイトカラー労働者は、かつてはコンピュータリテラシーがあるとはいえなかった。しかし、一九八〇年代初期に、新車の生産期間を短縮するために、企業内のコミュニケーションの流れを早めるべく、トップがパソコンとeメールの採用推進を決断してから状況は一変した。一九八五年には、社員にコンピュータがあてがわれ、eメールシステムの利用を経営トップから指示された。eメールのアカウント数は瞬時に一八%から四〇%に跳ね上がったが、実際に利用する社員はほとんど以前のままだった。社内便や電話など手軽で安上がりな方法がeメール以外にあり、多くの社員はeメールの使用に抵抗した。徐々に経営トップによる強力な支援の下で、採用速度が加速し、クリティカルマスを通過した。このイノベーション過程において最も影響力を発揮したのは、部門長と同僚であった。また、社員がコンピュータやeメール使用法の学習を支援するために、各部門にローカル・サポートセンターが設けられた。訓練および支援部門がICTの利用を働きかけたのである。

五年後には、ボルボの七四〇〇人の従業員のほとんどが日常業務でeメールを利用するところとなった。ここに再び、ライアンとグロス〔一九四三〕による雑種トウモロコシ研究など、幾多となく行なわれてきた普及研究と同様、イノベーション普及過程の進行には相当の期間が必要であることを知る。組織のリーダーがICTに好意的であるとしても、イノベーション過程が即座に生じることはないのである。

イノベーション過程の諸段階

組織におけるイノベーション過程は五段階［図8-3］より構成されており、そのうち二つは開始サブプロセスであり、残り三つは導入サブプロセスである。イノベーション過程は前段階が終了しないと次の段階が始まることはない。最初の二段階は議題設定（アジェンダ・セッティング）と適合であり、あわせて**開始**段階が構成される。**開始**とは、情報収集、概念形成、そしてイノベーション採用計画に関するすべての活動であり、次の採用決定段階へと通じている。

1◆議題設定

議題設定は、組織の抱えている問題が明らかになり、イノベーションに対するニーズが知覚されたときに生じる［図8-3］。議題設定の過程はどの社会システム［訳注＊ここで社会システムという場合、企業や自治体などの組織を合意している。］においても絶えず進行しており、そのシステムが取り掛かるべきことなどを次々と決定していく。社会システムにおいてニーズや課題などが次々とわきあがってきて、これらのニーズや課題の優先順位が階層構造のなかで付与される方法を**議題設定**という［デアリングとロジャーズ、一九九六］。組織のイノベーション過程において、議題設定段階を構成するものは次のとおりである。❶ニーズや課題を明らかにし優先順位を付与する、❷これらの組織が抱えている課題に合致する有用なイノベーションを位置づける組織の環境を探索する。

議題設定段階を通過するにはかなりの期間、ときには数年の期間を要するかもしれない。ミネソタ・イノベーション研究プログラムで実施されたイノベーション研究に関する事例調査では、「イノベーションは場当たり的

図8-3………組織におけるイノベーション過程の五段階

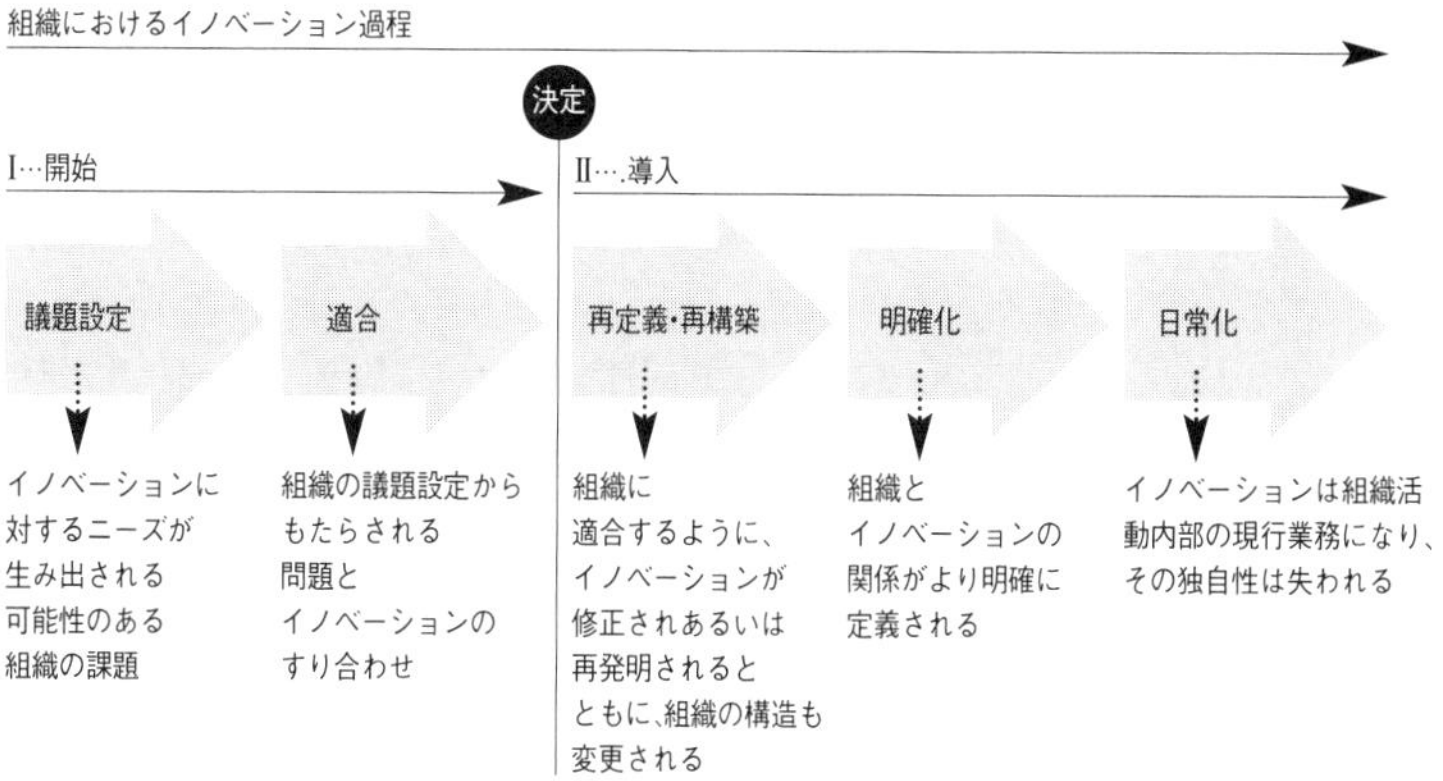

組織におけるイノベーション過程は2つに大別される。❶開始段階とは、情報収集、概念形成、そしてイノベーション採用計画に関するすべての活動であり、次の採用決定段階へと通じている。❷導入段階には、イノベーションを実用に供するのに関わるすべての出来事、行動、そして決定が含まれる。図中の点線で示されている採用の決定が、組織におけるイノベーション過程を開始段階と導入段階の2つに隔てている。

に始動するものではなく、ましてや、たった一つの劇的な出来事や、たった一人の企業家によるものではない」［シュローダー等、一九八九］との結論を下している。

議題設定によって、イノベーション過程が始動する。というのは、この時点でイノベーション過程を先に進めようと駆り立てる最初の動機が生まれるからである。議題設定段階では、組織の誰かが重要な問題を明らかにして、ついでその問題を対処するためのイノベーションが明らかにされる。

業績の乖離とは、組織における期待とその実際の業績との間の相違のことである。組織の成員が業績がこうあるべきと感じているものと、その業績との間に差異があるとき、イノベーションを探し求める強い原動力となる。一般化命題8-4◆**業績の乖離はイノベーション過程を誘発する。**ミネソタ・イノベーション研究プログラムでは、多くの場合、組織に与えるショックがある閾値に達すると、組織の成員による行動に結びつくことを明らかにしている。このショックは組織の成員がニーズとか問題点に直面したときに引き起こされることが多く、組織にイノベーション過程の始動をもたらす［シュローダー、一九八九］。

多くの組織では、その組織に役立つと思われる新しいアイデアを求めて日常的に外部環境を詳しく探索している。マーチ［一九八一］が述べているように、組織におけるイノベーションは「問題によってというよりは、解答によって動かされることが多い」。組織の多くは多数の問題を抱えているが、その解答を得るためのイノベーションについての知識はほとんどもっていない。そこで、ある特定の問題に対処するためのイノベーションを明示できることは少ない。しかし、組織の成員がこうあってほしいと思う解答から始めるならば、組織が直面している問題に適合したイノベーションをみつける可能性は増大する。その結果、組織の多くは絶え間なくイノベーションを精査して、関連しそうな問題とイノベーションを適合させるのである。

組織が抱えている問題やニーズに対する認識というよりは、むしろイノベーションに対する知識が、イノベーション過程を始動させる。たとえば、大手三社の四三におよぶコンピュータ関連イノベーションの採用を調べたワイルドマス［一九九二］によると、議題設定段階では組織の問題は合理的に検証されていた。これらのニーズにふさわしいイノベーションの探索（次の適合段階）は起こらなかった。「そうではなく、組織の成員はコンピュータ資源を獲得するためにその機会を利用するような行動をとった。ハードウェアやソフトウェアを購入するのに先立って、そこには特定の利用計画はなかったのである」［ワイルドマス、一九九二］。［第3章］で個人のイノベーション決定過程について説明したが、組織においても、ときには知覚されたニーズがイノベーション過程を始動させたり、イノベーションの知識がそれに対するニーズを創出したりするのである。

交通安全法が米国上院を通過した経緯を分析したジャック・ウォーカー［一九七七］によると、「立法議題を形成しようとする議員は、政治過程全体において注目すべき焦点にエネルギーを結集することで、その影響力を何倍にも増幅させることができる」のである。組織におけるイノベーションの議題設定の影響力はすさまじく大きい。

2◆適合

イノベーション過程における**適合**段階とは、組織が抱えている議題に由来する問題をイノベーションに適合させ、適合を図るために計画し設計する段階のことである。適合段階では、問題とイノベーションを概念的に適合させる方法を確立する作業が行なわれる。その際、組織の成員はイノベーションが組織の問題解決のために実行可能かどうか調査する。計画にあたっては、イノベーションを導入したときに遭遇するであろう便益と課題を評価する。組織の意思決定者は、そのイノベーションと問題とは適合していないと判断することもある。そのようなときには、イノベーションの拒絶、つまりイノベーションを導入する前にその過程を中止することになる。

イノベーションを組織のニーズとうまく適合させることは、新しいアイデアが長期にわたって保ち続けられるどうかの鍵となる。この適合の度合いは、イノベーションの両立可能性の特殊な形態の一つである［第4章参照］。イノベーションが衛生機関のニーズや既存の課題と適合して「住む家をみつける」かどうかによって、新しいアイデアが後々まで保ち続けられるかどうかが決定されるとグッドマンとステックラー［一九八九］は述べている。

適合段階での決定は、開始および導入段階の間に横たわる分水嶺である。導入段階には、イノベーションを実用に供するのに関わるすべての出来事、行動、そして決定が含まれる。

3◆再定義・再構築

この段階では、外部から組織に取り込まれたイノベーションは徐々にその異質な性格を失っていく。イノベーションが組織のニーズと組織構造に順応するように再発明され、組織構造がイノベーションと適合するように修正されたときに、**再定義・再構築**が生じる。

イノベーションと組織はともに、イノベーション過程のうちの再定義・再構築段階において、少なくともある程度は変化することが予想される。しかし、タイアーとオルリコウスキー［一九九四］が三つの組織におけるいくつかのイノベーションを研究したところ、イノベーションが修正される機会はごくわずかしかないことが明らかになった。これ以降、イノベーションは急速に日常化されて、組織構造のなかに埋め込まれていき、それ以上の変化を遂げることはなかったのである。

イノベーションと組織構造

イノベーションは組織に適合するように修正されるばかりでなく、組織構造もイノベーションに順応するように変化させられる。たとえば、新訓練システムの導入プログラムを管理するとき、そのイノベーション導入のために新組織が創設されることがある。また、eメールシステムといったイノベーションを導入する場合、組織全体に影響が及ぶかもしれない。突如として、社員は経営トップと直接コミュニケーションできるようになるからである。

組織に技術的イノベーションを導入すると、イノベーションと組織が相互に適合することになる。典型的には、両者は導入段階におけるサブプロセスの間に変化する。「イノベーションが既存の組織や産業構造に適合するばかりでなく、これらの外部環境の構造や慣わしを転換させる」［ファン・デ・フェン、一九八六］。イノベーションとそれが埋め込まれることになる組織とが完全に適合していることはまずありえないので、こうした相互適合が起きるのである。イノベーションと組織の間に生じる不均衡を回避し克服するためには、かなりの創造的活動が必要である。こうした組織上の変化は当初の時点では過小評価されることが多い。

一般化命題8-5◆**通常、イノベーションと組織はともに組織におけるイノベーション過程のなかで変化する。**

ハーバード・ビジネス・スクールのドロシー・レオナルド教授が行なった次の事例研究は、この一般化命題の事例の一つである。彼女はイーストマン・コダックが開発したソーラジジェンというイノベーションを研究した。コダックでは一五〇年もの間、ジェラチンを作るのに六週間ライム油のなかに動物の骨と皮を浸して分解する方法をとってきた。コダック研究所は、四八時間でこの化学処理ができるソーラジジェンという方法を開発した。実験施設を作って処理試験が行なわれた。良好な結果が得られたので、数百万ドルする生産施設の建設を計画した。化学反応が早いので、ソーラジジェン処理には非常に微妙な補正が必要であった。工場の作業員は、二メートル近い棒をライム油のピットのなかに押し込んで、分解していない骨がピットの底に残っているかを調べるのには慣れていた。だが新しい施設では、作業員は日盛りを読んで分解の度合いを調べなくてはならなかった。しかも、意思決定は分単位でしなくてはならなかったのである。作業員は瞬時の意思決定に適合できなかった。明らかに優れた技術ではあったが、操作が複雑なため、ソーラジジェン処理の導入は失敗に終わった〔レオナード―バートン、一九八八a〕。

この事例では、イノベーションは外部からではなく、コダック社内に由来していることに注意してほしい。一般には、このように内部からのイノベーションの導入は成功することが多い。というのは、イノベーションは組織の状況に十分適合しており、組織の成員はそのイノベーションを「自分たちのもの」と考えるからである。ミネソタ・イノベーション研究プログラムでは事例研究に基づいて、「イノベーションが利用者組織のなかで初めに開発されたとき、イノベーションの受容、学習、そして採用速度は促進される。一方、どこか外部で初めに開発されたイノベーションであり、再発明する余地のないイノベーションが最終利用者（採用者）にあてがわれたとき、その受容等は阻害される」〔シュローダー等、一九八六〕と結論づけている。

組織におけるイノベーション過程の再定義・再構築段階は社会的に構成される。「社会的構成」つまり社会構成主義とは、組織の問題に対する知覚がイノベーションと同時に生じ、両者はともにその過程で変化を遂げるという考え方である。イノベーションが組織内部から生じるならば、各成員はなじみのある両立的なものとみなし、その新しいアイデアに対して容易に意味を付与しうる。イノベーションが外部から組織に入ってきたときでも、それが融通の利く再発明を起こせるものであれば、組織の成員はその新しいアイデアを自分たちのものと知覚するのである。

ラディカル・イノベーション

あるイノベーションは組織に高レベルの不確実性を生み出して、その技術に対する抵抗を醸し出すことがある。コンピュータ技術が導入サブプロセスにおいてしばしば困難に遭遇するのは、この不確実性が理由の一つである。**ラディカル・イノベーション**（根源的という意味で「破壊的」あるいは「不連続的」とも呼ばれる）とは、きわめて大規模な変化であって、業務遂行上の新パラダイムを象徴的に表すものである。ある場合には、イノベーションはきわめてラディカルで、半導体やレーザーのようなまったく新しい産業を作り出すことがある［ウォルシュとリントン、二〇〇〇］。

イノベーションがラディカルであればあるほど、つまり組織の成員が知っておかなければならない知識が多ければ多いほど、それは不確実性を生み出し、導入はますます困難になる。米国製靴業界四〇社による六つのイノベーションを調査したところ、規模の大きな会社ほど技術的専門家が多く、その結果ラディカル・イノベーションを採用する傾向が強かった［デューアとダットン、一九八六］。漸進的イノベーションはそれほどの不確実性を生み出さず、導入に際してそれほど技術的専門性を必要としないので、規模の大小を問わず、製靴業界は等しく採用していた。

イノベーションのいくつかは高度の不確実性を生み出すなどきわめてラディカルなので、あまり構造化されておらず、まったく非日常業務的なイノベーション過程を通じて採用されねばならない。非構造的な決定過程とは、それとまったく同じ課題に遭遇したことがなく、前例による対応や日常業務による処理にそぐわない状況のことである〔ミンツバーグ、ライジンガニとテオレ、一九七六〕。それまでの組織におけるイノベーション研究では比較的日常業務に関わるイノベーション決定が論じられてきた。しかし、ラディカル・イノベーションは非構造的意思決定を象徴するものであり、その採用にはより多くの困難を伴う。

ギブソンとロジャーズ〔一九九四〕は、一九八〇年代に米国で初めて設立されたマイクロエレクトロニクス・コンピュータ技術法人（ＭＣＣ）という研究開発組合を調査した。これは企業活動の一種で、組合に属する企業は他の組合参加企業と互いに便宜を供与するために研究を実施する。一九八二年に米国の大手電子企業二〇社は、日本の競合企業に対抗するためＭＣＣを立ち上げた。米国ではこの種の組織としては初めてのものだった。その後七年間、参加企業は市場では互いに競争しながら協調するという、米国企業にとってはこれまでにない新しい方法を組合で学ばなければならなかった。徐々に経験を積むことによって、企業は研究開発組合という考え方に慣れ親しみ、それはラディカルではなくなり、より構造的な意思決定を通じて採用できるようになった。およそ一〇年後の一九九四年、米国には何百もの研究開発組合が設立された。時間の経過とともに、かつてはラディカル・イノベーションであったものがそうではなくなり、より日常業務的なものになったのである。

4◈明確化

イノベーションが組織で広く利用されるようになり、その結果新しいアイデアの意味が組織成員にとって徐々に明らかになってくるにつれて、**明確化**が生じる。明確化段階でイノベーションをあまりにも早く導入しようとすると、悲惨な結果を招くことがある。ロサンゼルスのサンタモニカ・フリーウェイでのダイアモンドレーン導入実験はイノベーションを拙速に導入した事例の一つで、本章の後のほうで触れる。

二〇〇二年にニューメキシコ州アラモゴードで禁煙条例を導入しようとしたときにも、拙速さが拒絶を招いた。この論議のチャンピオンであった市議会議員は、禁煙条例に対する即時の投票を強く要求した。妻は禁煙活動の有力な支援者であり、投票の実施を夫に強く働きかけた。アラモゴードは比較的小さな町で、住人の多くはこれを公衆衛生の問題というよりは個人の権利への侵害とみなした（間接喫煙の危険性については、すでに科学的に十分証明されていた）。アラモゴードの保守的な人々は、「市当局は何の権利があって禁煙を命じるのか？」と詰問した。さらに、隣接するラスクルーセスの禁煙活動と連携して、禁煙のための公共キャンペーンがアラモゴードで実施された。アラモゴードの市議会議員はこの活動を好ましからざる干渉と受けとり憤慨した。議会ではすぐさま室内空気清浄法を否決した［ロジャーズ、ピーターソンとマコウィティ、二〇〇二］。数カ月後、この問題は住民投票にかけられ僅差で否決された。

イノベーションに対する誤解や好ましくない副作用が起きることがある。こうした問題を回避するためになんらかの手直しが行なわれることがあるが、イノベーション過程の統御は、特に明確化段階では困難かつ錯綜している。禁煙条例の採否という前述の例が示すように、ある特定の政策イノベーションには、さまざまな枠組みが形作られる。枠組みの設定によって、政策の採否が左右される重大な結果を招くことになる。禁煙条例の場合には、次のような枠組み設定が可能であった。❶健康衛生問題、❷経済問題（営業実績や税収は減少するか？）、❸個人の権利の問題。健康衛生の専門家はもちろん間接喫煙の効果に関する研究結果を示すであろうが、レストランやバーの店主は同じ問題に経済的な損失や個人の権利に対する干渉といった枠組み設定をするのである。

明確化段階では、イノベーションに対する取り決めがなされることになる。イノベーションは徐々に組織構造のなかに埋め込まれていく。エルパソが禁煙条例を可決すると、レストランやバーの店主にとっての意味が明確化されなくてはならない。公共の場所での喫煙に対する罰金はいくらか？　新法の執行責任は誰が負うのか？　禁煙ポスターを貼るのは誰か？　新法が実際に有する意味を明らかにするためには、こうした問題を解決しなければならないのである。

明確化段階では、イノベーションは社会的に構成される。新しいアイデアが組織に初めて導入されるときには、それは組織の成員にとってはほとんどなんら意味をもたず、不確実性に覆われている。それはどのように機能するのか？　何をするものなのか？　組織内で影響を受けるのは誰か？　自分に影響を与えるのか？　これらは人々が明確化段階で回答を求める典型的な疑問である。組織内の人々がイノベーションについて語り合うにつれて、徐々に彼らは共通の理解を得るようになる。イノベーションの意味が社会的な過程を通じて、時間の経過とともに形作られる。前述のように、イノベーション・チャンピオンはこの明確化段階で重要な役割を果たす。

5◆日常業務化

イノベーションが通常の組織活動に組み込まれて、その独自性が失われたときに**日常業務化**が生じる。この時点でイノベーション過程が完了する。日常業務化は決して簡単でも直線的に実現できるものでもない。

日常業務化と密接に関連する概念として、持続可能性に対する研究が近年非常に多くなされてきている。**持続可能性**とは、イノベーションの採用を確実にする初期の努力が完了した後にも、イノベーションが継続して利用される度合いのことである。衛生機関が実施する介入調査について考えてみよう。介入調査では新プログラムが導入されると同時に評価がなされる。介入調査活動が完了して、資金も専門家も引き上げた後にも、イノベーション・プログラムは継続されるだろうか、それとも停止されるだろうか？　持続可能性に関連するこの種の意思決定は「制度化」とも呼ばれている［グッドマンとステックラー、一九八九］。

イノベーションが持続される度合いを説明する重要な因子の一つは参加である。**参加**とは、組織の成員がイノベーション過程に参加する度合いのことである〔グリーン、一九八六〕。もし組織の成員の多くがイノベーションの設計、議論、そして導入に参加するならば、長期にわたる持続可能性は維持されやすい。しかし、もしイノベーション決定が少数の権力のある人々の権限に基づいて行なわれ、しかも権限をもつ人がたまたま組織を離れることがあるならば、イノベーションの持続可能性は危うくなる。集合的なイノベーション決定は、参加者が多いので、権限に基づくイノベーション決定よりも持続可能性が高いのである。

さらに、イノベーションが**再発明**（イノベーションの採用と実施の過程で、利用者によって変更あるいは修正されること）される度合いは、イノベーションの持続可能性と正の相関がある。組織の成員がイノベーションを採用するのみならず変更するときには、そのイノベーションを自分たちのものとみなすようになり、仮に当初の資源が減少ないし消滅しようとも、長期にわたって利用し続ける傾向がある。

オラウリン等〔一九九八〕が実施した衛生機関におけるイノベーションの持続可能性調査はその一例である。彼らはカナダで公衆衛生機関等が導入した一八九の心臓疾病介入事例を追跡調査した。心臓疾病介入事例のうち四四％は長期にわたって保持されたが、三五％の事例は継続されていたものの不安定な状況下にあった。イノベーションの持続可能性は次のことと関連する。❶再発明の度合い、❷介入内容と組織の適合性、❸チャンピオンの介在。衛生イノベーションの持続可能性については、同様の結果をグッドマンとステックラー〔一九八九〕とスミス、レディカンとオルセン〔一九九二〕が報告している。

持続可能性研究によると、組織におけるイノベーションは中断の危機にさらされることがある。仮にイノベーション過程が円滑であろうとも、日常業務化段階が進行中に予期されない問題が出現することがある。おそらく、対処すべき問題をイノベーションが適切に解決できない場合には、その採用は中断されるべきである。持続可能性つまりイノベーションの継続的採用は常に肯定的な結果を生み出すものではない。

イノベーションを組織における一つの過程であると捉えたとき、複数の時点でデータを収集することが考えられる。たとえば、バック〔一九八九〕は病院の医師とその助手六七人から次のデータを集めた。❶イノベーション導入の二週間前、❷イノベーションが導入された翌日、❸一四週間後。以上三時点のデータを集めることで、イノベーションの導入に関して完全に過去の想起に頼るのではなく、実際の行動に基づいて採用速度を調べることとしていた。対象としたイノベーションは日々の診療記録を収めたポケット大の小冊子で、正確な請求と支払いを促すことを目的としており、この小冊子に医師が医療業務を記録することになっていた。驚いたことに、研修会でイノベーションの利点が紹介された後の二週間以内に、回答者の三分の一はイノベーションを採用していた。普及速度がこれだけ急速であったのは、このイノベーションが組織のニーズにぴったり合致していたのと、組織のなかから生まれてきたからであろう。採用者にとって日常業務化がほぼ瞬時に起こったので、イノベーション過程における明確化段階はほとんど必要としなかった。

サンタモニカでのダイアモンドレーン実験が例示しているように、イノベーションの中断は日常業務化段階でも起きる。

サンタモニカ・フリーウェイ・ダイアモンドレーン実験

〔注＊この事例はアバーグ、カステロ、ゴールドバーグ〔一九七六〕に基づく。〕

一九七〇年代半ば、サンタモニカの海岸地域からロサンゼルス中心街に至る一二マイルを結ぶ州間ハイウェイ一〇号に、各方向四レーンあるうちの一レーンに大きなダイアモンドの印がペンキで描かれて、三人以上の乗員を乗せていないバスや乗用車はこのレーンを通行できなくなった。サンタモニカ・フリーウェイ・ダイアモンドレーン・プロジェクトの目的は、交通流を改善し、ガソリンの消費を削減し、そして自動車排ガスに起因する大気汚染を抑制するところにあった（当時ロサンゼルスではスモッグが大変な社会問題であった）。

その目的に照らしたとき、実験は完璧な成功であった。ダイアモンドレーンは、以前と比べて九〇％以上の人々を運んだ。それも、以前の三〇％の自動車の走行によって達成されたのである。ダイアモンドレーンを使えば、サンタモニカからロサンゼルス中心街までの走行時間は、二〇分から一五分に短縮され、非優先レーンでも平均走行時間は一分削減された。一台あたりの乗員数は、実験以前の一・二〇人から一・三五人に増え、バスの利用者数は二五〇％増加し、カープールの利用は三倍になった。これは通勤行動が顕著に変化したことを示し、他の市にとってもうらやむべきことであった。

どの指標をとっても目的を達成しているかにみえたが、ダイアモンドレーンに対する公衆の反応はきわめて否定的であった。六カ月にわたる混迷の後に実験は中断した。客観的には成功したかにみえるこのイノベーションの導入は、どうして失敗に帰したのであろうか？

答えは、ロサンゼルスの公衆の主観的な知覚とそれが形成された方法にある。たとえば、ダイアモンドレーンではない通常のレーン上で渋滞し、立ち往生しているドライバーからすると、ダイアモンドレーンは〇・二五マイルかそこらに一台しか走行していないようにみえた（高速で走行していたからである）。

低速で走行するドライバーは、ダイアモンドレーンに対抗してさまざまな手段を講じた。あるドライバーは釘ごと缶を投げ込み、また、あるドライバーはダイアモンドをペンキで塗り潰そうとした。乗員を三人確保したい人のために、一日一ドルで自らを乗員として貸し出す人々もいた。厚紙を切り抜いた乗員を作ったり、ぬいぐるみのダミーを隣の席に置いたりしたドライバーもいた。「ダイアモンドレーンに反対する市民」という組織が結成されて、プロジェクトに対抗すべくロビー活動を行なった。プロジェクトを推進していたCALTRANS（カリフォルニア交通局）には何千もの手紙が殺到したが、そのうち九〇%はこの実験に反対するものであった。それにもかかわらず、交通工学の技術者が中心の交通局は、公衆の否定的な反応は単に一時的なものだと考えていた。ついで、ロサンゼルス市議会はこのプロジェクトに反対した。プロジェクトの中止を求めて、訴訟が何件か起こされた。五カ月後、訴訟のうちの一件を裁判所が認めるところとなり、ダイアモンドレーン実験は終結した。

この実験はいくつかの危機の末に取り急ぎ計画実施されたものだった。まず、一九七四年の石油不足はガソリン消費の削減に対する関心を高めていた。さらに、一九七〇年代半ばには、連邦政府のハイウェイ資金が底をつき環境問題に対する意識の高まりを受けて、ロサンゼルスでのフリーウェイの建設は終結を迎えるに至った。しかし、市街地の車の数は年間三%ずつ増加していた。交通渋滞は悪化し、自動車が排出する汚染物質はスモッグとなってロサンゼルス市を広く覆うことになった。こうした問題に対処する一つの方法は、世界でも最も交通量の多いサンタモニカ・フリーウェイにダイアモンドレーンを導入することのように思われた。数年前にワシントンDCの南にあるシャーリー・ハイウェイで実施された多数人乗車レーン実験では、上々の成功を収めていた。都市大量輸送管理局は、サンタモニカ・フリーウェイ・プロジェクトに連邦資金としてCALTRANSに八〇万ドルを助成したのである。

導入当初から誤りを犯した。致命的な失敗は、シャーリー・ハイウェイでは既存のレーンに多人数乗車レーンを**追加**したのに対して、ロサンゼルスでは既存の八レーンから片側一レーンずつを**除去**して、ダイアモンドレーンに充当した事実を見過ごしたことであった。その結果、バンパーとバンパーがくっつくような渋滞が非優先レーンにもたらされたのである。ダイアモンドレーン・プロジェクトはとある月曜日に開始された。月曜日は交通渋滞の激しい曜日で、ロサンゼルス・タイムズ紙はこれを「魔の月曜日」と呼んでいるほどである。実験は「フリーウェイの混沌」と名づけられた。ロサンゼルスのメディアはダイアモンドレーン・プロジェクトに強く攻撃を仕掛けたが、交通局の職員はこの事態を初めは無視していた。彼らの関心はプロジェクトの技術的な側面にあったのである。しまいにサンタモニカ・フリーウェイでの交通事故が増加した。実験前は一週間あたり一一件であったのが、プロジェクトが始まった最初の週には五九件にも上昇したのである（後に一週間あたり二五件にまで低下した）。交通局とCHP（カリフォルニア・ハイウェイ・パトロール）の協力はあまりなされなかった。当初、CHPは一台あたり乗員数が三人以下のドライバーに召喚状を出していた。このプロジェクトへの公衆の支持が衰えるにつれて、CHPではこうした違反者の取り締まりに消極的になってきた。ついに、交通切符を出すのを止めてしまい、すべてのドライバーは即座にダイアモンドレーンを使用し始めたのである。

ダイアモンドレーン・プロジェクトの失敗からどのような教訓が学べるだろうか？　イノベーションに対する知覚が公衆の受容を形成する。それは、カープールの台数や多数人乗車レーンでの一時間あたりの輸送人数ではない。革新的プロジェクトに対するメディアの報道も公衆の受容形成に結びつくことがある。最後に、多人数乗車レーンを追加して建設するのと、既存のフリーウェイから一レーン取り去って多人数乗車レーンにするのとでは、わけが違う。この実験が失敗して以来導入された何百もの米国都市部での多人数乗車レーン・プロジェクトでは、この教訓が生かされた。ダイアモンドレーン実験は、イノベーション過程における導入サブプロセスの決定的な重要性を浮き彫りにしたのである。

組織におけるICT

インターネットによって可能になった仮想組織の際立った特質は、本章ですでに言及したとおりである。組織におけるイノベーション過程研究で、インターネット関連の調査は近年の格好のテーマである。ICTが組織におけるインターネット関連イノベーションの普及データの記録に活用されるようになったのである。

フリーネイ〔二〇〇二〕はテンプル大学のブラックボードというデジタルコース管理システムの普及を調査しているが、これなどはその一例である。このイノベーションが一九九九年に始まって以来、ブラックボード・システムは三〇カ月におよぶ二八〇〇コースの登録日とコース名称を記録している。このシステムのすばらしさは、毎日二四時間、回答者に記憶の想起を求めることなく、イノベーションの採用データが目立たずに記録されていくことであった。疑いもなく、普及データの記録というICTの先進的な利用は、今後ますます流行することになるだろう。

本章の要約

組織とは、人々が構成する安定したシステムであって、そこでは人々が共通の目標を達成するために、階層構造と分業を通じてともに働いている。組織の構造はあらかじめ定められた目標、所定の役割、権限構造、規則と規制、そして非公式パターンなどによって特徴づけられていることから、組織における人の行動は比較的安定したものであり、ある程度予測可能である。組織における行動は比較的安定しているものの、イノベーションは常に進行している。

当初、組織におけるイノベーション研究では、クロスセクション法によって得られた革新性データとさまざまな独立変数との間の相関を分析していた。組織の革新性研究で一貫して明らかになってきたことは、大きな組織はより革新的である［一般化命題8-1］ということである。組織の革新性とこれらの独立変数との間の相関は比較的低いことが明らかになった。これはおそらく、組織構造に関わる変数はどれもイノベーション過程の開始段階で革新性と一定の相関があるが、一方で導入段階では反対方向の相関がみられる［一般化命題8-2］からであろう。たとえば、集中化の低さ、複雑さの高さ、そして公式化の低さはイノベーション過程の開始を促すが、イノベーション導入の際の妨げとなる。近年では、組織におけるイノベーション過程の研究と比べて、組織の革新性に関する研究は少なくなってきている。

イノベーション・チャンピオンの存在は組織におけるイノベーションの成功に寄与する［一般化命題8-3］。**チャンピオン**とは、新しいアイデアが組織内に誘発するかもしれない無関心や抵抗に打ち勝つために、イノベーションの背後で支援するカリスマ的な個人のことである。イノベーション・チャンピオンは組織のなかの権力のある個人であるか、トップではないが人との協調能力をもった個人であることが明らかになった。チャンピオンに影響力があるかどうかは、イノベーションと組織の特質によるものとみられる。

組織の革新性に関する研究は少なくなり、組織におけるイノベーション過程の研究に移ったようにみえる。イノベーション過程は開始段階と導入段階に区分される。すなわち、❶**開始**段階とは、情報収集、概念形成、そしてイノベーション採用計画に関するすべての活動であり、次の採用決定段階へと通じている。❷**導入**段階には、イノベーションを実用に供するのに関わるすべての出来事、行動、そして決定が含まれる。開始段階は、❶議題設定と❷適合よりなる。導入段階は、❶再定義・再構築、❷明確化、❸日常業務化よりなる。

議題設定は、組織の抱えている問題が明らかになり、イノベーションに対するニーズが知覚されたときに生じる。**業績の乖離**とは、組織における期待と実際の業績との間の相違のことであり、業績の乖離はイノベーション過程を誘発する〔一般化命題8-4〕。イノベーション過程における**適合**段階とは、組織が抱えている議題に由来する問題をイノベーションに適合させるとともに、適合を図るために計画し設計する段階のことである。

イノベーションが組織のニーズと組織構造に順応するように再発明され、そして組織構造がイノベーションと適合するように修正されたときに、**再定義・再構築**が生じる。通常、イノベーションと組織はともに組織におけるイノベーション過程のなかで変化する〔一般化命題8-5〕。

イノベーションが組織で広く利用されるようになり、その結果新しいアイデアの意味が組織成員にとって徐々に明らかになってくるにつれて、**明確化**が生じる。イノベーションが通常の組織活動のなかに組み込まれて、その独自性が失われたときに、**日常業務化**が生じる。持続可能性は日常業務化と密接に関連する概念である。**持続可能性**とは、イノベーションの採用を確実にする初期の努力が完了した後にも、イノベーションが継続して利用される度合いのことである。イノベーション過程に人々が広く参加するならば、また再発明が起きるならば、そして、イノベーション・チャンピオンが関与するならば、イノベーションの持続可能性は高まる。第五段階の日常業務化で、組織におけるイノベーション過程は完了する。

第9章……Consequences of Innovations

イノベーションの帰結

人々の習慣を変えるということは、外科手術よりもなお一層細心の注意を要する責務である。

エドワード・スパイサー『技術変化における人間の問題』〔一九五二〕

帰結とは、イノベーションを採用あるいは拒絶した後に、個人あるいは社会システムに生じる変化のことである。発明と普及だけで終わるのではなく、イノベーションを採用した後には帰結がやってくる。帰結が重要であるにもかかわらず、普及研究者の間ではほとんど注目を浴びていない。さらに、帰結についてわれわれが得ているデータは事例研究に基づいた「ソフト」なものなので、帰結を一般化することは難しい。ここでは、帰結についての分類カテゴリーを示すが、こうした帰結がいつ、そしてどのように起こるか予測することはできない。少なくとも長期的にみて、イノベーションの帰結の予測不可能性こそが普及過程における不確実性の重要な特質なのである。

チェンジ・エージェントは一般に帰結についてほとんど注意を払わない。イノベーションの採用は採用者に便益をもたらすものと仮定している。この仮定はイノベーション寄りのバイアスの一種である。チェンジ・エージェントは、彼らがもたらすイノベーションの帰結に対する責務を認識すべきである。理想的には、彼らはそれをもたらす前にイノベーションの優位性と劣位性を予測せねばならない。しかしこれがなされることはほとんどなく、なかなか難しい。

北フィンランド地方に住み、トナカイを放牧していたラップランド人がスノーモービルを導入したいきさつを記した次の事例は、技術の効果を予測するのがいかに難しいかということを物語っている。

北極地方でのスノーモービル革命

［注＊この事例はペルト［一九七三］、ペルト等［一九六九］、およびペルトとミューラー、ホワイト［一九七二］に基づく。］

米国では、スノーモービルは冬場のリクリエーションに使われている。一九五八年に一人用雪上車である

「スキードゥ」というイノベーションが登場して以来、スノーモービルの採用が劇的に拡大し、北米では一〇年ほどで一〇〇万人以上の人々が利用するようになった。米国やカナダではそれまで静穏であった戸外に騒音公害を引き起こすとして、スキードゥに対する激しい抗議が巻き起こった。

しかし、極北の地にあるフィンランド北部でトナカイを飼育しているスコルト・ラップランド人へのスノーモービルの急速な導入は、「災厄」と呼ぶにたる悲惨な帰結をもたらした［ペルト、一九七三］。技術的イノベーションの帰結を研究する一つの方法は、研究者が小さな地域コミュニティを集中的に調査することである。コネティカット大学の文化人類学者であったパーティ・ペルト博士は、一九五八年から数年間、つまり一九六二年にスノーモービルが導入される以前から、フィンランド北部にあるスコルト・ラップランド人が住む村落で研究生活を送っていた。その後一〇年ほどの間、ペルト教授はこの地域コミュニティに何度も戻って、参加観察や住人との個人面談、あるいは調査補助者や情報提供者（住人のなかで最初にスノーモービルを購入した当人である）との協働作業を通じて、スノーモービル革命の影響を分析した。スノーモービルという技術的イノベーションの帰結は目を見張るものであったことと、それと特定するのが比較的容易であることから、ペルト教授はこのイノベーション一つに焦点を合わせることにした。スキードゥの影響の多くは芳しいものではなかった。スノーモービルは、地域にある自律的なエネルギー源（トナカイが引くソリ）から、外部のエネルギー源（スノーモービルとガソリン）へと移行させる類の技術的イノベーションであると教授は論じている。

スノーモービルの導入以前には、ラップランド人は生計のために半ば家畜化したトナカイを飼育していた。トナカイの肉が主食で、トナカイのソリが主たる輸送手段であった。トナカイの皮は衣料や靴を作るのに使われた。余った肉は交易所で販売して、その現金で小麦粉や砂糖、茶などを購入していた。ラップランド人はトナカイの牧夫を自認しており、元気な荷車用トナカイをもっている男性に威信が帰属していた。彼らの社会は平等主義的で、各家族はおおむね同じくらいの数のトナカイを飼育していた。子供たちは「乳歯トナカイ」や「命名日トナカイ」などさまざまな機会に贈り物としてトナカイをもらっていた。また結婚式のみやげ物としてトナカイが贈られる習慣があり、新婚家庭は最愛のトナカイの群れをもって新生活を始めていた。ラップランド人にとってトナカイは特別な存在で、細心の注意を払って飼育していた。トナカイはラップランド人の文化の中心に位置していたのである。

一九六一年にカナダから輸入されたボンバルディア社製のスキードゥが、ラップランド人の中心都市ロヴァニエミで展示された。学校の教師がリクリエーション用にスノーモービルを購入したが、まもなく材木や小売店での買い物の荷物を運ぶのに便利だとわかった。スノーモービルはすぐにトナカイの飼育に使われるようになった。一年もしないうちに、土地が凍りついた岩だらけの地域で、スキードゥ二台がトナカイの飼育用に購入された。彼らはこれを運転するのに、バイクに乗るときのように座席に跨るのではなく、ペダルに足を乗せて立ったままか、座席にひざを曲げて乗せながら操縦した。彼らは直立して運転することにより、遠く離れたトナカイを見つけることができ、岩や立木などの障害物を回避することができた。しかし、立ったままの運転は危険で、障害物に衝突して、前方に放り出される事故が発生した。でこぼこの土地が多いラップランドでは、スノーモービルの故障は日常茶飯事であった。

こうした問題はあったが、スノーモービルの採用速度は非常に早かった。普及開始後二年目には三台、その次の年には五台、それから八台、そして五年目の一九六六～一九六七年には一六台のスノーモービルが販売された。一九七一年には、セベッティゲルビ（教授の調査地域）にある七二戸の世帯のほとんどが少なくとも一台のスノーモービルを所有していた。ついで、モトスキーという改良型モデルがスウェーデンから導入された。高性能のモーターを搭載しており、でこぼこの土地の運転に一層適していたのである。

スノーモービルの利点は高速な移動ができることであった。セベッティゲルビからノルウェーにある小売店まで行って日用品を買ってくるのに、ソリでは往復で三日かかっていたのが、スノーモービルでは五時間に短縮された。初めて導入されてから五年もしないうちに、スノーモービルはスキーとソリに完全に取って代わった。残念なことに、スノーモービルの騒音と排気ガスのため、トナカイはひどい状態に置かれることになった。ラップランド人とトナカイの間の友好的な関係はこの装置の導入によって切り裂かれたのである。おびえたトナカイはこれまでのように子供を産まなくなった。セベッティゲルビでの各世帯あたりのトナカイ平均頭数はスノーモービル導入前には五二頭であったのが、一〇年後の一九七一年にはたった一二頭になってしまった。実は、この平均値は誤解を生じさせるもので、ラップランド人世帯の三分の二は、スノーモービル普及の結果、トナカイの飼育を完全に止めていた。ほとんどの人はほかに仕事を見つけられずに失業していた。他方、比較的早くスノーモービルを購入した家族一世帯はトナカイの大群を擁し、一九七一年にはこのコミュニティで飼われている全トナカイの三分の一を所有していたのである。

おびえたトナカイが子供を産まなくなったばかりではなく、スノーモービルやその燃料用ガソリン、あるいは部品を購入するために、トナカイの多くが屠畜されて頭数が急減した。新車は約一〇〇〇ドルで、燃料代や修理におおよそ年間四二五ドルかかった。最低水準の収入で生活していたラップランド人にとっては高価な買い物であったが、スノーモービルは必需品とみなされており、トナカイの群れをスノーモービルで見張るのは、スキーやソリで飼育するのと比べてはるかに見栄えのすることだった。スノーモービル革命によって、ラップランド人は現金への依存、借金、そして失業という混乱状態へと押しやられたのである。

トナカイを愛するとともにスノーモービルが惨憺たる結末をもたらしたにもかかわらず、ラップランド人はなぜこの技術的イノベーションに抵抗しなかったのであろうか？　ペルト〔一九七三〕は、スノーモービルの普及のいかなる時点においても、ラップランド人はこの技術のもたらす結末を予測できなかったと推測している。技術の影響評価は一九六〇年代には実施されていなければならなかったが、そういうことはなかった。というのは、ラップランド人はスノーボービルというイノベーションによる遠い将来の帰結を予期する技術的能力は持ちあわせていなかったのである。さらに、彼らの社会はきわめて個人主義的で、（裕福で若い）最初の採用者の優位性を考慮すれば、イノベーションの採用を押しとどめることは不可能であった。最初の採用以後、普及過程が速やかに開始されたのであった。

その結果、トナカイを中心としたラップランド人の文化は完膚なきまでに崩壊した。多くは失業世帯で、フィンランド政府からの最低生活費給付に依存している。極北の地でのスノーモービル革命は、トナカイとラップランド人にとって悲惨な帰結を招来したのである。

ペルト教授が行なったスノーモービルに関する文化人類学的な研究の後、ラップランドではさらに別の技術的な発展が起こった。夏季には、トナカイを飼育するのにオートバイを使うようになった。ヘリコプターを使う裕福な人も現れた。屠畜されるトナカイが増加するにつれて、胃潰瘍をわずらったトナカイも見つかった。

確かに、技術的イノベーションはラップランド人には優しくなかったのである。

帰結を学ぶ

これまでの普及研究では「革新性に関連する変数は何か」が問われてきたが、これからは「イノベーションを採用する効果は何か」を問う必要がある。過去の普及研究では主要な従属変数であった革新性は、いまや究極の従属変数であるイノベーションの帰結の予測因子になろうとしている。過去の研究では新しいアイデアを採用する意思決定分析で終了しており、この選択がどのようになされたか、また、その帰結については無視していたのである。

なぜこれほど帰結の研究が少なかったのだろうか?

1◆普及研究のスポンサーになることが多いチェンジ・エージェント機関では、採用そのものを過度に強調しており、暗黙裡にイノベーション決定の帰結は肯定的なものであると仮定している。 チェンジ・エージェント機関は、クライアントはイノベーションを必要としていると仮定しており、その導入は好ましく、イノベーションの採用は「成功」を象徴していると想定している。こうしたイノベーション寄りのバイアスが常に妥当なわけではない。

2◆通常の研究手法は、革新性の調査と比べてイノベーションの帰結を調査するのにあまりふさわしくない。 帰結を研究するには、長期の観察あるいは詳細な事例研究が必要である。普及研究者はほとんどの場合、データ収集法に頼って調査を行なっており、その帰結についての研究を無視している。通常の単発の調査方法はイノベーションの効果を詳しく調べるには不適切である。残念なことに、事例分析手法ではその帰結が事例に特有で記述的なデータであることが多く、他のイノベーションや他の社会システムへの一般化が困難である。

イノベーションの帰結はきわめて長期にわたって起きるので、帰結についての研究は込み入ったものになる。ただ単に質問表の事項を一つ二つ加え、質問対象の人数を増やし、数日余計に現場に留まるだけでは、イノベーションの帰結について知ることはできない。時間の経過とともに明らかになってくる帰結を分析する長期（少なくとも数年）にわたる研究が必要なのである。ペルト教授は長年にわたるデータを収集するために、ラップランドの村落をたびたび訪れたのである。

イノベーションの導入前後に、対象となる人々にインタビューを行なうパネル調査によって、イノベーションの帰結についての情報を得ることができる。広い範囲にイノベーションを普及させる前に、イノベーションを小規模な形で導入する現地実験によって、帰結のデータを集めて分析することも可能である。パネル調査と現地実験を行なえば、イノベーションの帰結についての単なる記述情報ではない定量的なデータが得られるので、一般化が可能になってくる。こうした一般化により、すでに起きてしまった帰結を事後分析するだけではなく、将来のある時点のことを予測できるようになる。イノベーションの帰結が平等かどうかという以下の議論では、このパネル調査と現地調査を利用している。帰結に関するこれまでの調査研究のほとんどは、一つの地域コミュニティの民俗誌的な分析であり、文化人類学者によって行なわれてきた。

3◈**帰結の測定が困難である。** イノベーションを使用している人たちは、採用の帰結について必ずしも気づいていないことが多い。そこで、回答者の報告に頼る帰結研究では、不完全で誤解を招きやすい結論となりかねない。

誰が帰結に関する判断をしても、主観的で特定の価値観をはらんでしまうことがほとんどである。ある一つの文化圏の研究者が、別の文化圏でのイノベーションの望ましさについて完全に客観的な判断を下すことは困難である。**文化相対主義**とは、各々の文化は固有の環境とニーズに照らして判断されるべきであるとする見方である。絶対的な意味ではどの文化も「最良」であることはない。各々の文化は、人々にとって最も有効に機能する規範、価値観、信念、そして態度の集合からなる。たとえば、インドを初めて訪問した人は、何百万頭もの聖なる牛が徘徊している一方で、多くの人々が空腹に苦しんでいるのをみて、しばしば疑問に感じる。インドでは家畜の糞が燃料源、肥料、家の建築材料として不可欠であることを外国人は知らない。ヒンドゥー教で牛が尊崇されているのは、奇妙な文化的風習というよりも、実際にはきわめて「機能的」なのである。

文化相対主義に従うと、帰結の測定に悩ましい問題を持ち込むことになる。外部から導入されたイノベーションの帰結について、クライアント、チェンジ・エージェントあるいは研究者が収集したデータは、それぞれの文化的信念によって主観的に味つけされる。イノベーションの帰結は、部外者の抱いている規範的な信念に基づくのではなく、利用者の文化という観点から社会的な機能にそって判断されるべきである。

イノベーションの帰結を計測する際のもう一つの問題は、その帰結が別の効果と混同されやすいことである。たとえば、穀物生産に及ぼす肥料や殺虫剤の効果を評価するときには、旱魃《かんばつ》、洪水、あるいは火山爆発などの自然現象を無視することはできない。イノベーションの帰結を計測するのは、複雑に絡み合った原因と効果の関係を解きほぐすことに等しい。理想的には、イノベーションが導入されていなければ起こらなかったような、イノベーションの成果のみを測定するべきである。しかし、重要な帰結の多くは予期されておらず、間接的である。イノベーションのこうした効果を正確に測定することは難しい。たとえば、予期されていない帰結の分類は、社会システムにイノベーションを導入する際のそもそもの目的を決める個人の力量による。目的に対する意図は、社会システムの成員の側のもっともらしい正当化によって一部隠されてしまうことがある。

帰結の分類

イノベーションの帰結をよりよく理解する一つの方法は帰結の概念を分類することである。帰結は一次元的なものではない。多くの形をとりうるし、いろいろな方法で表現できる。帰結を次の三つの次元で分析することが有用である。❶「望ましい」対「望ましくない」帰結、❷「直接的」対「間接的」帰結、❸「予期される」対「予期されない」帰結。

「望ましい」対「望ましくない」帰結

望ましい帰結とは、個人あるいは組織に対するイノベーションの（社会学的な意味での）機能的な効果のことである。**望ましくない帰結**とは、個人あるいは組織に対するイノベーションの（社会学的な意味での）逆機能的な効果のことである。帰結が機能的であるか、逆機能的であるかの判定は、イノベーションが採用者にどのような影響を及ぼすかによる。イノベーションの採用者以外の人たちにも帰結が波及することがある。たとえば、イノベーションを採用した社会システムの成員に便益をもたらすとき、採用者と拒絶者の間の社会経済的な乖離が拡大することにより、拒絶者は影響をこうむる。社会システムの成員は誰でも、採用者にせよ拒絶者にせよ、技術的イノベーションの帰結に接している。インターネットはその一例であり、後述するが、デジタルデバイドを通じて一部の人々は優位になる一方、一部の人々は劣位になる。

ある種のイノベーションは社会システムに属するほとんどすべての成員に望ましくない影響を及ぼす。ラップランドでのスノーモービルの導入はほとんどすべての人々に不幸な帰結をもたらしたが、少数のラップランド人はイノベーションのおかげで非常に金持ちのトナカイ所有者になった。どのような社会システムでも、それが維持されるためには決して壊されてはいけない何かがある。家族の絆、人の生命と財産の尊重、個人の尊厳、あるいは祖先に対する感謝の念などがそうかもしれない。その他の社会文化的なものはそれほど重要でなく、修正したり、中断したり、他のものに取って代わられてもよいものかもしれない。

イノベーションは社会システムにとって機能的でも、個人にとってはそうでないかもしれない。この数十年の間にインド諸国では奇跡の米が採用されて、緑の革命と呼ばれるまでになった。穀物生産量の増加と農家の収入拡大は農民にとっては大きな便益であり、安価な食物を社会に提供した。緑の革命は一方で、農民の数を減少させ、都市郊外のスラムへの移住者を増加させ、高い失業率と政治的な不安定をもたらした。多くの人々は新種米を採用して利益を得たが、緑の革命は社会システム全体には不平等をもたらした。イノベーションの帰結が望ましいか望ましくないかは、個人に焦点をあてるか、社会全体に焦点をあてるかによって異なってくるのである。

意外の利潤

社会システムの特定の成員を犠牲にしながら、一部の成員にはプラスの帰結をもたらすイノベーションもある。ラガードがイノベーションを採用するときには、経済的な圧力を受けて採用を強いられることが多い。採用の一番手となることで、イノベータは意外の利潤と呼ばれる経済的利益を確保することが多い。

意外の利潤とは、社会システムで最初のイノベーション採用者になることで獲得できる特別な優位のことである。最初の採用者にとって、必要となる費用は少なく、全生産量に対する追加費用は製品の販売価格にほとんど影響を及ぼさない。しかし、社会システムのすべての成員がイノベーションを採用すると、生産量が増大し製品やサービスの価格は下落してしまう。

イノベータは超過利潤を得るためにはリスクをとる必要がある。イノベーションがすべてうまくいくわけではないので、ひどい目にあうこともある。経済的でない、あるいは不首尾なイノベーションを最初に採用すると、「意外の損失」をこうむることがある。その一例は電子式卓上計算機（電卓）の普及の際に起こった。一九七一年に販売された最初のモデルは三×五インチの大きさで、価格は二四九ドルで四則演算しかできなかった。一年も経たずに、価格は一〇〇ドルに下がった。その翌年には五〇ドルとなり、一〇年もしないうちに一〇ドルを下回るようになった。大きさも小型化してクレジットカードくらいになった。この場合、後期の採用者が意外の利潤を獲得したことになる。

同様に、筆者は一九八〇年にVTRを二〇〇〇ドルで購入したが、あまりにも早く採用したイノベータは意外の損失をこうむった。一九九〇年には販売価格は一〇〇ドルにまで下落し、しかも筆者のVTRはソニーのベータマックスで、一九八〇年代半ばにはVHSが標準規格となっていた。イノベータは常に割が合うというわけではない！

イノベーションによって、富者はますます富み、貧者はますます貧しくなることが多く、初期の採用者と後期の採用者の間の社会経済的なギャップが拡大する。アイオワ州での雑種トウモロコシの普及研究（グロス、一九四二）で得られたデータを用いて、ロジャーズ〔一九六二〕は再分析を行なった。一九二〇年代後期にこのイノベーションを採用したイノベータは、一九四一年に採用したラガードと比べて約二五〇〇ドル多い収入を得た。イノベータは次のような理由で意外の利潤を獲得したのである。❶多くの農民がイノベーションを採用するまでは、トウモロコシの価格が高かったこと、❷イノベータの栽培面積が広かったこと、❸収穫量の多い雑種トウモロコシを採用してから長年月経過していたこと。

望ましい帰結と望ましくない帰結の分離

イノベーションの多くは望ましい帰結と望ましくない帰結の両方をもたらす。人々は一般にイノベーションの機能的な効果は得たいが、逆機能的な効果は得たいとは思わないものである。ということは、技術的イノベーションから得られる望ましくない帰結を、望ましい帰結から分離できないかと考えてもおかしくない。つまり、効果の増大、効率の向上、便利さの拡大といった望ましい帰結を、社会的価値観の変化や組織の変化などのあまり望まれない帰結と分離できないかということである。ラップランド人へのスノーモービル普及の望ましい帰結（高速輸送）についてはすでに述べたが、それはトナカイの数の大幅な減少や失業の拡大などの社会問題をもたらした。

以上の考察から一般化命題9－1を得る。**イノベーションの効果を管理して、望ましい帰結と望ましくない帰結を分離することは通常不可能である。**

［第5章］で論じたように、米国ではアーミッシュの人々は何百年もの間、独特の文化を守り続けてきた。彼らは自動車やトラクターのような技術的イノベーションを採用しない。というのは、導入の結果、社会が崩壊するからである。彼らは技術的イノベーションの管理ができないことを知っている。非アーミッシュ的なビジネスに依存することや、労働力の削減あるいは大規模な耕作農地の獲得などによる望ましくない帰結を避けるために、トラクターや近代的な農機具なしで済ますことにしている。

米国で最大のアーミッシュのコミュニティは、ペンシルバニア州ランカスター郡に位置する。ここには二〇〇年以上もの間、技術的イノベーションを一切採用しないアーミッシュの人々が暮らしている。肥沃な土地があるので、人々は五〇エーカーほどの小規模な農地を労働集約的に耕作している。多産なので労働力を確保でき、機械器具類を必要としない。しかし、土地価格の急上昇のために、親たちは子供のために農地を確保することが困難になってきている。大工や建設業などの仕事に就く若者は、おおよそアーミッシュ社会から離れていく。彼らは不確実な未来に直面しているのである。

しかし、アーミッシュの人々はイノベーションの帰結の分離不可能原則を遵守しているので、彼らの社会は崩壊せずに機能している。農業や日常生活に関わる技術的イノベーションの導入が不可避的にもたらす帰結を恐れるがゆえに、彼らはこれをなしで済ませているのである。

「直接的」対「間接的」帰結

文化的要素の間の相互関係は網の目のようになっており、込み入っていてしかも通常は目に見えない。こうしたことから、社会システムの部分的な変化は、イノベーションの直接的帰結から始まって、次々に間接的帰結をもたらすなど連鎖反応の口火を切ることが多い。**直接的帰結**とは、イノベーションの採用に直接対応して個人あるいは社会システムに起きる変化のことである。**間接的帰結**とは、イノベーションの直接的帰結に対応して個人あるいは社会システムに起きる変化のことであり、帰結の帰結である。

イノベーションの直接的および間接的な帰結の一例として、マダガスカルの部族が水稲栽培を採用した過程を調査した文化人類学的な研究［リントンとカーディナー、一九五二］が挙げられる。この遊牧部族は乾燥地で米を耕作しており、収穫が終わると別の土地に移って一種の焼畑農業を行なっていた。ついで、彼らは水稲栽培に移行した。土地の所有形態が発展して、社会的な地位に差異が生じ、大家族制から核家族に移行し、部族の統治に変化が生じた。技術的イノベーションの帰結は直接的かつ広範囲に及び、水稲栽培に端を発する間接的な帰結が何段階にもわたって直接的な帰結から拡散したのである。

「予期される」対「予期されない」帰結

イノベーション普及による**予期される帰結**とは、社会システムの成員が認識し意図している変化のことである。スノーモービルがラップランド人にもたらした高速輸送手段は、予期される帰結の典型的な事例である。しかし、彼らはトナカイの群れを襲った悲惨な結末などのイノベーションの潜在的な帰結を予期できなかった。外部からの観察者にはうかがい知れないところもあるが、イノベーションによる「水面下」の帰結は、予期される帰結と同じくらい重要である。

イノベーション普及による**予期されない帰結**とは、社会システムの成員が認識も意図もしない変化のことである。鉄斧を採用した結果、年長者に対する尊敬の念が消失してしまったイルヨロント族の事例は、予期されない帰結の一つである。鉄斧が善意の宣教師によって最初にイルヨロント族にもたらされたときには容易に知ることのできなかった帰結であるが、家族関係におけるこの変化は部族にとっては途方もなく重要なことであった。

イノベーションはどれも導きの糸なしにはやってこない。イノベーションが技術的に先端的なものであればあるほど、予期されるものにしても潜在的なものにしても、その導入は多くの帰結をもたらす。社会システムは大理石でできた底の深い容器のようなものであって、なかに入っているものすべてを動かし、一つが動くとすべてのものは位置を変えざるをえないのである。

社会システム内部の各構成要素が相互に依存していることをイノベーションの採用者はほとんど理解しておらず、イノベーションを社会システムに持ち込むチェンジ・エージェントも必ずしも把握していない。予期されない帰結の発生は、イノベーションの機能についての理解や、社会システムで作用している内部および外部の力についての理解の欠如を象徴している。イノベーションの存在に気がつくと、それは社会システムの成員に対して実際にどのように機能するのかという不確実性を生み出す。この不確実性が、特に仲間うちの対人ネットワークを通じて、イノベーションの情報を求める行動を誘発する。人々はイノベーションによって予想される帰結についての不確実性を減少させようと試みる。イノベーションを採用してもよいと思うくらいの情報を入手するに至るまで、不確実性を減少させることは可能である。しかし、その不確実性は決して完全に除去できないのである。

イノベーションの採用者は、望ましく直接的かつ予期される帰結に関する適切な情報を、仲間内から得られることが多い。しかし、予期されない帰結は定義上、イノベーションを採用する時点で採用者は知らない。予知しえないイノベーションの帰結が存在することは、社会システムの他の成員から得られないイノベーション評価情報があることを示している。専門的チェンジ・エージェントは多くの場合、それが（たとえば仮に）広く採用されるまで、イノベーションの予期されない帰結について知りえない。これは、孤立したオーストラリアの一部族に宣教師がもたらした鉄斧の事例でみることができる。

以上のことから、次の一般化命題9-2を得る。**望ましい・直接的な・予期されるイノベーションの帰結と同様、望ましくない・間接的な・予期されないイノベーションの帰結は通常同時に進行する。**

石器時代のアボリジニにとっての鉄斧

［注＊この事例はシャープ［一九五二］に基づいている。］

オーストラリアの一部族が鉄斧を採用した帰結をみると、望ましくない、間接的な、そして予期しないイノベーションの帰結を考慮する必要があることがわかる。イルヨロント族は広大な地域を一団となって遊牧し、獲物や食料を探し求めていた。彼らの主要な道具は石斧で、食料の獲得や住居の設営あるいは暖をとるための必需品であった。完全なる革命は、石斧の鉄斧への置換によって突如として勃発した。

文化人類学者ローリストン・シャープ〔一九五二〕は、参加観察法によってイルヨロント族の調査を行なった。彼はイルヨロント族の毎日の活動に参加することで文化を調査したのである。外部と隔絶されていたことから、近くに宣教師の駐在所が設置されるまで、イルヨロント族は西欧文化の影響をほとんど受けていなかった。贈り物あるいは労働への対価として、宣教師はイルヨロント族に多数の鉄斧を配布した。

それまでは、石斧が年長者の男らしさを示すシンボルであった。女性や子供が石斧の主たる利用者であったにもかかわらず、男性のみが石斧を所有していた。慣習で定められている社会的な関係に従って、石斧は父親や夫あるいは叔父から借りることになっていた。他の部族との精緻な儀式の一部である物々交換を通じて、イルヨロント族はこの石斧の先端部を槍と交換して手に入れていた。

イルヨロント族の生活状況の改善を期待して、宣教師は鉄斧を彼らに配布した。イルヨロント族は交易を通じて道具を手に入れていたので、鉄斧の使用に大きな抵抗はなかった。鉄斧は作業をするのに石斧よりも便利な道具だったので、石斧は速やかに姿を消した。

しかし、宣教師ががっかりしたのは、鉄斧が社会的な進歩にほとんど寄与しなかったことであった。イルヨロント族は余った時間を睡眠という「彼らが完璧に習得している行為」に使った。宣教師は鉄斧を男性、女性そして子供たちに等しく配布した。年長者は宣教師を信用しておらず、若者のほうが年長者よりも鉄斧を採用する傾向が強かった。その結末は、イルヨロント族内の地位関係の崩壊と年齢や性の役割の革命的な混乱であった。かつては尊崇されていた年長者は、女性や若者に依存するようになり、社会的下位者から鉄斧を借りることを強いられるようになった。

部族間の交易儀式も乱れてきた。部族間の友好関係は崩れ去り、石斧と槍の交換が行なわれていた年毎の祝祭に対する関心も薄れてきた。イノベーションに適合するイルヨロント族の能力が欠けていたために、宗教システムや社会組織は混乱しだした。宣教師が恐れおののいたのは、鉄斧と交換するために男が娘や妻の身を売り始めたことであった。

イルヨロント族にもたらされたイノベーションの帰結の多くは、望ましくない、間接的な、そして予期されないものであった。望ましい、直接的な、そして予期される帰結と同様に、これら三種類の帰結はしばしば同時に進行する。

イノベーションの外観、機能、そして意味

イルヨロント族への鉄斧の普及事例はまた、イノベーションの帰結についてチェンジ・エージェントが犯しがちな間違いを示している。チェンジ・エージェントは通常、イノベーションの外観や機能がもたらす帰結を予期することはできるが、それが潜在的採用者に対してもっている意味を予期することはできない。イノベーションの外観、機能そして意味とは何であろうか?

1◆**外観**とは、直接観察可能なイノベーションの物理的外観と実体のことである。宣教師にしてもイルヨロント族にしても、外観が石斧と似ていることから、新しい道具の外観を認知していた。

2◆**機能**とは、イノベーションが社会システムの成員の生活方法に役立つ働きのことである。イルヨロント族は、石斧と同様に、鉄斧がものを切る道具であるとすぐさま知覚した。

3◆**意味**とは、社会システムの成員がイノベーションに対してもつ主観的な、そしてしばしば無意識の知覚

のことである。著名な文化人類学者ラルフ・リントン〔一九三六〕は「意味は本質的に主観的なものであることから、外観とか機能と比べてはるかに広まり難いものである……受容する側の文化は、外部から借りてきた複合物に新しい意味を付与する。この新しい意味は、そもそも担っていた意味とはほとんど関連性がないことがある」と述べている。

宣教師がイルヨロント族に鉄斧を導入する際にどのような間違いを犯したのであろうか？　チェンジ・エージェントである宣教師は鉄斧の外観と機能は理解していた。イルヨロント族は新しい道具を石斧と同じように藪を刈ることなどに使うであろうと、宣教師は考えていた。しかし、この新しいアイデアがイルヨロント族にもたらす意味を予測しなかった点で、とんでもない間違いを犯したのである。鉄斧の導入が惰眠を誘い、売春を促し、そして社会的な関係を崩壊させてしまうことを予期していなかった。チェンジ・エージェントは、彼らが導入しようとするイノベーションの社会的な意味、特に別の状況下では明らかに望ましい帰結をもたらしている場合には、負の側面に気づかないか理解していないことが多い。チェンジ・エージェントとイノベーションの利用者との間の異類性が高く、チェンジ・エージェントが彼らに感情移入しないとき、こうした間違いを犯しやすい。

これから一般化命題9-3を得る。**チェンジ・エージェントは、イノベーションがクライアントにもたらす意味よりもその外観と機能を容易に予期する。**

動的均衡を得る

おそらく宣教師はイルヨロント族にあまりにも早く、あまりにも多くの鉄斧をもたらしたのであろう。ある社会システムにとってイノベーションから最大の便益を得るとともに、システムが不均衡に至らないようにするためには、どの程度の変化速度が許容されるのであろうか?

社会システムの均衡状態には次の三種類がありうる。

1◈**安定均衡**。社会システムの構造あるいは機能がほとんど変化しない場合である。宣教師が来る以前のイルヨロント族などのように、完全に外部世界から隔絶している伝統的な社会システムがその一例で、そこでは変化速度はほとんどゼロである。

2◈**動的均衡**。対処可能な程度に均衡のとれた変化が、社会システムに生じている場合である。変化は動的均衡として生じるが、その変化は社会システムが適合できる範囲にある。

3◈**不均衡**。変化の速度が速すぎて、社会システムが適応できない場合である。比喩的には、環状交差点にあまりにも多くの自動車が集中したときと同様である。交通は次第に緩慢になり、ついには全車が停まってしまう。不均衡による社会的無秩序は、苦痛を伴う非効率な変化を社会システムにもたらす。

チェンジ・エージェントの長期にわたる目標は、クライアント・システムに動的均衡状態をもたらすことである。注意深く均衡をとりながら、社会システムが変化に適応できるようにイノベーションを導入すべきである。社会システムにおける最適な変化速度を測るのは難しい。宣教師は、イルヨロント族の社会システムが吸収できる変化速度を見誤ってしまったのである。

イノベーションの帰結がもたらす平等

イルヨロント族に鉄斧をもたらした宣教師の誤りは、特にイノベーションを提供する相手の選択にあった。長老の男性への尊敬を重視する文化的伝統に気づくことなく、チェンジ・エージェントは女性や子供あるいは若者に対して無差別に鉄斧を与えた。チェンジ・エージェントがイノベーションの帰結を方向づける際の一つの重要な点は、誰に密着して働きかけるかということである。チェンジ・エージェントが、社会システムのエリートではなく貧しくかつ教育水準の低い人々に接触するならば、導入されるイノベーションから得られる便益は平等に近くなるであろう。しかしながら、チェンジ・エージェントは教育水準や社会的な地位の高い人々に接触することが多いので、彼らが導入するイノベーションを通じて社会経済的なギャップを広げることになる。

望ましい・望ましくない、直接的・間接的、予期される・予期されない帰結という分類法に加えて、イノベーションの採用が社会システムの成員間を平等にするのか、それとも格差を広げるのかという分類法も考えられる。イノベーションの普及によって、一般にはオーディエンス内の社会経済的ギャップが拡大する。すなわち、

1◆イノベータや初期採用者は新しいアイデアに対して好意的な態度をとり、イノベーションを積極的に探し求めている。彼らはまた、資産などの資源を多くもっているので、後期の採用者には手の届かないような費用のかかるイノベーションを採用することができる。

2◆専門家のチェンジ・エージェントは、オピニオンリーダーが新しいアイデアを教わって採用することで、彼らが採用したイノベーションをフォロワーに伝えるであろうと期待して、彼らへの接触に努める。しかし、

対人ネットワーク連結の多くは、採用者カテゴリーと社会経済的地位が似ている個人間を連結している。そこで、イノベーションは一般に、社会システムにおける対人コミュニケーション・ネットワークのなかを、垂直方向に流れ落ちる（トリクルダウン）より水平方向に流れてしまう。

3◆社会システムのなかで他の人々よりも早くイノベーションを採用することで、イノベータと初期採用者は意外の利潤を得ることになり、初期の採用者と後期の採用者の間のギャップを拡大させる。こうして、初期の採用者は豊かになる一方、後期の採用者の経済的な利得はそれよりも少ない。

イノベーションの普及は社会システム内の平等の度合いを低下させることが多い。しかし、このギャップを縮少させる戦略がとられるならば、ギャップの拡大が必然的に起きるわけではない。スノーモービルのラップランド人への普及事例によれば、イノベーションに関する帰結には次の二つの次元がある。❶誰もがより早く移動できるようになり、平均的には「良きもの」が増えて望ましい帰結が達成できたこと、そして❷「良きもの」の分配が不平等であり、トナカイの所有がごく一部のラップランド人の手に渡ってしまったこと［図9-1］。

コミュニケーション効果のギャップ

これまでの普及研究では、「イノベーションを普及させるのに効果のあるコミュニケーション活動は何か?」という課題を解決するために、コミュニケーション効果の第一の次元を計測してきた。この効果は、個々人のイノベーションに対する知識、態度、あるいは採用などの目に見える行動の変化に基づいて、それらの平均として計測される［図9-2a］。

コミュニケーション効果の第二の次元に関する研究法は、これとは相当に異なる［図9-2b］。この場合、「イノ

図9-1………社会システム内部でのイノベーションの帰結に関わる二つの次元

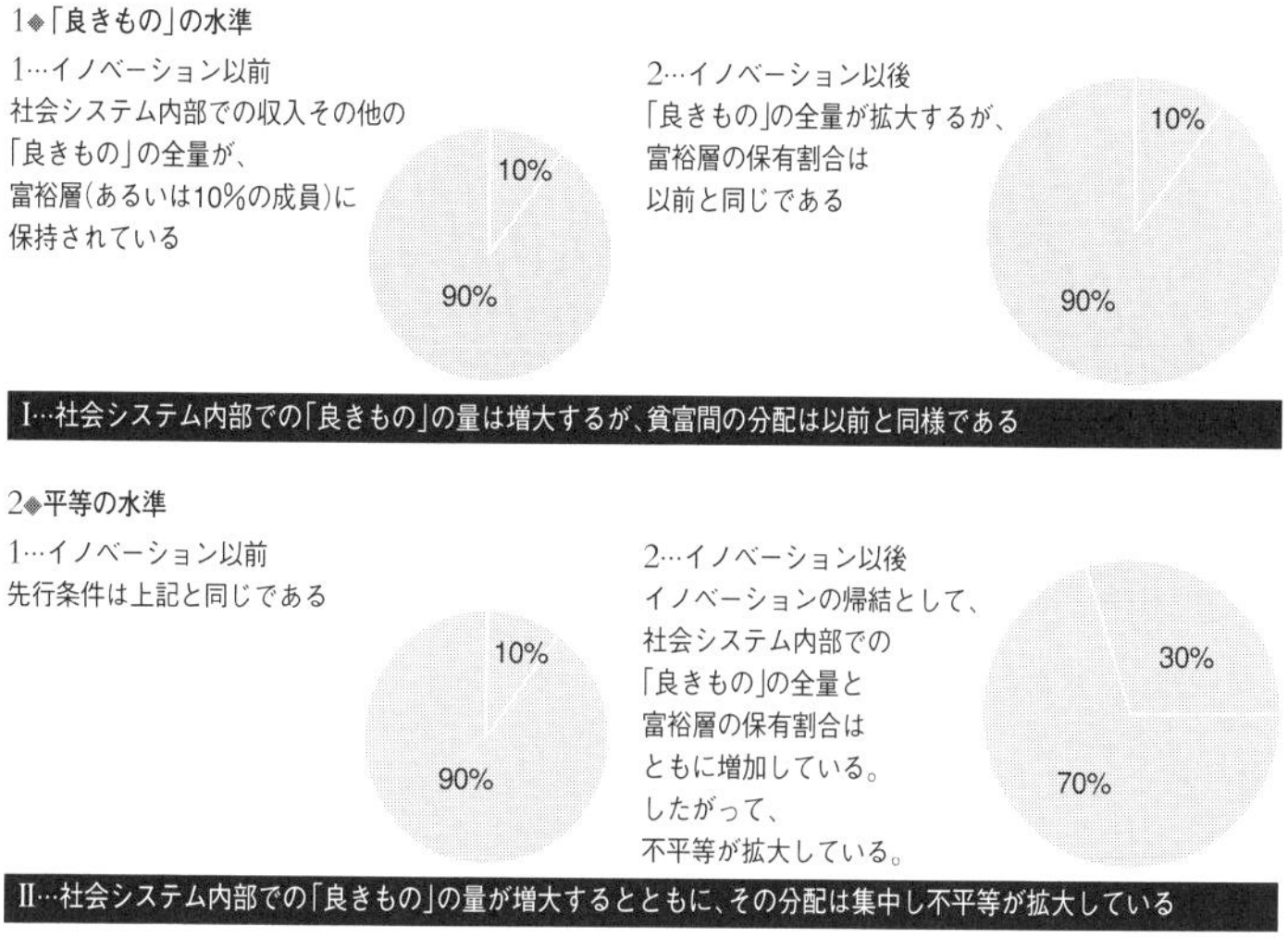
1◈「良きもの」の水準
1…イノベーション以前
社会システム内部での収入その他の「良きもの」の全量が、富裕層(あるいは10%の成員)に保持されている
10%
90%
2…イノベーション以後
「良きもの」の全量が拡大するが、富裕層の保有割合は以前と同じである
10%
90%
I…社会システム内部での「良きもの」の量は増大するが、貧富間の分配は以前と同様である
2◈平等の水準
1…イノベーション以前
先行条件は上記と同じである
10%
90%
2…イノベーション以後
イノベーションの帰結として、社会システム内部での「良きもの」の全量と富裕層の保有割合はともに増加している。したがって、不平等が拡大している。
30%
70%
II…社会システム内部での「良きもの」の量が増大するとともに、その分配は集中し不平等が拡大している

ベーションを普及させるためのコミュニケーション活動は、他の人々よりもある特定の人々に対して、より大きなあるいは異なった効果をもっていたか?」ということになる。つまり、コミュニケーション効果の**平均**あるいは全体的な効果よりは、むしろコミュニケーション効果の**平等**の程度を明らかにしようとする。

普及研究者が第二の次元であるイノベーションの質的な問題に関心を持ち始めたころ、ティシェナー等［一九七〇］はこうしたギャップを調査するための有用な研究パラダイムを提案した。それは普及介入調査において、イノベーションの導入前後の時点でのデータを収集する。つまり、普及効果の計測は行動変化の平均（第一の次元）ばかりでなく、社会経済的な地位ならびにイノベーションに関する知識などのギャップの増減（第二の次元）とすべきであるとする。オーディエンスのなかで誰が最も影響を受け、誰が最も影響を受けなかったかを観察すべきだと、ティシェナー等［一九七〇］は示唆したのである。［図9-

2a］と［図9-2b］はこの研究パラダイムを示した図で、イノベーションの帰結と平等の関連についての普及研究に大きな影響を与えた。

コミュニケーション効果におけるギャップ・パラダイムが意味するところは、ある特定のセグメントがイノベーションの普及によって他のセグメントよりも影響を受けたかどうかを明らかにするために、オーディエンスの内側を見るべきであるということであった。この分析手法は、オーディエンス全体に与える平均的な効果あるいは総体的な効果だけではなく、差異をもたらす効果を見つけ出そうとするものであった。研究者は次第に普及プログラムが社会システムの成員間のギャップを拡げたか、あるいは縮めたかという度合いを研究するようになってきた。オーディエンスを複数のセグメント（「上昇組」と「下降組」とでも呼べるかもしれない）にカテゴリー化することは、社会経済的地位（大企業と中小企業）、採用者カテゴリー（初期の採用者と後期の採用者）、個々人がもつ情報水準（情報リッチと情報プア）などに基づいて区分することを意味する。「上昇組」と「下降組」をどう分類しようとも、イノベーションの帰結に関する平等と不平等には一定の規則性があることがわかる。

イノベーションの普及によるギャップの拡大

一般化命題9-4◆**イノベーション普及の帰結として通常、初期の採用者と後期の採用者の間の社会経済的なギャップが拡大する。** これと関連して、一般化命題9-5◆**イノベーション普及の帰結として通常、オーディエンス間の社会経済的なギャップが拡大する。**

ヘイブンスとフリン［一九七四］は、一九六三年から一九七〇年までの間にコロンビアの農民に普及したコーヒー豆の新品種というイノベーションの帰結を調査した。対象としたタメシスという地域コミュニティはアンティオキア県のアンデス山脈高地に位置する（後にメデリンという麻薬カルテルの基地として有名になる）。ヘイブ

図9-2a………
(社会システム内部の全成員にとっての)コミュニケーション効果の第一の次元は、
時刻t_1から時刻t_2に至るまでに平均で4単位増加している

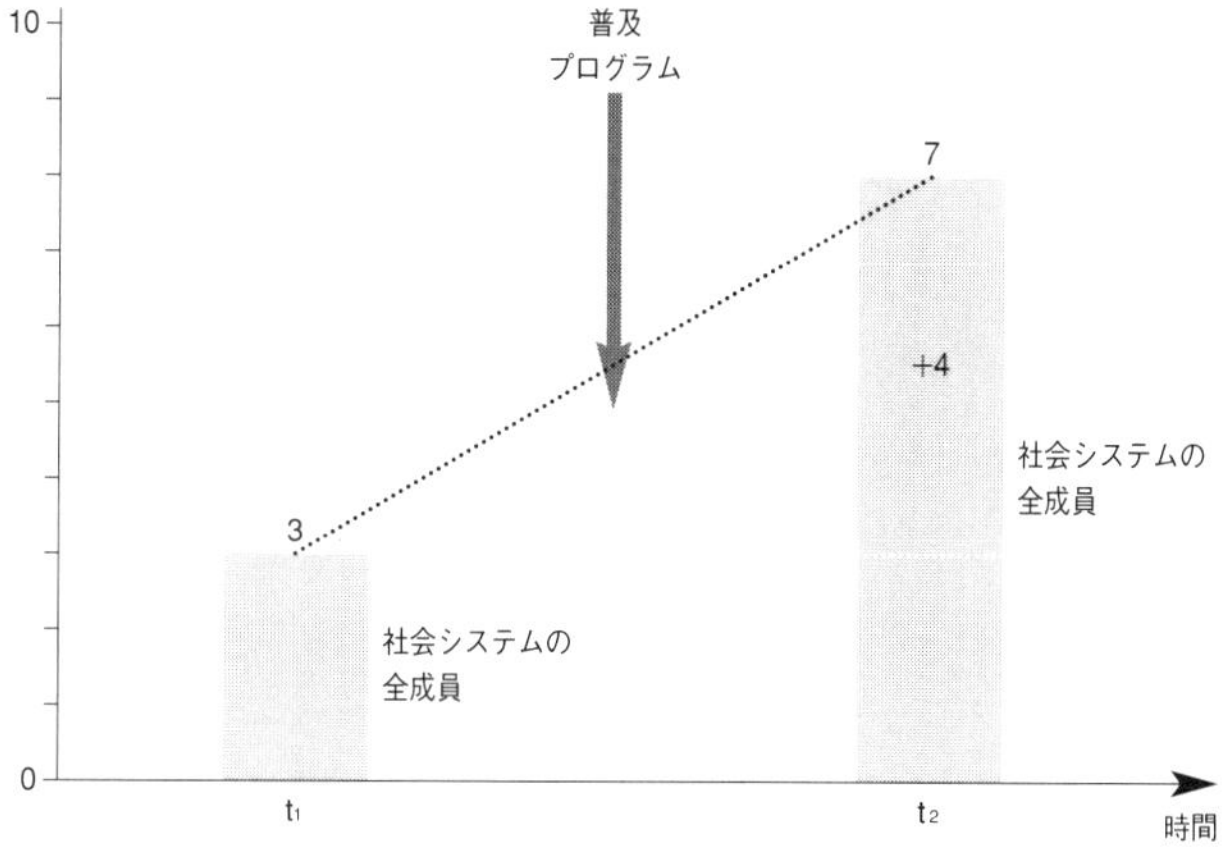

図9-2b………
コミュニケーション効果の第二の次元
(ここでは「下降組」と「上昇組」を別個に解析している)をみると、
効果ギャップは普及プログラムによって拡大していることが示されている

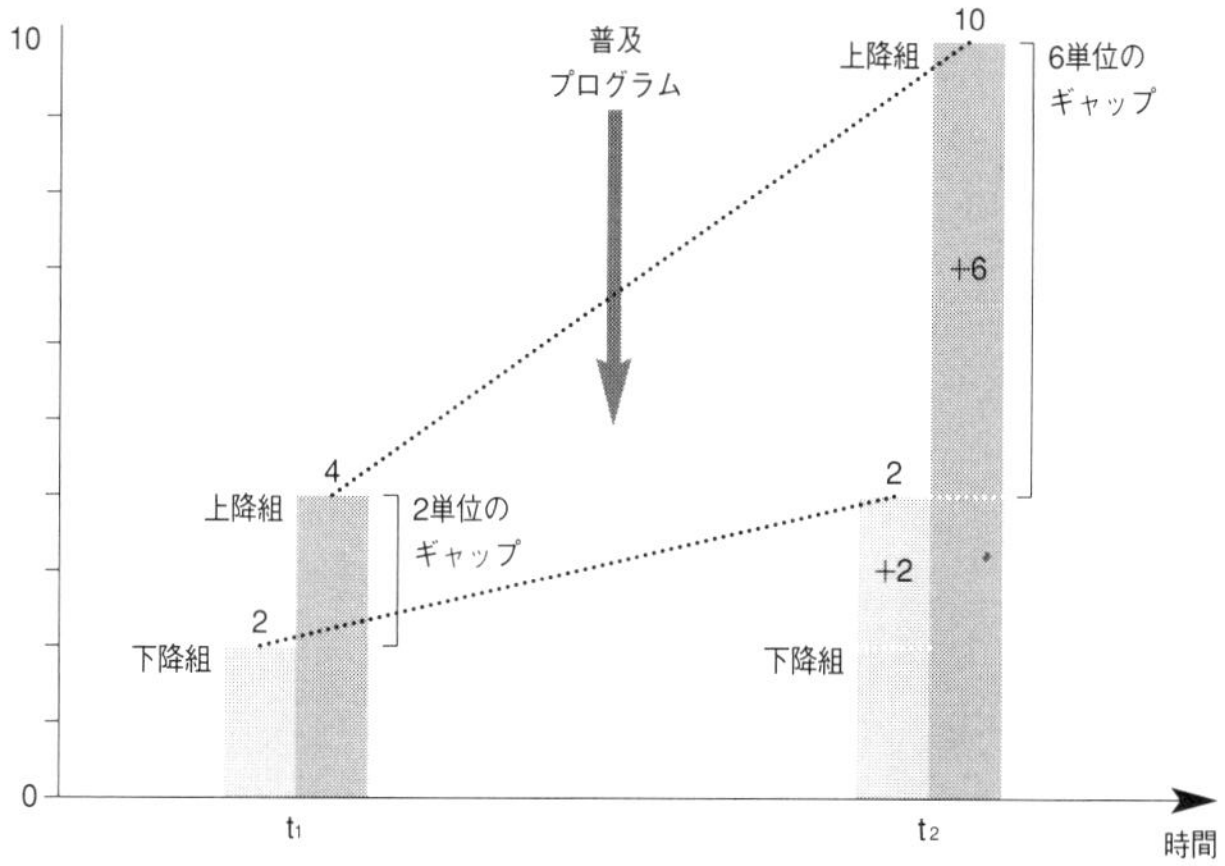

「下降組」は絶対的には普及介入の結果として豊かになっているが、
相対的には(「上昇組」が+6を得ているので)貧しくなっている。
そこで、情報リッチはますます裕福になった一方、情報プアはますます貧しくなったのである。

ンスとフリン〔一九七四〕が研究を行なった時点では、コロンビアのこの地域の主要な収入源はコーヒー栽培であった。アンティオキア地方の急傾斜地を覆う草地で栽培された香り高いコーヒー豆は秀逸で、米国などの地域を市場としてコーヒー豆には最高価格がついていた。コーヒー栽培はきわめて高収益の事業だったのである。

当初の調査対象であった五六のコーヒー栽培農家のうち、一七の農家がこのコーヒー豆の新品種を採用し、収穫を大幅に向上させた。彼らは新品種とともに化学肥料と除草剤を導入して、高い収益を達成した。イノベーションを一括して採用した結果、一七の採用農家の収益は一九六三年には六七〇〇ペソであったのが、一九七〇年には二万一〇〇〇ペソになり一万四三〇〇ペソ（二一三％）も増加したのである。コーヒー新品種非採用農家三九戸の収益は四五〇〇ペソから一万二〇〇〇ペソに増加したが、その増加絶対額は採用農家の約半分（七五〇〇ペソ、つまり一六六％）であった。イノベーションの一つの結末は、採用者と非採用者の間の収益ギャップを二二〇〇〇ペソ（一九六三年）から九〇〇〇ペソ（一九七〇年）に拡大させたことである。コーヒーの改良種は農家の間に収益の大きな不平等をもたらしたのである。

不平等の拡大のどの程度がコーヒー新品種の採用によるもので、調査当初の農家の規模や学校教育の高さその他の因子はどの程度の影響を与えているのであろうか？ ヘイブンスとフリン〔一九七四〕は、コーヒー採用に対する農地規模の影響を取り除くために、一エーカーあたりのコーヒーの収益を計算した。採用者と非採用者はともに一九六三年には収益水準はそれほど変わらず、それぞれ二九〇ペソと二二二ペソであった。しかし、一九七〇年には、新品種採用者の収益は一エーカーあたり一六四二ペソ（一三五二ペソの増加）へと急上昇して、高収穫を謳歌した一方、非採用者の収益は六三二ペソ（四一五ペソの増加）であった。この収益の不平等が、コーヒー新品種の導入をきっかけとして拡大した。コミュニケーション効果によるギャップの拡大が、その結末である〔一般化命題9-4〕。

新品種採用者はその収益を何に使ったのであろうか？　一部の農家は、新品種を採用せずに失敗した農家が売りに出した農地を購入した。一九六三年には採用者は一九エーカーの農地を保有し、非採用者は八エーカーであった。一九七〇年には、採用者の農地は三三エーカーに拡張された一方、非採用者は平均で六エーカーに縮小していた。加えて、非採用農家のうちの一二戸は農地を手放して、日雇い労働者になるか都市地域に流出していた。おそらく、彼らの農地は新品種の採用者が購入したのであろう。

新品種の採用がこれほど重大な帰結を招いたとするならば、なぜ非採用農家三九戸は新品種の栽培を始めなかったのだろうか？　新品種の採用は一大重要事項であった。というのは、新しいコーヒーの木が豆をつけるまでに三年を要するからである。農民にとって、新品種への投資が収益を生み始めるまでの期間を乗り切るだけの蓄えが必要だった。十分な担保物件のない小規模なキャンペシーノ（中南米の農業労働者）は、一般に新品種を採用するだけの資金を借りることができなかった。そこで、コロンビアでのコーヒー新品種研究は、社会経済的な地位における高低が社会経済的なギャップを拡げるという一般化命題9-5の一例でもある。

この悪循環は、❶採用者と非採用者、および❷当初の社会経済的地位の高低、といった社会経済的ギャップがコーヒー品種に関わるイノベーションの採用によって拡大した顛末を説明している。イノベーションは梃子のようなもので、貧富の差を拡大させる。

社会構造と帰結の平等

イノベーションの導入方法がある程度、帰結として生じる不平等の度合いを左右する。バングラデシュとパキスタンの村落で採用された灌漑用井戸の影響調査はその事例である［ゴッチ、一九七二］。どちらの国も、井戸の建設費用はほぼ同額で、五〇から八〇エーカーの農地に水を供給できる。緑の革命による麦と米の栽培を行なうために、灌漑が必要になったのである。しかし、新技術に伴う社会構造が異なっていたために、イノベーションによる帰結の平等という点で、パキスタンとバングラデシュでは大きく異なることになった。

パキスタンでは、井戸の七〇%は二五エーカー以上の広さ（当地ではきわめて大きな農地である）をもつ農民が購入していた。一三エーカー以下の農地しか所有していない農民は四%しか井戸を採用していなかった。灌漑用水と肥料その他の化学製品を併用した場合、農家は収益を約四五%増やすことができた。そこで、パキスタンでは井戸の導入により、富者はますます富み、貧者は**相対的に**貧しくなったのである。

しかし、バングラデシュでは平均的な農地の大きさは一ないし二エーカーほどで、一個人が井戸を所有するのは割が合わなかった。そこで、村の協同組合がポンプと井戸を購入して、協同組合に属する人たちに灌漑用水を提供した。降雨量の少ない冬季に米を収穫できるようになったので、農民の収入は二倍になった。バングラデシュでは、イノベーション決定方法はそもそも個人による任意的採用というよりは集合的採用だったので、井戸の採用速度はパキスタンよりも緩慢であった。しかし、その帰結はパキスタンよりもはるかに平等に分配された。パキスタンでは、社会の階層化が著しいために、灌漑用井戸による成果は裕福な農民に集中していたのである。

イノベーションそれ自体というよりは、灌漑用井戸というイノベーションが導入されたバングラデシュとパキスタンの社会構造が、社会経済的な成果の分配を左右した。他の事例とあわせて、次の一般化命題9-6が示唆される。**社会システム内の社会構造が、ある程度イノベーションの帰結の平等・不平等を左右する。**社会システムの構造がすでにきわめて不平等である場合、イノベーションが導入されたとき（特に導入費用のかかるとき）、その帰結として、社会経済的ギャップが拡大して、一層大きな不平等をもたらす。

コロンビアでのコーヒー豆の帰結分析と同様、バングラデシュおよびパキスタンでの灌漑というイノベーションの帰結分析によれば、イノベーションの採用とその影響は、個人段階でのさまざまな特性変数のみならず、社会システムの特性と関連があることがわかる。灌漑用井戸が導入されたとき、バングラデシュにはすでに村の協同組合が存在していた事実、そしてコロンビアでは小規模のコーヒー栽培農家では新品種を採用するための資金を得ることができなかった事実から、誰が採用し誰が採用できなかったかが明らかになった。イノベーションの影響は個人の行動を通じて生じるが、その決定因子は主として社会システムのレベルにあり、個々人と社会システム両者にイノベーションの帰結がもたらされたのである。

社会構造の各因子は、必ずしもイノベーションの採用や帰結に関わる固定的な障害要因もしくは促進要因ではない。バングラデシュの地域開発部局は、灌漑用井戸を導入する直前に、村の協同組合を組織したのである。目的は、小規模農家を結集して、トラクターや灌漑用井戸など比較的費用のかかるイノベーションを採用できるようにすることであった。ここに再び、社会変化のために組織化が潜在的な力をもっていることを知る。つまり、個人の集合がグループとして組織化されると、非力な個々人ではとても達成しえない集合的な効果を発揮できるようになる。

ギャップを縮める戦略

これまでの研究からも推察されるように、イノベーションが必ずしも社会システム内の社会経済的ギャップを拡大させることはない。しかし、チェンジ・エージェント機関がそれを防止するための特別の努力を払わないと、ギャップの拡大による不平等が生じることになる。ギャップを縮めるためにチェンジ・エージェント機関はどのような戦略をとることができるか？　社会経済的ギャップはイノベーションの帰結として一般に拡大するという前提の下に、実現可能な戦略を提示する。

I……「上昇組」は「下降組」よりも、イノベーションの存在を気づかせる情報に近づく機会が多い。

1◆社会経済的に上位のサブオーディエンスがあまり関心を抱きそうにないメッセージを伝達すべきである。この戦略により、社会経済的に下位のサブオーディエンスを取り込むことができる。この「天井効果」戦略は、テレビの特別番組を通じてインドの村民の間に存在する社会経済的ギャップを縮めるために活用された［シンジとモウディ、一九七六］。

2◆コミュニケーション・メッセージは、社会経済的に下位のサブオーディエンスの特性に適合させるべきである。コミュニケーション・メッセージがこうしたオーディエンス・セグメントに合わせて設計されることはほとんどないが、これはギャップを埋めるのには不適切である。メッセージの技術的な内容が「上昇組」と同じでも、社会経済的に下位のオーディエンスに効果的に到達するためには、メッセージの設計や処理あるいは表現方法を異なったものにしなければならないだろう。たとえば、「下降組」の教育水準は低いことが多いので、図や写真などの視覚的な手法が有効である。メッセージを多くの人々に発信する前に、プロトタイプを作って実験する形成的調査を実施することによって、「下降組」に適したメッセージを制作することも考えられる。ここで、**形成的調査**とは、ある一定の活動や過程あるいはシステムが進行している間に、当該調査による効果を改善しながら実施される調査のことである。これに対して、**総括調査**とは、ある一定の活動や過程あるいはシステムの進行が終了した後で、これらの効果を判断するために実施される調査のことである。

たとえば、質的調査によると、健康関連のウェブサイトを理解するには、少なくとも高校程度の教育レベルが必要であることが判明している［バーランド等、二〇〇一］。しかし、形成的調査を広い範囲で実施することによって、ニューメキシコ州ではヒスパニック系の低所得層の人々の栄養状態を改善するための効果的なウェブサイトが制作されている〔ビュラー等、二〇〇一〕。

3◆「下降組」が気づきの知識を獲得するのに障害にならないコミュニケーション・チャンネルを活用すべきである。たとえば、米国では社会経済的に下位のオーディエンスはテレビをよく観るが、「上昇組」と比べて活字メディアには縁遠い。発展途上国では、「下降組」の多くは読み書きができず活字メディアは役に立たない。また、「下降組」はテレビを観るよりもラジオを聴くことが多い。

4◆「下降組」を小グループに細分化して、イノベーションを学び、それについて話し合う機会を作るべきである。グループとして聴く、議論する、そして行動することにより、自分自身の環境を制御するという信念、つまり自立自助と集団的な結集力を促すのである。この戦略は社会変化のための組織化である。

5◆チェンジ・エージェントの接触は、イノベータや初期採用者に対してではなく、後期多数派やラガードに移行すべきである。後期の採用者は専門家のチェンジ・エージェントをあまり信頼しておらず、仲間内の対人ネットワークに信をおいているので、積極的にチェンジ・エージェントから情報を求めることはほとんどない。しかし、チェンジ・エージェントが直接後期多数派やラガードに接触した場合、そしてイノベーションが彼らのニーズに見合っているならば、その応答は前向きであることが多かった〔レーリング等、一九七六〕のである。


村落で活動しているチェンジ・エージェントの場合を考えてみよう。ある農家は一戸一〇〇エーカーの土地を所有している一方、残りの一〇〇戸の農家は平均一エーカーしかもっていないとする。チェンジ・エージェントが一〇〇戸の小規模農家に接触して、新品種の農作物と農業イノベーションの採用を説得すれば、五年以内に平均で一〇ブッシェル〔訳注＊穀物の容積単位。一ブッシェルは約三五リットル。〕の収穫増があるとする。しかし、チェンジ・エージェントとしては、すでに革新的で新しいアイデアを受け入れる余地のある大規模農家に接触することにより、はるかに少ない労力でこれと同量の収穫増を期待できる。チェンジ・エージェントが一般に初期採用者つまり社会的な地位の高い人々に集中して接触するのはこれからも明らかであろう。

Ⅱ……「上昇組」は「下降組」よりも、仲間うちからイノベーション評価情報を得る機会が多い。

トリクルダウン理論（浸透理論）によると、「下降組」は「上昇組」の個人的な体験を速やかに知って追従するという。しかし、多くの社会システムでは、「上昇組」は主として「上昇組」と話し合い、「下降組」は「下降組」と話し合う［レーリング、一九七六］。この問題をどう解決するか？

1◆社会システムで劣位にある人々のなかからオピニオンリーダーを探し出す。次にイノベーションに関する仲間うちのネットワークを活性化させるために、チェンジ・エージェントは見つけ出したオピニオンリーダーに集中的に接触すべきである。

2◆チェンジ・エージェントの補助者は、イノベーションに関して同類的な仲間と接触のできる「下降組」のなかから選ぶべきである。

3◆イノベーションに関わる意思決定の際に、「下降組」が指導力を発揮し、社会的強化を図れるような小グループを形成すべきである。小グループの形成によって、（灌漑用井戸を採用したバングラデシュの協同組合のように）「下降組」は経済的、政治的、そして社会的な力を獲得できる。

Ⅲ……「上昇組」は「下降組」よりもイノベーションを採用する際のスラック資源が多い。

「上昇組」は「下降組」よりもはるかに容易にイノベーションを採用できる。特にイノベーションが高価で技術的に複雑な場合や、規模の経済を発揮する場合にそうである。こうしたギャップを拡げる傾向を克服するにはどのような戦略があるか？

1◆「下降組」にとって適切なイノベーションを推奨すべきである。研究開発活動は、社会経済的に下位の社会システムの成員が抱えている問題を解決するイノベーションの創出に努めるべきである。

2◆社会組織は、費用のかかるイノベーションを採用するのに必要な資源を「下降組」が差配できるように作り出されるべきである。社会変化を組織化するこの種の戦略の一例が、バングラデシュで小規模農家による灌漑用井戸の採用を促した協同組合である。

3◆イノベーション普及の優先順位の設定を含めて、普及プログラムの計画や実行に「下降組」が参加できる仕組みが設置されるべきである。

4◆「下降組」だけのために業務を遂行する普及機関が設立されるべきであり、こうすることで、チェンジ・エージェントの活動が社会経済的に下位のオーディエンスに特有のニーズに合致しうるようになる。もしこうした普及機関がコロンビアのコーヒー栽培農家のために存在していたならば、農民がコーヒー新品種の採用を可能にする農業資金が提供されていたかもしれない。

ギャップの拡大は不可避ではない

シンジとモウディ〔一九七六〕やレーリング等〔一九七六〕による実験から、次の一般化命題9-7が示唆される。**普及機関が特別な努力を払えば、社会システム内の社会経済的ギャップを縮め、少なくとも拡大させないことが可能である。**

インドで現地実験を行なったシンジとモウディ［一九七六］は、「上昇組」にとっては余計であまり関心がわかないが、社会経済的に下位のサブオーディエンスには相応なメッセージを提供する天井効果戦略を検討評価した。この二人のインド人研究者は、農家向けのテレビ番組に含まれている農業イノベーションに関わる二一項目の情報の効果を計測するために、番組が放送される前に質的分析を行なった。テレビ番組は小規模農家には有用な情報が含まれているが、情報をすでに入手している大規模農家にとっては余計であるように設計し制作された。

その結果、大資産をもつ大規模農家は、すでに知っている農業情報が含まれているテレビ番組をわずか数本観ると、テレビを「消した」ことが判明した。一方、資産をあまりもたない小規模農家は、番組に含まれている情報が新鮮だったので熱心に観ていた。インド政府が各村落にテレビを供与していたので、すべての農家はコミュニティ・テレビで番組を無制限に観ることができた。シンジとモウディはテレビ番組の前後での農業知識の度合いを個人面接法で調査した。「上昇組」と「下降組」の間のギャップは、天井効果のためにテレビ番組の放送によって縮まったのである。「大規模農家がすでに知っている番組を放送することにより、テレビの制作者はコミュニケーション効果によるギャップを拡げるのではなくて縮めることができる」［強調部分は原著どおり］。シンジとモウディは「**コミュニケーション効果によるギャップは決して不可避ではない**。適切なコミュニケーション戦略の開発に注力すれば、それは回避可能である」と結論づけている［強調部分は原著どおり］。

デジタルデバイド

［注＊この事例はロジャーズ［二〇〇二a］に基づいている。］

デジタルデバイドとは、インターネットによって優位になった人々と、相対的に劣位になった人々との間に存在するギャップのことである。デジタルデバイドは❶米国のような国の内部、❷欧米諸国と発展途上国との間、に存在する。二〇〇一年には四・五億人のインターネット利用者がいたが、その時点での各地域の一〇〇〇人あたりの利用者は次のとおりである。

北アメリカ……四七九人
西ヨーロッパ……二一八人
ラテンアメリカ……二一人
アジア……一七人
中東・アフリカ……七人
世界全体……五二人

このようにギャップが大きいのは、経済的資源の不足、発電所や電気通信網の欠如、あるいは政府の政策がインターネットの使用を制限しているなどの理由による。たとえば、中国政府はインターネットのトラフィックを規制しており、必ず政府管理下のポータルを通らなければならないとしている（この政策は変わりつつある）。現在、インターネットにアクセスすることによる情報優位は、ある特定の国に住んでいる個々人に限られている。

米国では、デジタルデバイドによって、社会経済的地位の上位対下位の人たち、農村部対都市部の人たち、年長者対若者、そしてアフリカ系およびヒスパニック系米国人対ヨーロッパ系米国人が分離されている。たとえば、二〇〇〇年に四万八〇〇〇人の米国人を対象とした米国技術情報局（ＮＴＩＡ）の調査によると、三四%のヒスパニックと三三%のアフリカ系米国人が家庭や職場でインターネットを使用している一方で、ヨーロッパ系米国人のそれは五六%であった。インターネット利用者の特性は、これまでのほとんどのイノベーションの特性と同様であった。インターネットを利用するためには、コンピュータ（米国世帯の約半数はコンピュータを所有している）と電話（同じく九四%の所有率）にアクセスできなければならない。

二〇〇二年には、米国成人の七一%がインターネットの利用者であった。ゆくゆくは普及率が飽和状態に達して、デジタルデバイドとして知られる現象は消え去るであろう。しかしながら、アクセスデバイドはなくなっても、ラーニングデバイド（コンピュータやインターネットを利用する技量に欠けていること）やコンテントデバイド（高等教育を受けた人たちが制作したウェブサイトの内容を理解する能力に欠けていること）などがこれに置き換わって、今後ともインターネットが提供する情報へのアクセスに不平等は継続することであろう。

デジタルデバイドを克服するために、いくつかの戦略が考えられる。公共の場でアクセス可能にするために、サイバーカフェのようなコンピュータセンターを設置する方法がある。コーヒーなどの飲み物を提供するとともに、ほぼ無料でコンピュータとインターネットに接続できるようにするのである。こうした公共の場は、発展途上国や米国の貧困地域など、コンピュータを購入したりインターネット使用料を支払う余裕のない人たちが住む地域に広く普及している。特に学校教育をあまり受けていない人々を対象としたウェブサイトを設けることによって、デジタルデバイドの橋渡しをする方法も数多くある。たとえば、米国の新聞はマスオーディエンスに到達するために、中学二年程度の学力があれば理解できるように編集されているが、ウェブサイトもこれと同様にするのである。しかし、健康関係のウェブサイトを内容分析したところ、理解するには高等学校程度の教育水準を必要であることがわかった［バーランド等、二〇〇一］。インターネットは、イノベーションについてのメッセージを後期採用者やラガードに個別に送信できる。しかしながら、現状、メッセージを「下降組」用に仕立てることは、きわめて限られた範囲でしか行なわれていない。

本章の要約

帰結とは、イノベーションを採用あるいは拒絶した後に、個人あるいは社会システムに生じる変化のことである。イノベーションの帰結は明らかに重要なことだが、チェンジ・エージェントや普及研究者はこれまであまり注意を払っていなかった。イノベーションの帰結があまり注目を集めてこなかったのは次のような理由による。❶チェンジ・エージェント機関では、採用そのものを過度に強調しており、暗黙裡にイノベーション決定の帰結は肯定的なものであると仮定していること、❷通常の研究手法は、革新性を調査するのと比べてイノベーションの帰結を調査するのにあまりふさわしくないこと、❸帰結の測定が困難であること。

イノベーションの帰結は次のように分類される。❶「望ましい」対「望ましくない」、❷「直接的」対「間接的」、❸「予期される」対「予期されない」帰結。**望ましい帰結**とは、個人あるいは組織に対するイノベーションの機能的な効果のことである。**望ましくない帰結**とは、個人あるいは組織に対するイノベーションの逆機能的な効果のことである。イノベーションの多くはプラスとマイナスの帰結をともにもたらすので、望ましくない帰結に直面せずに、望ましい影響のみが得られると仮定するのは誤りである。イノベーションの効果を管理して、望ましい帰結と望ましくない帰結を分離することは通常不可能である［一般化命題9-1］。

直接的帰結とは、イノベーションの採用に直接対応して個人あるいは社会システムに起きる変化のことである。**間接的帰結**とは、イノベーションの直接的帰結に対応して個人あるいは社会システムに起きる変化のことであり、帰結の帰結である。

イノベーション普及による**予期される帰結**とは、社会システムの成員が認識し意図している変化のことである。イノベーション普及による**予期されない帰結**とは、社会システムの成員が認識も意図もしない変化のことである。

望ましい・直接的な・予期されるイノベーションの帰結と同様、望ましくない・間接的な・予期されないイノベーションの帰結は通常同時に進行する［一般化命題9-2］。これはオーストラリアの先住民族に鉄斧がもたらされた事例からうかがい知ることができる。そこでは、家族構造の崩壊、売春の出現、そしてイノベーションそのものの誤用などを含めて、多くの望ましくない、間接的な、予期されない帰結が生じたのである。鉄斧の事例はイノベーション固有の要素が存在することを示している。つまり、❶**外観**……直接観察可能なイノベーションの物理的外観と実体、❷**機能**……イノベーションが社会システムの成員の生活方法に役立つ働き、❸**意味**……社会システムの成員がイノベーションに対してもつ主観的な、そしてしばしば無意識の知覚。チェンジ・エージェントは、イノベーションがクライアントにもたらす意味よりもその外観と機能を容易に予期する［一般化命題9-3］。

安定均衡は社会システムの構造あるいは機能がほとんど変化しない場合に生じる。**動的均衡**は社会システムが対処可能な程度に均衡のとれた変化が社会システムに生じている場合である。**不均衡**は変化の速度が速すぎて、社会システムが適応できない場合に生じる。チェンジ・エージェントは一般に、不均衡を回避しつつ、動的均衡をもたらす変化速度を達成しようとする。

普及プログラムの一つの目標は、社会システム内の「良きもの」の水準を高めることである。帰結のもう一つの次元は、社会システムの成員間における良きものの**分配**が平等に向かうのか、それとも不平等に向かうのかということである。イノベーション普及の帰結として通常、初期の採用者と後期の採用者との間の社会経済的なギャップが拡大する〔一般化命題9-4〕。イノベーション普及の帰結として通常、オーディエンス間の社会経済的なギャップが拡大する〔一般化命題9-5〕。

ある程度、社会システムの社会構造がイノベーションの帰結の平等・不平等を左右する〔一般化命題9-6〕。社会構造がすでにきわめて不平等である場合、そこにイノベーションが導入されたとき（特に導入費用のかかるイノベーションであるとき）、イノベーションの帰結として、社会経済的ギャップの拡大を通じて一層大きな不平等がもたらされる。

ギャップを縮めるためにどのような戦略をとりうるか？　イノベーション普及の帰結として社会経済的ギャップが拡がるのは通常次の理由による：❶「上昇組」は「下降組」よりもイノベーションの存在を気づかせる情報に近づく機会が多い、❷「上昇組」は「下降組」よりも仲間うちからイノベーション評価情報を得る機会が多い、❸「上昇組」は「下降組」よりもイノベーションを採用する際のスラック資源が多い。普及機関が特別な努力を払えば、社会システム内の社会経済的ギャップを縮め、少なくとも拡げないようにすることが可能である〔一般化命題9-7〕。換言すれば、ギャップの拡大は不可避ではない。

デジタルデバイドとはインターネットによって優位になった人々と、相対的に劣位になった人々との間に存在するギャップのことである。この不平等は米国内にも存在するし、欧米と発展途上国との間にも存在する。サイバーカフェやテレセンターなど公共の場でコンピュータやインターネットにアクセスできるようにして、デジタルデバイドを橋渡しする努力が進められている。

訳者あとがき

本書『イノベーションの普及（第五版）』はロジャーズのほとんど半世紀に及ぶイノベーション普及研究の成果である。ロジャーズ自身が「はじめに」のなかでイノベーション普及論の誕生と本書の成立について回顧しているように、彼は一九五〇年代に普及研究を始め、本書初版を一九六二年に公にした。

ロジャーズは第五版刊行の翌年二〇〇四年一〇月二一日に七三歳で死去している。その意味で、本書はロジャーズ普及論の集大成でもある。訳者は一九九〇年前後に南カリフォルニア大学コミュニケーション学部大学院に留学し、当時同学部のスター教授であったロジャーズの講義も履修した。多数の学生が聴講しており、ロジャーズの人気は非常に高く、きわめて印象的な授業であったが、反面大変厳しくもあった。学期中には何回も実地調査に基づくレポートの提出が課せられた。さらに、二人共同で数十ページに及ぶレポートを作成し、ユニバーサルスタジオを遠望できるロジャーズの豪邸に呼ばれて、彼と他の学生の前で調査結果をプレゼンテーションせねばならなかった。そのうえ、期末には記述試験が待っていたのである。

授業の基本テキストはもちろん本書である。本書にはロジャーズのイノベーション普及論の精髄がくまなく記されている。本書を開くと、歯切れのよい一般化命題が提示されているとともに、古今東西のきわめて興味深い事例が豊富に盛り込まれていることがわかる。しかも具体的な調査研究事例が記載されており、普及論をすぐにでも利用できるような感じがする。これをマスターすれば、イノベーション普及論を研究しあるいは実践するための出発点に立てるかのようであった。

しかし、原著で五〇〇ページを越す大部の書である。これを全訳すれば六〇〇ページを優に超える大冊になることが予想された。それでは、本の厚さに圧倒されて、わが国での『イノベーションの普及』理論の普及は難しくなる。また、米国の教科書の特徴なのか、あるいはロジャーズの文体なのか、重複部分が何箇所か見受けられる。そのうえに、学問的な正確さを期すためであろうか、一度読んだだけではなかなか理解し難い回りくどい表現が多い。これをそのまま日本語に翻訳すると、とてもわかりにくい文章になってしまう。そこで、広く当該分野以外の研究者や実務家あるいは大学生・大学院生等にも読みやすくするために、全体の分量を五〇〇ページ前後に設定し、おおよそ以下の方針に基づいて翻訳を進めた。

本書の構成

原著は全11章から構成されており、随所に興味深い事例が紹介されている。しかしその数は非常に多いので、日本の読者からみた関心度などを勘案して、惜しみつつも一部を省略した。それでもなお、興味深い事例を数多く紹介することができたと思っている。それに加えて、同じ内容の文章が繰り返されていると思われた箇所は、文脈を明確にするために省略したところがある。

また、原著〔第2章〕と〔第3章〕を省略した。したがって、本訳書は全9章の構成になっている。原著〔第2章〕には「普及研究の歴史」が、また〔第3章〕には「普及研究の貢献とそれに対する批判」が記されている。両章とも普及論の研究者としては読んでおくべきものであろうが、その他の分野の研究者あるいは実務家にとってはそれほどの必要性はないと思われたからである。ただし、ロジャーズがきわめて重要度が高いとみていたに相違ない事例や理論的解釈がいくつか述べられている。これについては後章に転載することにした。この辺りの事情については、読者諸賢のご理解を請うものである。

次に原著［第2章］と［第3章］の内容について若干説明しておく。

［第2章］ではイノベーション普及研究の誕生に触れるとともに、いまでは普及研究が「見えざる大学」を形成していると指摘している。［第2章］要約には次のようなことが記載されている。

本章では次のようなことを述べてきた。すなわち、普及研究は相互に独立したいくつかの学問領域で開始されたが、やがて単一の統合された概念や一般化命題が形成されるようになった。それでもなお、いくつかの科学領域の研究者たちが普及研究を担っている。研究伝統とは、先行研究の問いかけに応じて、同様のトピックに関する一連の調査が後続の研究で実施されることをいう。普及に関する主要な研究伝統は、人類学、初期社会学、農村社会学、教育学、公衆衛生学・医療社会学、コミュニケーション学、マーケティング、地理学、そして一般社会学である。

主要な普及研究の類型は八つあり、それは以下のとおりである。

1◆イノベーションを知る早さ
2◆社会システム内部での異なるイノベーションごとの普及速度
3◆革新性
4◆オピニオン・リーダーシップ
5◆普及ネットワーク
6◆異なる社会システムごとの普及速度
7◆コミュニケーション・チャンネルの活用
8◆イノベーションの帰結

研究者がある研究領域における知的パラダイムに従うとき、首尾一貫した調査研究の方向をたどることができるようになる。一方で、パラダイムはさまざまな仮説と概念的なバイアスを負荷しかつ標準化するので、一旦パラダイム化が始まると、それと認識したうえで克服することは難しい。これこそが、次の世代の普及研究者が挑戦すべきことである。普及に関して私が最初に著した書〔ロジャーズ、一九六二〕のなかで、私は次のように記した。すなわち、「普及研究者はこれまで、地面がやわらかいところで研究を行なってきたのではないだろうか。……将来の研究において挑戦すべきは、掘る場所を拡げること、そして既存の研究対象とは異なるテーマを探し求めることである。おそらくは、もっと深く掘るべきだし、それは理論が示唆する方向のなかにある」

このように、一定のパラダイムのもとにさまざまな分野で普及研究が進められているとして、その研究分野が例示されており、その多くは後章で言及されている。しかし、コミュニケーション学で報道事件を研究する際の特徴的な手法である消防署調査は〔第2章〕で触れられているだけである。しかも、その事例は2001年9月11日に米国で起きた国際テロ事件であり、これはロジャーズ自身が同僚と共同研究したもので、本書「はじめに」でも特記されている。そこで、この事例を本〔第6章〕末尾に転載するとともに、消防署調査や報道事件に特徴的な概念であるセイリエンスについての説明を加えた。

いまひとつ、〔第2章〕に記されている事例で興味深いのはマーケティングにおけるメイブンの存在である。メイブンとはある種の製品に対して関心を持っているとともに専門知識を有している人々であって、消費財などに関わる技術的イノベーションの普及において重要な役割を果たしている。ロジャーズはこれを電気自動車の普及を事例として紹介しており、これを本〔第6章〕に転載した。

［第3章］では、学問的および実践的な面から見て、これまでに普及研究が貢献してきたことと同時にその研究調査方法に対する批判が述べられている。いうまでもないが、普及研究の貢献については以下の章で触れられているので省略した。本章要約で普及研究に対する批判についてロジャーズは次のように述べている。

本章では普及研究における主要な欠点として、四つの項目をあげて検討してきた。普及研究の出発点以来、この分野での接近法、概念、手法、そして仮説に関して消し去ることのできない刻印が残るところとなった。普及研究の原型から受け継いできたバイアスの一部は不適切なものになっている。イノベーション研究は、それ自身が非常に伝統的なものになっているというのは皮肉なことである。

普及研究に対する主要な批判とは次の四項目であり、本章では普及研究に対するこれらの批判を克服するための代替的な普及研究手法を提案した。

1◈**イノベーション寄りのバイアス**。イノベーションはすべての成員に普及し、すべての成員が採用すべきであるし、それは早ければ早いほどいいし、イノベーションは再発明されたり拒絶されてはならないという（偏った）考え方。

2◈**個人責任のバイアス**。個々人が抱えている課題は、その人が属している社会システムというよりはむしろ、その人にあるという風潮。

3◈普及研究に内在する**想起の問題**。調査の回答者に新しいアイデアを採用したときのことを思い出すように質問しても、不正確な回答しか得られない可能性がある。

4◈イノベーションの普及に内在する**平等の問題**。社会システムの成員間に存在する社会経済的ギャップはイノベーションの普及により拡大することが多い。

このうち、イノベーション寄りのバイアスについては、それに関する事例「エジプトの村落での飲み水の浄化」を本［第3章］に転載するとともに若干の説明を加えた。第二に、個人責任のバイアスについては、本［第2章］でハイウェイ設計に対する世論の変遷を一つの例として本文中に触れられているので、ここで個人責任と同時にシステム責任のバイアスについての解説を加えた。第三に、想起の問題は省略したが、むしろこれは時間的な経過を伴う社会調査をするときの一般的な問題であろう。最後に、平等の問題は新［第9章］「イノベーションの帰結」でほぼ同様のことが論じられており、重複を避けるために省略した。

古いがすごい

冒頭に述べたように、本書の初版は一九六二年に刊行されている。訳者の手元には現在一九八三年（第三版）以降の原書しかないので断定はできないが、一九六〇年前後の社会システム論をベースとして、イノベーションの線形発展モデルを前提にイノベーション普及論の体系が組み立てられ、その基本的な枠組みは現在も踏襲されているようである。むしろ当初の体系がしっかりしていただけに、その後のイノベーション研究の発展に必ずしも追随しえていないところがあるようにも思われる。たとえば、いくつかの留意事項はつけ加えているものの、イノベーションの発展過程について線形モデルを仮定しており、連鎖モデルなどには必ずしも言及していない。また、イノベーションが普及する過程で変化することは認めているが、それは採用者側の再発明によって変化するとしており、「チェンジ・エージェント機関」による設計変更や支配的設計の登場については触れていない。その他にもいくつかの点が指摘できよう。

しかし、その一貫した体系ゆえにこのような批判があるとすれば、それは必ずしも弱みではない。むしろ、潜在的採用者がイノベーションをどのように知覚するか、それを採用するためにはどのような情報が必要か、その情報はどのようなコミュニケーション・チャンネルを通じて伝達されるか、それによりイノベーションにまつわる不確実性がどのように減少するか、そしてついに潜在的採用者はどのようにしてイノベーションを採用するか、その際の採用者の属性はどのようなものか、社会システムやコミュニケーション・ネットワークはイノベーションの採用にどのような影響を及ぼすか、といった一連のイノベーション決定過程を粘り強く説明しているのは見事である。

これを別の側面から見ると、ロジャーズは普及に関する研究伝統をきわめて重視しているゆえであるとも解釈できる。上述のように、研究伝統とは、先行研究の問いかけに応じて、同様のトピックに関する一連の調査が後続の研究で実施されることであって、ロジャーズとしては、普及研究伝統にそぐわないものは本書に含めなかったのかもしれない。

本書には普及研究伝統に基づく知識の体系が蓄積されていて、出版年つまり二〇〇三年の直近の事例や研究の成果までもが随所に採用されている。本書の第三版（一九八三）は一九九〇年にその邦訳が出版（青池慎一、宇野善康訳『イノベーション普及学』産能大学出版部）されていて、本書でも専門用語などについて適宜参考にさせていただいた。それと比較しても、ざっとみただけで、クリティカルマス、イノベーション・チャンピオン、バス・モデルなどが追加されており、予防的イノベーションやネットワーク分析などに関する記述はその後の研究成果を反映して、格段に充実している。これは、一面では体系の変更が困難であるという限界もあるが、他面では本書が一貫した体系の下に展開されているがゆえであろう。

本書には研究伝統の強みと弱みが共存しているが、それこそがまさに古典である。それは「古いがすごい」のである。

これからの普及研究

ロジャーズは二〇〇四年に七三歳で亡くなった。今後、これだけ網羅的にイノベーション普及研究を論じることのできる研究者は現れるだろうか。オハイオ州立大学コミュニケーション学部教授アービンド・シンガルは二〇〇二年に当時ロジャーズが教鞭をとっていたニューメキシコ州立大学に招かれて、ロジャーズを紹介するなかで、『イノベーションの普及（第四版）』は「社会科学分野での引用書籍で第二位」であると述べている。また、二〇〇四年に亡くなったときの追悼の辞のなかで、カリフォルニア州立大学サンタバーバラ校ロナルド・ライス教授も同様（このときは第五版である）の指摘をしている。二人ともロジャーズの「直弟子」である。どのような基準で第二位なのかは定かではないが、コミュニケーション学分野の高名な研究者であり、まず間違いなかろう。イノベーション普及学といえばロジャーズ、ロジャーズといえばイノベーション普及学なのである。

ロジャーズは普及理論の一般化・普遍化を目指したに相違ないが、本書は依然として農業エクステンション・サービスによるイノベーション普及の枠を抜け出てはいない。経営組織やマーケティングについて言及しているが、これらを包含した一般理論にまで至っていないように思う。一方で、たとえばイノベーション戦略としてムーアが主張するキャズムのような理論が登場してきている。ロジャーズは採用者カテゴリーにはキャズムなどの「深い溝」は存在しないと述べていて素っ気ないが、ムーアがイノベータ理論をマーケティング戦略に特化して論じている視点は評価しうるのではなかろうか。

今後とも、イノベーション普及理論の一般化・普遍化を目指した研究は進められるであろうが、一方でマーケティングや社会学あるいはコミュニケーション学などに特化した研究が行なわれることであろう。そのとき、研究者や実務家にとって羅針盤となるのが本書である。本書を通読することで、イノベーションの本質やイノベーションと人々の関わりなどを理解するための重要なヒントが得られるのである。
最後になったが、翻訳では翔泳社外山圭子氏には大変お世話になった。循環社会研究所戸村信夫氏と摂南大学の若い同僚針尾大嗣氏には、各章を翻訳するごとに読んでいただき、その都度適切なコメントを頂戴した。また、妻の由美には例によっていろいろと負担をかけた。そのほか多くの方々の協力のおかげで、翻訳を完成させることができた。ここに、感謝の意を表したい。

二〇〇七年九月
三藤利雄

を有している人々。メイブンはある特定の製品について豊富な知識を持っているので、彼らはオピニオンリーダーとして他の人たちから頼りにされることが多い。

よそ者［stranger］◆社会システムの成員ではあるが、それに強くは帰属していない成員［ジンメル］。イノベータ概念はよそ者概念と共通しているところが多い。

予防的イノベーション［preventive innovation］◆将来の欲せざる出来事の発生確率を減じるために、現時点で個人が採用するイノベーション。予防的イノベーションの採用速度はそうでないイノベーションに比べて遅い。HIV/AIDS予防、家族計画、自動車シートベルトの装着などがこれに該当する。

弱い絆の強さ理論［strength-of-weak-ties theory］◆ブリッジ連結のような弱い絆は、ここをコミュニケーション・メッセージが頻繁に流れるわけではないが、その情報は個人および社会システムにとって大きな意味を持つことがある。ある個人に関して、社会システムのうちのあるクリークに属しているとともに、複数のクリークを連結している個人が形成する連結のことを**ブリッジ連結**という。

ラガード［laggards］◆採用者カテゴリーにおいて、社会システム内でイノベーションを最後に採用する人々。因習的。ほとんどオピニオン・リーダーシップを持ち合わせておらず、ローカライトである。ラガードの多くは社会システム内のネットワークで孤立している。lagは「遅延」という意味。

ランダム化比較試験［randomized controlled trial（RCT）］◆介入試験が治験条件下にある人々にランダムに行なわれる前と後に、必要なデータを収集する実験的な方法。普及研究では実地調査が多用されているが、それでは解明しえない研究命題を解明するのに有効。

リードユーザー［lead users］◆ユーザーつまり利用者がイノベーションの原型を創り出した後に、イノベーションを開発し、ついでそのイノベーションを製造・販売するように製造企業を説得することがある。このようなユーザーをリードユーザーと呼ぶ。イノベーションの創出に重要な役割を果たす。

両立可能性［compatibility］◆イノベーションの知覚属性において、潜在的採用者がもつ既存の価値観や過去の体験そしてニーズに対してイノベーションが一致している度合い。両立不可能なイノベーションが採用され普及するには時間がかかる。

ローカライト［localite］◆社会システム内部の仲間などのコミュニケーション源との接触が多い性向。

もたらし、行動変化を促すものと考えられていた。

不確実性[uncertainty]◆複数個の選択肢があるとき、それらの選択肢のうちの「ある出来事（事象）の発生」と「その出来事（事象）の相対的発生確率」という観点から、これら複数個の代替的選択肢が知覚される度合い。ある出来事が発生するかどうかよくわからないこと。

普及速度[rate of adoption]◆イノベーションが社会システムの成員によって採用される相対的な速さ。英語では採用速度は採用率と同じ表現なので、翻訳では一部使い分けている。

複雑さ[complexity]◆組織の革新性に関わる変数で、組織の成員が持っている知識や専門能力の高さ。複雑さの度合いが大きい場合、組織の成員によるイノベーション価値の理解は高まるが、イノベーションの導入にあたっての合意形成が困難になることがある。イノベーションの知覚属性のうちの「複雑性」と区別するために、「複雑さ」とした。

複雑性[complexity]◆イノベーションの知覚属性において、イノベーションを理解したり使用したりするのが相対的に困難であると知覚される度合い。

変化の段階モデル[stages-of-change]◆人の行動は、事前の熟慮、熟慮、準備、行動、そして維持という各段階を進むとともに、変化していくという考え方。人々の常習的な行為を変えるために考案されたモデルで、公衆衛生の分野において広く活用されている。

ポジショニング[positioning]◆イノベーションを既存の習慣などと両立可能にする方法。マーケティング調査や形成的調査などで活用されている。

マスメディア・チャンネル[mass media channels]◆一人ないし少数の人のメッセージを多数のオーディエンス（聴衆）に到達させることが可能である。イノベーションが存在しているという情報を潜在的採用者に伝達するのに、もっとも早くて効率的な方法は通常マスメディア・チャンネルであり、気づきの知識を生み出す。

見えざる大学[invisible college]◆共通のテーマを研究するための知的なパラダイム周辺に形作られる研究者間の非公式ネットワーク。**パラダイム**とは、研究者コミュニティにモデルとなる課題と解を示すもの[クーン]。

明確化[clarifying]◆イノベーションが組織のなかで広く利用されるようになり、その結果新しいアイデアの意味が組織成員にとって徐々に明らかになってくるにつれて生じる。イノベーションに対する取り決めがなされて、イノベーションが社会的に構成される。

メイブン[maven]◆ある種の製品に対して関心を持っているとともに専門知識

晴らしいと知覚しない限り普及しない。

知識[knowledge]◆イノベーション決定過程において、個人がイノベーションの存在を知るとともに、その機能を理解するときに生じる。

チャンピオン[champion]◆新しいアイデアが組織内に誘発するかもしれない無関心や抵抗に打ち勝つために、イノベーションの背後でこれを支援するカリスマ的な個人。組織内で特に権力があるわけではなくて、むしろ人とのつきあいに長けていて、説得や交渉ごとに巧みである。組織内のチャンピオンは、地域コミュニティでのオピニオンリーダーに似た役割を果たす。

適合[matchingn]◆組織におけるイノベーション過程で、組織が抱えている問題とイノベーションを調整するために計画し設計する段階。

導入[implementation]◆イノベーション決定過程において、個人が新しいアイデアを使用に供するときに生じる。

同類性[homophily]◆信条、教育、社会経済的地位などの特定の属性に関して同等である度合い。

トリクルダウン[trickle down]◆水などがしたたり落ちるという意味で、社会経済的に上層階級から下方に知識や富などが流れ落ちていくこと。

二段階流れモデル[two-step flow model]◆コミュニケーション・メッセージが情報源からマスメディア・チャンネルを経由してオピニオンリーダーに到達し、オピニオンリーダーは次にこれをフォロワーに転送するという仮設。皮下注射針モデルを否定するもの。

日常業務化[routinizing]◆組織におけるイノベーション過程で、イノベーションが通常の組織活動のなかに組み込まれて、その独自性が失われたときに生じる。

ネーミング[naming]◆イノベーションに対する人の知覚は、それに付与された言葉によって特徴づけられることから、イノベーションのネーミングは普及速度に影響を及ぼす。

バス・モデル[Bass forecasting model]◆イノベーションの潜在的な採用者はマスメディア・チャンネルと対人チャンネルの影響を受けるとの仮説の下で、新製品の採用速度を定量的に推定する数学モデル。主としてマーケティング等の経営学分野で活用されている。

パネル調査[panel survey]◆社会システムの成員に対して、一定の期間を置いて何回か追跡的に行なう調査。

皮下注射針モデル[hypodermic needle model]◆マスメディアは多数の視聴者に対して直接的、即時的かつ強力な効果をもっていると主張する。マスメディア研究の初期には、全知全能のマスメディアが原子化された大衆にメッセージをーク相互連結性の度合いが高いとき、新しいアイデアは組織の成員の間にたやすく流れる。

相対的優位性[relative advantag]◆イノベーションの知覚属性において、あるイノベーションがこれまでのイノベーションよりも良いと知覚される度合い。経済的な観点に加えて社会的な威信、便利さ、そして満足感なども重要な因子である。客観的な優位性よりは、個人がそのイノベーションに優位性があると**知覚**するかどうかが肝心である。

双方向性[interactivity]◆コミュニケーション過程の参加者が相互の会話のなかで役割をやりとりしたり、会話をコントロールできる度合い。直訳すれば、「相互に作用すること」の意。双方向コミュニケーション技術と情報通信技術は同義。

遡及追跡調査[retrospective tracer study]◆イノベーション発展過程における主要な出来事や決定の順序を再構成しながら実施される調査。

ソシオメトリック分析[sociometric method]◆イノベーションなどについての情報や助言を誰に求めるかといったことを調査回答者に質問する方法。社会測定法。

組織スラック[organizational slac]◆組織の革新性に関わる変数で、特に用途の定められていない資源が組織内で利用可能な度合い。組織の革新性と正の相関がある。

ターゲティング[targeting]◆対象としているクライアントの特性を考慮しながら、コミュニケーション・プログラムをクライアントにあわせて計画し実施すること。

対人コミュニケーション・チャンネル[interpersonal channels]◆個人間の情報交換に関わるチャンネル。人を説得して新しいアイデアを受け入れさせるためには、対人チャンネルが有効である。

態度[attitude]◆人がある対象に対して抱いている信念の体系。一定程度の永続性がある。

チェンジ・エージェント[change agent]◆チェンジ・エージェント機関の一員であって、その属する機関からみて望ましいと思われる方向に向かうように、クライアントのイノベーション決定に介在する。つまり、変化をもたらす専門家。

チェンジ・エージェント機関[change agency]◆チェンジ・エージェントの属する機関。

知覚属性[perceived attribute]◆イノベーションが潜在的採用者によって知覚される属性あるいは特性。「知覚」は本書を通じて最も重要な用語の一つである。科学者や技術者からみてどんなに優れたイノベーションでも、潜在的採用者が素

消防署調査［firehouse research］◆報道事件が起きた直後に電話インタビューによってデータを収集し分析する調査方法。そのため、報道事件が起こるのに先立って、質問表を設計し、調査者に電話インタビューの方法を訓練しておく。報道普及研究で活用されている。

初期採用者［early adopters］◆採用者カテゴリーにおいて、イノベーションをイノベータに次いで初期に採用する人々。尊敬の対象。イノベータはコスモポライトであるのに対して、初期採用者はローカライトである。初期採用者は高いオピニオン・リーダーシップを有していることが多い。

初期多数派［early majority］◆採用者カテゴリーにおいて、社会システムの成員の半数が採用する以前にイノベーションを採用する人々。慎重派。仲間と頻繁に交流するが、社会システムのなかでオピニオンリーダーとなることは稀である。初期多数派の人たちは普及過程のなかで、後期の採用者とのつなぎ役を果たしている。

初期の採用者［earlier adopters］◆採用者カテゴリーにおいて、初期採用者に加えてイノベータがこれに含まれる。初期採用者(early adopters)と区別するために、「の」を加えている。

スカンクワークス［skunk works］◆小規模でときには破壊的な組織単位であり、技術的なイノベーションの開発を先導するために主として大企業の組織内部に創造される。「ワークス」は工場の意味で、第二次世界大戦時の秘密研究開発工場にまつわる逸話に由来している。

セイリエンス［salience］◆報道事件が個々人によって重要であると知覚される度合い。もともとは要点あるいは突起という意味。

説得［persuasion］◆イノベーション決定過程において、個人がそのイノベーションに対して好意的ないし非好意的な態度を形成するときに生じる。個人の側の態度形成や態度変化と同等であり、ある特定の情報発信源の意図する方向に誘導することではない。それでもなお、説得は態度形成や態度変化と同等であるとの説明はいささかわかりにくい。

セレンディピティ［serendipity］◆新しいアイデアが偶然に発見されること。

選択的エクスポージャー［selective exposure］◆個々人のそれまでの態度や信念と合致するコミュニケーション・メッセージに関心を向ける傾向。

選択的知覚［selective perception］◆人のそれまでの態度や信念などの観点からコミュニケーション・メッセージを解釈する傾向。

相互連結性［interconnectedness］◆組織の革新性に関わる変数で、社会システム内部の成員が対人ネットワークを介して連結している度合い。組織のネットワ

娯楽教育戦略[entertainment-education]◆行動変化をもたらすために娯楽的メッセージのなかに教育的アイデアを盛り込むこと。

再定義・再構築[redefining/restructuring]◆組織におけるイノベーション過程で、「イノベーションが組織のニーズと組織構造に順応するように再発明」されたとき、そして「組織構造がイノベーションと適合するように修正」されたときに生じる。

再発明[re-invention]◆イノベーションの採用と実施の過程で、利用者によって変更されあるいは修正される度合い。ここでは「利用者」の行為であることに注意。

試行可能性[trialability]◆イノベーションの知覚属性において、イノベーションが小規模にせよ経験しうる度合い。新しいアイデアをいくつかに分割して試行することができる場合、そのイノベーションはそうでない場合よりも早く採用される。

自己評価手法[self-designating technique]◆調査回答者に他の人が調査回答者のことをどの程度影響力があるとみているかを質問してオピニオン・リーダーシップの度合いを明らかにする調査手法。つまり、自分は他人からどれだけ頼られているかを本人に聞く方法。

システム責[system blame]◆社会システムに属する個々の成員が抱えている問題はその社会に責任があるという風潮。

持続可能性[sustainability]◆イノベーションの採用を確実なものにする初期の努力が完了した後にも、イノベーションが継続して利用される度合い。

社会システム[social system]◆共通の目的を達成するために、共同で課題の解決に従事している相互に関連のある成員の集合。

集中化[centralization]◆組織の革新性に関わる変数で、システム内の権力や統制が比較的少数の個々人の手に集中している度合い。集中化された組織では、イノベーションが始動するのは分散化された組織と比べてあまり頻繁ではないが、イノベーション採用の決定がなされると、イノベーションの導入を促進させることができる。

受容可能性調査[acceptability research]◆潜在的採用者からみて理想的なイノベーションを開発すべく、R&Dの方向を見定めるために実施される調査。ポジショニング調査の一形態。

情報[information]◆物質・エネルギー系に内在する差異であって、いくつかの代替案のなかからどれかを選択する状況において、通常不確実性を減少させる方向に影響を与える。

らしながら、階層的に生じるという考え方。

後期多数派 [late majority]◆採用者カテゴリーにおいて、社会システムの成員の半数が採用した後にイノベーションを採用する人々。懐疑派。余剰資源が少ないので、イノベーション採用の際には、不確実性の大部分が取り除かれていなくてはならない。

後期の採用者 [later adopters]◆採用者カテゴリーにおいて、後期多数派とラガードがこれに含まれる。

公式化 [formalization]◆織の革新性に関わる変数で、その成員が規則や手続きに従うことを組織として重視するかどうかの度合い。公式化の度合いが強い場合、組織の成員はイノベーションについて検討することは抑制されるが、イノベーションの導入は促進される。

個人責任 [individual blame]◆個人が抱えている問題は、人が属しているシステムより、その人に責任があるという風潮。

コスモポライト [cosmopolite]◆社会システム外部にあるコミュニケーション源との接触が多い性向。コスモポライト・コミュニケーション・チャンネルは、社会システムの成員と外部のコミュニケーション源を連結する。

コミュニケーション [communication]◆参加者が相互理解に到達するために、互いに情報を創造し分かち合う過程。

コミュニケーション・キャンペーン [communication campaign]◆ある特定の効果を創出するために、比較的多数の人々の側にたちながら一定の期間を設定したうえで一群の体系化されたコミュニケーション活動を実施すること。

コミュニケーション構造 [communication structure]◆差異化された要素の配列で、これらの要素は社会システムにおいてパターン化されたコミュニケーションの流れのなかで識別される。コミュニケーション構造は社会システムのうちに存在するクリークおよびクリーク間の相互連結によって構成される。

コミュニケーション・チャンネル [communication channel]◆メッセージが人から人に伝えられる経路。コミュニケーションの性格から対人とマスメディアに、コミュニケーションの源泉からローカライトとコスモポライトに区分される。

コミュニケーション・ネットワーク [communication network]◆情報のパターン化された流れによって相互に連結された人々が形成するネットワーク。

コミュニケーションの近接性 [communication proximity]◆ネットワーク連結内の二人の個人コミュニケーション・ネットワークが重複している度合い。個々人はコミュニケーションの近接性に基づいてクリークに所属するものと考えられる。

技術移転［technology transfer］◆イノベーション発展過程で情報を活用する方法。ロジャーズは通常の定義（研究の成果を受容者が実用化する過程）よりも広く捉えるべきと主張しているが、これでは一般論すぎるように思う。

技術クラスター［technology cluster］◆識別可能な複数の技術要素から構成されているとともに、これらの技術要素間の関連性が高いと知覚されるひとまとまりのイノベーション。

技術決定論［technological determinism］◆技術が社会変化の原因であるという信念。

技術の社会構成［social construction of technolog］◆技術は社会的な要因によって形成されるという主張。

議題設定［agenda-setting］◆社会システム内部でニーズや課題などが沸きあがってくる過程で、優先順位が社会システムの階層構造において付与される方法。

気づきの知識［awareness-knowledge］◆あるイノベーションが存在するという情報。全般にロジャーズは知識を情報と同等とみなしているようである。

機能/逆機能［function/dysfunction］◆社会システムの要素や下位システムが社会システムの存続や維持にプラスに貢献する場合に機能的という。逆機能はその対概念。

規範［norms］◆社会システムの成員に対して確立された行動パターン。社会システムの成員の行動に対する指針あるいは標準となるとともに、その行動範囲を定める。

クリーク［clique］◆非公式の親交がある小集団。

クリティカルマス［critical mass］◆社会システムのなかの十分な数の人々がイノベーションを採用した結果、イノベーションのそれ以降の採用速度が自己維持的になる点。特に双方向コミュニケーション技術（情報通信技術）に関わるイノベーションで顕著に現れる。

クロスセクション分析［cross sectional analysis］◆社会システムの成員を対象として単発のアンケート調査などを行ない、データ間の相関関係などを分析すること。横断的調査法。

形成的調査［formative research］◆一定の活動や過程が進行しているとき、外部からの介入がもたらす効果を改善するために実施される調査。

決定［decision］◆イノベーション決定過程において、個人がイノベーションを採用するか否かの選択にいたる活動を行なうときに生じる。

効果の階層モデル［hierarchy-of-effect］◆コミュニケーション・チャンネルはイノベーション決定過程の段階ごとに異なった役割を果たし、異なった効果をもた性に関して異なっている度合い。

オーディエンス・セグメンテーション [audience segmentation]◆サブオーディエンスごとにコミュニケーション・チャンネルやメッセージを使い分けるコミュニケーション戦略。**サブオーディエンス**とはオーディエンスの部分集合、**オーディエンス**とはイノベーション普及に際しての一群の対象者つまり潜在的採用者のこと。

オピニオン・リーダーシップ [opinion leadership]◆社会システムに属するある特定の人に関して、相対的にみて頻繁に、他の人の態度や行動が望むべき方向に向かうように、非公式に影響力を行使できる度合い。ここで、「ある特定の人」のことを**オピニオンリーダー**という。オピニオンリーダーは社会規範に適合することにより、その追随者つまりフォロワーの行動モデルとなる。

介入 [intervention]◆オーディエンスの行動変化をもたらすことによって、それとわかる成果を得るための整合的な目的を持った活動。

革新性 [innovativeness]◆社会システムに属するある成員について、その成員が他の成員よりも相対的に早くイノベーションを採用する度合い。イノベーション採用の遅速に基づいており、革新性の傾向は把握できるが、状況によっては相応しくないこともある。

確認 [confirmation]◆イノベーション決定過程の一つで、個人がすでに行なったイノベーション決定を補強するときに生じる。

過程分析調査 [process research]◆イノベーション普及過程における一連の出来事を明らかにするためのデータ収集ならびにデータ分析手法。通常、定性的な分析手法によって人間行動を理解するために実施される。

観察可能性 [observability]◆イノベーションの知覚属性の一つで、イノベーションの結果が他の人たちの目に触れる度合い。イノベーションの結果を観察するのが容易であればあるほど、イノベーションを採用しやすくなる。

感情移入 [empathy]◆人が他の人の役割に自らを投影する能力。イノベータであるための重要な特質。

帰結 [consequence]◆イノベーションの採否によって、個人あるいは社会システムに生じる変化。望ましい・望ましくない、直接的・間接的、予期される・予期されない帰結がある。

技術 [technology]◆こうあって欲しいと思う結果の達成に至る原因と結果の関係に不確実性があるとき、それを減じる手段的な活動のための綿密な計画。技術にはハードウェアとソフトウェアの側面がある。ロジャーズは技術とイノベーションをほとんど同義としている。

用語解説

本書で重要と思われる用語を取り上げたつもりだが、必ずしも網羅的ではない。また、翻訳するとわかりにくい用語や多少疑義のある用語について若干の説明を加えた。［訳者］

閾値モデル［threshold model］◆人がある活動に加わるとして、その時点までにその活動に参加していなくてはならない人数を閾値という。人にはイノベーションの採用を決定するための閾値があって、当該イノベーションを採用した人数がその閾値を越えると、その人はイノベーションの採用を決定するという仮説。

イノベーション［innovation］◆個人あるいは他の採用単位によって新しいと知覚されたアイデア、習慣、あるいは対象物。専門家や専門分野によってイノベーションの定義は微妙に異なる。むしろ、論点によって定義が変わると考えたほうがよい。

イノベーション決定過程［innovation-decision process］◆人が初めてイノベーションに関する知識を獲得してから、イノベーションに対する態度を形成して、採用するか拒絶するかの意思決定を行ない、新しいアイデアを導入・使用し、その意思決定を確認するに至る過程。

イノベーション発展過程［innovation-development process］◆イノベーションに対するニーズや課題の認識から始まって、それに関する調査研究、開発、商業化を経て、利用者への普及と採用からイノベーションの帰結へと至るすべての意思決定、活動そして影響を包含する過程。イノベーション決定過程はイノベーション発展過程の一部。

イノベーション寄りのバイアス［pro-innovation bias］◆イノベーションはすべての成員に普及し、すべての成員が採用すべきであるし、それは早ければ早いほどいいし、イノベーションは再発明されたり拒絶されてはならないという（偏った）考え方。

イノベータ［innovator］◆採用者カテゴリーにおいて、社会システムのなかでイノベーションを最初に採用する個体あるいは個人のこと。冒険的。なお、本書ではイノベーションの創造者ではなく、採用者のことを意味している。

異類性［heterophily］◆対話をしている二人あるいはそれ以上の人たちが特定の属

TOM Adoption:" *Administrative Science Quarterly* 42:366-394.MR [E]
◆White, Marilyn Domas [2001] "Diffusion of an Innovation: Digital Reference Service in Carnegie Foundation Masters [Comprehensive] Academic Institution Libraries." *Journal of Academic Librarianship* 27 [3] :173-187.O [E]
◆Whyte, William H., Jr. [1954] "The Web of Word of Mouth." *Fortune* 50:140-143, 204-212.
◆Wiebe, Gerhard D. [1952] "Merchandising Commodities and Citizenship on Television." *Public Opinion Quarterly* 15:679-691.
◆Wiebe, R [1992] *Diffusion von Telekommunikation: Problem der Kntischen Masse.* Weisbaden, Germany: Gabler. O [E]
◆Wiebe, R [1995] "Systemguter und klassische Diffusioritheorie: Elemente eier Diffusiontheorie Kritische Masse-Systeme."In M,-W. Stoetzer and Alwin Mahler, eds., *Die Diffusion von Innovationen in der Telekommunikation.* Berlin: Springer. MR [E]
◆Wildemuth, Barbara M. [1992] "An Empirically Grounded Model of the Adopts of Intellectual Technologies." *Journal of the American Society for Information Science* 43 [3] :210-224.O [E]
◆Williams, Frederick R.,Ronald E. Rice, and Everett M. Rogers [1988] *Research Methods and the New Media.* New York: Free Press. C [N]
◆Wiseman, Paul [2002, June 19] "China Thrown Off Balance as Boys Outnumber Girls." *USA Today* 1-2.
◆Wissler, Clark [1914] "The Influence of the House in the Developmen of Plains Culture." *American Anthropologist* 16:1-25 A [E]
◆Wissler, Clark [1923] *Man and Culture.* New York: Thomas Y.Crowell. A [E9]
◆Witt U. [1997] "Lock-In vs. Critical Mass: Industrial Change under Network Externalities." *International Journal of Industrial Organization* 15:753-773.O [E]
◆Wolf, Steven A., and Spencer D. Wood [1997] "Precision Farming: Environmental Legitimation, Commodification of Information, and Industrial Coordination." Rural Sociology 62 [2] :180-206.RS [E]
◆Wolfe, R. A. [1994] "Organizational Innovation: Review, Critique, and Suggested Research Directions." *Journal of Management Studies* 31:405-431.MR [N]
◆Wolfeiler, Dan [1998] "Community Organizing and Community Building Among Gay and Bisexual Men: The STOP AIDS Project."In Meredith Minkler, ed., *Community Organizing and Community Building for Health.* New Brunswick, N.J, Rutgers University Press, 230-240.PH [E]
◆Wollons, Roberta, ed., [2000] *Kindergartens and Cultures: The Global Diffusion of an Idea.* New Haven, Conn, Yale University Press. O [E]
◆Wollons, Roberta [2000b] "On the International Diffusion, Politics, and Transformation of the Kindergarten."In Roberta Wollons, ed., *Kindergartens and Cultures: The Global Diffusion of an Idea.* New Haven, Conn.: Yale University Press, 1-15.O [E]
◆Wright, M., C. Upitchard, and T. Lewis [1997] "A Validation of the Bass New Product Diffusion Model in New Zealand." *Marketing Bulletin* 8:15-29.MR [E]
◆Zaltman, Gerald, Robert Duncan, and Jonny Holbek [1973] *Innovations and Organizations.* New York: John Wiley and Sons. MR [E]
◆Zekeri, Andrew [1994] "Adoption of Economic Development Strategies in Small Towns and Rural Areas: Effects of Past Community Action." *Journal of Rural Studies* 10 [2] :185-195.RS [E]
◆Zhou, Jonathan, and Zhou He [2001] "Adoption and Use of the Internet Among Adult Audiences in Mainland China."Unpublished paper, City University of Hong Kong. C [E]
◆Zhou, Xueguang [1993] "Occupational Power, State Capacities, and Diffusion of Licensing in the American States, 1890 to 1950." *American Sociological Review* 58:536-552.GS [E]

Evidence from an Entertainment-Education Radio Soap Opera in Tanzania." *Journal of Health Communication* 5［3］:203-227.O［E］
◆Viswanath, K., and John R. Finnegan［1996］"The Knowledge Gap Hypothesis: Twenty-Five Years Later."In Burt Berelson, ed., *Communication Yearbook 19*. Thousand Oaks, Calif.:Sage, 187-227.C［N］
◆Von Hippel, Eric［1976］"The Dominant Role of Users in the Scientific Instrument Innovation Process." *Research Policy* 5［3］:212-239.MR［E］
◆Von Hippel, Eric［1988］*The Sources of Innovation*. New York: Oxford University Press. MR［E］
（榊原清則訳『イノベーションの源泉―真のイノベーターはだれか』ダイヤモンド社、1991）
◆Von Hippel, Eric, Stephan Thombe, and Mary Sonnack［1999］"Creating Breakthroughs at 3M." *Harvard Business Review* 77:3-9.MR［E］
◆Walker, Jack L.［1966］"The Diffusion of Innovations Among the American States." *American Political Science Review* 63:880-899.PS［E］
◆Walker, Jack L.［1971］"Innovation in State Policies."In Herbert Jacob and Kenneth N. Vines, eds., *Politics in the American States: A Comparative Analysis*. Boston: Little Brown. PS［E］
◆Walker, Jack L.［1973］"Comment: Problems in Research on the Diffusion Policy Innovations." *American Political Science Review* 67:1186-1191.PS［N］
◆Walker, Jack L.［1976］"Setting the Agenda in the U.S. Senate: A Theory of Problem Selection."Discussion Paper 94, Institute of Public Policy Studies, University of Michigan, Ann Arbor. PS［N］
◆Walker, Jack L.［1977］"Setting the Agenda in the U.S. Senate: A Theory of Problem Selection." *British Journal of Political Science* 7:423-445.PS［N］
◆Walsh, Steven T., and Jonathan D. Linton［2000］"Infrastructure for Emergent Industries Based on Discontinuous Innovations." *Engineering Management Journal* 12［2］:23-31.MR［E］
◆Weber, Max［1958］*The Protestant Ethic and the Spirit of Capitalism*. New York: Scribner's.（大塚久雄訳『プロテスタンティズムの倫理と資本主義の精神（改訳版）』岩波書店、1989）
◆Wei, Ran［2001］"From Luxury to Utility: A Longitudinal Analysis of Cell Phone Laggards." *Journalism & Mass Communication Quarterly* 78［4］:702-719.C［E］
◆Wei, Ran, and Louis Leung［1998］"Owning and Using New Media Technology as Predictors of Quality of Life." *Telematics and Informatics* 15:237-251.C［E］
◆Weiamann, Gabriel［1994］*The Influentials: People Who Influence People*. Albany, N. Y.: State University of New York Press.GS［E］
◆Weinstein, Neil D., and Peter M. Sandman［2002］"The Precaution Adoption Process Model and Its Application."In Ralph J. DiClemente, Richard A. Cosby, and Michelle C. Kepler, eds., *Emerging Theories in Health Promotion Practice and Research: Strategies for Improving Public Health*. San Francisco, Jossey-Bass, 16-39.P［E］
◆Wejnert, Barbara［2001］"Integrating Models of the Diffusion of Innovations." *Annual Review of Sociology* 28:261-292.GS［N］
◆Wellin, Edward［1955］"Water Boiling in a Peruvian Town."In Benjamin D, Paul, ed., *Health, Culture and Community*. New York: Russell Sage Foundation. A［E］
◆Wellman, Barry［1985］"Network Analysis: Some Basic Principles,"In Randal Collins, ed., *Sociological Theory*. San Francisco, Jossey-Bass.
◆Wells, J. G., and D. K. Anderson［1997］"Learners in a Telecommunications Course: Adoption, Diffusion, and Stages of Concern." *Journal of Research on Computing in Education* 30［1］:83-105.E［E］
◆Westphal, James D., Ranjay Gulati, and Stephen M. Shortell［1997］"Customization or Conformity? An Institutional and Network Perspective on the Content and Consequences of

◆Valente, Thomas W. [2003, in press] ,"Models and Methods for Studying the Diffusion of Innovations."In P. Carrington, Stanley Wasserman, and J. Scott, eds., *Recent Advances in Network Analysis*. PH [E]
◆Valente, Thomas W., and Rebecca L. Davis [1999] "Accelerating the Diffusion of Innovations Using Opinion Leaders." *The Annuals* 566:55-67.PH [E]
◆Valente, Thomas W., and Robert K. Foreman [1998] "Integration and Radiality: Measuring the Extent of an Individual's Connectedness and Reachability in a Network." *Social Networks* 20:89-109.PH [E]
◆Valente, Thomas W. Robert K. Foreman, Benjamin Junge, and David Vlahov [1998] "Satellite Exchange in the Baltimore Needle-Exchange Program." *Public Health Reports* 113 [suppl. 1] :90-96.PH [E]
◆Valente, Thomas W. Beth Hoffman, Annamara Ritt-Olson, Kara Lichtman, and C. Anderson Johnson [2002] "Use of Network Analysis to Structure Health Promotion Programs."Unpublished paper, Department of Preventive Medicine, University of Southern California, Alhambra. PH [E]
◆Valente, Thomas W., and Everett M. Rogers [1995] "The Origins and Development of the Diffusion of Innovations Paradigm as an Example of Scientific Growth." *Science Communication* 16 [3] :238-269.PH [E]
◆Valente, Thomas W., and Walter P. Saba [1998] "Mass Media and Interpersonal Influence in a Reproductive Health Communication Campaign in Bolivia." *Communication Research* 25:96-124.PH [E]
◆Valente Thomas W., and Walter P. Saba [2001] "Campaign Exposure and Interpersonal Communication Factors in Contraceptive Use in Bolivia." *Journal of Health Communication* 6:303-322.PH [E]
◆Valente, Thomas W., and David Vlahov [2001] "Selective Risk Taking Among Needle Exchange Participants in Baltimore: Implications for Supplemental Interventions." American Journal of Public Health 91:406-411.PH [E]
◆Valente, Thomas W., Susan Watkins, Miriam N. Jato, Ariane Van Der Straten, and Louis-Philippe Tsitsol [1997] "Social Network Associations with Contraceptive Use among Cameroonian Women in Voluntary Associattions." *Social Science and Medicine* 45:677-687.PH [E]
◆Van de Ven, Andrew H. [1986] "Central Problems in the Management of Innovation." Management Science 32 [5] :590-607.PH [E]
◆Van de Ven, Andrew H., H. A. Angle, and M. Scott Poole, eds., [1989] *Research on the Management of Innovation: The Minnesota Studies*. New York: Ballinger/Harper and Row. MR [E]
◆Van de Ven, Andrew H., H., D. E. Polley, R. Garud, and S. Venkataramam [1999] *The Innovation Journey*. New York: Oxford University Press. MR [E]
◆Van de Ven, Andrew H., and Everett M. Rogers [1998] "Innovations and Organizations: Critical Perspectivges." *Communication Research* 15 [5] :632-651.MR [N]
◆Van den Ban, A. W. [1963] "Hoe Vinden Nieuee Landbouwmethodeningand" [How a New Practice Is Introduced]. *Landbouwvoorlichting* 20:227-239.RS [E]
◆Van den Bulte, Christophe, and Gary L. Lilien [1997] "Bias and Systematic Change in the Parameter Estimates of Macro-Level Diffusion Models." *Marketing Science* 16:338-353.MR [E]
◆Van den Bulte, Christophe, and Gary L. Lilien [2001] "Medical Innovation Revisited: Social Contagion Versus Marketing Effort." *American Journal of Sociology* 106:1409-1435.GS [E]
◆Vaughan, Peter W., Alleyne Regis, and Edwin St. Catherine [2000] "Effects of an Entertainment-Education Radio Soap Opera on Family Planning and HIV Prevention in St. Lucia." *International Family Planning Perspectives* 26 [4] :148-157.O [E]
◆Vaughan, Peter W., and Everett M. Rogers [2000] "A Staged Model of Communication Effects:

Diffusion Patterns Across Countries and Products: A Bayesian Variance Components Approach." *Marketing Science* 20:319-327.MR
◆Tanriverdi, Huseyin, and C. Suzanne lacono [1999] "Diffusion of Telemedicine: A Knowledge Barrier Perspective." *Telemedicine Journal* 5 [3] :223-244.MR [E]
◆Tarde, Gabriel [1903/1969] *The Laws of Imitation*, trans, by Elsie Clews Parsons. New York: Holt; Chicago: University of Chicago Press. GS [E]
◆Teng, James T. C., Varun Graver,and Wolfgang Guttler [2002] "Information Technology Innovations: General Diffusion Patterns and Its Relationships to Innovation Characteristics." *IEEE Transactions on Engineering Management* 49 [1] :13-27. MR [E]
◆Tessaro, I. A., S. Taylor, L. Belton, M. K. Campbell, S. Benedict, K. Kelsey, and B. DeVellis [2000] "Adopting a Natural [Lay] Helpers Model of Change for Worksite Health Promotion for Women." *Health Education Research* 15 [5] :603-614.PH [E]
◆Thomas, William I., and Florian Znaniecki [1927] *The Polish Peasant in Europe and America.* New York: Knopf.
◆Thorlindsson, Thoralfur [1994] "Skipper Science: A Note on the Epistemology of Practice and the Nature of Expertise." *Sociological Quarterly* 35 [2] :329-345.GS [E]
◆Thurow, Roger [2002, July 26-28] "Could Just 10 Horsepower Be Enough to Free All the Women of Mali?" *The Wall Street Journal*, Al, A8.
◆Tichenor, Philip J., George A. Donohue, and Clarence N. Olien [1970] "Mass Media Flow and Differential Growth in Knowledge." *Public Opinion Quarterly* 34:159-170.C [E]
◆Tierney, John [2001, August 5] "The Makers of a New Electronic Game Decided to Let Kids Do Their Marketing for Them." *The New York Times Magazine*, 1-7.
◆Tolney, Stewart E. [1995] "The Spatial Diffusion of Fertility: A Cross-Sectional Analysis of Countries in the American South, 1940." *American Sociological Review* 60:299-308.GS [E]
◆Tornatzky, Louis G., and Katherine J. Klein [1982] "Innovation Characteristics and Adoption-Implementation: A Meta-Analysis of Findings." *IEEE Transactions on Engineering Management* EM-29 [1] :28-45.P [N]
◆Trevino, Linda Klebe, Jane Webster, and Eric W. Stein [2000] "Making Connections: Complementary Influences on Communication Media Choices, Attitudes, and Uses," *Organization Science* 11:163-182.MR [E]
◆Tuludhar, Jayanti, Peter J. Donaldson, and Jeanne Noble [1998] "The Introduction of Norplant Implants in Indonesia." *Studies in Family Planning* 29 [3] :291-299.O [E]
◆Turner, Bonnie J., Garth W. Martin, and John A. Cunningham [1998] "The Effectiveness of Demonstrations in Disseminating Research-Based Counseling Programs." *Science Communication* 19 [4] :349-365.O [E]
◆Tyre, Marcie J., and Wanda J. Orlikowski [1994] "Windows of Opportunity: Temporal Patterns of Technological Adaptation in Organizations." *Organization Science* 5 [1] :98-118.MR [E]
◆Urban, Glen L., and Eric Von Hippel [1988] "Lead User Analysis for the Development of New Industrial Products." *Management Science* 74 [5] :569-582.MR [E]
◆Urban, Glen L., Bruce D. Wenberg, and John R. Hauser [1996] "Premarket Forecasting of Really New Products." *Journal of Marketing* 60:47-60.MR [E]
◆Valente, Thomas W. [1993] "Diffusion of Innovation and Policy Decision Making." *Journal of Communication* 43 [1] :30-41.PH [E]
◆Valente, Thomas W. [1995] *Network Models of the Diffusion of Innovations*. Creskill, N.J.: Hampton Press. PH [E]
◆Valente, Thomas W. [1996] "Social Network Threshold, to the Diffusion of Innovations." *Social Networks* 18:69-89.PH [E]

◆Specter, Michael [2001, November 26] "The Phone Guy." *The New Yorker*, 62-72.O [N]
◆Speece, Mark, and Douglas MacLachlan [1995] "Application of a Multi-Generation Diffusion. Model to Milk Container Technology." *Technological Forecasting and Social Change* 49:281-295.MR [E]
◆Speicher, S. A. Renee [1997] "Intraorganizational Diffusion of Communication Technology [Technology Diffusion, Innovation, Structuration Theory]." Ph.D. diss., University of Kansas, Lawrence. C [E]
◆Speilman, Andrew, and Michael D'Antonio [2001] *Mosquito: A Natural History of Our Most Persistent and Deadly Foe.* New York: Hyperion. PH [E]
◆Spender, J. C., and E. H. Kessler [1995] "Managing the Uncertainties of Innovation: Extending Thompson." *Human Relations* 48 [1] 35-56.MR [E]
◆Spicer, Edward H., ed., [1952] *Human Problems in Technological Change.* New York: Russell Sage Foundation. A [E]
◆Star, Shirley A., and H. G. Hughes [1950] "Report on an Education Campaign: The Cincinnati Plan for the United Nations." *American Journal of Sociology 55:389-400.*
◆Stark, Rodney [1997] *The Rise of Christianity: How. the Obscure, Mortal Jesus Movement Became the Dominant Religious Force in the Western World m a Few Centuries.* New York: HarperCollins. O [E]
◆Steckler, Allan, Robert M. Goodman, K. R. McLeroy, S. Davis, and G. Koch [1992] "Measuring the Diffusion of Innovative Health Promotion Programs." *American Journal of Health Promotion* 6 [3] :214-224.PH [E]
◆Steenkamp, Jan-Benedict E. M., Frenkel ter Hofstede, and Michel Wedel [1999] "A Cross-National Investigation into the Individual and National Cultural Antecedents of Consumer Innovativeness." *Journal of Marketing* 63:55-69.MR [E]
◆Steffens, Paul R. [2002] "A Diffusion Model for Consumer Durable Goods Incorporating a Varying Mean Replacement Age." *Journal of Forecasting* 9:197-205.MR [E]
◆Steffensen, E H., H. T. Sorensen, and F. Olsen [1999] "Diffusion of New Drugs in Danish General Practice." *Family Practice* 16 [4] :407-413.O [E]
◆Stoetzer, M.-W,and Alwin Mahler, eds., [1995] *Die Diffusion von Innovationen in der Telecommunikation.* Berlin: Springer. MR [N]
◆Stone, John T. [1952] *How Country Agricultural Agents Teach.* Mimeo bulletin, Agricultural Extension Service, Michigan State University, East Lansing. RS [E]
◆Strang, David, and Sarah A. Soule [1998] "Diffusion in Organizations and Social Movements: From Hybrid Corn to Poison Pills." *Annual Review of Sociology* 24:265-290.GS [E]
◆Strang, David, and Nancy Brandon Tuma [1993] "Spatial and Temporal Heterogeneity in Diffusion." *American Journal of Sociology* 99 [3] :614-619.GS [E]
◆Studlar, Donley T. [1999] "Diffusion of Tobacco Control in North America." *The Annals* 566:68-79.PH [E]
◆Sundqvist, Sanna, Kaisu Puumalainen, Lauri Frank, and Seppo Pitkanen [2002] "Forecasting Capability of Diffusion Models for Wireless Telecommunications."Unpublished paper, Telecom Business Research Center, Lappeenranta University of Technology, Lappeenranta, Finland. MR [E]
◆Sung, John F., et al. [1997] "Effects of Cancer Screening Intervention Conducted by Lay Health Workers Among Inner-City Women." *American Journal of Preventive Medicine* 13 [1] :5l-57.PH [E]
◆Svenkerud, Peer J., Arvind Singhal, and Michael J. Papa [1998] "Diffusion of Innovation Theory and Effective Targeting of HIV/AIDS Programmes in Thailand." *Asian Journal of Communication* 8:11-30.C [E]
◆Talukadar, Debu, Karunakaran Sudhir, and Andrew Ainslie [2001] "Identifying Similarities in

193.MR［E］
◆Siegel, Michael, Julia Carol, Jerrie Jordan, Robin Hobart, Susan Schoenmarklin, Fran DuMelle, and Peter Fisher［1997］"Preemption in Tobacco Control: Review of an Emerging Public Health Problem." *JAMA* 278［10］:858-863.PS［E］
◆Sikkema, K. L., Jeffrey A. Kelly, R. A. Winett, L. J. Solomon, V. A. Cargill, R. A. Rofferman, T. L. McAuliffe, T. G. Heckman, E. A. Anderson, D. A. Wagstaff, A. D. Norman, M. J. Perry, D. A. Crumble, and M. B. Mercer［2000］"Outcomes of a Randomized Community-Level HIV-Prevention Intervention for Women Living in 16 Low-Income Housing Developments." *American Journal of Public Health* 19:57-63.PH［E］
◆Sill, Maurice L,.［1958］"Personal, Situational, and Communicational Factors Associated with the Farm Practice Adoption Process."Ph.D. diss., Pennsylvania State University, University Park. RS［E］
◆Silverman, Leslie J., and Wilfrid C. Bailey［1961］*Trends in the Adoption of Recommended Farm Practices*. Bulletin 617, Agricultural Experiment Station, State College, Mississippi. RS［E］
◆Simmel, Georg［1908/1964］*The Sociology of Georg Simmel*, trans, by Kurt H. Wolf. New York: Free Press.
◆Simmel, Georg［1922/1955］*The Web of Group-Affiliations*, trans, by Reinhard Bendix. New York: Free Press.
◆Singhal, Arvind, and Everett M. Rogers［1999］*Entertainment-Education: A Communication Strategy for Social Change*. Mahwah, N.J.: Lawrence Erlbaum Associates.
◆Singhal, Arvind, and Everett M. Rogers［2001］*India's Communication Revolution: From Bullock Carts to Cyber Marts*. New Delhi: Sage/India.
◆Singhal, Arvind, and Everett M. Rogers［2003］*Combating AIDS: Communication Strategies in Action*. New Delhi; Sage/India.
◆Singhal, Arvind, Everett M. Rogers, and Meenakshi Mahajan［1999］"The Gods Are Drinking Milk! Word-of-Mouth Diffusion of a Major News Event in India." *Asian Journal of Communication* 9［1］:86-107.C［E］
◆Smith, Dennis W, Kerry J. Redican, and Larry K. Olsen［1992］"The Longevity of Growing Healthy: An Analysis of the Eight Original Sites Implementing the School Health Curriculum Project." *Journal of School Health* 620.83-87.PH［E］
◆Smith, Douglas K., and Robert C. Alexander［1988］*Fumbling the Future: How Xerox Invented, and Then Ignored, the First Personal Computer*. New York: Morrow.（山崎賢治訳『取り逃がした未来―世界初のパソコン発明をふいにしたゼロックスの物語』日本評論社、2005）
◆Smith, M. U., and Ralph J. DiClemente［2000］"STAND: A Peer Educator Training Curriculum for Sexual Risk Reduction in the Rural South." *Preventive Medicine* 30［6］:441-449.PH［E］
◆Snyder-Halpern, Rita［ 1998］"Measuring Organizational Readiness for Nursing Research Programs." *Western Journal of Nursing Research* 20［2］:223-237.O［E］
◆Sommers, David G., and Ted L. Napier［1993］"Comparison of Amish and Non-Amish Farmers: A Diffusion/Farm-Structure Perspective." *Rural Sociology* 58［1］:130-145.RS［E］
◆Soule, Sarah A.［1997］"The Student Divestment Movement in the United State and the Shantytown: Diffusion of a Protest Tactic." *Social Forces* 75:855-883.GS［E］
◆Soule, Sarah A.［1999］"The Diffusion of an Unsuccessful Innovation." *The Annals* 566:120-131.GS［N］
◆Soumerai Stephen B., et al.［1998］"Effect of Local Medical Opinion Leaders on Quality Care for Acute Myocardial Infarction: A Randomized Controlled Trial." *JAMA* 279［17］:1358-1363.PH［E］

Australian and New Zealand Journal of Public Health 21［7］:743-750.PH［E］Schon, Donald A.［1963］"Champions for Radical New Inventions." *Harvard Business Review* 41:77-86.MR［E］
◆Schon Donald A.［1971］*Beyond the Stable State.* New York: Random House. MR［E］
◆Schooler, Carolyn, Steven H. Chaffee, June A, Flora, and Connie Roser［1998］"Health Campaign Channels: Tradeoffs Among Reach, Specificity, and Impact." *Human Communication Research* 24［3］:410-432.C［E］
◆Schroeder R G［1989］"The Development of Innovation Ideas."In Andrew H.Van de Ven H. A. Angle, and M. Scott Poole, eds., *Research on the Management of Innovation: The Minnesota Studies.* New York: Ballinger/Harper and Row. MR［E］
◆Schumpeter, Joseph A.［1950］*Capitalism, Socialism, and Democracy.* New York: Harper and Row. GE［N］（中山伊知郎、東畑精一訳『資本主義・社会主義・民主主義（新装版版）』東洋経済新報社、1995）
◆Schwalbe, Ted［1976］"A Study in Public Policy: The Santa Monica Freeway Diamond Lane Experiment."Unpublished paper, Annenberg School for Communication, University of Southern California, Los Angeles. C［E］
◆Scott, S. G., and R. A. Bruce［1994］"Determinants of Innovative Behavior: A Path Model of Individual Innovation in the Workplace." *Academy of Management Journal* 37［3］:580-607.MR［E］
◆Shaneyfette, Terrence M., Michael F. Mayer, and Johann Rothwang［1999］"Are Guidelines Following Guidelines? The Methodological Quality of Clinical Practice Guidelines in the Peer-Reviewed Medical Literature." *JAMA* 281［20］:1900-1905.O［E］
◆Shankar, Venkatesh, Gregory S. Carpenter, and Lakshman Krishnamurthi［1998］"Late Mover Advantage: How Innovative Late Entrants Outsell Pioneers." *Journal of Marketing Research* 35:54-70.MR［E］
◆Shannon, Claude E., and Warren Weaver［1949］*The Mathematical Theory of Communication.* Urbana: University of Illinois Press.（長谷川淳、井上光洋訳『コミュニケーションの数学的理論―情報理論の基礎』明治図書出版、1969）
◆Shapeman, J., and Thomas E. Backer［1995］"The Role of Knowledge Utilization in Adopting Innovations from Academic Medical Centers." *Hospital & Health Services Administration* 40［3］:401-423.PH［E］
◆Sharp, Lauriston［1952］"Steel Axes for Stone Age Australians."In Edward H. Spicer, ed., *Human Problems in Technological Change.* New York: Russell Sage Foundation. A［E］
◆Shefner-Rogers, Corinne L., Magesh Rao, Everrett M. Rogers, and Arun Wayangankar［1998］"The Empowerment of Women Dairy Farmers in India." Journal of Applied Communication Research 26［3］:319-337.C［E］
◆Shen, O. R. L., R. L. Olivia, P. J. H. Hu, and C. P. We［1998］"Adoption and Diffusion of Telemedicine Technology in Health Care Organizations: A Comparative Case Study in Hong Kong." *Journal of Organizational Computing and Electronic Commerce* 8［4］:247-277.O［E］
◆Shermesh, Stefan, and Gerald Tellis［2002］"The International Takeoff of New Products: The Role of Economics and Culture."Unpublished paper, University of Southern California, Los Angeles. MR［E］
◆Sherry, Lorraine, Shelley Billig, Fern Tavalin, and David Gibson［2000］"New Insights on Technology Adoption in Schools." *T. H. E. Journal* 27［'］:43-18.E［E］
◆Sherry Lorraine, D. Lawyer-Brook, and L. Black［1997］"Evaluation of the Boulder Valley Internet Project: A Theory-Based Approach." *Journal of Interactive Learning Research* 8［2］:199-234.E［E］
◆Shingi, Prakash M., and Bella Mody［1976］"The Communication Effects Gap: A Field Experiment on Television and Agricultural Ignorance in India." *Communication Research* 3:171-

◆Ross, Donald H. [1958] *Administration for Adaptability*. New York: Metropolitan School Study Council. E [E]
◆Rubin, Alan M., and Keren Eyal [2002] "The Videocassette Recorder in the Home Media Environment."In Carolyn A. Lin and David J. Atkin, eds., *Communication Technology and Society: Audience Adoption and Uses*. Creskill, N.J.: Hampton Press, 329-349.C [N]
◆Rutenberg, Naomi, and Susan Cotts Watkins [1997] "The Buzz Outside the Clinics: Conversations and Contraception in Nyanza Province, Kenya." *Studies in Family Planning* 28 [4] :290-307.GS [E]
◆Ruttan, Vernon W. [1996] "What Happened to Technology Adoption Diffusion Research?"Sociologia Ruralis 36 [1] :51-73.AE [N]
◆Ryan, Bryce [1948] "A Study in Technological Diffusion." *Rural Sociology* 13:273-285.RS [E]
◆Ryan, Bryce, and Neal C. Gross [1943] "The Diffusion of Hybrid Seed Corn in Two Iowa Communities." *Rural Sociology* 8:15-24.RS [E]
◆Ryan, Bryce, and Neal C. Gross [1950] *Acceptance and Diffusion of Hybrid Corn Seed in Two Iowa Communities*. Research Bulletin 372, Agricultural Experiment Station, Ames, Iowa.RS [E]
◆Rychetnik, L., M. Frommer, P. Hawe, and A. Shiell [2002] "Criteria for Evaluating Evidence of Public Health Interventions." *Journal of Epidemiological Community Health* 56:119-127.PH [E]
◆Salamon, Sonya, Richard L. Farnsworth, Donald G. Bullock, and Raj Yusef [1997] "Family Factors Affecting Adoption of Sustainable Farming Systems." *Journal of Soil and Water Conservation* 52:265-271.RS [E]
◆Saloner, G., and A. Shepard [1995] "Adoption of Technologies with Network Effects: An Empirical Analysis of the Adoption of Automated Teller Machines." *RAND Journal of Economics* 26:479-501.GE [E]
◆Saltiel, John, James W. Bauder, and Sandy Palakovich [1994] "Adoption of Sustainable Agricultural Practices: Diffusion, Farm Structure, and Profitability." *Rural Sociology* 59:333-349.RS [E]
◆Samuels, Bruce, and Stanton A. Glantz [1991] "The Politics of Local Tobacco Control." *JAMA* 266 [15] :2110-2117.PS [E]
◆Sapp, Stephen G., and Helen H. Jensen [1997]. "Socioeconomic Impacts on Implementation and Confirmation Decisions: Adoption of U.S. Beef in Japan," *Rural Sociology* 62:508-524.RS [E]
◆Sathye, Milind [1999] "Adoption of Internet Banking by Australian Consumers: An Empirical Investigation," *International Journal of Bank Marketing* 17 [7] :324-334.MR [E]
◆Sawai Kiyoshi [1994] "A Study of How Coleman's Book on Diffusion of New Drugs Has Been Cited in Subsequent Published Articles." *Library and Information Science* 32:105-122.O [E]
◆Schauffler, Helen Haplin, Fennifer K. Mordavsky, and Sara McMenamin [2001] "Adoption of the APCPR Clinical Practice Guideline for Smoking Cessation: A Survey of California's HMOs." *American Journal of Preventive Medicine* 21 [3] :153-161.PH [E]
◆Schelling, Thomas C. [1978] *Micromotives and Macrobehavior*. New York: Norton.
◆Schmitz, Andrew, and David Seckler [1970] "Mechanized Agriculture and Social Welfare: The Case of the Tomato Harvester." *American Journal of Agricultural Economics* 52:569-577.AE [E]
◆Schmitz, Joseph, Everett M. Rogers, Ken Phillips, and Don Paschal [1995] "The Public Electronic Network [PEN] and the Homeless in Santa Monica." *Journal of Applied Communication Research* 23:26-43.C [E]
◆Schoder Detlef [2000] "Forecasting the Success of Telecommunication Services in the Presence of Network Effects." *Information Economics and Policy* 12:181-200.O [E]
◆Schofield, Margot J, Kim Edwards, and Robert Pearce [1997] Effectiveness of Two Strategies for Dissemination of Sun-Protection Policy in New South Wales Primary and Secondary Schools."

◆Rogers, Everett M., Lori Collins-Jarvis, and Joseph Schmitz [1994] "The PEN Project in Santa Monica: Interactive Communication and Political Action." *Journal of the American Society for Information Sciences* 45 [6] :1-10.C [E]
◆Rogers, Everett M., James W. Dealing, Nagesh Rao, Michelle L. Carnpo, Gary Meyer, Gary J. B. Betts, and Mary K. Casey [1995] "Communication and Community in a City Under Siege: The AIDS Epidemic in San Francisco." *Communication Research* 22 [6] :664-678.C [E]
◆Rogers, Everett M., and D. Lawrence Kincaid [1981] *Communication Networks: Toward a New Paradigm for Research*. New York: Free Press. C [E]
◆Rogers, Everett M., and Udai Pareek [1982] *Acceptability of Fertility Regulating Mechanism: A Synthesis of Research Literature*. Report to the World Health Organization, Institute of Communication Research, Stanford University, Stanford, Calif. C [N]
◆Rogers, Everett M., Jefferey C. Peterson, Leslie Cunningham-Sabo, and Sally M. Davis [in press], *Community Participation and the Utilization of Health Research*. Report, Prevention Research Center, University of New Mexico, Albuquerque.C [E]
◆Rogers, Everett M.,Jeffrey C. Peterson, and Thomas McOwiti [2002] "Diffusion of a Policy Innovation: No-Smoking Ordinances in New Mexico."Unpublished paper, Department of Communication and Journalism, University of New Mexico, Albuquerque. C [E]
◆Rogers, Everett M., and L. Edna Rogers [1961] "A Methodological Analysis of Adoption Scales." *Rural Sociology* 26 [4] :325-336.RS [E]
◆Rogers, Everett M., and Nancy Seidel [2002] "Diffusion of News of the Terrorist Attacks of September 11, 2001." *Prometheus* 29 [3] :209-219.C [E]
Rogers, Everett M., with Floyd F. Shoemaker [1971] *Communication of Innovations: A Cross-Cultural Approach*. New York: Free Press. C [E]
◆Rogers, Everett M., and Thomas M. Steinfatt [1999] *Intercultural Communication*. Prospect Heights, Ill.: Waveland Press.
◆Rogers, Everett M., and J. Douglas Storey [1988] "Communication Campaigns."In Charles R. Berger and Steven H. Chaffee, eds., *Handbook of Communication Science*. Newbury Park, Calif.: Sage, 817-846.C [N]
◆Rogers, Everett M., with Lynne Svenning [1969] *Modernization Among Peasants: The Impact of Communication*. New York; Holt, Reinhart and Winston. C [E]
◆Rogers, Everett M., Shiro Takegami, and Jing Yin [2001] "Lessons Learned About Technology Transfer." *Technovation* 21:253-261.C [E]
◆Rogers, Everett M., Peter W. Vaughan, Ramdhan M. A. Swalehe, Nagesh Rao, Peer Svenkerud, and Suruchi Sood [1999] "Effects of an Entertainment-Education Radio Soap Opera on Family Planning Behavior in Tanzania." *Studies in Family Planning* 30 [3] :193-211.C [E]
◆Rogers, Everett M., Jing Yin, and Joern Hoffman [2000] "Technology Transfer from U.S. Research Universities." *Journal of the Association of University Technology Managers* 12:43-80.C [E]
◆Rohrback, Louise Ann, Carol N. D'Onofrio, Thomas E. Backer, and Susanne B. Montgomery [1996] "Diffusion of School-Based Substance Abuse Prevention Programs." *American Behavioral Scientist* 39 [7] :919-934.PH [E]
◆Rolfs, J. [1974] "A Theory of Interdependent Demand for a Communication Service." *Bell Journal of Economics and Management Science* 5:16-37.MR [E]
◆Roling, Niels, Joseph Ascroft, and Fred Y. Chege [1976] "The Diffusion of Innovations and the Issue of Equity in Rural Development." *Communication Research* 3:155-170.C [E]
◆Rosen, Emmanuel [2000] *The Anatomy of Buzz: How to Create Word of Mouth Marketing*. New York: Doubleday/Currency. MR [E] (浜岡豊訳『クチコミはこうしてつくられる―おもしろさが伝染するバズ・マーケティング』日本経済新聞社、2002)

◆Rogers, Everrett M.［1973］*Communication Strategies for Family Planning*. New York: Free Press. C［N］
Rogers, Everrett M.［1976］"Communication and Development: The Passing of the Dominant Paradigm." *Communication Research* 3:121-148.C［N］
◆Rogers, Everrett M.［1983］*Diffusion of Innovations*, 3rd ed. New York: Free Press. C［N］（青池慎一、宇野善康訳『イノベーション普及学』産能大学出版部、1990）
◆Rogers, Everrett M.［1986a］"Models of Knowledge Transfer: Critical Perspectives."In George M. Beal, Wimal Dissanayake, and Sumiye Knoshima, eds., *Knowledge Generation, Exchange, and Utilizations*. Boulder, Colo.: Westview Press, 37-60.C［N］
◆Rogers, Everrett M.［1986b］*Communication Technology: The New Media in Society*. New York: Free Press. C［N］（安田寿明訳『コミュニケーションの科学―マルチメディア社会の基礎理論』共立出版、1992）
◆Rogers, Everrett M.［1987］"Progress, Problems, and Prospects for Network Research: Investigating Relationships in the Age of Electronic Communication Technologies." *Social Networks* 9:285-310. C［N］
◆Rogers, Everrett M.［1988］"The Intellectual Foundation and History of the Agricultural Extension Model." *Knowledge* 9:410-510.C［N］
◆Rogers, Everrett M.［1991a］"Rise of the Classical Diffusion Model." *Current Contents* 12［15］:16.C［N］
◆Rogers, Everrett M.［1991b］"The 'Critical Mass' in the Diffusion of Interactive Technologies in Organizations."In Kenneth L. Kraemer, James I. Cash, Jr., and Jay F. Nunmaker, Jr., eds., *The Information System Research Challenges: Survey Research Methods*. Boston: Harvard Business School Press, 245-263.C［N］
◆Rogers, Everrett M.［1993］"Diffusion and the Re-Invention of Project D.A.R.E."In Thomas E. Backer and Everett M. Rogers, eds., *Organizational Aspects of Health Communication Campaigns: What Works?* Newbury Park, Calif.: Sage, 139-162.C［E］
◆Rogers, Everrett M.［1994］*A History of Communication Study: A Biographical Approach*. New York: Free Press.
◆Rogers, Everrett M.［1995］*Diffusion of Innovations*, 4th ed., New York: Free Press.
◆Rogers, Everrett M.［1999］"Georg Simmel and Intercultural Communication." *Communication Theory* 9［1］:58-74.
◆Rogers, Everrett M.［2000］"Reflections on News Event Diffusion Research." *Journalism and Mass Communication Quarterly* 77［3］:561-576.C［N］
◆Rogers, Everrett M.［2001］"The Department of Communication at Michigan State University as a Seed Institution for Communication Study." *Communication Studies* 52［3］:234-248.
◆Rogers, Everrett M.［2002a］"The Digital Divide." *Convergence* 7［4］:96-111.C［N］
◆Rogers, Everrett M.［2002b］"The Nature of Technology Transfer." *Science Communication* 23［3］:323-341.C［N］
◆Rogers, Everrett M., Joseph R. Ascroft, and Niels G. Roling［1970］*Diffusion of Innovations in Brazil, Nigeria, and India*. East Lansing, Michigan State University, Department of Communication, Diffusion of Innovations Research Report 24.C［E］
◆Rogers, Everrett M., J. D. Eveland, and Alden Bean［1982］*Extending the Agricultural Extension Model*. Report, Institute for Communication Research, Stanford University, Stanford, Calif. C［N］
◆Rogers, Everrett M., and Pi-Chao Chen［1980］"Diffusion of Health and Birth Planning Innovations in the People's Republic of China."In George I. Lythscott et al., eds., *Report on the Chinese Rural Health Delegation*. Report, Foggarty Center for International Health, U.S. Department of Health and Human Services, Washington, D.C. C［E］

◆Ram, S., and Hyung-Shik Jung [1994] "Innovativeness in Product Usage: A Comparison of Early Adopters and Early Majority." *Psychology and Marketing* 11 [1] :57-67.MR [E]

◆Ramusen, Wayne D. [1968] "Advances in American Agriculture: The Mechanical Tomato Harvester as a Case Study." *Technology and Culture* 9:531-543.O [E] Rangaswamy, Arvind, and Sunil Gupta [2000] "Innovation Adoption and Diffusion and the Digital Environment: Some Research Opportunities."In Vijay Mahajan, Eitan Muller, and Yoram Wind, eds., *New-Product Diffusion Models*. Dordrecht, Netherlands: Kluver Academic,75-96.MR [E]

◆Rao, G. Appa, Everett M. Rogers, and S, N. Singh [1980] "Interpersonal Relations in the Diffusion of an Innovation in Two Indian Villages." *Indian Journal of Extension Education* 16: [1 and 2] :19-24.RS [E]

◆Ratchford, Brian T., Siva K, Balasubramanian, and Wagner A. Kamakura [2000] "Diffusion Models with Replacement and Multiple Purchases."In Vijay Mahajan, Eitan Muller, and Yoram Wind, eds., *New-Product Diffusion Models*. Dordrecht, Netherlands: Kluver Academic, 123-140.MR [E]

◆Ray, Michael L., A. G. Sawyer, M. L. Rothschild, R. M. Heeler, E. C. Strong, and J. B. Reed [1975] "Marketing Communication and the Hierarchy-of-Effects."In Peter Clarke, ed., *New Models for Mass Communication Research*. Thousand Oaks, Calif.: Sage.MR [E]

◆Ray-Couquard, L, T. Philip, M. Lehman, B. Fervers, F. Farsi, and F. Chauvin [1997] "Impact of a Clinical Guidelines Program for Breast and Colon Cancer in a French Cancer Center." *JAMA* 278 [19] :1591-1595.O [E]

◆Reagan, Joey [2002] "The Difficult World of Predicting Telecommunication Innovations: Factors Affecting Adoption."In Carolyn A. Lin and David J. Atkin, eds., *Communication Technology and Society: Audience Adoption and Uses*. Creskill,N.J.:Hampton Press,65-87.C [N]

◆Redmond, W. H. [1994] "Diffusion at Sub-National Levels: A Regional Analysis of New Product Growth." *Journal of Product Innovation Management* 11:201-212.MR [E]

◆Rennie, J. [1995] "The Uncertainties of Technological Innovation." *Scientific American* 275:57-58.O [N]

◆Rhinehart, E., D. A. Goldman, and E. J. O'Rourke [1991] "Adaptation of the Centers for Disease Control Guidelines for the Prevention of Nosacomial Infection in a Pediatric Intensive Case Unit in Jakarta, Indonesia." *American Journal of Medicine* 91 [suppl. 3B] :213S-220S.PH [E]

◆Rice, Ronald E., and Everett M. Rogers [1980] "Re-Invention in the Innovation Process." *Knowledge* 1:499-514.C [E]

◆Rice, Ronald E., and J. Tyler [1995] "Individual and Organizational Influences on Voice Mail Use and Evaluation." *Behaviour and Information Technology* 14 [6] :329-341.C [E]

◆Rice, Ronald E., and Jane Webster [2002] "Adoption, Diffusion, and Use of New Media."In Carolyn A. Lin and David J. Atkin, eds., *Communication Technology and Society: Audience Adoption and Use*. Creskill, N.J.: Hampton Press, 191-277.C [N]

◆Roberts, John H., and James M. Lattin [2000] "Disaggregate-Level Diffusion Models."In Vijay Mahajan, Eitan Muller, and Yoram Wind, eds., *New-Product Diffusion Models*. Dordrecht, Netherlands: Kluver Academic, 207-236.MR [E]

◆Robertson, Maxine, Jacky Swan, and Sue Newell [1996] "The Role of Networks in the Diffusion of Technological Innovation." *Journal of Management Studies* 33 [3] :333-359.MR [E]

◆Rogers, Everrett M. [1958] "Categorizing the Adopters of Agricultural Practices." *Rural Sociology* 23 [4] :346-354.RS [E]

◆Rogers, Everrett M. [1961] *Characteristics of Agricultural Innovators and Other Adopter Categories*. Research Bulletin 882, Agricultural Experiment Station, Wooster, Ohio. RS [E]

◆Rogers, Everrett M. [1962] *Diffusion of Innovation*. New York: Free Press. RS [N]

Journal 25:783-794.MR ［E］
◆Piotrow, Phyllis T, Jose G. Rimon II, Kim Winnard, D. Lawrence Kincaid, Dale Huntington, and Julie Convisser ［1990］ "Mass Media Family Planning Promotion in Three Nigerian Cities." *Studies in Family Planning* 21 ［5］ :265-274.PH ［E］
◆Pitcher, Brian L., Robert L. Hamblin, and Jerry L.L. Miller ［1978］ "The Diffusion of Collective Violence." *American Sociological Review* 43:23-25.GS ［E］
◆Polacsek, Michelle, Everett M. Rogers, W. Gill Woodall, Harold Delaney, Denise Wheeler, and Nagesh Rao ［2001］ "MADD Victim Impact Panels and Stages-of-Change in Drunk Driving Prevention." *Journal of Studies on Alcohol* 63:344-350.C ［E］
◆Poole, Marshall Scott, and Andrew H. Van de Ven ［1989］ "Toward a General Theory of Innovation Process."In Andrew H. Van de Ven, H. A. Angle, and M. Scott Poole, eds., *Research on the Management of Innovation: The Minnesota Studies.* New York: Ballinger/Harper and Row.C ［E］
◆Pope, Alexander ［1711］ *An Essay on Criticism*, part II.
◆Price, Derek J. de Solla ［1963］ *Little Science, Big Science.* New York: Columbia University Press.
◆Prochaska, James O., Carlo C. DiClemente, and John C. Norcross ［1992］ "In Search of How People Change: Applications to Addictive Behaviors." *American Psychologist* 47 ［9］ :1102-1114.P ［E］
◆Puska, P., K. Koskela, A. McAlister, H. Mayranen, A. Smolander, L. Viri, V. Korpelainen, and E. M. Rogers ［1986］ "Use of Lay Opinion Leaders to Promote Diffusion of Health Innovations in a Community Programme: Lessons Learned from the North Karelia Project." *Bulletin of the World Health Organization* 64 ［3］ :437-446.PH ［E］
◆Putnam, Robert D. ［1993］ *Making Democracy Work: Civic Traditions in Modern Italy.* Princeton, N.J.: Princeton University Press. PS ［E］（河田潤一訳『哲学する民主主義―伝統と改革の市民的構造』NTT出版、2001）
◆Putsis, William P. J., Jr. ［1998］ "Parameter Variation and New Product Diffusion." *Journal of Forecasting* 17:231-257.MR ［E］
◆Putsis, William P. J., Jr., Sridhar Balasubramanian, Edward H. Kaplan, and Subrata Sen ［1997］ "Mixing Behavior in Cross-Country Diffusion." *Marketing Science* 16 ［4］ ;354-369. MR ［E］
◆Putsis, William P., Jr., and V. Srinivasan ［2000］ "Estimation Techniques for Marco Diffusion Models."In Vijay Mahajan, Eitan Muller, and Yoram Wind, eds., *New-Product Diffusion Models.* Dordrecht, Netherlands: Kluver Academic, 236-291.MR ［N］
◆Puumalainen, K. L, I, D Frank, and S. K. Sundqvist ［2002］ "Modeling the Diffusion of Mobile Subscriptions in Finland: Effects of Data Aggregate."Unpublished paper, Telecom Bus mess Research Center, Lappeenranta, Finland. MR ［E］
◆Puumalainen Kaisu, and Sanna Sundqvist ［2002］ "Predicting and Managing the Diffusion of Innovations: The Challenge in Mobile Telecommunications Business."Unpublished paper, Telecom Bus mess Research Center, Lappeenranta, Finland. MR ［E］
◆Rahim, S. A. ［1961］ *The Diffusion and Adoption of Agricultural Practices: A Study in Village in East Pakistan.* Comilla, East Pakistan: Pakistan Academy for Village Development. C ［E］
◆Rahim, S. A. ［1965］ *Communication and Personal Experience in an East Pakistan Village.* Comilla, East Pakistan: Pakistan Academy for Village Development. C ［E］
◆Raisinghani, Makesh Sukhdev ［1997］ "Strategic Evaluation of Electronic Commerce Technologies ［Internet, Innovation Diffusion］. "Ph.D. Dissertation, University of Texas at Arlington. MR ［E］
◆Rakowski, William, John P. Fulton, and Judith P. Feldman ［1993］ "Women's Decision Making About Mammography: A Replication of the Relationship Between Stages of Adoption and Decisional Balance." *Health Psychology* 12 ［3］ :209-214.P ［E］

Project Description and Baseline Data." *Health Education Research* 4 [1] :111-124.PH [E]
◆Parcel, Guy S., Nancy M. O'Hara-Tompkins, Ronald B, Harrist, Karen M. Basen-Engquist, Laura K. McCormick, Nell H. Gottlieb, and Michael P. Eriksen [1995] "Diffusion of an Effective Tobacco Prevention Program. Part II: Evaluation of the Adoption Phase." *Health Education Research* 10 [3] :297-307.PH [E]
◆Parcel, Guy S., Cheryl L. Perry, and Wendell C. Taylor [1990] "Beyond Demonstration: Diffusion of Health Promotion Innovations."In Neil Bracht, ed., *Health Promotion at the Community Level*. Thousand Oaks, Calif.: Sage, 229-251.PH [E]
◆Parcel, Glenn S., Wendell C. Taylor, Susan G. Brink, Nell Gottlieb, Karen Engguist, Nancy M. O'Hara, and Michael P. Ericksen [1989] "Translating Theory into Practice; Intervention Strategies for the Diffusion of a Health Promotion Innovation." *Family and Community Health* 12 [3] : 1-13.PH [E]
◆Parker, Philip M. [1993] "Choosing Among Diffusion Models: Some Empirical Evidence." *Marketing Letters* 4 [1] :81-94.MR [E]
◆Parker, Philip M. [1994] "Aggregate Diffusion Forecasting Models in Marketing: A Critical Review." *International Journal of Forecasting* 10:353-380.MR [E]
◆Parker, Philip M., and Hubert Gatignon [1996] "Order of Entry, Trial Diffusion, and Elasticity Dynamics: An Empirical Case." *Marketing Letters*, 7 [1] :95-109.MR [E]
◆Parkinson, Robert [1972] "The Dvorak Simplified Keyboard: Forty Years of Frustration." *Computers and Automation* 21:1-8.
◆Pelletier-Fleury, N., V. Fargeon, and J. L. Lanoe [1997] "Transaction Costs Economics as a Conceptual Framework for the Analysis of Barriers to the Diffusion of Telemedicine." *Health Policy* 42:1-14.PH [E]
◆Pelto, Pertti J. [1973] *The Snowmobile Revolution: Technology and Social Change in the Arctic*. Menlo Park, Calif: Cummings. A [E]
◆Pelto, Pertti J., and Ludger Muller-Wille [1972] "The Snowmobile Revolution: Technology and Social Change in the Arctic."In H. Riissel Bernard and Pertti Pelto, eds., *Technology and Social Change*. New York: Macmillan. A [E]
◆Pelto, PerttiJ., et al. [1969] "The Snowmobile Revolution in Lapland." *Journal of the Finno-Ugrian Society* 69:1-42.A [E]
◆Pemberton, H. Earl [1936a] "The Curve of Culture Diffusion Rate." *American Sociological Review* 1:547-556.ES [E]
◆Pemberton, H. Earl [1936b] "Culture-Diffusion Gradients." *American Journal of Sociology* 42:226-233.ES [E]
◆Pemberton, H. Earl [1937] "The Effect of a Social Crisis on the Curve of Diffusion." *American Sociological Review* 1:547-556.ES [E]
◆Pemberton, H. Earl [1938] "The Spatial Order of Culture Diffusion." *Sociology and Social Research* 3:246-251.ES [E]
◆Perry, James L., and Kenneth L. Kraemer [1979] *Technological Innovation in American Local Governments: The Case of Computing*. New York: Pergamon Press. PS [E]
◆Perry, Tekla S., and Paul Wallich [1985, October] "Inside the PARC: The Information Architects." *IEEE Spectrum* 62-75.
◆Perse, Elizabeth M., and Debra Greenberg Dumm [1998] "The Utility of Home Computers and Media Use: Implications of Multimedia and Connectivity." *Journal of Broadcasting and Electronic Media* 42 [4] :435-456.C [E]
◆Piderit, Sandy Kristin [2000] "Rethinking Resistance and Recognizing Ambivalence: A Multidimensional View of Attitudes Toward an Organizational Change." *Academy of Management*

◆Nader, Ralph［1965］*Unsafe at Any Speed.* New York: Grossman.（河本英三訳『どんなスピードでも自動車は危険だ』ダイヤモンド社、1969）
◆National Research Council［2001］*Diffusion Processes and Fertility Transition: Selected Perspectives.* Washington, D.C.: National Academy Press. GS［N］
◆Neiagus, A., S. R. Freedman,, B. J. Kottiri, and Donald C. des Jarlais［2001］"HIV Risk Networks and HIV Transmission Among Injecting Drug Users." *Evaluation and Program Planning* 24:221-226.PH［E］
◆Neuendorf, Kimberly, David Atkin, and Leo Jeffres［1998］"Understanding Adopters of Audio Information Services." *Journal of Broadcasting and Electronic Media* 42:80-94.C［E］
◆Newell, Sue, and Jacky Swan［1995］"Professional Associations as Important Mediators of the Innovation Process." *Science Communication* 16［4］:371-387.0［E］
◆Nice, David C.［1994］*Policy Innovation in State Government, Ames: Iowa State* University Press. PS［E］
◆Niehoff, Arthur［1964］"Theravada Buddhism: A Vehicle for Technical Change." *Human Organization* 23: 108-112.A［E］
◆Nielsen, Thomas S.［1999］"Using Adopter Categories in Marketing." *Nebraska Library Association Quarterly* 30［4］:20-22.O［N］
◆Nohria, Nitin, and Ranjay Gulati［1996］"Is Slack Good or Bad for Innovation?" *Academy of Management Journal* 38［5］:1245-1264.MR［E］
◆Noyce, Robert N., and Marcian E. Hoff, Jr［1981］"A History of Microprocessor Development at Intel." *IEEE Micro* 7:8-21.
◆O'Brien, David J., Andrew Raedeke, and Edward W. Hassinger［1998］"The Social Networks of Leaders in More or Less Viable Communities Six Years Later: A Research Note." *Rural Sociology* 63［1］:109-127.RS［E］
◆Oh, Jeongho［2000］"Structural Determinants and Causal Configuration of Successful Internet Diffusion: Cross-National Analysis."Ph.D. diss., Northwestern University, Evanston. Ill. C［E］
◆Oldenburg. B. F., J. F. Sallis, M. L. French, and N. Owen［1999］"Health Promotion Research and the Diffusion and Institutionalization of Interventions." *Health Education Research* 14［1］:121-130.PH［E］
◆O'Loughlin, J., L. Renaund, L. Richard, L. S. Gomez, and G. Paradis［1998］"Correlates of the Sustainability of Community- Based Heart Health Promotion Interventions." *Preventive Medicine* 27:702-712.PH［E］
◆Olson, Mancur H.［1965］*The Logic of Collective Action: Public Goods and the Theory of Groups.* Cambridge, Mass: Harvard University Press.
◆Orladi, Mario A., C. Landers, R. Weston, and N. Haley［1991］"Diffusion of Health Promotion Innovations."In Karen Glanz, F. M. Lewis, and B. K. Rimer, eds., *Health Behavior and Health Education: Theory, Research, and Practice.* San Francisco: Jossey-Bass, 288-313.PH［E］
◆Ostrom, Elinor［1990］*Governing the Commons: The Evolution of Institutions for Collective Action.* New York: Cambridge University Press. PS［E］
◆Paddock, W. C.［1992］"Our Last Chance to Win the War on Hunger." *Advances in Plant Pathology* 8:197-222.O［E］
◆Palloni, Alberto［2001］"Diffusion in Sociological Analysis."In John Casterline, ed., *Diffusion Processes and Fertility Transition.* Washington, D.C.: National Academy Press, 66-114. GS［N］
◆Pazkratz, Melinda M., Denise Halfours. and HanSan Cho［2000］"The Diffusion of a Federal Drug Prevention Policy."Unpublished paper, University of North Carolina, Chapel Hill. PH［E］
◆Parcel, Guy S., Michael R. Ericksen, Chris Y. Lovato, Nell H. Gottlieb, Susan G. Brink, and Lawrence W. Green［1989］"The Diffusion of School-Based Tobacco Use Prevention Programs:

Michael Radnor et al., eds., *The Diffusion of Innovations: An Assessment.* Report to the National Science Foundation, Center for Interdisciplinary Study of Science and Technology, Northwestern University, Evanston, Ill. PS [E]

◆Mohr Lawrence B. [1982] *Explaining Organizational Behavior: The Limits and Possibilities of Theory and Research.* San Francisco: Jossey-Bass. PS [N]

◆Montgomery, Mark R., and John B. Casterline [1993] "The Diffusion of Fertility Control in Taiwan: Evidence from Pooled Cross-Section Time-Series Models." *Population Studies* 47:457-479.GS [E]

◆Montgomery, Mark R., and John B. Casterline [1996] "Social Learning Social Influence, and New Models of Fertility."In John B. Casterline R D Lee and K. A Foote, eds., *Fertility in the United States*, suppl. to *Population and Development Review* 22:609-638.GS [E]

◆Montgomery, Mark R., and W. Chung [1999] "Social Networks and the Diffusion of Fertility Control: The Republic of Korea."In R. Leete, ed., *Dynamics of Values of Fertility Change.* Oxford, England: Oxford University Press, 179-209.GS [E]

◆Moon, M. J., and S. Bretschneider [1997] "Can State Government Actions Affect Innovation and Its Diffusion? An Extended Communication Model and Empirical Test" *Technical Forecasting and Social Change* 54 [1] :55-77.MR [E]

◆Mooney, Christopher Z., and Mei-Hsien Lee [1999] "Morality Policy Reinvention; State Death Penalties." *The Annals* 566:80-92.O [E]

◆Moore, Gary C., and Izak Benbasat [1990] "An Examination of the Adoption of Information Technology by End-Users: A Diffusion of Innovations Perspective."Working paper 90-MIS-012, Department of Commerce and Business Administration, University of British Columbia, Vancouver, Canada.MR [E]

◆Moore, Gary C., and Izak Benbasat [1991] "Development of an Instrument to Measure the Perceptions of Adopting an Information Technology Innovation. *Information Systems Research* 2 [3] :192-220.MR [E]

◆Moore Geoffrey K. [1991] *Crossing the Chasm: Marketing and Selling High-Tech Products to Mainstream Customers.* New York: HarperBusiness.（川又政治訳『キャズム』翔泳社、2002）

◆Morrill, Richard L., Gary L. Gale, and Grant Ian Thrall [1988] Spatial Diffusion. Newbury Park, Calif.: Sage.G [N]

◆Mort, Paul R. [1953] "Educational Adaptability."School Executive 71:1-23.E [E]

◆Mort, Paul R. [1957] *Principles of School Administration.* New York: McGraw-Hill. E [N]

◆Moses, Stephen, Francis A. Plummer, Elizabeth N. Ngugi, Nico J. D. Nagelkerke, Aggrey O. Anzala, and Jackonlah O. Ndinya-Achola [1991] "Controlling AIDS in Africa: Effectiveness and 'Cost of an Intervention in a High-Frequency STD Transmitter Core Group." *AIDS* 5:407-411.PH [E]

◆Mosteller, Frederick [1981] "Innovation and Evaluation." *Science* 211:881-886.S [N]

◆Mountjoy, Daniel C. [1996] "Ethnic Diversity and the Patterned Adoption of Soil Conservation in the Strawberry Hills of Monterey, California." *Society and Natural Resources* 9:339-357.O [E]

◆Myers, Daniel J. [2000] "The Diffusion of Collective Violence: Infectiousness, Susceptibility, and Mass Media Networks." *American Journal of Sociology* 106 [1] :173-2Q8.GS [E]

◆Myers, Summer [1978] *The Demonstration Project as a Procedure for Accelerating the Application of New Technology.* Report, Institute of Public Administration, Washington, D.C.O [N]

◆Mytinger, Robert E. [1968] *Innovation in Local Health Services: A Study of the Adoption of New Programs by Local Health Departments with Particular Reference to New Health Practices.* Division of Medical Care Administration, Public Health Service, U.S. Department of Health, Education, and Welfare, Washington, D.C.PH [E]

◆Menzel, Herbert［1957］"Public and Private Conformity Under Different Conditions of Acceptance in the Group." *Journal of Abnormal and Social Psychology* 55:398-402.PH［E］
◆Menzel, Herbert［1959］*Social Determinants of Physicians' Reaction to Innovation in Medical Practice*. Ph.D. diss., Madison, University of Wisconsin.PH［E］
◆Menzel, Herbert［1960］"Innovation, Integration, and Marginality: A Survey of Physicians." *American Sociological Review* 25［5］:704-713.PH［E］
◆Menzel, Herbert, James S. Coleman, and Elihu Katz［1959］"Dimensions of Being 'Modern' in Medical Practice." *Journal of Chronic Diseases* 9［1］:20-40.PH［E］
◆Menzel, Herbert, and Elihu Katz［1955］"Social Relations and Innovation in the Medical Profession: The Epidemiology of a New Drug." *Public Opinion Quarterly* 19:337-353.PH［E］
◆Meyer, Alan D., and James B. Goes［1998］"Organizational Assimilation of Innovations: A Multilevel Contextual Analysis." *Academy of Management Journal* 31［4］:897-923.MR［E］
◆Meyer, Jeffrey P., and William S. Davidson II［2000］"Dissemination of Innovation as Social Change."In Julian Rappaport and Edward Seidman, eds., *Handbook of Community Psychology*. New York: Kluwer Academic/Plenum, 421-438.P［N］
◆Merton, Robert K.［1949/1968］*Social Theory and Social Structure*. New York:Free Press.（森東吾他訳『社会理論と社会構造』みすず書房、1961）
◆Miles, Mathew B.［ed.］［1964］*Innovation in Education*. New York: Teachers College, Columbia University. E［N］
◆Mller, Robin Lin, David Klotz, and Haftan M. Eckholdt［1998］"HIV Prevention with Male Prostitutes and Patrons of Hustler Bars: Replication of an HIV Prevention Intervention." *American Journal of Community Psychology* 26［1］:97-131.P［E］
◆Mintrom, Michael［1997］"Policy Entrepreneurs and the Diffusion of Innovation." *American Journal of Political Science* 41:738-770.PS［E］
◆Mintrom, Michael［2000］*Policy Entrepreneurs and School Choice*. Washington, D.C.: Georgetown University Press. PS［E］
◆Mintrom, Michael, and Sandra Vergari［1996］"Advocacy Coalitions, Policy Entrepreneurs, and Policy Change." *Policy Studies Journal* 24:420-434.PS［E］
◆Mintzberg, Henry, Duru Raisinghani, and Andre Theoret［1976］"The Structure of 'Unstructured' Decision Processes." *Administrative Science Quarterly* 21:246-275.MR［N］
◆Mitchell, B. R., J. D. Mitchell, and A. P. Disney［1996］"User Adoption Issues in Renal Telemedicine." *Journal of Telemedicine and Telecare* 2［2］:81-86.0［E］
◆Mitchell, J. D.［1999］"The Uneven Diffusion of Telemedicine Services in Australia." *Journal of Telemedicine and Telecare* 5［suppl.1］:S45-S47.O［E］
◆Mitchell, K., S. Nakamanya, A. Kmali, and J. A. G. Whitworth［2001］"Community-Based HIV/AIDS Education in Rural Uganda: Which Channel Is Most Effective?" *Health Education Research* 16［4］:411-423.PH［E］
◆Mitta, R., and Ruth Simmons［1995］"Diffusion of the Culture of Contraception: Program Effects on Young Women in Bangladesh." *Studies in Family Planning* 26［1］:H3.GE［E］
◆Mohammed, Shaheed［2001］"Personal Communication Networks and the Effects of an Entertainment-Education Radio Soap Opera in Tanzania." *Journal of Health Communication* 6［2］:137-154.C［E］
◆Mohr, Lawrence B.［1966］"Determinants of Innovation in Organizations."Ph.D, diss., University of Michigan, Ann Arbor. PS［E］
◆Mohr, Lawrence B.［1969］"Determinants of Innovation in Organizations." *American Political Science Review* 63:111-126.PS［E］
◆Mohr, Lawrence B.［1978］"Process Theory and Variance Theory in Innovation Research."In

◆Markus, M. Lynne [1987] "Toward a 'Critical Mass' Theory of Interactive Media: Universal Access, Interdependence and Diffusion." *Communication Research* 14:491-511.MR [N]

◆Markus, M. Lynne [1990] "Toward a 'Critical Mass' Theory of Interactive Media."In Janet Fulk and Charles Steinfield, eds., *Organizations and Communication Technology*. Newbury Park, Calif.: Sage, 194-218.MR [N]

◆Marsden, Peter V, and Joel Podolny [1990] "Dynamic Analysis of Network Diffusion Processes."In Jerver We'ssie and Hank Flap, eds., *Social Networks Through Time*. Utrecht, Netherlands: ISOR, 197-214.GS [E]

◆Marshall, Roger [1995] "Variation in the Characteristics of Opinion Leaders Across Cultural Borders." *Journal of International Consumer Marketing* 8 [1] :5-22.MR [E]

◆Martin, Graeme, and Phil Beaumont [1998] "Diffusing 'Best Practice' in Multinational Firms: Prospects, Practice and Contestation." *International Journal of Human Resource Management* 9 [4] :671-695.MR [E]

◆Martin, G. W, M. A. Herie, B. J. Turner., and J. A. Cunningham [1998] "A Social Marketing Model for Disseminating Research-Based Treatments to Addictions Treatment Providers." *Addictions* 93 [11] :l703-l7l5.PH [E]

◆Mason, Robert G. [1962] "An Ordinal Scale for Measuring the Adoption Process."In Wilbur Schramm, ed., *Studies of Innovation and Communication to the Public*. Stanford, Calif.: Institute for Communication Research, Stanford University. C [E]

◆Mayer, Michael E., William B. Gudykunst, Norman K. Perrill, and Bruce D. Merrill [1990] "A Comparison of Competing Models of the News Diffusion Process." *Western Journal of Speech Communication* 54:113-123.C [E]

◆McAdam, Doug [1986] "Recruitment to High-Risk Activism: The Case of Freedom Summer." *American Journal of Sociology* 92 [1] :64-90. GS [E]

◆McAdam, Doug [1988] *Freedom Summer*. New York: Oxford University Press. GS [E]

◆McAdam, Doug, and Ronnelle Paulsen [1993] "Specifying the Relationship Between Social Ties and Activism." *American Journal of Sociology* 99 [3] :640-667.GS [E]

◆McAdam, Doug, and Dieter Rucht [1999] "The Cross-National Diffusion of Movement Ideas." *The Annals* 566:56-74.GS [E]

◆McFadden, Daniel L., and Kenneth E. Train [1995] "Consumers' Evaluation of New Products: Learning from Self and Others." *Journal of Political Economy* 104 [4] :683-703.O [E]

◆McGuire, William J. [1989] "Theoretical Foundations of Campaigns."In Ronald E. Rice and Charles K. Atkin, eds., *Public Communication Campaigns*, 2nd, ed., Newbury Park, Calif.: Sage, 43-65.

◆McKee, M., N. Fulop, P. Boauvier, A. Holt, H. Brand, F. Rasmussen, L. Kohler, Z. Varasovszky, and N. Rosdahl [1996] "Preventing Sudden Infant Deaths: The Slow Diffusion of an Idea." *Health Policy* 37 [2] :117-135.PH [E]

◆McKinney, Martha M., Janet M. Barnsley, and Arnold D. Kaluznky [1992] "Organizing for Cancer Control; The Diffusion of a Dynamic Innovation in a Community Cancer Network." *International Journal of Technology Assessment in Health Care* 8 [2] :268-288.PH [E]

◆McLeod, Kari S. [2000] "Our Sense of Snow: The Myth of John Snow in Medical Geography." *Social Sciences and Medicine* 50:923-935. PH [E]

◆Mendelsohn, Harold [1973] "Some Reasons Why Information Campaigns Can Succeed." *Public Opinion Quarterly* 39:50-61.C [E]

◆Mensch, Barbara S., Daniel Bagah, Wesley H. Clark, and Fred Binka [1999] "The Changing Nature of Adolescence in the Kassina-Nankana District of Northern Ghana." *Studies in Family Planning* 30 [2] :95-111.O [E]

◆Luthra, Rashmi [1994] "A Case of Problematic Diffusion: The Use of Sex Determination Techniques in India." *Knowledge* 15 [3] 09-272.C [E]
◆Lynam, D R., R. Zimmerman, S. P. Novak, T. K. Logan, C. Martin, C. Leukefeld, and Richard Clayton [1999] "Project DARE: No Effects at 10-Year Followup." *Journal of Consulting and Clinical Psychology* 67:590-593.O [E]
◆Lynn, Michael, and Betsey D. Gelb [1996] "Identifying Innovative National Markets for Technical Consumer Goods." *International Marketing Review* 13:43-57.MR [E]
◆MacDonald, Peter, and Michael Chow [1999] "'Just One Damn Machine After Another?' Technological Innovation and the Industrialization of Tree Harvesting Systems." *Technology in Society* 21:323-344.O [E]
◆Machiavelli, Niccolo [1513/1961] *The Prince*, trans, by George Bull Baltimore: Penguin Books.
◆Magill, Kathleen P., and Everett M. Rogers [1981] "Federally Sponsored Demonstrations of Technological Innovations." *Knowledge* 3 [1] :23-42.C [E]
◆Magill, Kathleen P., Thomas E. Shanks, and Everett M. Rogers [1980] *The Innovation Process for Three Mass Transportation Innovations: Vanpooling Auto Restricted Zones, and Priority Highway Lanes for High Occupancy Vehicles*. Report to the Urban Mass Transportation Administration, Institute for Communication Research, Stanford University, Stanford, Calif.C [E]
◆Mahajan Vijay, and Eitan Muller [1994] "Innovation Diffusion in a Borderless Global Market: Will the 1992 Unification of the European Community Accelerate Diffusion of New Ideas, Products, and Technologies?" *Technological Forecasting and Social Change* 45:221-235.MR [E]
◆Mahajan Vijay, and Eitan Muller [1996] "Timing, Diffusion, and Substitution of Technological Innovations: The IBM Mainframe Case." *Technological Forecasting and Social Change* 51:109-132.MR [E]
◆Mahajan, Vijay, and Eitan Muller [1998] "When Is It Worthwhile Targeting the Majority Instead of the Innovators in a New-Product Launch?" *Journal of Marketing Research* 35:488-495. MR [E]
◆Mahajan, Vijay, Eitan Muller, and Frank M. Bass [1991] "New Product Diffusion Models in Marketing: A Review and Directions for Research" In Nebojsa Nakicenovic and Arnulf Grubler, eds., *Diffusion of Technologies and Social Behavior*. New York: Springer, 125-177.MR [N]
◆Mahajan, Vijay, Eitan Muller, and Yoram Wind, eds., [2000a] *New-Product Diffusion Models*. Dordrecht, Netherlands: Kluver Academic. MR [N]
◆Mahajan, Vijay, Eitan Muller, and Yoram Wind [2000b] "New-Product Diffusion Models: From Theory to Practice."In Vijay Mahajan, Eitan Muller, and Yoram Wind, eds., *New-Product Diffusion Models*. Dordrecht, Netherlands: Kluver Academic, 4-24.MR [N]
◆Mahajan, Vijay, and Yoram Wind, eds., [1986] *Innovation Diffusion Models of New Product Acceptance*. Cambridge, Mass.: Ballinger. MR [N]
◆Mahler, Alwin, and Everett M. Rogers [1999] "The Diffusion of Interactive Communication Innovations and the Critical Mass: The Adoption of Telecommunications Services by German Banks." *Telecommunications Policy* 23:719-740.GE [E]
◆Majchrzak, Ann, Ronald E. Rice, Arvind Malhotra, Nelson King, arid Sulin Ba [2000] "Technology Adaption: The Case of Computer-Supported Inter Organizational Virtual Teams." *MIS Quarterly* 24 [4] :569-600.C [E]
◆March, James G. [1981] "Footnotes to Organizational Change." *Administrative Science Quarterly* 26:563-577.
◆Markus, A., and M. Weber [1989] "Externally Induced Innovation."In Andrew H. Van den Ven, H. A. Angle, and M. Scott Poole, eds., *Research on the Management of Innovation: The Minnesota Studies*. New York: Ballinger/Harper and Row. MR [E]

◆Lievrouw, Leah A., and Janice T. Pope [1994] "Contemporary Art as Aesthetic Innovation: Applying the Diffusion Model to the Art World." *Knowledge* 15 [4] :373-395.C [E]
◆Lilien Gary L., Arvind Rangaswamy, and Christophe van den Bulte [2000] "Diffusion Models: Managerial Applications and Software."In Vijay Mahajan, Eitan Muller, and Yoram Wind, eds., *New-Product Diffusion Models*. Dordrecht, Netherlands: Kluver Academic, 295-311.MR [E]
◆Lin, Carolyn A. [1998] "Exploring Personal Computer Adoption Dynamics" *Journal of Broadcasting and Electronic Media* 42:95-112.C [E]
◆Lin, Carolyn A. [1999] "Online-Service Adoption Likelihood." *Journal of Advertising Research* 39:79-89.C [E]
◆Lin, Carolyn A. [2001] "Audience Attributes, Media Supplementation, and Likely Online Service Adoption." *Mass Communication and Society* 4 [1] :19-38.C [E]
◆Lin, Carolyn A. [2002] "A Paradigm for Communication and Information Technology Adoption Research."In Carolyn A. Lin and David J, Atkin, eds., *Communication Technology and Society: Audience Adoption and Use*. Creskill, N.J.: Hampton Press, 447-475.C [N]
◆Lin, Carolyn A., and David J. Atkin, eds., [2002] *Communication Technology and Society: Audience Adoption and Use*. Creskill, N.J.: Hampton Press. C [N]
◆Lin, Carolyn A., and Leo W. Jeffres [1998] "Factors Influencing the Adoption of Multimedia Cable Technology." *Journalism and Mass Communication Quarterly* 75 [2] :341-352.C [E]
◆Lindsey, Timothy [1998] "Diffusion of P2 Innovations." *Pollution Prevention Review* 8:1-14.O [E]
◆Linton, Ralph [1936] *The Study of Man*. New York: Appleton-Century-Crofts. A [N]
◆Linton, Ralph, and Abram Kradiner [1952] "The Change from Dry to Wet Rice Cultivation in Tanala-Bertsileo."In Guy E. Swanson et al., eds., *Readings in Social Psychology*. New York: Henry Holt. A [E]
◆Liu, William T, and Robert W. Duff [1972] "The Strength of Weak Ties." *Public Opinion Quarterly* 36:361-366.GS [E]
◆Lock, Catherine A., Eileen F. S. Kaner [2000] "Use of Marketing to Disseminate Brief Alcohol Intervention to General Practitioners : Promoting Health Care Interventions to Health Promoters ," *Journal of Evaluation of Clinical Practice* 6 [4] :345-357.PH [E]
◆Lock, Catherine A., Eileen F, S, Kaner, Nick Heather, and Eilish Gilvarry [1999] "A Randomized Trial of Three Marketing Strategies to Disseminate a Screening and Brief Alcohol Intervention Programme to General Practitioners." *British Journal of General Practice* 49:695-698.PH [E]
◆Lohr, Jeffrey M., Katharine A. Fowler, and S. O. Lilienfeld [2002] "The Dissemination and Promotion of Pseudoscience in Clinical Psychology: The Challenge to Legitimate Clinical Science." *The Clinical Psychologist* 55 [3] :4-10.P [N]
◆Lomas, Jonathan, Murray Enkin, Geoffrey M. Anderson, Walter J. Hannah, Eugene Vayda, and Joel Singer [1991] "Opinion Leaders vs. Audit and Feedback to Implement Practice Guidelines." *JAMA* 265 [17] :2202-2207.PH [E]
◆Lopes, Paul [1999] "Diffusion and Syncretism: The Modern Jazz Tradition." *The Annals* 566:25-36.GS [E]
◆Lopes, Paul, and Mary Durffee [1999] "Preface to the Social Diffusion of Ideas and Things." *The Annals* 566:8-12.GS [N]
◆Lowe, Charles U. [1980] "The Consensus Development Programme: Technology Assessment at the National Institute of Health." *British Medical Journal* 303:153-158.O [E]
◆Lowe, Charles U. [1981] *Biomedical Discoveries Adopted by Industry for Purposes Other than Health Services*. Report, Office of Medical Applications of Research, National Institutes of Health, Washington D.C.0 [E]

[E]
◆Lawton, Stephen B., and William H. Lawton [1979] "An Autocatalytic Model for the Diffusion of Educational Innovations." *Educational Administration Quarterly* 15 [1] :19-53.E [E]
◆Lazarsfeld, Paul F., Bernard Berelson, and Hazel Gaudet [1944/1948/1968] *The People's Choice: How the Voter Makes Up His Mind in a Presidential Election.* New York: Duell, Sloan, and Pearce; New York, Columbia University Press.
◆Lazarsfeld, Paul F., and Herbert Menzel [1963] "Mass Media and Personal Influence."In Wilbur Schramm, ed., *The Science of Human Communication.* New York: Basic Books.
◆Lazarsfeld, Paul F., and Robert K. Merton [1964] "Friendship as Social Process: A Substantive and Methodological Analysis."In Monroe Berger et al., eds., *Freedom and Control in Modern Society.* New York: Octagon.
◆Lee, Paul S. N., Louis Leung, and Clement Y. K. So, eds., [2003] *Impact and Issues in New Media: Toward Intelligent Societies.* Cresskill, N. J.: Hampton Press. C [N]
◆Leonard-Barton, Dorothy [1988a] "Implementation as Mutual Adoption of Technology and Organization." *Research Policy* 17:251-267.MR [E]
◆Leonard-Barton, Dorothy [1988b] "Implementation and Characteristics of Organization Innovation: Limits and Opportunities for Managerial Strategies." *Communication Research* 15 [5] :603-631.MR [E]
◆Lesnick, Peggy C. [2000] "Technology Transfer in the Dominican Republic: A Case Study of the Diffusion of Photovoltaics."Ph.D. diss., Union Institute, Cincinnati, Ohio. C [E]
◆Lessley, Bradley J. [1980] *The Dvorak Keyboard.* Report. Dvorak International Federation, Salem, Oregon.
◆Leung, Louis [1998] "Lifestyles and the Use of New Media Technology in China." *Telecommunications Policy* 22 [9] :781-790.C [E]
◆Leung, Louis [2000] "Societal, Organizational, and Individual Perceptual Factors Influencing the Adoption of Telecommuting in Hong Kong."Unpublished paper, Chinese University of Hong Kong. C [E]
◆Leung, Louis, and Ran Wei [1998] "Factors Influencing the Adoption of Interactive TV in Hong Kong: Implications for Advertising." *Asian Journal of Communication* 8 [2] :124-147.C [E]
◆Leung, Louis, and Ran Wei [1999] "Who Are the Mobile Phone Have-Nots? Influences and Consequences." *New Media and Society* 1 [2] -209-226 C [E]
◆Leung, Louis, and Ran Wei [2000] "More than Just Talk on the Move: Uses and Gratifications of the Cellular Phone." *Journalism and Mass Communication* 77 [2] :308-320.C [E]
◆Leuthold, Frank O. [1965] *Communication and Diffusion of Improved Farm Practices in Two Northern Saskatchewan Communities.* Mimeo report, Centre for Community Studies, Saskatoon, Saskatchewan. RS [E]
◆Leuthold, Frank O. [1967] "Discontinuance of Improved Farm Innovations by Wisconsin Farm Operators,"Ph.D. diss., University of Wisconsin, Madison.RS [E]
◆Lewis, Laurie K., and David R. Siebold [1993] "Innovation Modification During Interorganizational Adoption." *Academy of Management Review* 18 [2] :322-354.C [E]
◆Lewis, Laurie K., and David R. Siebold [1996] "Communication During Interorganizational Innovation Adoption: Predicting Users' Behavior Coping Responses to Innovations in Organizations." *Communication Monographs* 63:131-157.C [E]
◆Lievrouw, Leah A. [2002] "Determination and Contingency in New Media Development: Diffusion of Innovations and Social Shaping of Technology Perspectives."In Leah A. Lievrow and Sonia Livingstone, eds., *Handbook of New Media: Social Shaping and Consequences of ICTs.* Thousand Oaks, Calif: Sage, 183-199.C [N]

Future. Middleton, Wisc.:, Social Ecology Press, 105-134, RS [N]
◆Kortelainen, Tertlu A. [1997] "Applying Concepts of Diffusion Research in an Informatics Study." *Scientometrics* 40 [3] :555-568.O [E]
◆Kraut, Robert E., Ronald E. Rice, Colleen Cool, and Robert S. Fish [1998] "Varieties of Social Influences: The Role of Utility and Norms in the Success of a New Communication Medium." *Organization Science* 9 [4] :437-453.C [E]
◆Kremer, Kathy S., Michael Crolan, Stephen Gaiteyer, S. Noor Tirmizi, Peter F. Korsching, Gregory Peter, and Pingsheng Tong [2000] "Evolution of an Agricultural Innovation: The N-Track Soil Nitrogen Test: Adopt, and Discontinuance, or Reject?" *Technology in Society* 23:93-108.RS [E]
◆Kroeber, A. L. [1937] "Diffusion."In Edwin R. A. Seligman and Alvin Johnson, eds., *The Encyclopedia of Social Science*, vol. 2. New York: Macmillan. A [N]
◆Kuester, Sabine, Huber Gatignon, and Thomas S. Robertson [2000] "Firm Strategy and Speed of Diffusion."In Vijay Mahajan, Eitan Muller, and Yorum Wind, eds., *New-Product Diffusion Models*. Dordrecht, Netherlands: Kluver Academic, 28-47.MR [E]
◆Kuhn, Thomas S. [1962/1970] The Structure of Scientific Revolutions. Chicago: University of Chicago Press.（中山茂訳『科学革命の構造』みすず書房、1971）
◆Kumar, V, Jaishankar Ganesh, and Raj Echambadi [1998] "Cross-National Diffusion Research: What Do We Know and How Certain Are We?" *Journal of Product Innovation Management* 15:255-268.MR [E]
◆Kunkel, John H. [1977] "The Behavioral Perspective of Social Dynamics."In Robert L. Hamblin and John H. Kunkel, eds., *Behavioral Theory in Sociology*. New Brunswick, N.J.: Transaction. GS [E]
◆Kwon, HoCheon [2002] "The Global Internet Diffusion and Correlation among Factors: Cross-National Analysis,"Ph.D. diss., State University of New York at Buffalo. C [E]
◆Kwon, Hyosun Stella, and Laku Chidambaram [1998] "A Cross-Cultural Study of Communication Technology Acceptance : Comparison of Cellular Phone Adoption in South Korea and the United States." *Journal of Global Information Technology Management* 1:43-58.MR [E]
◆Lamar, Ronald V. [1966] "In-Service Education Needs Related to Diffusion of an Innovation."Ph.D. diss., University of California, Berkeley. E [E]
◆Lanjouw, Jean Olson, and Ashok Mody [1996] "Innovation and the International Diffusion of Environmentally Responsive Technology." *Research Policy* 25:549-571.O [E]
◆Lansing, J. Stephen [1987] "Balinese 'Water Temples' and the Management of Irrigation." *American Anthropologist* 89:326-341.A [E]
◆Lansing, Stephen [1991] *Priests and Programmers: Engineering the Knowledge of Bali*. Princeton, N.J. : Princeton University Press. A [E]
◆LaRose, Robert, and David Atkin [1992] "Audiotext and the Re-Invention of the Telephone as a Mass Medium." *Journalism Quarterly* 69 [2] :413-421.C [E]
◆LaRose, Robert, and Anne Hong [1997] "Organizational Adoptions of the Internet and the Clustering of Innovations." *Telematics and Informatics* 13 [1] :49-61.C [E]
◆Larsen, Judith K., and Rekha Agarwal-Rogers [1977] *Re-Invention of Innovation: A Study of Community Health Centers*. Report, American Institute for Research in the Behavioral Sciences, Palo Alto, Calif. P [E]
◆Larsen, Judith K., and Everett M. Rogers [1984] "Consensus Development Conferences." *Knowledge* 5:537-548.O [E]
◆Latkin, Carol A. [1998] "Outreach in Natural Settings: The Use of Peer Leaders for HIV Prevention Among Injectmg Drug User's Networks." *Public Health Reports* 113 [S1] :151-159.PH

Behavior Reduction Following Intervention with Key Opinion Leaders of Population: An Experimental Analysis." *American Journal of Public Health* 81 [2] :168-171.PH [E]
◆Kelly, Jeffrey A., Janet S. St. Lawrence, Yvonne Stevenson, Allan C. Hauth Seth C. Kalichman, Yolanda E, Diaz, Ted L. Bras field, Jeffrey J Koob and Michael G. Morgan [1992] "Community AIDS/HIV Risk Reduction: The Effects of Endorsements by Popular People in Three Cities." *American Journal of Public Health* 82 [11] :1483-1489.PH [E]
◆Kessler, Eric H., and Paul E. Bierly III [2002] "Is Faster Really Better? An Empirical Test of the Implications of Innovation Speed." *IEEE Transactions on Engineering Management* 49 [1] :2-12.MR [E]
◆Kettinger, W, and V Grover [1997] "The Use of Computer-Mediated Communication in an Organizational Context." *Decision Sciences* 28 [3] :513-555.MR [E]
◆Kiiski, Sampsa, and Matti Pohjola [2002] "Cross-Country Diffusion of the Internet." *Information Economics and Policy* 14:297-310.MR [E]
◆Kim, Young-Mi, Jose Rimon, Kim Winnard, Carol Carso, I. V. Mako Sebloniga Lawal, Stella Babalola, and Dale Huntington [1992] "Improving the Quality of Service Delivery in Nigeria." *Studies in Family Planning* 23 [2] :118-127.PH [E]
◆Kincaid, D. Lawrence [2000a] "Social Networks, Ideation, and Contraceptive Behavior in Bangladesh: A Longitudinal Analysis." *Social Science and Medicine* 50:215-231.PH [E]
◆Kincaid, D. Lawrence [2000b] "Mass Media, Ideation, and Behavior: A Longitudinal Analysis of Contraceptive Change in the Philippines." *Communication Research* 27 [6] :723-763.PH [E]
◆Kinnunen, Jussi [1996] "Gabriel Tarde as a Founding Father of Innovation Diffusion Research." *Acta Sociologica* 39:431-441.GS [N]
◆Kirton, M. J. [ed.] [1989] *Adopters and Innnovators: Styles of Creativity and Problem-Solving.* London: Routledge. MR [N]
◆Kivlin, Joseph E., and Frederick C. Fliegel [1967] "Orientations to Agriculture: A Factor Analysis of New Practices." *Rural Sociology* 33:127-140.C [E]
◆Klein, K. J., and J. S. Sorra [1996] "The Challenge of Innovation Implementation." *Academy of Management Review* 21:1055-1080.MR [E]
◆Klovdahl, Alden S. [1985] "Social Networks and the Spread of Infectious Diseases: The AIDS Example." *Social Science Medicine* 21 [11] :1203-1216.GS [E]
◆Kohl, John W. [1966] "Adoption Stages and Perceptions of Characteristics of Educational Innovations."Ed.D. diss., University of Oregon, Eugene. E [E]
◆Kohler, Hans-Peter [1997] "Learning in Social Networks and Contraceptive Choice." *Demography* 34 [3] :369-383.GS [E]
◆Kohler, Hans-Peter, Jere R. Behrman, and Susan C. Watkins [1999] "The Structure of Social Networks and Fertility Decisions: Evidence from S. Nyanza District, Kenya."Working Paper 5, Max Planck Institute for Demographic Research, Rostock, Germany.GS [E]
◆Kohli, Rajiv, Donald R. Lehmann, and Jae Pae [1999] "Extent and Impact of Incubation Time in New Product Diffusion." *Journal of Product Innovation Management* 16:134-144.MR [E]
◆Korhohen, Tellervo, Antti Uutela, Heikki J. Korhonen, Eeva-Liisa Urjanheimo, and Pekka Puska [1999] "Smoking Cessation Advice from Health Professionals: Process Evaluation of a Community-Based Program." *Patient Education and Counseling* 36:13-21.PH [E]
◆Korsching, Peter F. [2001] "Preface to the Second Edition."In Frederich C. Fliegel with Peter F. Korsching, *Diffusion Research in Rural Sociology: The Record and Prospects for the Future.* Middleton, Wisc.: Social Ecology Press,vi-viii. RS [N]
◆Korsching, Peter F. [2001b] "Diffusion Research in the 1990s and Beyond."In Frederich C. Fliegel with Peter F. Korsching, *Diffusion Research in Rural Sociology: The Record and Prospects for the*

◆Katz, Elihu [1957] "The Two-Step Flow of Communication: An Up-to-Date Report on an Hypothesis." *Public Opinion Quarterly* 21:61-78. GS [E]
◆Katz, Elihu [1961] "The Social Itinerary of Social Change: Two Studies on the Diffusion of Innovation."In Wilbur Schramm, ed., *Studies of Innovation and of Communication to the Public*. Stanford, Calif.: Stanford University, Institute for Communication Research; and [1962] *Human Organization* 20:70-82.GS [E]
◆Katz, Elihu [1962] "Notes on the Unit of Adoption in Diffusion Research." *Sociological Inquiry* 32:3-9.GS [N]
◆Katz, Elihu [1992] "On Parenting a Paradigm: Gabriel Tarde's Agenda for Opinion and Communication Research." *International Journal of Public Opinion Research* 4:80-86.C [N]
◆Katz, Elihu [1999] "Theorizing Diffusion: Tarde and Sorokin Revisited." *The Annals* 566:144-155.C [N]
◆Katz, Elihu, and Paul F. Lazarsfeld [1955] *Personal Influence: The Part Played by People, in the Flow of Mass Communications*. New York: Free Press.
◆Katz, Elihu, Martin L. Levin, and Herbert Hamilton [1963] "Traditions of Research on the Diffusion of Innovations." *American Sociological Review* 28:237-253.GS [N]
◆Katz, James, and Philip Aspden [1998] "Internet Dropouts in the USA: The Invisible Group." *Telecommunications Policy* 4:327-339.C [E]
◆Kaufman, R. J., J. M. Andrews, and Y.-M. Wang [2000] "Opening the 'BlackBox' of Network Externalities in Network Adoption." *Information Systems Research* 11 [1] :61-82.MR [E]
◆Kearns, Kelvin P. [1992] "Innovations in Local Government: A Sociocognitive Network Approach." Knowledge and Policy 5 [2] :45-67.PS [E]
◆Kegeles, S. M., R. B. Hays, and Thomas J. Coates [1996] "The Empowerment Project: A Community-Level HIV Prevention Intervention for Young Gay Men." American Journal of Public Health 86:1129-1136.PH [E]
◆Keller, D. S., and M. Gebnter [1999] "Technology Transfer of Network Therapy to Community-Based Addictions Counselors." *Journal of Substance Abuse Treatment* 16 [2] :183-189.PH [E]
◆Kelly, Jeffrey, A. Timothy G. Heckman, L. Yvonne Stevenson Paul N. Williams, Thom Ertl, Robert B. Hays, Noelle A. Leonard, Lydia O'Donenell, Martha A. Terry, Ellen D. Sogolow, and Mary Spink Neumann [2000] "Transfer of Research-Based HIV Prevention Interventions to Community Service Providers: Fidelity and Adaptation." *AIDS Education and Prevention* 12 [suppl.A] :87-98.PH [E]
◆Kelly, Jeffrey A., Debra A,Murphy, Kathleen J. Sikkema, Timothy L. McAuliffe. Roger A. Roffman, Laura J. Solomon, Richard A. Winett, and Seth C. Kalichman [1997] "Randomized, Controlled, Community-Level HIV Prevention Intervention for Sexual-Risk Behaviour Among Homosexual Men in US Cities." *Lancet* 350:1500-1505. PH [E]
◆Kelly, Jeffrey A., Ellen D. Sogolow, and Mary Spink Neumann [2000] "Future Directions and Emerging Issues in Technology Transfer Between HIV Prevention Researchers and Community-Based Service Providers." *AIDS Education and Prevention* 12 [suppl.A] :126-141.PH [E]
◆Kelly, Jeffrey A., Anton M. Somlai, Wayne J. DiFranceisco, Laura L. OttoSalaj, Timothy L. McAuliffe, Kristin L. Hackl, Timothy G. Heckman David R. Holtgrave, and David Rompa [2000] "Bridging the Gap Between the Science and Service of HIV Prevention: Transferring Effective Research Based HIV Prevention Interventions to Community AIDS Service Providers," *American Journal of Public Health* 90:1082-1088.PH [E]
◆Kelly Jeffrey A., Janet S, St. Lawrence, Yolanda E. Diaz, L. Yvonne Stevenson, Allan C. Hauth, Ted L. Bras field, Seth C. Kalichman, Joseph E Smith and Michael E. Andrew [1991] "HIV Risk

177.PH [E]
◆Hyman, Herbert H., and Paul B. Sheatsley [1974] "Some Reasons Why Information Campaigns Fail." *Public Opinion Quarterly* 11:412-423.
◆Igbaria, Magid, Stephen J. Schiffman, and Thomas J. Wieckowski [1994] "The Retrospective Roles of Perceived Usefulness and Perceived Fun in the Acceptance of Microcomputer Technology." *Behavior and Information Technology* 13:349-361.MR [E]
◆Isenson, Raymond S. [1969] "Project Hindsight: An Empirical Study of the Sources of Ideas Utilized in Operational Weapons System."In William Gruber and Donald G. Marquis, eds., *Factors in the Transfer of Technology*. Cambridge, Mass.: MIT Press.O [E]
◆Islam, Towhidul, and Nigel Meade [1997] "The Diffusion of Successive Generations of a Technology: A More General Model." *Technological Forecasting and Social Change* 56:49-60.MR [E]
◆Jain, Dipak, Vijay Mahajan, and Eitan Muller [1995] "An Approach for Determining Optimal Product Sampling for the Diffusion of a New Product." *Journal of Product Innovation Management* 12:124-135.MR [E]
◆James Michael L., C. Edward Wotring, and Edward J. Forrest [1995] "An Exploratory Study of the Perceived Benefits of Electronic Bulletin Board Use and Their Impact on Other Communication Activities." *Journal of Broadcasting and Electronic Media* 39:30-50.C [E]
◆Jarrar, Yasar F., and Mohammed Zairi [2000] "Best Practice Transfer for Future Competitiveness: A Study of Best Practice." *Total Quality Management* 11 [4/5 and 6] :S734-S740.MR [E]
◆Jeffres, Leo W, and David Atkin [1996] "Predicting Use of Technologies for Communication and Consumer Needs." *Journal of Broadcasting and Electronic Media* 40:318-330.C [E]
◆Johnson, J David [2000] "Levels of Success in Implementing Information Technologies." *Innovative Higher Education* 25:59-76.C [E]
◆Johnson, J. David [2001] "Success in Innovation Implementation." *Journal of Communication Management* 5 [4] :341-359.C [N]
◆Johnson, J. David, W. A. Donohue, Charles K. Atkin, and Sally H. Johnson [1995] "Differences Between Organizational and Communication Factors Related to Contrasting Innovations." *Journal of Business Communication* 32:65-80.C [E]
◆Johnson J. D., M. Meyer, M. Woodworth, C. Etherington, and W. Stengle [1998] "Information Technologies within the Cancer Information Service Factors Related to Innovation Adoption." *Preventive Medicine* 27 [5] :S71-S83.C [E]
◆Kalish, Shlomo, Vijay Mahajan, and Eitan Muller [1995] "Waterfall and Sprinkler New-Product Strategies in Competitive Global Markets." *International Journal of Research in Marketing* 12:105-119.MR [E]
◆Kalof, Linda, Thomas Dietz, Paul C. Stern, and Gregory A. Guagnano [1999] "Social Psychological and Structural Influences on Vegetarian Beliefs." *Rural Sociology* 64 [3] :500-511.GS [E]
◆Kaner, Eileen F. S., Catherine A. Lock, Brian R. McAvoy, Nick Heather and Eilish Gilvarry [1999] "A RCT of Three Training and Support Strategies to Encourage Implementation of Screening and Brief Alcohol Intervention by General Practitioners." *British Journal of General Practice* 49:699-703.PH [E]
◆Kaplan, Abraham [1964] *The Conduct of Inquiry*, San Francisco: Chandler.
◆Kaplan, Abram W. [1999] "From Passive to Active About Solar Electricity Innovation Decision Process and Photovoltaic Interest Generation." *Technovation* 19:467-481.0 [E]
◆Katz, Elihu [1956] "Interpersonal Relations and Mass Communications: Studies in the Flow of Influence."Ph.D. diss., Columbia University, New York.GS [E]

Policy Entrepreneurs, Focusing Events, and the Adoption of Municipal Ordinances for Tobacco Control."Paper presented at the annual meeting of the American Political Science Association, Washington, D.C. PS [E]
◆He, Zhou [2001, May] "Adoption and Use of the Internet Among Adult Audiences in Mainland China: The Role of Perceived Popularity of the Internet Perceived Characteristics of the Internet, and Perceived Need for the Internet. Paper presented at the annual meeting of the International Communication Association, Washington D.C. C [E]
◆Hedstrom, Peter [1994] "Contagious Collectivities: On the Spatial Diffusion of Swedish Trade Unions, 1890-1940" *American Journal of Sociology* 99:1157-1179.GS [E]
◆Heikkila, Jukka [1995] "The Diffusion of a Learning Intensive Technology into Organizations: The Case of Personal Computing."Ph.D. diss., Helsinki School of Economics and Business Administration, Helsinki, Finland. MR [E]
◆Helsen, Kristiaan, Kamel Jedidi, and Wayne DeSarbo [1993] "A New Approach to Country Segmentation Utilizing Multinational Diffusion Patterns. *Journal of Marketing* 57:60-71.MR [E]
◆Herbig, Paul A., and Fred Palumbo [1994] "The Effect of Culture on the Adoption Process: A Comparison of Japanese and American Behavior" *Technological Forecasting and Social Change* 46:71-101.MR [E]
◆Herzog William A., J. David Stanfield, Gordon C. Whiting, and Lynne Svenning [1968] Patterns of Diffusion in Rural Brazil. Diffusion of Innovations Research Report 10, Department of Communication, Michigan State University, East Lansing. C [E]
◆Higgins, S. H., and P. T. Hogan [1999] "Internal Diffusion of High Technology Industrial Innovations: An Empirical Study." *Journal of Business and Industrial Marketing* 14 [1] :61-75.MR [E]
◆Hightower, James [1972] *Hard Tomatoes, Hard Times: The Failure of America's Land Grant Complex.* Cambridge, Mass, Schenkman.
◆Hoffman, Paul [1998] *The Man Who Loved Only Numbers: The Story of Paul Erdos and the Search for Mathematical Truth.* New York: Hyperion.
◆Holden, Robert T. [1986] "The Contagiousness of Aircraft Hijacking." *American Journal of Sociology* 91 [4] :874-904.GS [E]
◆Holloway, Robert E. [1977] "Perceptions of an Innovation: Syracuse University's Project Advance."Ph.D. diss., Syracuse University, Syracuse, N.Y. E [E]
◆Holmlov Kramer, P. G., and Karl-Eric Warneryd [1990] "Adoption and Use of Fax in Sweden."In M. Carnevale, M. Lucertini, and S. Nicosia, eds., *Modeling the Innovation: Communications, Automation and Information Systems.* Amsterdam: Elsevier Science, 95-108.MR [E]
◆Holtta, Risto [1989] "Multidimensional Diffusion of Innovations."Ph.D. diss., Helsinki School of Economics and Business Administration, Helsinki, Finland. MR [E]
◆Hostetler, John A. [1980] *Amish Society.* Baltimore, Md.: Johns Hopkins University Press.
◆Hostetler, John A. [1987] "A New Look at the Old Order." *The Rural Sociologist* 7:278-292.
◆Howell, Jane M., and Christopher A. Higgins [1990] "Champions of Technological Innovations." *Administrative Science Quarterly* 35:317-341.MR [E]
◆Hu, P. J., P. Y. K. Chan, O. R. L. Sheng, and K. Y. Tarn [1999] "Examining the Technology Acceptance Model Using Physician Acceptance of Telemedicine Technology." *Journal of Management Information Systems* 16 [2] :91-112.MR [E]
◆Hu, Q., C. Saunders, and M. Gebelt [1997] "Diffusion of Information Systems Outsourcing: A Re-Evaluation of Influence Sources." *Information Systems Research* 8 [3] :288-301.MR [E]
◆Huntington, Dale, Cheryl Lettenmaier, and Isaac Obeng-Quaidoo [1990] "User's Perspective of Counseling Training in Ghana: The 'Mystery Client' Trial." *Studies in Family Planning* 21 [3] :171-

◆Hagerstand, Torsten [1953/1968] "Innovation of Loppet ur Korologisk Synpunkt" [Innovation Diffusion as a Spatial Process]. Department of Geography Bulletin 15, University of Lund, Lund, Sweden; and University of Chicago Press. G [E]
◆Hamblin, Robert L., R. B. Jacobson, and J. L, Miller [1973] *A Mathematical Theory of Social Change*. New York: Wiley. GS [E]
◆Hamblin, Robert L., et al. [1979] "Modeling Use -Diffusion." *Social Forces* 57:799-811.GS [E]
◆Hansen, Lars Jorgen, Niels de Fine Olivarius, Anders Beich, and Sverre Barfod [1999] "Encouraging GPs to Undertake Screening and a Brief Intervention in Order to Reduce Problem Drinking: A Randomized Controlled Trial." *Family Practice* 16 [6] :551-557.PH [E]
◆Hardin, Garrett [1968] "The Tragedy of the Commons." *Science* 162: 1243-1248.
◆Harding, Joe, et al. [1973] "Population Council Copper-T Study in Korea: Summary Report."Policy Research and Planning Group, The 21C Corporation, Berkeley, Calif. A [E]
◆Hassinger, Edward [1959] "Stages in the Adoption Process." *Rural Sociology* 24:52-53.RS [N]
◆Havelock, Ronald G. [1972, December] "The Role of Research Communities in National Problem Solving."Paper presented at the annual meeting of the Institute of Electrical and Electronic Engineers, New York. E [E]
◆Havelock, Ronald G. [1974] "Locals Say Innovation Is Local: A National Survey of School Superintendants."In Stanford Temkin and Mary V. Brown, eds., *What Do Research Findings Say About Getting Innovations into Schools? A Symposium*. Philadelphia, Research for Better Schools, E [E]
◆Havens, A. Eugene [1975] "Diffusion of New Seed Varieties and Its Consequences: A Colombian Case."In Raymond E. Burnett and Lawrence J. Brainard, eds., *Problems of Rural Development: Case Studies and Multidisciplinary Perspective*. Leiden, Netherlands: Brill, 94-111.RS [E]
◆Havens, A. Eugene, and William L. Finn [1974] "Green Revolution Technology and Community Development: The Limits of Action Programs." *Economic Development and Cultural Change* 23:469-481. RS [E]
◆Hawley, Florence [1946] "The Role of Pueblo Social Organization in the Dissemination of Catholicism." *American Anthropologist* 48 :407-415.A [E]
◆Hays, Carol E., Scott P. Hays, John O. Deville, and Peter Mulhall [2000] "Capacity for Effectiveness: The Relationship Between Coalition Structure and Community Impact." *Evaluation and Program Planning* 23:373-379.PS [E]
◆Hays, Scott P. [1996a] "Patterns of Reinvention: The Nature of Evolution During Policy Diffusion." *Policy Studies Journal* 24 [4] :551-566.PS [E]
◆Hays, Scott P. [1996b] "Influences on Reinvention During the Diffusion of State Policy Innovations." *Political Research Quarterly* 49:613-632.PS [E]
◆Hays, Scott P. [1996c] "Policy Reinvention and Diffusion of Public Campaign Finding Laws." *Spectrum: The Journal of State Government* 69:23-31.PS [E]
◆Hays, Scott P. [1996d] "The States and Policy Innovation Research: Lessons from the Past and Directions for the Future." *Policy Studies Journal* 24:321-326.PS [E]
◆Hays, Scott P., Michael Esler, and Carol E. Hays [1996] "Environmental Commitment among the States: Integrating Alternative Approaches to State Environmental Policy."Publius: *The Journal of Federalism* 26 [2] :41-58.PS [E]
◆Hays, Scott P., apd Henry R. Click [1996] "The Role of Agenda-Setting in Policy Innovation: An Event History Analysis of Living Will Laws." *American Politics Quarterly* 24 [4] :497-516.PS [E]
◆Hays, Scott P., and Henry R. Click [1997] "The Role of Agenda-Setting in Policy Innovation: An Event History Anaiysis." *American Politics Quarterly* 25 [4] :497-516.PS [E]
◆Hay, Scott P, Carol E. Hays, John Vinzant, and Kathleen Gary [2000, August] "Change Agents,

◆Green, Lawrence W. [2001] "From Research to 'Best Practices' in Other Settings and Populations." *American Journal of Health Behavior* 25 [3] :165-178.PH [N]
◆Greenberg, Bradley S. [1964] "Diffusion of News about the Kennedy Assassination." *Public Opinion Quarterly* 28:225-232; and in Bradley S. Greenberg and Edwin B. Parker, eds., [1965] *The Kennedy Assassination and the American Public: Social Communication in Crisis*. Stanford, Calif.: Stanford University Press. C [E]
◆Greenberg, Steve [1992] "Misunderstanding Black Popular Music in White America."In *The New Global Culture*. Washington, D.C. : American Enterprise Institute. C [N]
◆Greve, Heinrich R. [1995] "Jumping Ship: The Diffusion of Strategy Abandonment." *Administrative Science Quarterly* 40:444-473.MR [E]
◆Griffin, Robert J., and Sharon Dunwoody [2000] "The Relation of Communication to Risk Judgement and Preventive Behavior Related to Lead in Tap Water." *Health Communication* 12 [1] :81-107.C [E]
◆Grilli, Roberto, Nicola Magrini, Angelo Penna, Giorgio Mura, and Alessandro Liberti [2000] "Practice Guidelines Development by Specialty Societies: The Need for a Critical Appraisal." *Lancet* 355:103-106.0 [E]
◆Grindereng, Margaret P. [1967] "Fashion Diffusion." *Journal of Home Economic* 59 [3] :171-174.O [E]
◆Gronhaug, Kjell, and Geir Kaufmann [1988] *Innovation: A Cross-Disciplinary Perspective*. Oslo: Norwegian University Press. MR [N]
◆Gross, Neal C. [1942] "The Diffusion of a Culture Trait in Two Iowa Townships."M.S. thesis, Iowa State College, Ames. RS [E]
◆Gruber, Arnulf [1991] "Diffusion: Long-Term Patterns and Discontinuities." *Technological Forecasting and Social Change* 39:159-180.O [E]
◆Gruber, Arnulf [1996] "Time for a Change: On the Patterns of Diffusion of Innovations." *Daedalus* 125 [3] : 19-42.O [E]
◆Gruber, Arnulf [1997] "Time for a Change: On the Patterns of Diffusion of Innovation."In Jesse H. Ausubel and H. Dale Langford, eds., *Technological Trajectories and the Human Environment*. Washington D.C.: National Academy Press, 14-32.0 [E]
◆Gruber Harald [1998] "The Diffusion of Innovations in Protected Industries: The Textile Industry." *Applied Economics* 30, [1] :77-83 GE [E]
◆Gruber, Harald [2001] "Competition and Innovation: The Diffusion of Mobile Telecommunications in Central and Eastern Europe." *Information Economics and Policy* 13:19-34.GE [E]
◆Gruber, Harald, and Frank Verboven [2001] "The Diffusion of Mobile Telecommunications Innovations in the European Union." *European Economic Review* 45:577-588.GE [E]
◆Gruber, Harald, and Frank Verboven [2001b] "The Evolution of Markets under Entry and Standards Regulation: The Case of Global Mobile Telecommunications." *International Journal of Industrial Organization* 19:1189-1212.GE [E]
◆Guerin, L. J., and Turlough F. Guerin [1994] "Constraints to the Adoption of Agricultural and Environmental Innovations and Technologies: A Review." *Australian Journal of Experimental Agriculture* 34:549-571.O [N]
◆Guerin, Turlough F. [1999] "An Australian Perspective on the Constraints to the Transfer and Adoption of Innovations in Land Management." *Environmental Conservation* 26 [4] :289-304.O [E]
◆Hagerstand, Torsten [1952] *The Propagation of Innovation Waves*. Lund Sweden: Lund Studies in Geography 4.G [E]

Boston: Little, Brown. O［N］(高橋啓訳『ティッピング・ポイント―いかにして「小さな変化」が「大きな変化」を生み出すか』飛鳥新社、2000)
◆Gladwell, Malcolm［2000, March 13］"John Rock's Error." *The New Yorker*, 52-63.O［N］
◆Gladwell Malcolm［2001, March 5］"The Trouble with Fries." *The New Yorker*, 52-57.O［N］
◆Gladwell Malcolm［2001, July 2］"The Mosquito Killer." *The New Yorker*, 42-51.O［N］
◆Glantz, Stanton［1999］"Smoke-Free Ordinances Do Not Affect Restaurant Business. Period."Journal of Public Health Management Practice 5［1］:vi-x.PS［N］
◆Glasgow, Russell E., Elizabeth G. Eakin, Edwin B. Fisher, Stephen I Bacak, and Ross C. Brownson［2001］"Physician Advice and Support for Physical Activity: Results from a National Survey." *American Journal of Preventive Medicine* 21［3］:189-196.PH［E］
◆Glick Henry R. and Scott P. Hays［1991］"Innovation and Reinvention in State Policymaking: Theory and Evolution in Living Will Laws." *Journal of Politics* 53:835-850.PS［E］
◆Globe Samuel, et al.［1973］"The Interactions of Science and Technology in the Innovative Process: Some Case Studies."Report to the National Science Foundation, Battelle-Columbus Laboratories, Columbus, Ohio.O［E］
◆Goes J. B., and S. H. Park［1997］"Interorganizational Links and Innovation: The Case of Hospital Services." *Academy of Management Journal* 40:673-696.MR［E］
◆Golder, Peter N., and Gerald J. Tellis［1997］"Will It Ever Fly? Modeling the Takeoff of Really New Consumer Durables." *Marketing Science* 16［3］:256-270.MR［E］
◆Golder, Peter N., and Gerald J. Tellis［1998］"Beyond Diffusion: An Affordability Model of the Growth of New Consumer Durables." *Journal of Forecasting* 17:259-280.MR［E］
◆Goldman, Karen D.［1994］"Perceptions of Innovations as Predictors of Implementation Levels: The Diffusion of a Nationwide Health Education Campaign. *Health Education Quarterly* 21:433-444 E［E］
◆Goodman, Robert M., and Allan Steckler［1989］"A Model for Institutionalization of Health Promotion Programs." *Family and Community Health* 11［4］:63-78.PH［E］
◆Goodson, P., M. Murphy Smith, A. Evans, B. Meyers, and N. H. Gottlied［2001］"Maintaining Prevention in Practice: Survival of PPIP in Primary Care Settings." *American Journal of Preventive Medicine* 20［3］:184-189.PH［E］
◆Gotsch, Carl H.［1972］"Technical Change and the Distribution of Income in Rural Areas." *American Journal of Agricultural Economics* 54:326-341.AE［E］
◆Granovetter, Mark S.［1973］"The Strength of Weak Ties." *American Journal of Sociology* 78:1360-1380.GS［N］
◆Granovetter, Mark S,［1978］"Threshold Models of Collective Behavior." *American Journal of Sociology* 83:1420-1443.GS［N］
◆Granovetter, Mark, and R. Soong［1983］"Threshold Models of Diffusion and Collective Behavior." *Journal of Mathematical Sociology* 9:165-179.GS［N］
◆Grattet, Ryken, Valerie Jenness, and Theodore R. Curry［1998］"The Homogenization and Differentiation of Hate Crime Law in the United States, 1978 to 1995: Innovation and Diffusion in the Criminalization of Bigotry." *American Sociological Review* 63:286-307.GS［E］
◆Gray, Virginia［1973］"Innovation in the States: A Diffusion Study." *American Political Science Review* 67:1174-1185.PS［E］
◆Gray, Virginia［1973b］"Rejoinder to 'Comment' by Jack L. Walker." *American Political Science Review* 4:1192-1193.PS［E］
◆Green, Lawrence W.［1986］"The Theory of Participation: A Qualitative Analysis of Its Expression in National and International Health Policies." *Advancs in Health Education and Promotion* 1:211-236.PH［N］

University of Technology, Lappeenranta, Finland. MR [E]
◆Freedman, Ronald, and John t Takeshita [1969] *Family Planning in Taiwan*. Princeton, N.J.: Princeton University Press. PH [E]
◆Friedland, William H., and Amy Barton [1975] *Destalking the Wily Tomato: A Case Study of Social Consequences in California Agricultural Research*. Research monograph 15, University of California at Santa Cruz. GS [E]
◆Fulk, Janet [1993] "Social Construction of Communication Technology." *Academy of Management Journal* 36 [5] :921-950.C [E]
◆Gagnon, Y.-C., and J.-M. Toulouse [1996] "The Behavior of Business Managers When Adopting New Technologies." *Technological Forecasting and Social Change* 52:59-74.MR [E]
◆Galavotti, Christine, R. Cabral, A. Lansky, Diane M. Grimley, G E Riley, and James Prochaska [1995] "Validation of Measures of Condom and Other Contraceptive Use Among Women at High Risk for HIV Infection and Unintended Pregnancies." *Health Psychology* 14 [6] :570-578.PH [E]
◆Gallagher, Scott, and Seung Ho Park [2002] "Innovation and Competition in Standard-Based Industries: A Historical Analysis of the U.S. Home Video Game Market." *IEEE Transactions on Engineering Management* 49 [1] :67-82.MR [E]
◆Ganesh, jaishankar, and V. Kumar [1996] "Capturing the Cross-National Learning Effect: An Analysis of an Industrial Technology Diffusion." *Journal of the Academy of Marketing Science* 24:328-337.MR [E]
◆Ganesh, Jaishankar, V. Kumar, and Velavan Subr.amaniam [1997] "Learning Effect in Multinational Diffusion of Consumer Durables: An Exploratory Investigation." *Journal of the Academy of Management Science* 25:214-228.MR [E]
◆Garrison, Bruce [2001] "Diffusion of Online Information Technologies in Newspaper Newsrooms." *Journalism* 2 [2] :221-239. C [E]
◆Gatignon, Hubert, and Thomas S. Robertson [1991] "Diffusion of Innovations."In H. H. Kassarsian and Thomas S. Robertson, eds., *Handbook of Consumer. Theory and Research*. Englewood Cliffs, N.J.: Prentice-Hall. MR [N]
◆Geroski, P. [2000] "Models of Technology Diffusion." *Research Policy* 29:603-625.MR [E]
◆Gibson, David V., and Everett M. Rogers [1994] *R&D Consortia on Trial*. Boston: Harvard Business School Press. MR [E]
◆Gielens, Katrijin, and Marnik G. Dekimpe [2001] "Do International Entry Decisions of Retail Chains Matter in the Long Run?" *International Journal of Research in Marketing* 18 [3] :235-259. MR [E]
◆Ginossar, Tamar [2002] "Information Seeking and Empowerment of Internet Cancer Support Members"Ph.D. diss., Albuquerque: University of New Mexico. C [E]
◆Givon, Moshe, Vijay Mahajan, and Eitan Muller [1995] "Software Piracy: Estimation of Lost Sales and the Impact on Software Diffusion." *Journal of Marketing* 59:29-37.MR [E]
◆Givon, Moshe, Vijay Mahajan, and Eitan Muller [1997] "Assessing the Relationship Between the User-Based Market Share and Unit Sales-Based Market Share for Pirated Software Brands in Competitive Markets." *Technological Forecasting and Social Change* 55 [2] :131-144.MR [E]
◆Gladwell, Malcolm [1996, June 3] "The Tipping Point." *The New Yorker*, 32-38.O [N]
◆Gladwell, Malcolm [1999, January 11] "Six Degrees of Lois Weisberg." *The New Yorker*, 52-62.O [N]
◆Gladwell, Malcolm [1999, October 4] "The Science of the Sleeper: How the Information Age Could Blow Away the Blockbuster." *The New Yorker*, 48-50, 52-55.O [N]
◆Gladwell, Malcolm [2000] *The Tipping Point: How Little Things Can Make a Rig Difference*.

Innovations: An Organizational Learning Perspective." *Management Science* 43:1345-1363.MR [E]
◆Fiol, C. M. [1996] "Squeezing Harder Doesn't Always Work: Continuing the Search for Consistency in Innovation Research." *Academy of Management Journal* 21:1012-1021.MR [E]
◆Fischer, Claude S. [1992] *America Calling: A Social History of the Telephone to 1940.* Berkeley. University of California Press. GS [E]
◆Fischer, David Hackett [1994] *Paul Revere's Ride.* New York: Oxford University Press.
◆Fliegel, Frederick G., with Peter F. Korsching [2001] *Diffusion Research in Rural Sociology: The Record and Prospects for the Future.* Middleton, Wise.: Social Ecology Press. RS [N]
◆Fliegel, Frederick C., and Joseph E. Kivlin [1966a] "Farmers' Perceptions of Farm Practice Attributes." *Rural Sociology* 31:197-206.RS [E]
◆Fliegel, Frederick C., and Joseph E, Kivlin [1966b] "Attributes of Innovations as Factors in Diffusion." *American Journal of Sociology* 72 [3] :235-248.RS [E]
◆Fliegel, Frederick C., Joseph E. Kivlin, and Gurmeet S. Sekhon [1968] "A Cross-National Comparison of Farmers' Perception of Innovation as Related to Adoption Behavior." *Rural Sociology* 33:437-499.RS [E]
◆Flora, June A., with Darius Jatilus, Chris Jackson, and Stephen P. Fortmann [1993] "The Stanford Five-City Heart Disease Prevention Project."In Thomas E, Becker and Everett M. Rogers, eds., *Organizational Aspects of Health Communication Campaigns: What Works?* Newbury Park, Calif.: Sage, 101-128.C [E]
◆Flowers, P., G. J. Hart, L. M. Williamson, J. S. Frankis, and G. J. Derr [2002] "Does Bar-Based, Peer-Led Health Promotion Have a Community-Level Effect Amongst Gay Men in Scotland?" *International Journal of STD and AIDS* 13:102-108.PH [E]
◆Flynn, Lelsa Reinecke, Ronald E. Goldsmith, and Jacqueline K. Eastman [1994] "The King and Sumers Opinion Leadership Scale: Revision and Refinement." *Journal of Business Research* 31:55-64. MR [E]
◆Foster, A. D., and M. R. Rosenzweig [1995] "Learning by Doing and Learning from Others: Human Capital and Technical Change in Agriculture." *Journal of Political Economy* 103 [6] :1176-1209.O [E]
◆Fox, Karen F. A., and. Philip Kotler [1980] "The Marketing of Social Causes: The First Ten Years." *Journal of Marketing* 44:24-33.MR [E]
◆Foxall, Gordon R. [1994] "Consumer Initiators: Adaptors and Innovators." *British Journal of Management* 5 [special issue] :S3-S12.MR [E]
◆Frank, Kenneth A., Andrew G. Topper, and Yong Zhao [2002] "Diffusion of Innovations, Social Capital, and Sense of Community."Unpublished paper Michigan State University, East Lansing. E [E]
◆Frank, Lauri Dieter [2001, June] "Spatial Clusters of European Union Countries by the Diffusion of Mobile Communications."Paper presented at the annual meeting of the ISPIM, International Society for Professional Innovation Management, Lappeenranta, Finland. MR [E]
◆Frank, Lauri Dieter [2002] "Diffusion of Mobile Communications in Finland."Unpublished paper, Telecom Business Research Center, Lappeenranta University of Technology, Lappeenranta, Finland. MR [E]
◆Frank, Lauri Dieter, and Jukka Heikkila [2002] "Diffusion Models in Analysing Emerging Technology-Based Services."Unpublished paper, Telecom Business Research Center, Lappeenranta University of Technology, Lappeenranta, Finland. MR [E]
◆Frank, Lauri Dieter, Sanna Sundqvist, Kaisu Puumalainen, and Sanna Taalikka [2002] "Cross-Cultural Comparison of Innovators: Empirical Evidence from Wireless Services in Finland, Germany, and Greece."Unpublished paper, Telecom Business Research Center, Lappeenranta

Among Homosexual Men in Britain." *Sexually Transmitted Diseases* 78:158-159.PH [E]
◆Elwood, William N., and A.N. Ataabadi [1997] "Influence of Interpersonal and Mass-Mediated Interventions on Injection Drug and Crack Users: Diffusion of Innovations and HIV Risk Behaviors." *Substance Use Misuse* 32 [5] :635-651.C [E]
◆Emrick, John A., et al. [1977] *Evaluation of the National Diffusion Network.* Vol.1: *Findings and Recommendations.* Report, Stanford Research Institute, Menlo Park, Calif. E [E]
◆Emshoff, James G., and Craig Blakely [1987] "Innovation in Education and Criminal Justice: Measuring Fidelity of Implementation and Program Effectiveness." *Educational Evaluation and Policy Analysis* 9:300-311.O [E]
◆Emshoff, James, Craig Blakely, Denis Gray, Susan Jakes, Paul Brownstein, and Judy Coulter [2002] "An ESID Case at the Federal Level."Unpublished paper, Georgia State University, Atlanta. O [E]
◆Ennett, Susan T., Nancy S. Tobler, Christopher Ringwalt, and Robert L. Flewellin [1994] "How Effective Is Drug Abuse Resistance Education? A Meta-Analysis of Project D.A.R.E. Outcome Evalutions." *American Journal of Public Health* 840.1394-1401.PH [E]
◆Entwisle, Barbara, John B. Casterline, and Hussein A.-A. Syed [1989] "Villages as Context for Contraceptive Behavior in Rural Egypt." *American Sociological Review* 54:1019-1034.GS [E]
◆Entwisle, Barbara, R. D. Rindfuss, D. K. Guilkey, A. Chamratrithirong S.R. Curran and Y. Sawangdee [1996] "Community and Contraceptive Choice in Rural Thailand: A Case Study of Nang Rong." *Demography* 33:1-11.PH [E]
◆Estabrooks Carole A. [1999] "Modeling the Individual Determinant, of Research Utilization." *Western Journal of Nursing Research* 21 [6] :758-772.O [E]
◆Eveland, J. D. [1979, August] "Issues in Using the Concept of 'Adoption of Innovations.'"Paper presented at the annual meeting of the American Society for Public Administration, Baltimore. O [N]
◆Eveland, J. D. [1986] "Diffusion, Technology, Transfer and Implication, Thinking and Talking About Change." *Knowledge* 8 [2] :303-322.O [N]
◆Eveland, J. D., et al. [1977] "The Innovative Process in Public Organizations" Mimeo report, Department of Journalism, University of Michigan, Ann Arbor. C [E]
◆Fairweather, George W, David H. Sanders, and Louis G. Tornatzky [1974] *Creating Change in Mental Health Organizations.* New York: Pergamon Press. P [E]
◆Fals Borda, Orlando [1960] *Facts and Theory of Socio-Cultural Change in a Rural System.* Monographias Sociologicas 2 bis, Universidad Nacional de Colombia, Bogota. RS [E]
◆Farquhar, John W. [1996] "The Case for Dissemination Research in Health Promotion and Disease Prevention." *Canadian Journal of Public Health* 87 [suppl.2] :S44-S49.PH [E]
◆Feeney, David [2002] "Rates of Adoption of a University Course Management System. Ph.D. diss., University of West Virginia, Morgantown. E [E]
◆Fennell Mary L. [1984] "Synergy, Influence, and Information in the Adoption of Administrative Innovations." *Academy of Management Journal* 27 [1] :113-129.MR [E]
◆Ferrence Roberta [1996] "Using Diffusion Theory in Health Promotion: the Case of Tabacco." *Canadian Journal of Public Health* 87 [suppl.2] :S24-S27.PH [E]
◆Ferrence, R. [2001] "Diffusion Theory and Drug Use" *Addictions* 96 [1] :165-173.PH [N]
◆Fershtman, Chaim, Vijay Mahajan, and Etian Muller [1990] "Market Share and Pioneering Advantage; A Theoretical Approach." *Management Science*, 37:211-223.MR [E]
◆Festinger, Leon [1957] *A Theory of Cognitive Dissonance.* Stanford, Calif.: Stanford University Press.
◆Fichman, Robert C., and Chris F. Kenierer [1997] "The Assimilation of Software Process

◆Dino, Geri A., Kimberly A. Horn, Fennifer Goldcamp, Laura Kemp-Rye Shirley Westrate, and Karen Monaco [2001] "Teen Smoking Cessation Making It Work Through School and Community Partnerships." *Journal of Public Health Management Practice* 7 [2] :71-80.PH [E]
◆Dooley, Kevin, Anand Subra, and John Anderson [2001] "Maturity and Its Impact on New Product Development Project Performance."Unpublished paper, Arizona State University, Tempe. MR [E]
◆Dooley, Kevin, Anand Subra, and John Anderson [2002] "Adoption Rates and Patterns of Best Practices in New Product Development."Unpublished paper, Arizona State University, Tempe. MR [E]
◆Dornblaser, B. M., T. Lin, and Andrew H. Van de Ven [1989] "Innovation Outcomes, Learning, and Action Loops."In Andrew H. Van de Ven H. A. Angel, and M. Scott Poole, eds., *Research on the Management of Innovation: The Minnesota Studies*. New York: Ballmger/Harper and Row. MR [E]
◆Dougherty, D., and C. Hardy [1996] "Sustained Product Innovation in Larger, Mature Organizations : Overcoming Innovation-to-Organization Problems." *Academy of Management Journal* 39:1120-1153.MR [E]
◆Downs, George W, Jr., and Lawrence B. Mohr [1976] "Conceptual Issues in the Study of Innovations." *Administrative Science Quarterly* 21:700-714.PS [N]
◆Drazin, R., and C. Schoonhowern [1996] "Community, Population, and Organization Effects on Innovation: A Multilevel Perspective." *Academy of Management Journal* 39:1065-1083.MR [E]
◆Duff, Robert W, and William T. Liu [1975] "The Significance of Heterophilous Structure in Communication Flows." *Philippine Quarterly of Culture and Society* 3:159-175.PH [E]
◆Dugger, Celia W. [2001, April 22] "Abortion in India Is Tipping Scales Sharply Against Girls." *The New York Times*, 1, 10.
◆Dupagne, Michel [1999] "Exploring the Characteristics of Potential High-Definition Television Adopters." *Journal of Media Economics* 12 [1] :35-50.C [E]
◆Durfee, Mary [1999] "Diffusion of Pollution Prevention Policy." *The Annals* 566:108-119.0 [N]
◆Dutton, William H., Everett M. Rogers, and Suk-Ho Jun [1987] "Diffusion and Social Impacts of Personal Computers." *Communication Research* 14 [2] :219-250.C [N]
◆Dvorak, August, et al. [1936] *Typewriting Behavior*. New York: American.
◆Dyck, B., and F. B. Starke [1999] "The Formation of Breakaway Organizations: Observations and a Process Model." *Administrative Science Quarterly* 44:792-822.MR [E]
◆Earp, Joanne L., E. Eng, M. S. O'Malley, M. Altpeter, G. Rauscher, L. Mayne, H. F. Matthews, K. S. Lynch, and B. Gaquish [2002] "Increasing Use of Mammography among Older, Rural African American Women: Results from a Community Trial." *American Journal of Public Health* 92 [4] :646-654.PH [E]
◆Earp, Joanne L., C. I. Viadro, A. Vincus, M. Altpeter, V. Flax, L. Mayne, and E. Eng [1997] "Lay Health Advisors:' A Strategy for Getting the Word Out about Breast Cancer." *Health Education Behavior* 24:432-451.PH [E]
◆Edwards, Ruth W, Pamela Jumper-Thurman, Barbara A. Plested, Eugene R. Getting,, and Louis Swanson [2000] "Community Readiness: Research to Practice." *Journal of Community Psychology* 28 [3] :291-307.O [E]
◆Einsiedel, Edna F., and Deborah L. Eastlick [2000] "Consensus Conferences as Deliberative Democracy." *Science Communication* 21 [4] :323-343.C [E]
◆Elford, J., G. Bolding, and L. Sherr [2001] "Peer Education Has No Significant Impact on HIV Risk Behaviours Among Gay Men in London." *AIDS* 15:535-537.PH [E]
◆Elford, J, G. Hart, L. Sherr, L. Williamson, and G. Balding [2002] "Peer Led HIV Prevention

◆Dearing, James W, and Everett M. Rogers [1996] *Agenda-Setting*. Thousand Oaks, Calif.: Sage. C [E]

◆Dearing, James W., Everett M. Rogers, Gary Meyer, Mary K. Casey, Nagesh Rao, Shelly Campo, and Geoffrey M. Henderson [1996] "Social Marketing and Diffusion-Based Strategies for Communicating Health with Unique Populations: HIV Prevention in San Francisco." *Journal of Health Communication* 1:343-363.C [E]

◆DeFleur, Melvin [1987] "The Growth and Decline of Research on the Diffusion of News, 1945-1985." *Communication Research* 14 [1] :109-130. C [E]

◆Dekimpe, Marnik G., Philip M. Parker, and Myklos Sarvary [1998] "Staged Estimation of International Diffusion Models: An Application to Global Cellular Telephone Adoption." *Technological Forecasting and Social Change* 57:105-132. MR [E]

◆Dekimpe, Marnik G., Philip M. Parker, and Myklos Sarvary [2000a] "Global Diffusion of Technological Innovations: A Coupled-Hazard Approach." *Journal of Marketing Research* 37:47-59.MR [E]

◆Dekimpe, Marnik G., Philip M. Parker, and Miklos Sarvary [2000b] "Globalization: Modeling Technology Adoption Timing Across Countries." *Technological Forecasting and Social Change* 63:25-42. MR [E]

◆Dekimpe, Marnik G., Philip M. Parker, and Myklos Sarvary [2000c] "Multimarket and Global Diffusion."In Vijay Mahajan, Eitan Muller, and Yoram Wind, eds., *New-Product Diffusion Models*. Dordrecht, Netherlands: Kluwer Academic, 49-73.MR [E]

◆Derksen, Linda, and John Gartell [1993] "The Social Context of Recycling." *American Sociological Review* 58:434-442. GS [E]

◆DeSanctis, G., and Peter Monge [1998] "Communication Processes for Virtual Organizations." *Organization Science* 10 [6] :693-703. C [E]

◆Deutschmann, Paul J. [1963] "The Mass Media in an Underdeveloped Village." *Journalism Quarterly* 40 [1] :27-35.C [E]

◆Deutschmann, Paul J.,, and Wayne A. Danielson [1960] "Diffusion of Knowledge of the Major News Story." *Journalism Quarterly* 37:345-355.G [E]

◆Deutschmann, Paul J., and Orlando Fals Borda [1962a] *La Comunicacion delas ideas entre los campesinos Colombianos*. Monografias Sociologicas 14, Universidad Nacional de Colombia, Bogota.C [E]

◆Deutschmann, Paul J., and Orlando Fals Borda [1962b] *Communication and Adoption Patterns in an Andean Village*. Report, Programa Interamericano de Information Popular, San Jose, Costa Rica.C [E]

◆Deutschmann, Paul J., and A. Eugene Havens [1965] "Discontinuances: A Relatively Uninvestigated Aspect of Diffusion."Unpublished paper, Department of Rural Sociology, University of Wisconsin, Madison.C [E]

◆Dewees, Christopher M., and Glen R. Hawkins [1988] "Technical Innovation in the Pacific Coast Trawler Fishery: The Effects of Fishermen's Characteristics and Perceptions of Adoption Behavior." *Human Organization* 47 [3] :224-234.O [E]

◆Dewey, John [1896] "The Reflex Arc Concept in- Psychology." *Psychological Review* 3:357-370.

◆DiFrancisco, Wayne, Jeffrey A. Kelly, Laura Otto-Salaj, Timothy L. McAuliffe Anton M. Somlai, Kristin Hackl, Timothy G. Heckman, David R Holtgrave, and David J. Rompa [1999] "Factors Influencing Attitudes within AIDS Service Organizations Toward the Use of Research-Based HIV Prevention Interventions." *AIDS Education and Prevention* 12 [1] :72-86.PH [E]

◆Dimit, Robert M. [1954] "Diffusion and Adoption of Approved Farm Practices in 11 Countries in Southwest Virginia."Ph.D. diss., Iowa State University Ames. RS [E]

◆Coughenour, C. Milton, and Shankariah Chamala [2000] Conservation Tillage and Cropping Innovations: Constructing the New Culture of Agriculture. Ames, Iowa: Iowa State University Press.RS [E]
◆Cowan, Ruth Schwartz [1985] "How the Refrigerator Got Its Hum." In Donald Mackenzie and Judy Wajeman, eds., The Social Shaping of Technology: How The Refrigerator Got Its Hum. Philadelphia: Open University Press,202-218.0 [E]
◆Cramer, J. M., and F. A. Reijenga [1999] "The Role of Innovators in the Introduction of Preventive Policy in Local Governments." Journal of Cleaner Production 7:263-269.AE [E]
◆Crane, Diana [1972] Invisible Colleges. Chicago: University of Chicago Press. GS [E]
◆Crane, Diana [1999] "Diffusion Models and Fashion: A Reassessment." The Annals 566:13-24.GS [N]
◆Crystal, S., U. Sambamoorthi, and C. Menzel [1998] "The Diffusion of Innovations in AIDS Treatment: Zidovudine Use in Two New Jersey Cohorts." Health Services Research 23:311-321.PH [E]
◆Cunningham, John A, Garth W. Martin, Leslie Coates, Marilyn A. Herie, Bonnie J. Turner, and Joanne Cordingley [2000] "Disseminating a Treatment Program to Outpatient Addiction Treatment Agencies in Ontario." Science Communication 22 [2] :154-172.PH [E]
◆Cunningham-Sabo, Leslie D. [2000] "Nutrition Education for Navajo Elders: Use of Diffusion of Innovation Attributes."Ph.D. diss., University of New Mexico, Albuquerque. E [E]
◆Curry, Barbara K. [1992] Instituting Enduring Innovations: Achieving Continuity of Change in Higher Education. ASHE/ERIC Higher Education Report 7, School of Education and Human Development, George Washington University, Washington, D:C. E [E]
◆Danaher, P., B. Hardie, and William Putsis [2000] "Marketing Mix Variables and the Diffusion of Successive Generations of Technological Innovations." *Journal of Marketing Research* 37:60-73.MR [E]
◆D'Aunno, Thomas, Thomas E. Vaughan, and Peter McElroy [1999] "An Institutional Analysis of HIV Prevention Efforts by the Nations Outpatient Drug Abuse Treatment Units." *Journal of Health and Social Behavior* 40:175-192.GS [E]
◆David, Paul A. [1986] "Clio and the Economy of QWERTY." *American Economic Review* 75 [2] :332-337. GE [E]
◆David, Soniia [1998] "Intra-Household Processes and the Adoption of Hedgerow Cropping." *Agriculture and Human Values* 15:31-42. RS [E]
◆Day, Diana L. [1994] "Raising Radicals: Different Processes for Championing. Innovative Corporate Ventures." *Organization Science* 6:111-119.MR [E]
◆Dealing, James W. [1993] "Rethinking Technology Transfer." *International Journal of Technology Management* 8:1-8.C [N]
◆Dearing, James W. [1997] "Interorganizational Diffusion: Integrated Demonstrations and the U.S. Department of Energy."In Beverly Davenport Sypher, ed., *Case Studies in Organizational Communication*. New York: Guilford, 262-276.C [E]
◆Dearing, James W., and Gary Meyer [1994] "An Exploratory Tool for Predicting Adoption Decisions." *Science Communication* 16 [1] :43-57.C [E]
◆Dearing, James W., Gary Meyer, and Jeff Kazmierczak [1994] "Portraying the New: Communication Between University Innovators and Potential Users." *Science Communication* 16 [1] :11-42.C [E]
◆Dearing; James W, Gary Meyer, and Everett M, Rogers [1994] "Diffusion Theory and HIV Risk Bahavior."In Ralph J. DiClemente and John L. Peterson, eds., *Preventing AIDS: Theories and Models of Behavioral Interventions*. New York: Plenum Press, 79-93. C [N]

Case Studies of Differentiated Staffing." *Educational Quarterly* 9:3-4.E [E]
◆Chatterjee, Rabikar, Jehoshua Eliashberg, and Vithala R. Rao [2000] "Dynamic Models Incorporating Competition."In Vijay Maharajan, Eitan Muller, and Yoram Wind, eds., *New-Product Diffusion Models*. Dordrecht, Netherlands: Kluver Academic, 165-205.MR [E]
◆Chaves, Mark [1996] "Ordaining Women: The Diffusion of an Organizational Innovation." *American Journal of Sociology* 101:840-877.GS [E]
◆Christiansen, Clayton M. [1992] "Explaining the Limits of the Technology S-Curve. Part I: Component Technologies." *Production and Operations Manement* 1 [4] :334-357.MR [E]
◆Christiansen, Clayton M. [1997] *The Innovator's Dilemma: When New Technologies Cause Great Firms to Fail*. Boston: Harvard Business School Press. MR [E] (玉田 俊平太、伊豆原 弓訳『イノベーションのジレンマ――術革新が巨大企業を滅ぼすとき増補改訂版)』翔泳社 (2001)
◆Clark, G. [1984] *Innovation Diffusion: Contemporary Geographical Approaches*. Norwich, Conn, Ceo Books. Geo Books.G [E]
◆Clark, Judy, and Jonathan Murdoch [1997] "Local Knowledge and the Precarious Extension of Scientific Networks; A Reflection on Three Case Studies." *Sociologia Ruralis* 37 [1] :38-60.RS [E]
◆Clarke, Hillary, Michael P. Wibon, Michael Cummings, and Andrew H land [1999] "The Campaign to Enact New York City's Smoke-Free Air Act." *Journal of Public Health Management Practice* 5:1-13.PS [E]
◆Cleland, John [2001] "Potatoes and Pills: An Overview of Innovation/Diffusion Contributions to Explanations of Fertility Decline."In John Casterline, ed., *Diffusion Processes and Fertility Transition*. Washington, D.C.: National Academy Press, 39-65.O [N]
◆Cliff, A.D., P. Haggett, J.K. Ord, and G.R. Versey [1981] *Spatial Diffusion: An Historical Geography of Epidemics in an Island Community*. New York: Cambridge University Press. G [E]
◆Cohen, Morris A., Teck H. Ho, and Hirofumi Matsuo [2000] "Operations Planning in the Presence of Innovation-Diffusion Dynamics."In Vijay Mahajan, Eitan Muller, and Yoram Wind, eds., *New-Product Diffusion Models*. Dordrecht, Netherlands: Kluver Academic, 237-259.MR [E]
◆Coleman, James S., Elihu Katz, and Herbert Menzel [1957] "The Diffusion of an Innovation Among Physicians." Sociometry 20:253-270.PH [E]
◆Coleman, James S., Elihu Katz, and Herbert Menzel [1959] "Social Processes in Physicians' Adoption of a New Drug." Journal of Chronic Diseases 9:1-19.PH [E]
◆Coleman, James S., Elihu Katz, and Herbert Menzel [1966] Medical Innovation: A Diffusion Study. New York: Bobbs-Merrill.PH [E]
◆Comroe, Julius H., Jr. [1997] Retrosprecoscope: Insights into Medical Discovery. Menlo Park, Calif.: Von Gehr Press.
◆Conell, Carol, and Samuel Cohn [1995] "Learning from Other People's Actions: Environmental Variation and Diffusion of French Coal Mining Strikes, 1890-1935." American journal of Sociology 101 [2] :.366-403.GS [E]
◆Cool, Karel O., Ingemar Dierickx, and Gabriel Szulanski [1997] "Diffusion of Innovations within Organizations : Electronic Switching in the Bell System, 1971-1982." Organization Science 8 [5] :543-561.MR [E]
◆Cooper, Alvin, Corelia R. Scherer, Sylvain C. Boies, and Barry L. Gordon [1999] "Sexuality on the Internet: From Sexual Exploitation to Pathological Experience." Professional Psychology: Research and Practice 30 [2] :154-164. P [E]
◆Cooper, R., and Robert Zmud [1990] "Information Technology Implementation Research: A Technological Diffusion Approach." Management Science 36 [2] :123-139. MR [E]
◆Copp, James H., Maurice L. Sill, and EmoryJ. Brown [1958] "The Function of Information Sources in the Farm Practice Adoption Process." Rural Sociology 23:146-157. RS [E]

Research on Public Health Practice." *American Journal of Preventive Medicine* 16 [35] :72-79.PH [E]
◆Brayant, H. [1996] "Breast Cancer Screening in Canada: Climbing the Diffusion Curve." *Canadian Journal of Public Health* 87 [suppl.2] :S60-S62.PH [E]
◆Bucklin, Louis P., and Sanjit Sengupta [1993] "The Co-Diffusion of Complementary Innovations: Supermarket Scanners and UPC Symbols." *Journal of Product Innovation Management* 10:148-160.MR [E]
◆Buller, David B., W. Gill Woodall, Everett M. Rogers, Patricia Burris-Woodall, Donald Zimmerman, Michael Slater, Judith Pepper, K. Bartlett, Joan Hines, E. Unger, Barbara Hau, and Michelle M. LeBlanc [2001] "Formative Research Activities to Provide Web-Based Nutrition Information to Adults in the Upper Rio Grande Valley." *Family and Community Health* 24 [3] :1-12.C [E]
◆Burt, Ronald S. [1980] "Innovation as a Structural Interest: Rethinking the Impact of Network Position on Innovation Adoption." *Social Networks* 2:327-355,GS [N]
◆Burt, Ronald S. [1987] "Social Contagion and Innovation: Cohesion Versus Structural Equivalence." *American Journal of Sociology* 92: 1287-1335.GS [E]
◆Burt, Ronald S. [1999] "The Social Capital of Opinion Leaders." *The Annals of the American Academy of Political Sciences* 566:37-54. GS [E]
◆Burt, Ronald S. [2000] "Decay Functions." *Social Networks* 22:1-28. GS [E]
◆Burt, Ronald S., and Gregory A. Janicik [1996] "Social Contagion and Social Structure."In Dawn Jacobucci, ed., *Networks in Marketing*. Thousand Oaks, Calif.: Sage. GS [E]
◆Cancian, Frank [1979] *The Innovator's Situation: Upper-Middle-Class Conservatism in Agricultural Communities*. Stanford, Calif.: Stanford University Press. A [E]
◆Caplan, Nathan, and Stephen D. Nelson [1973] "On Being Useful: The Nature and Consequences of Psychological Research on Social Problems." *American Psychologist* 28:199-211.
◆Carlson, Richard O. [1965] *Adoption of Educational Innovations*. Center for the Advanced Study of Educational Administration, University of Oregon, Eugene.E [E]
◆Carter, Anthony T. [2001] "Social Processes and Fertility Control."In John Casterline, ed., *Diffusion Processes and Fertility Transition*. Washington, D.C.: National Academy Press, 139-178.A [N]
◆Carter, Thomas [1994] *The Process of Change: Tools for the Change Agent*. Report, National Dairy Development Board, Anand, India. O [N]
◆Casterline, John [2001] "Diffusion Processes and Fertility Transition: Introduction."In John Casterline, ed., *Diffusion Processes and Fertility Transition*. Washington, D.C.: National Academy Press, 1-38.O [N]
◆Casterline, John, ed. [2001] *Diffusion Processes and Fertility Transition*. Washington, D.C.: National Academy Press. O [N]
◆Castro, Felipe G., John Elder, Kathyrn Coe, Helen M. Tafoya-Barraza, Santiago Moratto, Nadia Campbell, and Greg Talavera [1995] "Mobilizing Churches for Health Promotion in Latino Churches: *Companeros en la Salud*."*Journal of the National Cancer Institute Monographs* 18:127-135.P [E]
◆Celentano, David C., Katherine C. Bond, Cynthia M. Lyles, Sakol Eiumtrakul, Vivian F.-L. Go, Chris Beyrer, Chianarong na Chiangmai, Kenrad E. Nelson, Chirasak Khamboonruang, and Chayan Vaddhanaphuti [2000] "Preventive Intervention to Reduce Sexually Transmitted Infections: A Field Trial in the Royal Thai Army." *Archives of Internal Medicine* 160:535-540.PH [E]
◆Cha, Jaemin [2002] "The Internet and Perceived Risk: Purchases of Online Airline Tickets."Unpublished paper, Michigan State University, East Lansing.C [E]
◆Charters, W.W., Jr., and Roland S. Pellegrin [1972] "Barriers to the Innovation Process: Four

Bulletin AE 361, Department of Agricultural Economics and Rural Sociology, Ohio State University, Columbus. RS [E]
◆Blakely, Craig C., Jeffrey P. Meyer, Rand G. Gottschalk, Neal Schmitt, William S. Davidson, D.B. Roitman, and J.G. Emshoff [1987] "The Fidelity-Adaptation Debate: Implications for the Implementation of Public Sector Social Programs." *American Journal of Community Psychology* 15 [3] :253-268. P [E]
◆Boczkowski, Pablo J. [1999] "Mutual Shaping of Users and Technology in a National Virtual Community." *Journal of Communication* 49 [2] :86-108. C [E]
◆Bohelen, Joe M., C. Milton Coughenour, Herbert F. Lionberger, Edwin O. Moe, and Everett M. Rogers [1958] *Adopters of New Farm Ideas*. North Central Regional Extension Publication 13, Michigan State University, East Lansing, Mich. RS [N]
◆Bond, Katherine C., Thomas W. Valente, and Carl Kendall [1999] "Social Network Influences on Reproductive Health Behaviors in Urban Northern Thailand." *Social Science and Medicine* 49:1599-1614. PH [E]
◆Bongaarts, John, and Susan Cotts Watkins [1996] "Social Interactions and Contemporary Fertility Transitions." *Population and Development Review*. 22 [4] :639-682. GS [E]
◆Bordenave, Juan Diaz [1976] "Communication of Agricultural Innovations in Latin America: The Need for New Models." *Communication Research* 3 [2] :135-154. C [N]
◆Bottomley, Paul A., and Robert Filedes [1998] "The Role of Prices in Models of Innovation Diffusion." *Journal of Forecasting* 17 [7] :539-555.MR [E]
◆Borich, Timothy O., and Peter F. Korsching [1990] "Community Image and Community Innovativeness." *Journal of the Community Development Society* 21 [1] :1-18.RS [E]
◆Bose, Santi Priya [1964] "The Diffusion of a Farm Practice in Indian Villages."Rural Sociology 29:53-66.RS [E]
◆Bower, Joseph L., and Clayton M. Christiansen [1995] "Disruptive Technologies: Catching the Wave." *Harvard Business Review* 73:43-53.MR [E]
◆Bowers, Raymond V. [1937] "The Direction of Intra-Social Diffusion." *American Sociological Review* 2:826-836.ES [E]
◆Bowers, Raymond V. [1938] "Differential Intensity of Intra-Societal Diffusion." *American Sociological Review* 3:21-31. ES [E]
◆Braithwaite, John [1994] "A Sociology of Modelling and the Politics of Empowerment." *British Journal of Sociology* 45 [3] :445-479.GS [E]
◆Brandner, Lowell, and Murray A. Straus [1959] "Convergence Versus Profitability in the Diffusion of Hybrid Sorghum." *Rural Sociology* 24:381-383.RS [E]
◆Braun, Norman [1995] "Individual Thresholds and Social Diffusion." *Rationality and Society* 7:167-182.O [E]
◆Brewer, M. [1985] "Experimental Research and Social Policy: Must It Be Rigor Versus Relevance?" *Journal of Social Issues* 41 [4] :159-176.
◆Broadhead, R. S., D.D. Hechathorn, D.L. Weaklin, D.L. Anthony, H. Madray, R. J. Mills, and J. Hughes [1998] "Harnessing Peer-Driven Intervention." *Public Health Reports* 112 [S1] :42-57. PH [E]
◆Brown, Lawrence A. [1981] *Innovation Diffusion: A New Perspective*. New York: Methuen. G [N]
◆Brown, William J., Michael D. Basil, and M.C. Bocarner [1998, June] "Reponding to the Death of Princess Diana: Audience Involvement with an International Celebrity."Paper presented at the annual meeting of the International Communication Association, Jerusalem. C [E]
◆Brownson, Ross C., and Edwardo J. Simoes [1999] "Measuring the Impact of Prevention

Iowa. RS [E]
◆Beal, George M., Everett M. Rogers, and Joe M. Bohlen [1957] "Validity of the Concept of Stages in the Adoption Proess." *Rural Sociology* 22 [2] :166-168. RS [E]
◆Becker, Marchal H. [1970] "Factors Affecting Diffusion of Innovations Among Health Professionals." *American Journal of Public Health* 60:294-305. PH [E]
◆Becker, Marchal H. [1970b] "Sociometric Location and Innovativeness: Reformulation and Extension of the Diffusion Model." *American Socilogical Review* 35:262-282. PH [E]
◆Balasco, David Berton [1989] "Adoption of Community Water Systems: An Area Study in Three Villages in Muhafzat Kofr-Shaykh, Egypt."Ph.D. diss., University of Denver. PS [E]
◆Bennett, Colin J. [1997] "Understanding Ripple Effects: The Cross-National Adoption of Policy Instruments for Bureaucratic Accoountability." *Governance* 10:213-233. PS [E]
◆Berelson, Bernard, and Ronald Freedman [1964] "A Study in Fertility Control." *Scientific American* 210 [5] :29-37. PH [E]
◆Berland, Gretchen K., Marc N. Elliott, Leo S. Moreles, Jefferey I. Algazy, Richard L. Kravitz, Michael S. Broder, David E. Knouse, Jorge A. Munoz, Juan-Antonio Puyol, Marielene Lara, Katherine E. Watkins, Hannah Yang, and Elizabeth A. McGlynn [2001] "Health Information on the Internet: Accessability, Quality, and Readability in English and Spanish." *JAMA* 285:2612-2621.
◆Berman, Paul, and Milbrey W. McLaughlin [1974] *Federal Programs Supporting Educational Change. Vol.1: Model of Educational Change.* Report, Rand Corporation, Santa Monica, Calif. E [E]
◆Berman, Paul, and Milbrey W. McLaughlin [1975] *Federal Programs Supporting Educational Change.* Vol.4: The Findings in Review. Report, Rand Corporation, Santa Monica, Calif. E [E]
◆Berman, Paul, and Milbrey W. McLaughlin [1978] *Federal Programs Supporting Educational Change. Vol.8: Implementing and Sustaining Innovations.* Report, Rand Corporation, Santa Monica, Calif. E [E]
◆Berman, Paul, and Edward W. Pauly [1975] *Federal Programs Supporting Educational Change. Vol.2: Factors Affecting Change Agents Projects.* Report, Rand Corporation, Santa Monica, Calif. E [E]
◆Berman, Paul, et al. [1975] *Federal Programs Supporting Educational Change.* Vol.5: *Exective Summary.* Report, Rand Corporation, Santa Monica, Calif. E [E]
◆Berman, Paul, et al. [1977] *Federal Programs Supporting Educational Change. Vol.7: Factors Affecting Implementation and Continuation.* Report, Rand Corporation, Santa Monica, Calif. E [E]
◆Berry, Frances Stokes [1994] "Sizing Up State Policy Innovation Research." *Policy Studies Journal* 22:442-456. PS [N]
◆Berry, Frances Stokes, and William D. Berry [1990] "State Lottery Adoptions as Policy Innovations: An Event History Analysis." *American Political Science Review* 84:395-415. PS [E]
◆Berry, Frances Stokes, and Geraldo Flowers [1999] "Public Entrepreneurs in the Policy Process: Performance-Based Budgeting Reform in Florida." *Journal of Public Budgeting, Accounting and Financial Management* 11 [4] :578-617.PS [E]
◆Bijker, W.E. [1999] *Of Bicycles, Bakelites, and Bulbs: Toward a Theory of Sociotechnical Change*, 3rd ed. Cambridge, Mass: MIT Press. MR [E]
◆Bikhchandan, Sushil, David Hirschleifer, and Juo Welch [1998] "Learning from the Behavior of Others: Conformity, Fads, and Informational Cascades," *Journal of Economic Perspectives* 12, [3] :151-170, GE [E]
◆Bingham, Richard D., and John P. Frendreis [1978, May] "Innovation Characteristics and the Adoption of Zero-Based Budgeting: Agreement and Conflict in City Administration."Paper presented at the annual meeting of the Midwest Political Science Association, Chicago. PS [E]
◆Bishop, Rowland, and C. Milton Coughenour [1964] *Discontinuance of Farm Innovations.* Mimeo

The Annals of the American Academy of Political Sciences 566:132-143.PS［N］
◆Bach, Besty Wackernagel［1989］"The Effect of Multiplex Relationships upon Innovation Adoption: A Reconsideration of Rogers' Model." *Communicaton Monographs* 56:133-149.C［E］
◆Backer, Thomas E.［2002］*Finding the Balance: Program Fidelity and Adoptation in Substance Abuse Prevention.* Report, Center for Substance Abuse Prevention, Washington, D.C. P［E］
◆Backer, Thomas E., and Everett M. Rogers［1998］"Diffusion of Innovations Theory and Worksite AIDS Programs." *Journal of Health Communication* 3［1］:17-28. P［E］
◆Baer, Wally S., B. Johnson, and S. Merrow［1977］"Government-Sponsored Demonstrations of New Technologies." *Science* 196:950-957. O［E］
◆Bagehot, Walter［1873］*Physics and Politics.* New York: Appleton-Century.
◆Bailey, Norman T.J.［1957/1975］*The Mathematical Theory of Infections Diseases and Its Applications.* London: Charles Griffin. PH［N］
◆Bandura, Albert［1977］*Social Learning Theory*, Englewood Cliffs, N.J.: Prentice-Hall.（原野広太郎訳『社会的学習理論―人間理解と教育の基礎』金子書房、1979）
◆Bandura, Albert［1986］*Social Foundations of Thought and Action.* Englewood Cliffs, N.J.: Prentice-Hall.
◆Bandura, Albert［1997］*Self-Efficacy: The Exercise of Control.* New York: Freeman.
◆Bardini, Thierry［1994］"A Translation Analysis of the Green Revolution in Bali." *Science, Technology, and Human Values* 19［2］:152-168. C［E］
◆Bardini, Thierry［2000］*Bootstrapping: Douglas Engelbart, Coevolution, and the Origins of Personal Computing.* Stanford, Calif.: Stanford University Press.（森田哲訳『ブートストラップ―人間の知的進化を目指して』コンピュータエージ社、2002]
◆Barton, Allen［1968］"Bringing Society Back In: Survey Research and Macro Methodology." American Behavioral Scientist 12:1-9.
◆Bartosch, William J., and Gregory C. Pope［1999］"Local Restaurant Smoking Policy Enactment in Massachusetts."*Journal of Public Health Management Practice*5［1］:63-73.PS［E］
◆Bass, Frank M.［1969］"A New Product Growth Model for Consumer Durables;" *Management Science* 13［5］:215-227. MR［E］
◆Bass, Frank M., Trichy Krishnan, and Dipak C. Jain［1994］"Why the Bass Model Fits Without Decision Variables." *Marketing Science* 13:203-223. MR［E］
◆Bass, Frank M., Dipak C. Jain, and Trichy Krishnan［2000］"Modeling the Marketing-Mix Influence in New-Product Diffusion."In Vijay Mahajan, Eitan Muller, and Yoram Wind, eds., *New-Product Diffusion Models.* Dordrecht, Netherlandw: Kluver Academic, 99-122. MR［E］
◆Battelle-Columbus Laboratories［1976］*Report of President's Biomedical Research Panel; Analysis of Selected Biomedical Research Programs: Case Histories.* Report to the U.S. Public Health Service, Battelle-Columbus Laboratories, Columbus, Ohio. O［E］
◆Bayrus, Barry L.［1994］"Are Product Lite Cycles Really Getting Shorter?" *Journal of Product Innovation Management* 11［4］:300-308. MR［E］
◆Bayrus, Barry L., and A. Rao［1997］"Too Little and Too Early: Introduction Timing and New-Product Performance in the Personal Digital Assistant Industry." *Journal of Marketing Research* 34:50-63. MR［E］
◆Bayrus, Barry L., Namwoon Kim, and Allan D. Shocker［2000］"Growth Models for Multiproduct Interactions: Current Status and New Directions."In Vijay Mahajan, Eitan Muller, and Yoram Wind, eds., *New-Product Diffusion Models.* Dordrecht, Netherlands, Kluver Academic, 141-163. MR［E］
◆Beal, George M., and Everett M. Rogers［1960］*The Adoption of Two Farm Practice in a Central Iowa Community.* Special Report 26, Agricultural and Home Economics Experiment Station, Ames,

◆Abrahamson, Eric, and Lori Rosenkopf [1997] "Social Network Effects on the Extent of Innovation Diffusion: A Computer Simulation."Organization Science 8 [3] :289-309.MR [N]
◆Achilladelis, B., et al. [1971] *Project Sappho: A Study of Success and Failure in Innovation.* Report, Science Policy Research Unit, University of Sussex, Brighton, England. O [E]
◆Agarwal, Rita, and Joseph Prasad [1997] "The Role of Innovation Characteristics and Perceived Voluntariness in the Adoption of Information Technologies." *Decision Sciences* 28 [3] :557-582.MR [E]
◆Ahuja, M.K., and Kathleen M. Carley [1998] "Network Structure in Virtual Organizations," *Organizational Science* 10 [6] 704-713.MR [E]
◆Akinola, Amos A. [1986] "An Application of the Bass Model in the Analysis of Diffusion of Cocoa-Spraying Among Nigerian Cocoa Farmers." *Journal of Agricultural Economics* 37 [3] :395-404.AE [E]
◆Alange, Sverker, Staffan Jacobsson, and Annika Jarnehammar [1998] "Some Aspects of an Analytical Framework for Studying the Diffusion of Organizational Innovations." *Technology Analysis & Strategic Management* 10 [1] :3-21.MR [E]
◆Allen, David [1983] "New Telecommunication Services: Network Externalities and Critical Mass." *Telecommunication Policy* 12 [3] :257-271.GE [E]
◆Allen, Harley Earl [1956] *The Diffusion of Educational Practices in the Metropolitan School Study Council.* Ph. D. thesis, Teachers College, Columbia University, New York.E [E]
◆Altman, Lawrence [1997, November 4] "AIDS Surge Is Forecast in China, India, and Eastern Europe." *The New York Times*, p.A10.
◆Antonides, Gerit, H. Bas Amesz, and Ivo C. Hulscher [1999] "Adoption of Payment Systems in Ten Countries: A Case Study of Diffusion of Innovations." *European Journal of Marketing* 33:1123-1135.MR [E]
◆Arensberg, David, and Jerry Guidera [March 1, 2002] "Lobbying Campaign Could Determine Fate of a Hyped Scooter." *The Wall Street Journal*, Al, A6.
◆Amstrong, J. Scott, and J. Thomas Yokum [2001] "Potential Diffusion of Expert Systems in Forecasting." *Technological Forecasting and Social Change* 67:93-103. MR [E]
◆Arquette, Toby J. [1999] "Diffusion of Innovative Drug Treatments: An Experimental Analysis of Communication Channel Typology and the Effects of Clustering Innovations."Unpublished paper, Northwestern University, Evanston, Ill. C [E]
◆Asch, Susan M., and Charles Upton Lowe [1984] "The Consensus Development Program: Theory, Process, and Critique." *Knowledge* 5 [3] :369-385.GS [N]
◆Ashby, Jacquiline A., Jorge Alonso Beltran, Maria del Pilar Guerrero, and Hector Fabio Ramos [1996] "Improving the Acceptability of Farmers of Soil Conservation Practices." *Journal of Soil and Water Conservation* 51:309-312.RS [E]
◆Astebro, T. [1995] "The Effect of Management and Social Interaction on the Intra-Firm Diffusion of Electronic Mail Systems." *IEEE Transactions on Engineering Management* 42 [4] :319-331.MR [E]
◆Atkin, David J., Leo W. Jeffres, and Kimberly A. Neuendorf [1998] "Understanding Internet Adoption as Telecommunications Behavior." *Journal of Broadcasting & Electronic Media* 42 [4] :475-494.C [E]
◆Aktin, David J., and Robert LaRose [1994] "A Meta-Analysis of the Information Services Adoption Literature." *Advances in Telematics* 2:91-110. C [E]
◆Auwal, Mohammed A., and Arvind Singhal [1992] "The Diffusion of Grameen Bank in Bangladesh." *Knowledge* 14 [1] :7-28.C [E]
◆Ayres, Jeffrey M. [1999] "From the Streets to the Internet; The Cyber-Diffusion of Contention."

参考文献

各文献の末尾に記載の記号は次のとおり。これに続くカッコ内の記号は、Eは実証研究を、Nは実証研究でないものを示している。なお、研究伝統とは、「先行研究の問いかけに応じて、同様のトピックに関する一連の調査が後続の研究で実施されること」をいう。本質的に、各々の研究伝統とは研究者の属する見えざる大学のことである。ここで、見えざる大学とは、「空間的には一箇所にまとまっていないが、研究知見その他の科学的情報を交わすことによって相互に密に連絡を取りあっている研究者間のネットワーク」のことである。研究伝統と見えざる大学に言及するなかで、ロジャーズは各学問分野での普及研究の蓄積と研究者集団の存在の重要性を再々強調している。〔訳者〕

普及研究伝統	研究伝統コード
人類学	A
農業経済学	AE
コミュニケーション	C
教育	E
初期社会学	ES
地理学	G
経済学	GE
社会学	GS
工業経営	I
マーケティング・経営学	MR
心理学	P
公衆衛生学・医療社会学	PS
農村社会学	RS
統計学	S
その他	O

◆Abbate, Janet［2001］"Government, Business, and the Making of the Internet."Business *History Review* 75:147-176.O［E］

◆Abbott, Jason P.［2001］"Democracy@internet.asia? The Challenges to the Emancipatory Potential of the Net: Lessons from China and Malaysia." *Third World Quarterly* 22［1］:99-114.O［E］

◆Abdulla, Rasha A.［2003］"Entertainment-Education in the Middle East: Lessons from the Egyptian Oral Rehydration Therapy Campaign."In Arvind Singhal, Michael J. Cody, Everett M. Rogers, and Miguel Sabido. *Entertainment-Education Worldwide: History, Research, and Practice.* Mahwah, N.J.:Lawrence Erlbaum Associates.C［E］

◆Aberg, Leif, Greg Castillo, and Jay Goldberg［1976］"Restructuring of Transportation Patterns: A Study Centered About the Santa Monica Preferred［Diamond］Lane."Unpublished paper, Annenberg School for Communication, University of Southern California, Los Angeles. C［E］

◆Abetti, Pier A.［1997］"The Birth and Growth of Toshiba's Laptop and Notebook Computers: A Case Study in Japanese Corporate Venturing." *Journal of Business Venturing* 12:507-529.MR［E］

◆Aboud, Abdillahi, Andrew J. Sofrank, and Serigne Ndiaye［1996］"The Effects of Gender on Adoption of Conservation Practices by Heads of Farm Households in Kenya." *Society and Natural Resources* 9:447-463.RS［E］

ま

や

ら

た

な

は

さ

索引

社名・人名

英数・欧文

あ

か

本書内容に関するお問い合わせについて

このたびは翔泳社の書籍をお買い上げいただき、誠にありがとうございます。弊社では、読者の皆様からのお問い合わせに適切に対応させていただくため、以下のガイドラインへのご協力をお願い致しております。左記項目をお読みいただき、手順に従ってお問い合わせください。

ご質問される前に

弊社Ｗｅｂサイトの「正誤表」をご参照ください。これまでに判明した正誤や追加情報が掲載されています。
正誤表◆http://www.shoeisha.co.jp/book/errata/

ご質問方法

弊社Ｗｅｂサイトの「刊行物Ｑ＆Ａ」をご利用ください。
刊行物Ｑ＆Ａ◆http://www.shoeisha.co.jp/book/qa/
インターネットをご利用でない場合は、ＦＡＸまたは郵便にて、左記〝翔泳社 愛読者サービスセンター〟までお問い合わせください。
電話でのご質問は、お受けしておりません。

回答について

回答は、ご質問いただいた手段によってご返事申し上げます。ご質問の内容によっては、回答に数日ないしはそれ以上の期間を要する場合があります。

ご質問に際してのご注意

本書の対象を越えるもの、記述個所を特定されないもの、また読者固有の環境に起因するご質問等にはお答えできませんので、あらかじめご了承ください。

郵便物送付先およびＦＡＸ番号

送付先住所◆〒１６０‐０００６ 東京都新宿区舟町５　ＦＡＸ番号◆０３‐５３６２‐３８１８　宛先◆（株）翔泳社 愛読者サービスセンター

著者紹介◆

エベレット・ロジャーズ［Everett M. Rogers］

1931年生まれ。イノベータ理論の提唱者でありイノベーション普及研究の権威。

ミシガン州立大学、スタンフォード大学、南カリフォルニア大学等の教授を歴任。

コミュニケーション、マーケティング、社会学、保健学などの分野の研究者や実務家に多大な影響を与えている。2004年10月死去。

主要著書◆『イノベーション普及学』（産能大学出版部）。

訳者紹介◆

三藤利雄［みつふじとしお］

1948年生まれ。東京大学工学部大学院卒業。南カリフォルニア大学大学院アンネンバーグ・コミュニケーション学部卒業。

愛知学泉女子短期大学、県立長崎シーボルト大学等を経て、現在、摂南大学経営情報学部教授。東京大学博士（工学）。専攻◆社会システム工学、イノベーション論。

主要著書◆『コミュニケーション技術と社会』（北樹出版）。『イノベーション・プロセスの動力学』（芙蓉書房出版）。

イノベーションの普及

2007年10月16日 初版第1刷発行
2024年3月15日 初版第10刷発行

著者◆
エベレット・ロジャーズ
訳者◆
三藤利雄
発行人◆
佐々木幹夫
発行所◆
株式会社 翔泳社
https://www.shoeisha.co.jp
印刷・製本◆
大日本印刷株式会社

ISBN978-4-7981-1333-3 Printed in Japan